U0153905

經典道教與地方宗教

Scriptural Daoism and Local Religions

國立政治大學人文中心

國家圖書館出版品預行編目(CIP)資料

經典道教與地方宗教 / 謝世維等著.-- 初版.--
　臺北市：政大出版社出版：政大人文中心發行，
　2014.12
　　面 ； 公分.--(政大人文系列叢書)
　ISBN 978-986-6475-66-5 (平裝)

1.道教 2.文集

230.7　　　　　　　　　　　　　103027767

政大人文系列叢書

經典道教與地方宗教(Scriptural Daoism and Local Religions)

著　者 | 林振源、高振宏、松本浩一、酒井規史、張超然、
謝世維、謝聰輝、蕭進銘、David Mozina、Gil Raz

發 行 人　周行一
發 行 所　國立政治大學人文中心
策劃單位　國立政治大學華人宗教研究中心
出 版 者　政大出版社
主　　編　謝世維
執行編輯　洪儷倩、林淑禎
地　　址　11605 臺北市文山區指南路二段 64 號
電　　話　886-2-29393091#80625
傳　　真　886-2-29387546
網　　址　http://nccupress.nccu.edu.tw

經　　銷　元照出版公司
地　　址　10047 臺北市中正區館前路 18 號 5 樓
網　　址　http://www.angle.com.tw
電　　話　886-2-23756688
傳　　真　886-2-23318496
戶　　名　元照出版有限公司
郵撥帳號　19246890

法律顧問　黃旭田律師
電　　話　886-2-2391-3808

印　　製　鴻柏印刷事業股份有限公司
初版一刷　2014 年 12 月
定　　價　550 元
I S B N　9789866475665
G P N　1010303258

政府出版品展售處
● 國家書店松江門市：104 臺北市松江路 209 號 1 樓
　電話：886-2-25180207
● 五南文化廣場台中總店：400 臺中市中山路 6 號
　電話：886-4-22260330

序

　　道教史這一學術領域，經歷數代接續的研究後，所累積的成果已可檢討以往，尤其明清時期的諸多變化，其中一個值得關注的現象：就是宋元以後道教與法派的關係。這個問題的浮現，有賴舊文獻的新認識與新資料的靈活運用，前者指明代中葉以前的《道藏》文獻，後者則兼顧田野調查與寫本資料。由於官方示意編修的道教一切經，其時間僅止於明代正統、萬曆，後來雖然還有《道藏輯要》，乃至當代編修的《中華道藏》，但所補充的道教史料都有一定的局限。道教學界都深知宋元以來新道派紛出，在明清時期發展愈加複雜多變，但這些資料卻未曾編纂入藏，道教史撰寫常有「僵化」或「停滯」的論斷，或者徒留空缺、簡單帶過，原因即是欠缺足敷使用的資料。近代雖則標榜盛世修藏，卻因條件不足，受限於田野調查猶未及展開，故無法反映明清期以來的複雜變化。這種缺憾目前則出現轉變，就是青壯世代正視這一事實，而適時掌握改寫歷史的契機，其原因即實地調查的分別展開，其次則關注地方道壇的寫本搜集，只有兩者相輔相成才能解決難題。在這種大趨勢下所形成的衝擊，既因新資料所打開的視野，也需嚴肅考慮如何續補道教史。從而預見「道教」定義及其研究焦點，必然會隨著愈來愈優越的條件，所提出的新課題，必有助於研究課題的新突破。本論集所聚焦的「經典道教與地方宗教」，正是順應新形勢所展開的研究課題，

所嘗試綜合檢討的諸般問題，應可突破既有的學術限制。

　　針對道藏史或道教史的研究，唐宋以前大體已明，唯宋元至明代中葉的道法紛繁，面對這些問題如何重建這一段歷史，釐清真相的意義，並非僅為了解決宋元道教史，而是為了全面理解明清時期：道教在衍變中如何維持其「主流」，又如何面對歧出的「旁支」？這是站在維護道教的正統地位，針對後出的法派傳統正視其存在的事實。為了解決這段時間最接近的歷史，若是僅仰賴道教經藏顯然有所不足，而需根據已進行或正進行的學術工程，不管是實地調查或寫本搜集，均會帶來有力的衝擊，從而衍生諸多嚴肅的課題：諸如道教「經典」如何正典化，只有經藏收錄的才是正典？而地方道壇面對處境各異的「地方宗教」，從明清至今如何彰顯其所處的變動狀態，既需取資於傳統，也要因應所需而吸收變化。僅取龍虎山正一祖庭為例，在一統江南三山符籙後，又與地方道派、地方宗教如何互動？這種情況既顯示「天壇玉格」的完成，亟需統整諸派於一；也需面對諸多新道派的持續發展，還有地方性信仰團體的受籙需求。從現今所知其情況錯綜遠逾於昔，原因就是時代愈近情況愈複雜，並未曾歷經官方或龍虎山天師府的「標準化」，卻反而更接近歷史的真實面貌。這種問題在明代正統、萬曆以前，由於受到經藏標準化的限制，其問題常常隱而不彰；但是明中葉以後迄今時間較近，禮失而求諸野則田野猶多遺存，道教學者應如何嚴肅以對，乃是當前亟需面對的一大難題。

　　從自己投入道教研究以來所歷多年，既遵循行規從創教期下手，此即道教學基本功的科班訓練，但是面對田野調查的活道教：從臺灣而及於東南亞，大陸改革開放後則需面對這片田野，就如道

教學界同好一樣，認為從事調查乃是學者的共識。正因如此，田野所見與流出寫本所提供的，正是不得不面對的諸般情況：宋元以來新出的諸多道派、地方道壇與地方宗教的複雜關係，乃至地方法派與龍虎山正一祖庭的互動……，這些未曾被收編、淨化的真實歷史，乃是道教學界勢需面對的真相；亦即未被「標準化」的，諸如儀式實踐、寫本傳統乃至口傳、口教現象，才能真正反映近代當前的道教史。如此既可修正以往道教史的缺失，亦足以補充目前所有經藏的不足，即可契合當前道教田野的真實，從而為道教史書寫最新的一章，這是當前學界亟需投入的歷史大業。政治大學從宗教研究所到華人宗教研究中心，針對臺灣與大陸間的合作關係一直密切注意，尤其道教的近代發展與田野現況彌足關心；世維近年輪值主持「道經研讀小組」，這是歷經兩代的學術傳統，其關注面既有堅持也能與時俱變。所以「經典道教與地方宗教」這個議題的提出，正標誌著中心與讀經小組正視這重大變化，嘗試將田野與寫本結合於道教經藏，其中一半關懷歷史上的道法關係，另一半則檢視當代的道法傳承，都能積極介入宋元以來道教歷史的新課題。如今這種學術關懷能夠順利集結，顯示今後仍將持續回應這個大哉問：道教之河、道經之河最接近現時的河段，其河岸風景如何？這本論集應當能夠提供一個觀看的角度，至於觀後仁智之見則端在解人，但是何妨借此交流心得，此即「道法海涵」的海納四方之意吧！

政治大學宗教研究所講座教授　李豐楙

目　錄

下卷

經典道教與地方宗教

導論

謝世維
政治大學宗教研究所

前言

　　早期的道教學者在研究道教儀式時，發現了「道」與「法」不同形態的儀式。諸如施舟人（Kristofer Schipper）依照臺南的儀式現象提出儀式範疇可區分為「黑頭」與「紅頭」，前者是能兼行法事與醮典的靈寶道士，而後者是法師。而勞格文（John Lagerwey）將儀式的範疇進一步以「文」來「武」來規範儀式，前者指涉道教科儀，後者指的是法教形態的法術儀式，這同樣是在「道」、「法」的理解上進行規範。學者也注意到臺灣北部的道士「道法二門」的特質，道士主持醮儀之外，還可以行小法事以及「大補運」法場。[1]不過，近年來對中國南方各地區宗教的調查研究成果陸續出現，學者開始意識到「道」、「法」關係的複雜性遠非過去儀式模型所能分析，因此試著從歷史脈絡、區域宗教脈絡重新理解「道」、「法」的內涵。本書重點將探討經典道教與地方宗教對於「道」、「法」關係的認知與運用情形。討論重心擬定如下：「道」與「法」在道教經典中如何定義？在地方宗教當中「道」與「法」又如何運作？民間法術如何進入道教經典當中？地方宗教又如何重新整合地方的信仰與法

---

[1]　Kristofer Schipper, *Le Fen-teng: Rituel Taoiste* (Paris: École française d'Extrême-Orient, 1975). Kristofer Schipper, *Le Corps Taoiste* (Paris: Fayard, 1982). John Lagerwey, "Questions of Vocabulary or How Shall We Talk about Xhinese Religion", 收於黎志添編，《道教與民間宗教論集》（香港：學峰文化事業，1999），頁 165-181。Michael R. Saso, *Taoism and the Rite of Cosmic Renewal* (Pullman: Washington State University Press, 1972).

術？民間的道士與法師如何互動？

一、歷史中的「道」、「法」關係

　　目前學者對「道」與「法」的關係有不同的態度。有學者從由時間脈絡來探討，從歷史源流演變的角度來關照「道」與「法」的關係。從宋元時期開始，就可以看出法術的儀式與元素開始與道教結合的過程。但是有學者從下而上來關照「道」、「法」的關係，認為在當代的區域宗教當中，不但道、法難分，而且部份民間庶民也都將之稱為「道教」，因而想要擴大道教的範疇，將各種法術傳統納入道教的領域之中。

　　道教經典當中對「道」與「法」有不少論述。《道法會元》開宗明義即云：

> 道者，靈通之至真；法者，變化之玄微。道因法以濟人，人
> 因法以會道，則變化無窮矣。……道乃法之體，法乃道之用。
> 師曰：有道中之道，有道中之法，有法中之法。道中之道者，
> 一念不生，萬物俱寂。道中之法者，靜則交媾龍虎，動則叱
> 咤雷霆。法中之法者，步罡、掐訣、念咒、書符，外此則皆
> 術數。[2]

　　這是經典當中典型探討「道」與「法」的模式。將道描述為形上的本體，而將法視為本體的作用，也就是用「體／用」的觀念去

2　《道法會元》，卷 1，頁 2-3。

塑造道與法的關係，可以說是宋代理學潮流下的思維。第二段將
「道」、「法」關係在細分為三個層次：「道中之道」，也就是一念不
生的本體寂靜狀態；「道中之法」可再分為兩個面向，靜時交媾龍
虎，指的是內丹修練，動時叱咤雷霆，指的是雷法的發動，這是「內
修外法」的概念展現，其具體實踐就是白玉蟾所云：「道本無言，
多言損炁。收炁存神，惜精愛己。內鍊成丹，外用成法。神炁散亂，
法不靈也。」[3]「法中之法」則泛指四種法術儀軌的操作：步罡、掐
訣、念咒、書符，也就是有形具體的儀式行為操演要訣。至於不在
「道中之道，道中之法，法中之法」者，則屬術數的範疇。白玉蟾
〈道法九要〉亦提到：

> 三教異門，源同一也。夫老氏之教者，清靜為真宗，長生為
> 大道，悟之於象帝之先，達之於混元之始。不可得而名，強
> 目曰道。自一化生，出法度人。法也者，可以盜天地之機，
> 窮鬼神之理。可以助國安民，濟生度死。本出乎道。道不可
> 離法，法不可離道。道法相符，可以濟世。[4]

在白玉蟾九個階次的修行體系中，「明道」屬於第五，「行法」
屬於第六階段。理論上「道」屬於哲學式的形上層次，而「法」則
是運用層面，可以濟世度民。前者是根源、本體；後者是發用、變
化，二者不可分離。[5]〈道法九要〉其實體現白玉蟾的整個修煉行法

3　　《玄珠歌註》收於《道法會元》，卷70，頁 1。
4　　《道法會元》，卷1，頁 12。
5　　Wang Li, "A Daoist Way of Transcendence: Bai Yuchan's Inner Alchemical Thought and Practice," Ph.D. dissertation, University of Iowa, 2004,

體系的建立，亦即從倫理、內煉、體道、行道、救度、傳承等建構完整的道法次第，兼及白玉蟾關於道教戒律、道德規範等觀點，以及心與儀式的關係，這都是建立在「道體法用」的理論體系之上。

這是經典當中對「道」、「法」界定的基本原則，也可以看成是宋元道教對「道」、「法」的理論層面理解，這類的論述常出現在宋元以後道教經典當中，顯見是道教重要議題之一。不過，在歷史脈絡當中，「法」的界定卻依時代、區域而有變異，甚至成為道教融攝不同地方法術傳統的管道。簡單來看，宋代以來的「道」、「法」觀念界定在法術傳統與道教的聯繫性之上。換言之，在神譜系統與傳承體系上與道教連結的，即成為道教法術傳統。而未能在神譜系統與傳承體系上與道教連結的，即被道教視為邪法或巫法。

學術界現在已經逐漸釐清宋代以後，法術性的儀式如何逐漸與正統道教連結，而成為道教的一環。這種建構過程透過無數的高道、士人的努力，逐漸形成一種共識，進而進為新形態的道教。宋代的法術傳統以各種方式與道教結合。天心正法的符籙咒訣皆宣稱出於三十代天師張虛靖，而隨著嗣漢天師府的興起，三十五代張天師獲得官方「提舉三山符籙」的權威，天心正法在天師道的地位也確立。[6] 更重要的是法術傳統也建立一套法職。

而不同派別的法術傳統，其權力來源與行法實踐也有差異，神霄雷法是建立在神霄玉清真王與雷聲普化天尊等尊神之誓願，借雷

344-349.
[6] 李志鴻，《道教天心正法研究》（北京：社會科學文獻出版社，2011），頁 82-88。松本浩一，〈張天師與南宋道教〉，《探詢民間諸神與信仰文化》（合肥：黃山書社，2006），頁 69-86。

霆行輔正除邪之職能，救度世人，免除災厄。天心正法的權力來源則是來自北極驅邪院的授與，加上日月星三光的咒力，行法者兼有北極驅邪院使者，以及代天巡狩的天界官僚身分，對鬼神世界進行賞善罰惡的考核獎懲，以維繫信仰社會之秩序。這呈現道教內部不同法術傳統與體系。[7]因此，即便是在宋元「道」、「法」的體系下，其「法」的權力根源及行法實踐也各有不同。

不僅是權力根源不同，學者也開始思考不同的法術傳統的區域根源，在宋元道教研究當中，Lowell Skar 的研究相當具創發性。給學界的啟發就是將不同系統的「法」，與地方傳統的信仰連結起來。其中，他從「天壇玉格」中發現，這些傳統都與地方宗教有著關連。「天樞」與許遜的信仰有關，源自於江西的中北；「北極驅邪院」與天心正法有關，源自於福建，流行於江西；而「玉府」屬於雷法，也在江西的中部、東北部流行；「神霄」與來自於浙江溫州的林靈素有關連，而來自江西的王文卿則是重要的人物。這些系統被整合在一個完整的階序當中，可以推測是經過長久的發展與累積而來的。他也發現，九世紀開始，道教自唐代而穩定的受籙系統，開始與驅邪法術傳統產生結合。而到了十四世紀的上清靈寶大法，雷法也開始被整合入儀式當中。雷法的系統化、理論化也是宋代的道、法整合現象，而王文卿與白玉蟾是代表性人物。其中《太上太清天童護命妙經》占有重要的地位。更重要的是，內丹的修練也被導入這些雷法之中，形成「內修外法」的道法觀。在這種風氣之下，法

7　參見蔡竺君，〈宋代道教驅邪法式：以《夷堅志》中的天心正法與雷法為例〉，《宗教與心靈改革研討會論文集》（高雄：高雄道德院，2011），頁 130-165。

師、法官，透過地方的將軍、元帥、帝君等神祇降示，仰賴其靈驗
的力量，建構各種法術傳統。這些神祇有其名號、歷史與地方信仰。
這些神祇也在歷史過程當中被勅封、被擢昇，進入道教的神系之
中。這些法術性文本之中，可以看出各種雷儀被組織化、系統化，
同時也在雷儀當中看出不同的元帥、神祇被推銷、擢升。在這些文
本當中，各種法術技法、符法、咒法、印法被整合在特定神祇、元
帥的系統之下。同時，也運用內丹的精、氣、神循環內煉觀點，將
這些神祇吸納入法術的系統之中。[8] 我們可以看出宋代以來，道教
系譜與地方崇拜以及密教、驅邪法術等之間的複雜互動關係。

　　李志鴻的研究試圖將各種「法」予以系統化，以「派」的觀念
來理解。期望從歷時性的角度縱向描繪歷史上教團的傳承，並從共
時性的角度比較同時期不同派別法術的異同。[9] 但是，許多的「法」
可能並無我們所想像中的「派」的形式，也並非一定是教團的形式。
這些可能是部份人所書寫、建構出來的。同時不同的「法」都有所
謂的「師派」，也就是傳承，其傳系系譜是半神話的，半歷史的系
譜建構，並不一定意味著一個獨立的「派別」。

　　在宋代的道法論述當中，首先學者關切的就是雷法的發展。雷
法的發展可能本來不是透過經典的方式傳播，常志靜（Florian
Reiter）認為法術本來就是道教的一環，而在唐代葉法善的時代，
雷法已經初步形成。早期經典段描寫招雷神是用血食，如雞、鵝等，

8　Lowell Skar, "Administering Thunder: A Thirteenth Century Memorial
　　Deliberating the Thunder Magic," *Cahiers d'Extrême-Asie* (1996-1997),
　　159-202.

9　李志鴻，《道教天心正法研究》（北京：社會科學文獻出版社，2011），
　　頁 1-15。

這或許代表雷法的傳統應該是不見容於早期道教的系統，也透露著後來的地方法術如何透過某些「程序」而進入「道教」之中，透過儀式的整合，雷法最後有建立自己的道脈，成為一種「法」的傳統。雷法在發展過程將自己的法術傳統歸入張道陵的系統中，同時在《道法會元》不同的篇章中發現主法、師派、變神的理論依據也不盡相同。在《先天雷晶隱書》已經大量的結合「內丹」的概念，這也就形成宋代「五雷法」的特色所在。神霄派的理論基礎則是透過王文卿所述作為論述的基準，以及薩守堅的雷法理論。[10] 常志靜關注到張宇初在雷法系統可能具有的整合性的地位，同樣具有整合雷法與內丹的樣貌，以正一派當時重要的護法神趙公明為例，分析在《道法會元》中的五雷法使用狀況，從它的使用狀況如何治瘟，使用特殊的「罩法」、「變神」概念、書符作用、符所的象徵意義等。最後以《神霄金火丙丁大法》當中所用所使用的護法神體系分析其配套的模式。[11] 常志靜指出清微派也是消化前人的譜系建立自己的傳統，納入「神霄」系統並統合前面道脈的傳統，進而建立一個屬於自己的神聖譜系。常志靜並推測現在的田野所見的「道法二門」現象或許就類是過去宋代《道法會元》道與法相互影響發展的樣子。

---

[10] Florian Reiter, "Taoist Thunder Magic," in *Zeitschrift der Deustschen Morgenlandischen Gesellschaft*, (Weisbaden: Harrassowitz Verlag, 2010), 120-154. Florian Reiter, "Daoist Thunder Magic, Some Aspects of its Schemes, Historical Position and Development." in *Foundation of Daoist Ritual*, (Weisbaden: Harrassowitz Verlag, 2009), 27-46.

[11] Florian Reiter, "Taoist Transcendence and Thunder Magic, As seen in the Great Rituals of Heavenly Ting of Metal and Fire in the Divine Empyrean 神霄金火天丁大法," in *Zeitschrift der Deustschen Morgenlandischen Gesellschaft*, (Weisbaden: HarrassowitzVerlag, 2011), 415-445.

　　學者也開始更細膩地考察個別法術系統的發展。在酒井規史的研究當中區分了「道法」與「道術」。酒井對「道法」的認知，是將道法視為一個系統性的法術體系，包含了師派、將班、召將法、驅邪法、咒語等。而道術是其中的個別「法術」。酒井所關心的是兩個主要議題：地方儀式、法術系統的形成。酒井認為「道法」的文本內容多為「道術」儀式手冊，容易添附。他從天蓬元帥相關的道法為主軸，探討新道法形成的過程，道術增加的過程許多元帥、官將稱號也隨之被創造，其獨特性的職能也興起。同樣對《上清童初五元素府玉冊正法》中考查出天蓬元帥道術、來自上清經的道術，而金允中之後更導入雷法。其次是地方法術如何與歷史上權威的道教人物、道派連結，而這種連結的機制為何？酒井考察邵陽火車五雷大法，探討了地方道士如何建構法術傳統，與當時的神霄及陳楠系統的雷法的聯繫，並探討其《雷霆玉經》與《洞玄雷霆玉樞大法》之關連，以及許遜傳說的導入，從中考察地方法術在建立傳承時，憑附雷法權威系統的過程。[12]

　　康豹（Paul Katz）一系列的研究已經注意到道教改造民間神祇的現象，他的研究以溫瓊元帥為例，分析黃公瑾〈地祇上將溫太保傳〉，探討元帥神如何進入道教官僚系統，進而正統化的歷程。他以「回響」（reverberation）的概念來說明道教與地方宗教之間相互

---

[12]　酒井規史，〈地方における雷法の形成：邵陽火車五雷大法を中心に〉，《東方宗教》，119（2012），頁 22-38。酒井規史，〈道法における道術の交流：童初正法と玉堂大法を中心に〉，收於田中文雄、祈泰履編，《道教と共生思想》（東京：大河書房，2009），頁 116-135。酒井規史，〈道法の形成と派生：上清天蓬伏魔大法と紫宸玄書を中心に〉，《東方宗教》，119（2008），頁 26-44。

影響，並形塑神祇多重面貌的過程。簡言之，神祇多重的形象並非獨立的存在，其不同形象不斷地透過種種方式彼此互微影響。[13]

其他學者也注意到這種機制有許多的不同模式，比較劉玉〈地祇法〉與黃公瑾〈地祇法緒餘論〉、〈地祇上將溫太保傳〉，即可發現黃公瑾試圖透過道統系譜與溫瓊神話來建構、提升地祇法在道法系統的位階。黃公瑾〈太保傳〉中所造構的溫瓊神話，將「地祇」具體成一官僚系統，並與道教靈寶、上清傳統連結，進而描繪出一位「道教」的溫瓊形象：不受血食、廟封，獲得虛靖天師傳地祇一司正法符籙呪訣，受封「助法翊靈昭武大使太保」，領有酆都三千兵馬，後又得吳道顯以鏡持鍊、加持天蓬呪，備足六通。在這過程當中，為原以民間巫術為根底、被視為較低階的地祇法，透過轉化人間神祇血食、附體等特色，且透過道／虛靖天師、法／天蓬呪、北極驅邪院兩方權威的認證，合法化並權威化地祇法在道法系統的位置，提供了伐廟馘邪的理論依據。得以剿滅奉僧伽三壇之教的伽羅王、許溫、郝邊，懲處曾受國封、行瘟太過的康應太保。[14]

從整個宋代以來的宗教環境來看，可以體現許多區域法術系統試圖建立一個以虛靖天師為宗師的道教「道統」，並透過此體系吸納地方神祇，以此凌駕於當時興盛的民間佛教與國家大舉封敕的眾多祠神。南宋以後的道教龍虎山如何開始進行整合，也許將這些《道

---

[13] 康豹，〈道教與地方信仰：以溫元帥信仰為例〉，收於高致華編，《探尋民間諸神與信仰文化》（合肥：黃山書社，2006），頁 116-148。Paul Katz, *Demon Hordes and Burning Boats: The Cult of Marshal Wen in Late Imperial Chekiang* (Albany: State University of New York Press, 1995).

[14] 高振宏，〈溫瓊神話與道教道統：從劉玉到黃公瑾的「地祇法」〉，《華人宗教研究》，3（2014），頁 51-104。

《法會元》的記載還原到當時的時代語境，通過時代語境的考察，或許對於瞭解文本會有更多的體會，而不是只從經典來瞭解，有時會被「正典」當中的典律化的書寫所遮蔽。

以上是在道教的框架之下探討道、法關係。但是，要討論歷史上的「道」、「法」關係，就不能忽略密教傳承的問題。在道教的道法系統之外，還有「瑜伽教」等法術傳統的存在，在宋元的道教傳統書寫當中，「瑜伽教」是被視為「邪法」。值得注意的是，這一類的佛教法術一直在各區域流傳，與「閭山」、「普庵」等法教傳統有密切關連。

學術界已經肯定所謂「瑜伽教」是密教的民間流傳。[15] 具體記錄則可見之於《海瓊白真人語錄》之中。無論是在神譜上或是用語用咒上來看，這個傳承一直存在直到今日民間「法教」。徐曉望歸納瑜伽教特色為：包含穢跡金剛；使用靈童、胡跳漢舞；拜香山大聖、龍樹醫王、華光大聖、那叉太子等佛教神祇。[16] 葉明生認為閭山法是建立在原本的許遜信仰，後來再結合陳靖姑的傳說。而在北宋天聖元年（1023）屬禁師巫的運動之後，轉而以道教與瑜伽教作掩護，持續發展至今。[17] 而「閭山」法則是這種民間密教的一大傳

---

15 Judith D. Boltz, *A Survey of Taoist Literature: Tenth to Seventeenth Centuries* (Berkley: Center for Chinese Studies, 1987). Edward L. Davis, *Society and the Supernatural in Song China* (Honolulu: University of Hawaii Press, 2001).

16 徐曉望，〈論瑜珈派與臺灣的閭山法師〉，《福州大學學報》，2（2008），頁 6。

17 葉明生，〈道教閭山派之研究〉，《道韻》，第九輯，（臺北：中華大道文化事業股份有限公司，2001），頁 149-184。鄭志明，〈陳靖姑信仰與法派的宗教形態〉《新世紀宗教研究》，2:3（2004），頁 62-97。

統。這種法術實踐在宋代之前可以已經流傳於閩、浙、贛等區域。至於閭山何所指？學者認為可能遼寧中部的醫巫閭山，但是地緣關係，有學者認為應該與江西廬山關係較深。[18] 與靈山法、盤古法相比，閭山法不但具強大影響力，而閭山又是統領橫山、茆山，形成閭山鎮三山的法術傳統。在閩西、閩中古田、福州以及江西客家區域也稱之為「夫人教」，並傳布到湖南。總之，葉明生將閭山法視為一個自古傳承至今不絕的一個傳統，即便是以道教、瑜伽教為掩護，其本質仍是閭山法。李志鴻則試著將福建瑜伽教與天心正法作聯繫，從請兵、梵咒、發奏等去聯繫兩者的關係。而徐曉望則是將閭山與瑜伽教聯繫，暗示其密教的本質。

由此看來，學者對瑜伽派或閭山派的認識多半還是以線性傳統或是派別來論述，由宗教中心或發源地往各區域傳播。但是這種法術性傳統缺乏一個中心的宗教機構，很可能是以多點同時網絡性、區域性發展的方式傳承於民間，不能以一般宗教傳布的模式來認識。此外，就是各傳承在發展過程，可能也經過整併的現象。這可以說明何以與靈山法、盤古法相比，閭山法較具影響力；而閭山又是統領橫山、茆山的法術傳承；以陳靖姑為主的三奶成為閭山的主神。當代對瑜伽派等「法教」傳統的研究還必須克服歷史文本的缺憾，也就是面臨明、清文獻的不足。這使得我們在建構各種「法教」傳統的流傳有所斷層。

此外，談到密教的元素，也不僅只限於「瑜伽教」等法術傳統。

18　葉明生，〈道教閭山派之研究〉，《道韻》，第九輯，（臺北：中華大道文化事業股份有限公司，2001），頁149-184。徐小望，〈論瑜珈派與臺灣的閭山法師〉，《福州大學學報》，2（2008），頁5-10。

天心正法一開始即大量引用密教的梵音咒語，後來也受到金允中嚴厲的批判。[19] 這種現象可以間接證明，宋代時期民間密法的流行。似乎也暗示著道教法術的興起與密教的民間化有著聯繫關係。這種道教法術的密教元素是「道教」援用了「密教」？還是在民間底層有著更普遍的「法教」傳統？亦即此傳統事實上是一種民間化後的密教法術傳統。並不完全是「道教」與「密教」之間的關係。再者，過去以為「道教」、「密教」是兩個傳統，其中，雷法與內丹也被視為宋代所興起的兩個傳統。但是，從《先天雷晶隱書》上來看，則消泯了以上這些範疇的界限，呈現道、密、雷法、內丹相融的新模式。為何會有這種新型態的宗教模式產生？很可能反映的是具有強烈密教色彩的「法教」傳統影響力擴張。也就是說，這些具有密教色彩的法術在不同區域宗教市場中取得優勢，因此其他的傳統開始援用其模式。法術取決於靈驗性，具有靈驗力量的新模式可能就具有主導性的優勢，這是本土傳統援引外來傳統或方法的肇因。

　　學術界目前辨識法教的方法主要還是透過神譜與咒法的比較。不過，神祇系統在歷史的發展過程還是有所變遷，某些神祇名稱雖然還留在個別法教傳統的咒本之中，但是只是招請的神祇之一而已，並無實質功用。另外就是區域的神祇不斷增加進入系譜，以及女神的增衍。天心正法在歷史發展過程中官將就有增加，白玉蟾即見證了「北極驅邪院」、「梅仙考召院」官將增衍的現象。而我們從《夷堅志》也可以看到穢跡金剛法神將系統增衍的狀況。足見歷

19　李志鴻，《道教天心正法研究》（北京：社會科學文獻出版社，2011），頁 240-248。

史發展過程中,各區域的官將、神祇不斷地進入各種法術系統之中。因此,單靠神譜與咒法的比對僅能指出其粗略的關聯性,並未能細緻地說明其變遷過程與神祇著重之轉化。

從上文的論述可以發現,所謂道教的「道」、「法」關係,在歷史上是呈現半開放、與民間區域的法術傳統互動、相融、連結,進而形成各種根源、基礎各異但又互相關連的法術傳統,從而豐富、卻也複雜化了道教的內涵與科儀。不過,在早期所謂「瑜伽教」之類的法術傳統卻與道教法術傳統關係較緊張,常被冠上「外法」、「邪法」的稱號。儘管兩者都共享了密教的咒法與儀式形態,但是在神譜與權力根源上有著本質的不同,因此相容性不大,可能直到帝制後期才在不同區域開始與道教的儀式傳統有不同程度的交涉。因此何謂「道」、「法」?其脈絡不同,內涵也各異。

近來學者已經在區域傳統的研究上,從區域、地方史來逐漸重構地方宗教的近代發展。再逐漸從區域宗教發展史來檢驗各種宗教在區域當中的互動狀態,這種觀察可以使我們免除將宗教割裂考察的困境。這也會使我們不再以「派別」來看待宗教,也不再想要以區域現象涵蓋整個「教派」的面貌。為了探討「道」、「法」的脈絡與內涵,其解決之道可以從個人或道壇的傳承著手,考察個人或道壇如何傳承、如何與其他宗教互動、如何吸納其他傳統、乃至如何在多元宗教市場當中競爭。筆者在下文當中嘗試朝這方面去探討。

二、道、法與區域研究

早期部份的道教學者諸如施舟人(Kristofer Schipper)、蘇海涵

（Michael R. Saso）等認為道教經典所描述的道教是地方宗教的根源。這些學者有個假設，認為前時代的地方道教傳統內容被編整，而形成道經、道藏，而這些道經又形成後時代的地方道教傳統的基礎。[20] 因此，從地方的道教傳統上溯到道教經典，考察地方道教的根源成為主要的方法。

不過愈來愈多投入當代地方道教調查的學者發現道教經典所描述的道教與地方傳統有差異。學者對經典中所描述的道教和地方宗教之間的差異有幾種看法：有學者認為道藏所呈現的是國家道教，而當代所見的是民間的道教。也有學者認為道藏當中所呈現的是理想化的道教，而在地方所見的則是現實的道教。或有學者以為，道藏當中的是單純化的道教，而地方的宗教則是與其他傳統複合的道教。還有學者認為道藏中的是非脈絡的經典道教，而地方宗教所見的是脈絡中的地方道教。此外，許多地方宗教傳統具有道教形式，而被當作道教，甚至進入道藏之中。對於詮釋道教經典與地方宗教之間的關係，已經成為當前道教研究重要的學術議題。

在這種學術省思之下，近年國際學術界興起中國區域宗教研究的風潮，區域宗教研究成為道教研究的趨勢。各地方的道教研究諸如臺灣、湖南、福建、廣東、浙江、山東等地的區域宗教史與當代道壇、儀式調查逐漸公佈，學術成果非常豐富。[21]新的研究發現改

---

20 Kristofer Schipper, *Le Fen-teng: Rituel Taoiste* (Paris: École française d'Extrême-Orient, 1975). Michael R. Saso, *Taoism and the Rite of Cosmic Renewal* (Pullman: Washington State University Press, 1972).

21 王秋桂，《民俗曲藝叢書》（臺北：施合鄭民俗文化基金會，1993）。John Lagerwey, *Traditional Hakka Society Series* (Hong Kong: Traditional Hakka Studies Association, 1996-2002). Daniel Overmyer, ed. *Ethnography*

寫了過去對中國宗教史歷時性與共時性的均質論述，而從這些區域研究的成果，學者進一步去考察區域宗教發展史。勞格文（John Lagerwey）對長汀縣宗教的詳細考察，羅柏松（James Robson）對

---

in China Today: A Critical Assessment of Methods and Results (Taipei: Yuan-Liou, 2002). Kenneth Dean & Zheng Zhenman, *Ritual Alliance of the Putian Plain* (Leiden: Brill, 2010). Kenneth Dean, *Taoist Ritual and Popular Cults of Southeast China* (Princeton: Princeton University Press, 1993). Kenneth Dean, "Local Communal Religion in Contemporary South-east China," in *Religion in China Today* ed., Daniel Overmyer (Cambridge: Cambridge University Press, 2003). Kenneth Dean, "The Growth of Local Control over Cultural and Enviromental Resources in Ming and Qing Coastal Fujian," in *The People and the Dao: New Studies in Chinese Religion in Honour of Daniel L. Overmyer* eds., Philip Clart and Paul Crowe (Sankt Augustin: Institut Monumenta, 2007), 189-218. Paul Katz, *Demon Hordes and Burning Boats: The Cult of Marshal Wen in Late Imperial Chekiang* (Albany: State University of New York Press, 1995). Thomas David DuBois, *The Sacred Village: Social Change and Religious Life in Rural North China* (Honolulu: University of Hawaii Press, 2005). Wai Lun Tam, "Communal Worship and Festivals in Chinese Villages," in *Chinese Religious Life* eds., David A Palmer, Glenn Shive, and Philip L. Wickeri (Oxford: Oxford University Press, 2011), 30-49. Vincent Gossaert and David A. Palmer, *The Religious Question in Modern China* (Chicago: The University of Chicago Press, 2011). David Johnson, *Spectacle and Sacrifice: The Ritual Foundations of Village Life in North China* (Cambridge: Harvard University Press, 2009). 譚偉倫，〈九峰山區客家的宗教形態初探〉，《韶州府的宗教、社會與經濟，卷下》，in *Traditional Hakka Society Series* vol. 10 eds., Zeng Hanzing and Tam Wai Lun (Hong Kong: Traditional Hakka Society; EFEO; Overseas Chinese Archives, 2000), 305-322. John Lagerwey, "God and Ancestors: Cases of Crossover," 收於譚偉倫編，《中國地方宗教儀式論集》（香港：香港中文大學崇基學院宗教與中國社會研究中心，2011），頁 371-409。勞格文、呂鍾寬合撰，〈浙江省蒼南地區的道教文化〉《東方宗教研究》，3（1993），頁 171-199。勞格文撰、呂鍾寬整理，〈福建省南部現存道教初探〉《東方宗教研究》，3（1993），頁 147-169。John Lagerwey, *China: A Religious State* (Hong Kong: Hong Kong University Press, 2010), 96-105 .

湖南的考察等都是最佳的典範。[22] 這些研究顯示出各區域的宗教現象呈現相當大的差異，同時也顯示這些地方的宗教與道教經典當中的道教有相當的距離。在這種研究風潮下，我們也開始見識到各區域道教中「道」、「法」關係的差異性。[23] 這也促使我們思考道、法關係與地方宗教之間的關係。

黃建興考察福建、江西、浙江、江蘇、貴州、雲南等地的儀式，發現法師儀式傳統的共同性，在兩種儀式，也就是集體性醮儀與家庭個人性法事當中，有神靈憑附、跳神儀式、血祭儀式、驅邪儀式等法術性特徵。而這種儀式傳統普遍地存在中國南方。黃建興試著要歸納出「法師傳統」的共同性，但是難免簡化了法教傳統的複雜性。[24] 劉勁峰也在江西萍鄉市發現先天教、正一教、普庵教同時存在的現象。[25] 唐蕙韻在葉明生的基礎上認為福建閭山是在道教基礎上吸收佛教齋科、法術，形成三奶、海清、王姥、法主、瑜伽等支派。[26] 呂永昇則發現湖南梅山當中在歷史發展中，逐漸形成梅山

---

[22] James Robson, "The Institution of Daoism in the Central Region (Xiangzhong) of Hunan," *Daoism: Religion, History and Society*, 2(2010): 65-94. John Lagerwey, "The History and Sociology of Religion in Changting County, Fujian," in *The People and the Dao: New Studies in Chinese Religion in Honour of Daniel L. Overmyer* eds., Philip Clart and Paul Crowe (Sankt Augustin: Institut Monumenta, 2007), 189-218.

[23] 劉遠，〈長汀夫人教道壇儀式與跳海清〉，《民俗曲藝》，122-123（2000），頁 191-264。

[24] 黃建興，〈中國南方法師儀式及其特徵〉，發表於「正一與地方道教儀式」研討會，金門大學閩南文化研究所，2012 年 9 月 22-23 日。

[25] 劉勁峰，〈江西萍鄉市正一道清風觀顯應雷壇〉，發表於「正一與地方道教儀式」研討會，金門大學閩南文化研究所，2012 年 9 月 22-23 日。

[26] 唐蕙韻，〈福建民間閭山派科儀本中的「王母」意涵〉，發表於「正一與地方道教儀式」研討會，金門大學閩南文化研究所，2012 年 9 月 22-23 日。

教、閭山派、正一派並存的現象。閭山師公體系吸收大量梅山鬼神信仰，也包括了翻壇倒洞張五郎。 正一道教與城隍祭祀有密切的關連，偏向官方的祭祀儀式。而道士自認為是「文壇」，以超度建醮為主，高於師公的「武壇」，以召喚猖兵、驅邪趕鬼為務。[27] 這種「道士」、「師公」的儀式區分在湖南冷水江一帶尤為清楚。[28] 莫達夫（David Mozina）、羅柏松（James Robson）對湖南道壇歷史與田野細膩的調查，也為我們揭示道法關係的複雜性。[29] 同樣最近在南嶺走廊地區，包括廣東、廣西、貴州、雲南等地的研究，呈現道教及法教與壯、瑤、苗族的宗教交互作用，形成更複雜的宗教圖景。[30]

福建是道法關係研究成果最豐碩的區域，丁荷生（Kenneth Dean）長期而大量的研究見證到莆田北邊正一道士與陳靖姑信仰有著模糊的分界，而道教儀式實踐與三一教信仰、九鯉洞的靈媒信仰

---

[27] 呂永昇，〈湘中「梅山」道教的儀式與演變趨勢〉，發表於「正一與地方道教儀式」研討會，金門大學閩南文化研究所，2012 年 9 月 22-23 日。

[28] 李新吾，〈冷水江楊源張壇師公與道士的異同比較〉，收於冷水江市政協文史學習委員會編，《冷水江文史資料（五）》（冷水江市：冷水江市政協文史學習委員會，2006），頁 58。

[29] David Mozina, "Daubing Lips with Blood and Drinking Elixirs with the Celestial Lord Yin Jiao: The Role of Thunders Deities in Daoist Ordination in Contemporary Hunan," *Cahiers d'Extrême-Asie*, 19 (2010). James Robson, "Among Mountains and Between Rivers: A Preliminary Appraisal of the Arrival, Spread, and Development of Daoism and Buddhism in the Central Hunan Region," *Cahiers d'Extrême-Asie*, 19 (2010).

[30] 王建新編，《南嶺走廊民族宗教研究：道教文化融合的視角》（北京：宗教文化出版社，2013）。其中徐祖祥、郭立新、張晶晶的研究頗值得關注。

並行交織成複雜的信仰網絡。[31] 葉明生也發現福建閭山具有開放的
特質，可以配合道門或佛事，依照其科儀可以分為祈安醮會，即酬
神祈福；功德道場，屬於超亡拔度之喪儀；保護法事，多為消災改
運或驅邪治病等三大類。葉明生同時從高陽科儀本中以及實際調查
發現，一個道壇有道教正一靈寶與閭山教共存的現象，甚至是長子
學道，習靈寶科儀，次子學法，學閭山教儀。這是另一種道法並存
的現象。[32] 而閩東與浙南的道壇有法號與真號，前者是法教的號，
後者是道士的號。二者在道壇並存。葉氏同時指出在龍巖道壇中，
法教的部份已經隱入道教儀式當中，只留在「王姥教法」中，難以
判別其界限。[33] 林振源的研究顯示「道法二門」在詔安與臺灣北部

[31] Kenneth Dean, "Spirit Mediums as Global Citizens: Tracing Trans-national Ritual Networks from the Village Temple of Shiting, Putian to Southeast Asia," 收於譚偉倫編，《中國地方宗教儀式論集》（香港：香港中文大學崇基學院宗教與中國社會研究中心，2011），頁 411-467. Kenneth Dean, "Daoism, Local Religious Movements, and Transnational Chinese Society," in *Daoism in the Twentieth Century* eds., David A. Palmer and Xun Liu (Berkeley: University of California Press, 2012), 251-273. 丁荷生、鄭振滿，〈閩台道教與民間諸神崇拜〉，《中研院民族所集刊》，73（1992），頁 33-52。Kenneth Dean & Zheng Zhenman, *Ritual Alliance of the Putian Plain* (Leiden: Brill, 2010), Ch. 1-2.

[32] 葉明生，〈閩南德化閭山教源流與科儀初探〉，發表於「正一與地方道教儀式」研討會，金門大學閩南文化研究所，2012 年 9 月 22-23 日。

[33] 葉明生，〈道教閭山派之研究〉，《道韻》，第九輯，（臺北：中華大道文化事業股份有限公司，2001），頁 149-184。徐小望，〈論瑜珈派與臺灣的閭山法師〉，《福州大學學報》，2（2008），頁 5-10。葉明生，〈閩西南道教閭山派傳渡中心永福探密〉，《民俗曲藝》，94-95（1995），頁 165-206。葉明生，〈魂歸閭山－建陽閭山教功德道場儀式中靈魂信仰之探討〉，《民俗曲藝》，118（1999），頁 41-78。葉明生，〈張聖君信仰發祥地與盤谷方壺寺祭儀述略〉，《民俗曲藝》，138（2002），頁 147-197。

就有南轅北轍的認知內涵。以往的研究發現，臺灣北部的「道法二門」除了道場的醮儀，還有被稱為「法場」的驅邪儀式類型，以「大補運」為代表。在道場當中道士具職自稱「天師門下」；而法場當中抄本則有「閭山門下」之稱，形成道士兼具道法二門的結構。現在學者發現臺灣北部的道教與福建詔安有密切關係，林振源考察福建詔安十個道壇後發現，所謂「道法二門」指的是師與聖，也就是天師道與北帝法，而在詔安客家道壇具體指的就是天師道與混元法，在部份道壇也稱為「西教」。因此，道法二門就是以天師道、張天師、龍虎山對應混元法、北帝、武當山的二元關係。更具意義的是，閭山法在詔安道壇是視之為「外法」或「邪法」。[34] 這個觀察實際上正印證了筆者前文的歷史論述，亦即道教內部的「道」、「法」結構，相對於「瑜伽教」、「閭山法」等「外法」的關係，然而時過境遷，在臺灣卻巧妙成為「道法二門」的兩個範疇。

　　同時，道、法與儀式佛教也有互動、複合。蔡志祥清楚指出在香港新界北約地區的醮當中，道士在進行打武的清靜壇場儀式之時，換去道袍，頭戴紅巾、穿半截紅裙，呈現的是「混元之教」或閭山的法師傳統。而粉嶺地區的洪朝儀式，道士以同樣的裝扮吹號、唱蔴歌、劈沙羅。[35] 新界鄉村的道士更作目蓮的打扮、孝子的裝扮，祭大幽時更換僧袍、戴五佛冠、結手印等，形成多重身分的

34　林振源，〈福建詔安的道教傳統與儀式分類〉，譚偉倫編，《中國地方宗教儀式論集》（香港：香港中文大學崇基學院宗教與中國社會研究中心，2011），頁 301-323。

35　亦可參考區達仁、張瑞威，〈粉嶺太平洪朝〉，《華南研究》，1（1994），頁 24-38。

轉換。[36] 譚偉倫則從田野當中見證道、法、佛揉合的現象。在粵西北陽山縣發現內壇為喃嘸佬，外壇為閭山法師的打醮儀式。在粵北英德縣則發現同一個主壇進行的儀式中，上壇為喃嘸，下壇為茅山、閭山法事。[37]

從以上研究成果可以發現，道、法關係並不是在每個地方都有清楚的分野與界限，有時複合、有時混合、有時易地而有不同內涵、有時甚至雜柔佛儀，其內在的分界，依地域而有游移。道與法的關係不能一概而論、以偏概全。各時代、區域對道法關係與內涵皆有不同的論述。

宋怡明與勞格文皆曾指出，地方信仰與道教傳統融合時，社區也在發展新的儀式形態。地方信仰儀式在創造鞏固社會凝聚力的過程，會進行再創造，而地方儀式與道教傳統的融合也未使地方信仰超越地方性，地方性儀式往往與道士的超越地方性儀式並存。[38] 這種關係有時就是「道」與「法」複雜關係的寫照。

筆者認為要認知道法關係，必須透過不同的角度分析，包含歷史傳承、區域脈絡、儀式專家的認知以及信眾的觀點等。在複雜的歷史演變以及目前豐碩的區域宗教研究成果之下，研究「道」、「法」的問題已經無法以均質性的概括論述方式進行，必須在區域宗教現

36　蔡志祥，〈儀式與身份轉換：香港新界北約地區的醮〉，譚偉倫編，《中國地方宗教儀式論集》（香港：香港中文大學崇基學院宗教與中國社會研究中心，2011），頁 325-348。

37　譚偉倫，〈粵北即贛西北山區鄉村醮儀的佛教元素〉，譚偉倫編，《中國地方宗教儀式論集》（香港：香港中文大學崇基學院宗教與中國社會研究中心，2011），頁 181-204。

38　宋怡明編，《明清福建五帝信仰資料彙編》（香港：香港科技大學華南研究中心，2006）。

象與宗教史當中作總體性的考察。李豐楙已經指出臺灣的北部、中部道法以「複合」的形態來表現，[39] 在以上的學術反思之下，我們可以進一步探討不同區域的「道」與「法」如何地「複合」？本書將以各種案例探討歷史當中與地方道教當中的「道」、「法」現象。

三、本書結構

本書在探討經典道教與地方宗教的議題上，分為兩大部分。第一部分以歷史研究為主；第二部分以當代不同區域的研究調查為主。

第一篇是美國達茅斯學院李福（Gil Raz）教授的研究，主題是「經典」與「地方典籍」的關係。作者思考中古道教經典的本質，並提供了三個敦煌文本，反應地方傳統下的道教典籍，並藉此來反思道教經典集結背後的動機，以及學者仰賴經典所可能浮現的潛在問題。作者所分析的三個敦煌文本分別為《老子變化經》、《靈寶真一五稱經》以及《太上靈寶老子化胡妙經》。透過詳細的分析與比對，作者為我們展示了一個與道藏本不同的地方文本，並揭示了其中文本與地方的關係，以及佛道教互動的另一個面貌。

第二篇是日本筑波大學圖書館情報媒體研究所松本浩一教授所執筆，探討的是宋代考召法的基本構成。道教考召法可以定義為「捉捕審訊祟鬼」的咒術。松本教授選擇從唐末到宋元時代成立的

39　李豐楙，〈道法二門：臺灣中北部的道、法複合〉，譚偉倫編，《中國地方宗教儀式論集》（香港：香港中文大學崇基學院宗教與中國社會研究中心，2011），頁147-179。

四種考召法，比較考察各個考召法的程序。《金鎖流珠引》被認為是宋代以前成立的，所以可以認為其相關內容反映出天心法、雷法等代表性道教咒術成立以前的考召法。作者另外選擇《上清天心正法》和《太上助國救民總真秘要》中的相關部分。關於雷法，以《道法會元》卷二二二〈正一吽神靈官火犀大仙考召秘法〉為考察文本。另外，由於天蓬法與天心法、雷法有不同的特色，本文以《道法會元》卷一五六到卷一六八〈上清天蓬伏魔大法〉作為代表。這些法術的基本程序相同，但是在「下近罩」、「下遠罩」的部分，或是讓祟鬼憑依童子的部分等，以及行法中道士所踏的步罡和收容鬼祟的獄，各個考召法都有各自的特色。

第三篇是早稻田大學商學部酒井規史教授所研究的《洞玄玉樞雷霆大法》。作者對《道藏》中的《道法會元》收錄了各種雷法科儀書進行考察，並以《洞玄玉樞雷霆大法》為案例，對科儀書的形成過程進行探討。《洞玄玉樞雷霆大法》被認為是宋末元初在福建創造的「洞玄玉樞雷法」科儀書。我們通過對雷法法統的分析，概覽其沿革，並研討其神格系統與「神霄說」的關聯，藉此說明地方雷法的形成過程，並且提供一個關於地方道士（或法師）如何創造新的傳統的典型實例。此外，對《洞玄玉樞雷霆大法》所記載的法術進行考察，發現現在的版本是導入了清微法而重新編纂的。作者探討這個版本的編纂過程，由此可以解釋《道法會元》中的科儀書編纂的部分情況。

第四篇是輔仁大學張超然教授對宋代儀式當中的道法關係之研究。作者利用南宋時期成書的兩部《上清靈寶大法》，以及稍早的《靈寶無量度人上經大法》作為研究對象，同時及於北宋末期成

書的兩種天心正法文獻《上清骨髓靈文鬼律》與《太上助國救民總真秘要》，以之考察南宋時期靈寶傳度科儀的形成與發展，以及新興地方儀式傳統——天心正法在其間所發揮的影響力。通過考察這些不同時期、區域，甚至不同派系的道教文獻，不僅能夠在一定程度內掌握置身地方傳統中的道教處境，甚至判斷其中可能存在的變遷情形。這之中所突顯的問題，不僅僅是不同傳承或個別區域的道教傳統在傳度方法上的差異而已，背後還隱含著宋代新興儀式傳統究竟如何影響古典道教儀式的發展，道士的宗教身份是否因為傳度而有所變異，甚至作為道教傳授權威的「宗壇」與地方道教傳統之間可能存在的衝突等問題。

　　第五篇為政治大學高振宏教授對溫瓊神話與道教道統的研究。作者比較劉玉〈地祇法〉與黃公瑾〈地祇緒餘論〉、《地祇上將溫太保傳》，以為黃公瑾試圖透過道統譜系與溫瓊神話來建構、提升地祇法在道法系統的位階，同時也為以民間巫術為根底、被視為較低階的地祇法提供了伐廟鹹邪的理論依據。作者從整個宋代以來的宗教環境來看，其目的不只是賦與該道法的合法性，更是試圖建立一個以虛靖天師為宗師的「新道教道統」，以此凌駕當時興盛的民間佛教與祠神信仰。此外，文中也指出當時江南地區許多具敗軍死將、疫神特質的功烈神祇多會合祀於東嶽行宮，可能受到天心正法「借嶽兵」的儀式傳統影響，道士或法官因此與某些易於驅遣、捷疾靈驗的祠神建立特定的盟約關係，進而造構出獨立的元帥法。東嶽行宮便成為道教與祠神溝通的最佳渠道，使彼此有更緊密的連結，道教便以此途徑吸納、融攝許多民間神祇，形塑出新的宗教景觀。

　　本書的第二部分以當代地方道教傳統的個案分析為主。第一篇
是美國波士頓學院莫達夫（David Mozina）教授對當代湖南安化縣
梅城鎮奏職醮的研究。作者透過對當地道士的奏職醮撥度科的細膩
考察，揭示奏職儀式的程序與結構，其中作者特別著墨於撥將儀
式，分析其中的歃血誓盟的意義，並特別突出地司太歲殷郊天君的
角色。透過此儀式分析來說明梅城道士觀念中具格的道士所必備的
條件要素。此儀式展現了湖南雷法的特色，也呈現湖南特殊的「道」
「法」觀念。

　　第二篇是臺灣師範大學謝聰輝教授對福建泉州南安北部「奏
籙」（意即「奏請道職經籙」）儀式的研究。作者以南安市洪瀨鎮一
個世業道壇奏職個案調查記錄為主，並輔以訪談與掌握的相關資料
論證。研究重點放在此一個案中相關的傳承譜系建立、奏籙的時機
分析，和整個奏籙儀式結構、過程、道法演行的內涵，以及相關經
籙文檢授予前的準備，與其內容職稱所反映的道法傳承問題的研
究，探究此奏籙儀式與經籙文檢在道教歷史的地位，並為建構閩、
臺道教傳承關係與變化歷史累積更多的研究例證。

　　第三篇為法國高等研究學院林振源博士對臺灣北部道法二門
源流的研究。作者認為，自古將「主流」道教傳統（正一）與驅邪
為主的地方道法傳統（閭山、三奶）做正、邪對比的情況並不罕見。
然而正、邪之辨的觀點亦非如此絕對。該文探討的「道法二門」傳
統，自發源地福建詔安客家地區流傳到臺灣北部所出現的流變可以
當做一個範例。通過考察臺灣北部道法二門源流，將有助於我們認
識一個地方道教傳統詮釋正、邪之辨與道、法之合的辯證過程。

　　第四篇是真理大學蕭進銘教授對淡水的法教、道法關係及年例

祭天儀式的探討。該文探究三項問題：一、淡水法教的主要派別、源流、儀式及特色為何？二、淡水法教法師的地位、功能、角色及其與宮廟、道士和童乩的關係和異同到底為何？三、道法二教所主持之年例祭天儀式的象徵、意涵、功能、作用及其背後之文化、心理和哲學的基礎為何？經由作者的分析整理得出，淡水的法教，至少存在三奶、九天、茅山及天師等幾個不同的傳承，其中尤以三奶法的傳播最廣。正因淡水法教的流派甚多，是以其儀式種類、內涵、施行方法、傳承方式及與道士、童乩和廟宇的具體關係，自然也相當多元而各有異同。該文後半所著力探討的濱海三廟，即可見出其中的細部差異；但在這些差異表象的背後，本文亦針對三廟之祭天儀式進行深入剖析，認為其中實存在一個人類生命及自然宇宙所共同擁有的存有規律及秩序。

第五篇是政治大學謝世維教授對「道」與「法」與區域的宗教與文化網絡的個案研究。該文以地方宗教的觀點，探討「道」與「法」在地方宗教所展現的宗教職能。作者以臺南地區為主要考察區域，並以和意堂為考察核心。和意堂為臺南黑頭法，系屬普庵法教黑頭小法團，傳承上屬於連吉成一系，至王炎山的時候建立和意堂。王炎山與當時臺南重要道壇有許多合作，包括陳榮盛的穎川道壇，以及吳西庚的延陵道壇，建立道壇、法壇共同在民間道教儀式中合作的模式，在過程中，「道」與「法」有合作也有融合。這種模式從王炎山延續到下一代王正裕，本文考察在歷史中臺南的「道」、「法」模式以及當代的實踐。

本書的十篇論文分別從歷史文獻與當代田野考察兩個進路，透過不同的角度分析，包含歷史演變、區域脈絡、儀式專家等來探討

經典道教與地方宗教的複雜關係。如前所言，目前「道」、「法」研
究在歷史與當代區域研究所呈現的複雜度，無法以概約式的模型去
掌握，本書以歷史縱深輔以當代區域的廣度，從多元的觀點，呈現
「道」、「法」之間的複雜生態，並期盼以此作為開端，為道教學術
開啟新的研究課題。

參考書目

傳統文獻

《道法會元》,《正統道藏》,第 48-51 冊,臺北:新文豐出版,1995。

近人論著

中文著作

丁荷生、鄭振滿,〈閩台道教與民間諸神崇拜〉,《中研院民族所集刊》,
　　73,1992:33-52。

王建新主編,《南嶺走廊民族宗教研究:道教文化融合的視角》,北京:
　　宗教文化出版社,2013。

王秋桂,《民俗曲藝叢書》,臺北:施合鄭民俗文化基金會,1993。

吳永猛;謝聰輝合著,《臺灣民間信仰儀式》,臺北:國立空中大學出版
　　社,2005。

呂永昇,〈湘中「梅山」道教的儀式與演變趨勢〉,發表於「正一與地方
　　道教儀式」研討會,金門大學閩南文化研究所,2009。

呂錘寬,《道教儀式與音樂之神聖性與世俗化:儀式篇》,臺中:文建會
　　文化資產管理籌備處,2009,頁 101-20。

宋怡明主編,《明清福建五帝信仰資料彙編》,香港:香港科技大學華南
　　研究中心,2006。

李志鴻,《道教天心正法研究》,北京:社會科學文獻出版社,2011。

李新吾,〈冷水江楊源張壇師公與道士的異同比較〉,收於《冷水江文史
　　資料(五)》,冷水江市政協文史學習委員會編,冷水江市:冷水江
　　市政協文史學習委員會,2006,頁 58。

李豐楙，〈臺灣儀式戲劇中的諧噱性—以道教、法教爲主的考察〉，《民俗曲藝》，71，1989，頁 174-210。

———，〈複合與變革：臺灣道教拔度儀中的目連戲〉，《民俗曲藝》，94、95（和刊本），1993，頁 83-116。

———，〈臺灣中部「客仔師」與客家社會：一種社會變遷中信仰習俗的起伏與消失〉，收於徐正光，彭欽清，羅肇錦主編，《客家文化研討會論文集》，臺北市：行政院文化建設委員會，1994，頁 217-42。

———，〈臺灣中部「客仔師」與客家移民社會：一個宗教民俗史的考察〉，收於宋光宇編，《臺灣經驗（二）社會文化篇》，臺北：三民出版社，1994，頁 121-58。

———，〈金門閭山派奠安儀式及其功能—以金湖鎮復國墩關氏家廟爲例〉，《民俗曲藝》，91，1994，頁 395-464。

———，〈臺灣中部紅頭司與客屬部落的醮儀形式〉，《民俗曲藝》，116，1998，頁 143-73。

———，〈道、法信仰習俗與臺灣傳統建築〉，收於郭肇立主編，《聚落與社會》，臺北：田園城市文化，1998，頁 107-29。

———，《東港迎王：東港東隆宮丁丑正科平安祭典》，臺北：臺灣學生書局，1998，頁 213-59。

———，《東港東隆宮醮志：丁丑年九朝慶成謝恩水火祈安清醮》，臺北：臺灣學生書局，1998，頁 100-208。

———，〈道法二門：臺灣中北部的道、法複合〉，收於譚偉倫編，《中國地方宗教儀式論集》，香港：香港中文大學崇基學院宗教與中國社會研究中心，2011，頁 147-79。

———，〈凶死與解除：三個臺灣地方祭典的死亡關懷〉，收於《華人學術處境中的宗教：本土方法的探索》，黎志添編，香港：三聯書店，2012，頁 91-133。

李豐楙、謝聰輝合著，《臺灣齋醮》，臺北：傳統藝術中心籌備處，2001。

周舜瑾，〈符令與儀式初探：以澎湖西玉聖殿入火安宮儀式為例〉，臺南：
　　國立臺南大學臺灣研究所碩士論文，2008。

松本浩一，〈張天師與南宋道教〉，《探詢民間諸神與信仰文化》，安徽：
　　黃山書社，2006，頁 69-86。

林振源，〈福建詔安的道教傳統與儀式分類〉，收於譚偉倫編，《中國地方
　　宗教儀式論集》，香港：香港中文大學崇基學院宗教與中國社會研究
　　中心，2011，頁 301-23。

范李彬，〈〈普庵咒〉音樂研究〉，臺北：國立藝術學院音樂所碩士論文，
　　1997。

唐蕙韻，〈福建民間閭山派科儀本中的「王母」意涵〉，發表於「正一與
　　地方道教儀式」研討會，金門大學閩南文化研究所，2012。

徐小望，〈論瑜珈派與臺灣的閭山法師〉，《福州大學學報》，2，2008，頁
　　5-10。

高振宏，〈溫瓊神話與道教道統：從劉玉到黃公瑾的「地祇法」〉，《華人
　　宗教研究》，3，2014，頁 51-104。

康豹，〈道教與地方信仰：以溫元帥信仰為例〉，收於高致華編，《探尋民
　　間諸神與信仰文化》，合肥：黃山書社，2006，頁 116-148。

區達仁、張瑞威，〈粉嶺太平洪朝〉，《華南研究》，1，1994，頁 24-38。

陳芳伶，〈陳靖姑信仰的內容、教派及儀式探討〉，臺南：國立臺南大學
　　臺灣文化研究所碩士論文，2003。

勞格文、呂錘寬合撰，〈浙江省蒼南地區的道教文化〉，《東方宗教研究》，
　　3，1993，頁 171-99。

勞格文撰、呂錘寬整理，〈福建省南部現存道教初探〉，《東方宗教研究》，
　　3，1993，頁 147-69。

黃建興，〈中國南方法師儀式及其特徵〉，發表於「正一與地方道教儀式」
　　研討會，2012。

葉明生，〈閩西南道教閭山派傳渡中心永福探密〉，《民俗曲藝》，94-95，
　　1995，頁 165-206。

───，〈魂歸閭山─建陽閭山教功德道場儀式中靈魂信仰之探討〉，《民
　　俗曲藝》，118，1999，頁 41-78。

───，〈道教閭山派之研究〉，《道韻》，第九輯，臺北：中華大道文化
　　事業股份有限公司，2001，頁 149-84。

───，〈張聖君信仰發祥地與盤谷方壺寺祭儀述略〉，《民俗曲藝》，138，
　　2002，頁 147-97。

───，〈閩南德化閭山教源流與科儀初探〉，發表於「正一與地方道教
　　儀式」研討會，金門大學閩南文化研究所，2012。

劉枝萬，〈臺灣的道教〉《道教》第三卷，朱越利、徐遠和、馮佐哲譯，
　　上海：古籍出版，1992。

───，《臺灣民間信仰論集》，臺北：聯經，1983。

劉勁峰，〈江西萍鄉市正一道清風觀顯應雷壇〉，發表於「正一與地方道
　　教儀式」研討會，金門大學閩南文化研究所，2012。

劉遠，〈長汀夫人教道壇儀式與跳海清〉，《民俗曲藝》，122、123（合刊
　　本），2000，頁 191-264。

蔡志祥，〈儀式與身份轉換：香港新界北約地區的醮〉，收於譚偉倫編，《中
　　國地方宗教儀式論集》，香港：香港中文大學崇基學院宗教與中國社
　　會研究中心，2011，頁 325-48。

蔡竺君，〈宋代道教驅邪法式：以《夷堅志》中的天心正法與雷法為例〉，
　　收於《宗教與心靈改革研討會論文集》，高雄：高雄道德院，2011，
　　頁 130-65。

蔡相輝、吳永猛，《臺灣民間信仰》，臺北：空中大學，2001。

鄭志明，〈陳靖姑信仰與法派的宗教形態〉，《新世紀宗教研究》，2:3，2004，
　　頁 62-97。

譚偉倫，〈九峰山區客家的宗教形態初探〉，《韶州府的宗教、社會與經濟，卷下》，收於 Zeng Hanzing and Tam Wai Lun 編輯，*Traditional Hakka Society Series* vol.10. Hong Kong: Traditional Hakka Society; EFEO; Overseas Chinese Archives, 2000，頁 305-22.

譚偉倫，〈粵北即贛西北山區鄉村醮儀的佛教元素〉，收於譚偉倫編，《中國地方宗教儀式論集》，香港：香港中文大學崇基學院宗教與中國社會研究中心，2011，頁 181-204。

日文著作

大淵忍爾，《中國人の宗教儀禮：佛教・道教・民間信仰》，東京：福武書店，1983。

酒井規史，〈地方における雷法の形成：邵陽火車五雷大法を中心に〉，《東方宗教》，119，2012，頁 22-38。

————，〈道法における道術の交流：童初正法と玉堂大法を中心に〉，收於《道教と共生思想》，田中文雄、祈泰履編，東京：大河書房，2009，頁 116-35。

————，〈道法の形成と派生：上清天篷伏魔大法と紫宸玄書を中心に〉，《東方宗教》，112，2008，頁 26-44。

英文著作

Boltz, Judith D. *A Survey of Taoist Literature: Tenth to Seventeenth Centuries.* Berkley: Center for Chinese Studies, 1987.

Edward L. Davis. *Society and the Supernatural in Song China.* Honolulu: University of Hawaii Press, 2001.

Dean, Kenneth & Zheng Zhenman. *Ritual Alliance of the Putian Plain.* Leiden: Brill, 2010.

Dean, Kenneth. *Taoist Ritual and Popular Cults of Southeast China.* Princeton: Princeton University Press, 1993.

————. "Local Communal Religion in Contmporary South-east China," in *Religion in China Today*, ed. Daniel Overmyer. Cambridge: Cambridge University Press, 2003.

————. "The Growth of Local Control over Cultural and Enviromental Resources in Ming and Qing Coastal Fujian" in *The People and the Dao: New Studies in Chinese Religion in Honour of Daniel L. Overmyer*, ed. Philip Clart and Paul Crowe. Sankt Augustin: Institut Monumenta, 2007, 189-218.

————. "Spirit Mediums as Global Citizens: Tracing Trans-national Ritual Networks from the Village Temple of Shiting, Putian to Southeast Asia," 收於《中國地方宗教儀式論集》，譚偉倫編，香港：香港中文大學崇基學院宗教與中國社會研究中心，2011，頁 411-67.

————. "Daoism, Local Religious Movements, and Transnational Chinese Society," in *Daoism in the Twentieth Century*, ed. David A. Palmer and Xun Liu. Berkeley: University of California Press, 2012, 251-73.

DuBois, Thomas David. *The Sacred Village: Social Change and Religious Life in Rural North China*. Honolulu: University of Hawaii Press, 2005.

Gossaert, Vincent and David A. Palmer. *The Religious Question in Modern China*. Chicago: The University of Chicago Press, 2011.

Johnson, David. *Spectacle and Sacrifice: The Ritual Foundations of Village Life in North China*. Cambridge: Harvard University Press, 2009.

Katz, Paul, Demon Hordes and Burning Boats. *The Cult of Marshal Wen in Late Imperial Chekiang*. Albany: State University of New York Press, 1995.

Lagerwey, John. *Traditional Hakka Society Series*. Hong Kong: Traditional Hakka Studies Association, 1996-2002.

————. "Questions of Vocabulary or How Shall We Talk about Xhinese Religion?" 收於《道教與民間宗教論集》，黎志添編，香港：學峰文化事業，1999，頁 165-81。

————. "The History and Sociology of Religion in Changting County, Fujian." In *The People and the Dao: New Studies in Chinese Religion in Honour of Daniel L. Overmyer,* ed. Philip Clart and Paul Crowe. Sankt Augustin: Institut Monumenta, 2007, 189-218.

————. "God and Ancestors: Cases of Crossover" 收於《中國地方宗教儀式論集》，譚偉倫編，香港：香港中文大學崇基學院宗教與中國社會研究中心，2011，頁 371-409.

————. *China: A Religious State.* Hong Kong: Hong Kong University Press, 2010.

Overmyer, Daniel. *Ethnography in China Today: A Critical Assessment of Methods and Results.* Taipei: Yuan-Liou, 2002.

Reiter, Florian. "Daoist Thunder Magic, Some Aspects of its Schemes, Historical Position and Development," in *Foundation of Daoist Ritual.* Wiesbaden: Harrassowitz Verlag, 2009, 27-46.

————. "Taoist Thunder Magic." in *Zeitschrift der Deustschen Morgenlandischen Gesellschaft.* Wiesbaden: Harrassowitz Verlag, 2010, 120-154.

————. "Taoist Transcendence and Thunder Magic, As seen in the Great Rituals of Heavenly Ting of Metal and Fire in the Divine Empyrean 神霄金火天丁大法," in *Zeitschrift der Deustschen Morgenlandischen Gesellschaft.* Wiesbaden: Harrassowitz Verlag, 2011, 415-445.

Robson, James. "The Institution of Daoism in the Central Region (Xiangzhong) of Hunan," *Daoism: Religion, History and Society* 2 (2010): 65-94.

Saso, Michael R. *Taoism and the Rite of Cosmic Renewal.* Pullman: Washington State University Press,1972.

Skar, Lowell. "Administering Thunder: A Thirteenth Century Memorial Deliberating the Thunder Magic," in *Cahiers d'Extrême-Asie,* 1996-97, 159-202.

Tam, Wai Lun. "Communal Worship and Festivals in Chinese Villages," in *Chinese Religious Life*, ed. David A Palmer, Glenn Shive, and Philip L. Wickeri. Oxford: Oxford University Press, 2011, 30-49.

法文著作

Schipper, Kristofer. *Le Fen-teng: Rituel Taoiste.* Paris: École française d'Extrême-Orient, 1975.

Schipper, Kristofer. *Le Corps Taoiste*. Paris: Fayard, 1982.

Local Paths and the Universal Way

—— Daoism and Local Religion in Medieval China

Gil Raz
Dartmouth College, USA

Medieval Daoist scriptures usually describe their appearance in the world in mythical terms, claiming their origins in the primordial moments of cosmic emanation, in remote celestial realms, and transmitted by ancient deities and sages until revealed to the people of the current generation. However, like all texts, these scriptures were written and composed by real people in specific times and places. Indeed, many of these texts provide specific hints to the time and place of origins, albeit in mythical formulations. We know that many of the texts associated with the Shangqing and Lingbao textual corpora were composed in the Jiang'nan region during the late fourth and early fifth centuries. Other texts were written in Shu (modern Sichuan area). The sources of many other texts remain unclear. Does the locality in which particular texts were composed impact the contents, interests, teachings and practices of the texts? Can we learn anything about local religious practices from these texts?

As our work relies so heavily on textual sources we need to be constantly aware of the problems inherent in such a focus. Can religious practices be fully described, defined, and limited by written accounts? How do we account for the visual, material, musical, and performative aspects of religious practice? How do we account for and explain regional diversity in performance? How do we decide what is standard religious practice and what are variants? Perhaps all we see are variants – and there is no standard?

In the case of Daoism, as in many other religions, the presence of a canon of scriptures seems to imply a standard set of texts and practices that was selected and refined by the tradition itself. Religious establishments often point to such canons as authoritative and orthodox representations of their respective traditions. Adherents often accept such claims, and assume that the canons and texts are stable, correct, representative, and form a standard by which to examine texts and practices not included in the canon. Scholars, however, should not accept such assumptions at face value. Such assumptions about canons and texts ignore the contentious historical developments and formations religious canons and the complex histories of texts included in the canon. Such assumptions do not question the personal and social agendas of the redactors of texts and compilers of canons – what were their principles of inclusion and exclusion? What did they leave out and why? What were the rival voices that the compilers of the canon sought to ignore, silence, or even destroy?

Scholars of late imperial and contemporary Daoism are well aware of the gaps between the prescriptive texts of the Ming era Daoist Canon (Zhengtong daozang 正統道藏),[1] so called scriptural Daoism, and the actual Daoism as lived and practiced by priests and communities throughout China, and Chinese communities in Taiwan, Hong Kong, Singapore, Malaysia, and so on. Indeed, it is this obvious tension between prescriptive texts and lived religion that is the inspiration for this conference. This gap, of course, is not unique to Daoism, or Chinese religion more broadly, but is simply a feature of lived religion. The study of lived religion is thus a corrective to the traditional scholarly focus on texts rather than practice. It is clear that lived religion is always local, while prescriptive texts by their very nature try to erase their local origins and present themselves as universal, trans-local, and trans-temporal.

While the questions and problems regarding the tensions scriptural Daoism and local religion are obvious in the modern context, they were of course also present in pre-modern China. Indeed, the gap between local practice and scriptural composition may have even greater in medieval China, where there were less means for control. The problems of studying lived religion, however, are compounded as we move further back in time. While scholars of contemporary Daoism can conduct fieldwork, observe and question priests, film and record ritual, collect local texts, and even participate in ritual performance; scholars

---

[1]   On the compilation of the *Zhengtong Daoist Canon* and the history of Daoist canons see Kristofer Schipper, "General Introduction" in *The Taoist Canon: A Historical Companion to the Daozang* eds., Kristofer Schipper and Franciscus Verellen, (Chicago: The University of Chicago Press, 2004), 1-39.

of earlier periods need to rely on texts and archaeological material to reconstruct some of the actualities of lived religion as practiced and experienced by the people of pre-modern China. This paper is about the earliest centuries of Daoism. I focus on three Daoist manuscripts discovered at Dunhuang that allow us a glimpse into different local Daoist practices. The most important issue this chapter addresses is the problem of the "canon" itself. The cases I examine all reveal different problems, tensions, and gaps, between the received canon and the actual religious practices revealed by these texts.

Before delving into the Daoist material, we should remember that these issues are by no means unique to Daoism. Discoveries of ancient texts have radically changed our views regarding the history of early Christianity and of second-temple Judaism. Such discoveries force us to rethink our categories, and to examine more closely the processes of textual codification and canonization.

In the case of Christianity, these problems were clearly brought to the fore following the discovery of texts at Nag Hammadi, in Egypt, in 1945.[2] These texts, written in Coptic, but probably based on Greek originals, were found in 12 leather bound papyrus codices and include 53 "gnostic" texts, as well as some Hermetic texts. The discovery and translation of these texts, which include several "gospels" has radically changed our knowledge of early Christianity, as we now recognize that there were several rival Christian communities with vastly different practices and understandings. These rival communities were almost obliterated from the historical record as the early church went through a

---

[2] The relevant bibliography is enormous. Useful overviews include: James McConkey Robinson, ed., *The Nag Hammadi Library in English* (EJ Brill, 1984); Elaine H Pagels, *The gnostic gospels* (New York: Random House, 1979); Charles W. Hedrick, Robert Hodgson, eds., *Nag Hammadi, Gnosticism, and Early Christianity* (Oregon: Wipf and Stock Publishers, 2005); Bart D. Ehrman, *Lost Christianities: The Battles for Scripture and the Faiths We Never Knew* (Oxford : Oxford University press, 2003); Paul Foster, *The Apocryphal Gospels: A Very Short Introduction* (Oxford : Oxford University Press, 2009).

process of institutionalization, orthodoxy building, and canonization with imperial support during the fourth and fifth centuries. The discovery of the rival gospels allowed scholars to see the history of early Christianity in a very different light. Scholars such as Bart Ehrman, Elaine Pagels, and others now describe the early era of Christianity as one of many competing Christianities, consisting of local communities with distinct liturgical, ritual, and theological practices. These different Christian communities are completely invisible to us if we rely on the Christian canon that was codified during the 3rd and 4th centuries. Indeed, the canonization was in fact motivated by the intentions of the church in Rome to obliterate its rivals.

Similarly, the discovery of texts in the caves of Qumran and other locations near the Dead Sea has also radically challenged our knowledge and understanding of second temple Judaism,[3] as well as early Christianity. One of the main debates in the field of the Dead Sea Scrolls is how to consider the locality of the finds. Do these texts reveal a particular local Jewish tradition, perhaps that of the Essenes. These debates continue and should serve to remind us that religious Canons are not as stable as they claim. They often hide and obscure the history of the religious tradition by the orthodox claims made by the compilers of the canons.

Daoist Canons and extra-canonic texts

The first issue we need to consider is: What do we mean by

---

[3] Studies of these texts are far too numerous to even summarize. Useful overviews can be found in Timothy Lim, Larry W. Hurtado, A. Graeme Auld, Alison Jack, eds. *The Dead Sea Scrolls in Their Historical Context* (T&T Clarke International: 2000); James C. VanderKam, *The Dead Sea Scrolls and the Bible* (Michigan: Wm. B. Eerdmans, 2012); Timothy H. Lim, John J. Collins, eds., *The Oxford Handbook of the Dead Sea Scrolls* (Oxford: Oxford University Press, 2010). For a useful online introduction, see http://www.deadseascrolls.org.il/learn-about-the-scrolls/discovery-sites

scriptural Daoism in the medieval era? To do so I examine three Dunhuang manuscripts representing three different cases of non-canonic material. In each case, I ask how this manuscript impacts our knowledge of pre-Tang Daoism, and how it may impact what we think of Daoism more broadly. We should, however, note that Dunhuang manuscripts do not represent a particular Dunhuang tradition. Rather, these texts represent local traditions in other regions of China. For reasons that still remain unclear they happen to have been preserved among the vast archive of texts in Dunhuang.

The first case is that of the *Laozi bianhua jing* 老子變化經, a Tang manuscript of a second century text, which is the sole remnant of a local Daoist community in the Sichuan area. While similar in time and place to the early Celestial Master community, this community clearly had a distinct vision of their leaders as embodiments of Laozi. There are no other records of this community, but the text somehow survived through the centuries to be copied and preserved at Dunhuang.

The second case is that of the *Scripture of the Five Ascendant Talismans*. This is one of the original Lingbao scripture and is preserved both in a canonic version in the Daozang and in a Dunhuang manuscript. The differences between these two versions are great, and should prompt us to reconsider what we know about Lingbao Daoism.

The third case is that of the *Lingbao Scripture of Conversion of the Barbarians*. This text does not survive as a canonic text. It was probably it was excluded from the Tang canons as were all the texts related to the controversial *Huahu jing* [*Conversion of the Barbarians*] literature. This text, however, is quite different from other remaining fragments of *Huahu jing* material, which thoroughly rejects Buddhism as unsuitable for China. This text, in contrast, describes a journey through China and surrounding realms of two savior figures, a Buddhist and a Daoist. The text thus seems to advocate a joint salvific program – with two sagely saviors. While the message of the "two sages" does not cohere with any of the canonic texts preserved in the Zhengtong Daoist canon, traces of it may be found on the sixth century Daoist stelae.[4]

These three texts will help us consider the relation between canonic and non-canonic Daoist texts. But first, we need to consider what we mean by Daoist canonic texts. As is well known, the first Daoist "canon" was the Three Caverns 三洞 compiled by Lu Xiujing in 471 CE, following an earlier compilation of the Lingbao Catalogue in 437 CE.[5] This canon, however, cannot be said to have been representative of the Daoist tradition as it existed in Lu's own time. There were almost two and a half centuries of communal practices, composition of rituals, and textual production by several distinct groups in different places before Lu's effort. Many of these texts were not included in Lu's canon. Among the texts excluded from Lu's canon were the texts of some of the earliest Daoist communities, such as those of the Celestial Master tradition. Some scholars do not consider this absence as particularly significant. This opinion assumes that Lu was simply compiling the Daoist texts important in the Jiang'nan area, but

---

[4] These steles are almost all located in the valley between the Jing and Wei rivers in Shaanxi. They date between 482 to 578 CE, with a disputed early date (424) for the Wei Wenlang stele. For detailed studies, see Zhang Xunliao, "Daoist Stelae of the Northern Dynasties" in Lagerwey and Lu, 437-543. Zhang Xunliaod 張勛燎 and Bai Bin 白彬, *Zhongguo daojiao kaogu* 中國道教考古 (Beijing: Xianzhuang shuju, 2006); Zhang Yan 張燕, *Beichao fodao zaoxiang bei jingxuan* 北朝佛道造像碑精选 (Tianjin: Tianjin guji, 1996); Li Song 李淞, *Zhongguo daojiao meishu shi* 中國道教美術史, (Changsha: Hunan meishu, 2012); ISHIMATSU Hinako 石松日奈子, 北魏仏教造像史の研究, (Tokyo: 株式會社, 2005)

[5] This catalogue is not extant. The earlier *Catalogue of the Lingbao Scriptures*, compiled in 437, is extant as copied into Song Wenming's 宋文明 (fl.549-51) *Tongmen lun* 通門論, also known as *Lingbao jing yishu* 靈寶經義疏, preserved as Dunhuang manuscripts P.2861B and 2556. Published in Ōfuchi, *Tonkō dōkyō*, 725-26, 726-34. ZHDZ, vol.5, 509-18. The preface of the earlier catalogue, *Lingbao jingmu xu* 靈寶經目序, is preserved in *Yunji qiqian* DZ 1032: 4.4a-6a. For Lu's catalogues, see Ōfuchi, Ninji. "On Ku Ling-pao Ching," *Acta Asiatica*, 24 (1974): 33-56; Stephen R. Bokenkamp, "Buddhism, Lu Xiujing and the first Daoist Canon" in *Culture and Power in the Reconstitution of the Chinese Realm, 200-600.* eds., Pearce, Scott and Audrey G Spiro, and Patricia Buckley Ebrey, (Cambridge: Harvard University Asia Center, 2000), 81-199.

that all Daoists were first initiated into Celestial Master Daoism, and that these texts were used for further initiations. There is no such indication in Lu's extant writings. However, as Lu's Canon was based on the notion of the Three Caverns developed in the Lingbao scriptures, we should check whether the Lingbao scriptures attitude to Celestial Master Daoism. We will have occasion to do so when we examine the *Five Ascendant Talismans* below.

The three cases all show the problems of relying on the received canon as a standard for Daoist texts and practices. The texts should alert to the problems of compilation and organization of canons and to the even more basic problem of redaction of texts. They also remind of the rich local traditions of medieval Daoism(s).

First Case: *Laozi bianhua jing* 老子變化經

This text represents one of the earliest examples of Daoist communities that disappeared from the canonic and historical record.[6] This community was active in the Sichuan basin in the latter half of the second century, contemporary with the early community of Celestial Master, yet there is no hint of its existence in any of the writings by the Celestial Masters, and it was not included in the canon of the Three Caverns established by Lu Xiujing. Nevertheless, the *Scripture on Transformations of Laozi* was preserved and transmitted through the centuries, until it was copied by the scribe Wang Chou 王儔 on the fourteenth day of the eighth month, in the eighth year of the Daye 大業 era (Sept. 14, 612) at the Xuandu guan 玄都觀 in the capital Chang'an.

Originally named Tongdao guan 通道觀, this institution was

---

[6] *Laozi bianhua jing* S 2295; published in Ōfuchi Ninji 大淵忍爾, *Tōnko dōkyō* 敦煌道
經(Tokyo: Fukubu shoten, 1978), *mokurokuhen* 目錄篇, 324, *zokurokuhen* 圖錄篇,
686. ZHDZ, v.8, 181. Anna Seidel, *La Divinisation de Lao Tseu dans le Taoisme des
Han* (Paris: EFEO, 1969). I follow the line numbers in Ōfuchi and Seidel. Liu Yi 劉屹,
"*Laozi bianhua jing*" 老子變化經 in Liu Yi 劉屹, *Dunhuang daojing yu zhonggu
daojiao* 敦煌道經與中古道教 (Lanzhou: Gansu jiaoyu chubanshe, 2010), 85-98.

established by emperor Wu of the Northern Zhou in 574, for the purpose of collating and editing a Daoist canon. This project was part of the imperial effort of political reunification, which included an attempt to establish a state religion based on the "three religions" (*sanjiao*) 三 教, incorporating Confucianism and Buddhism within a Daoist framework. Wang Yan 王延 (d.604) was placed in charge of this Daoist institution, which continued its work of collating Daoist texts, even after the establishment of the Sui, when it was renamed Xuandu guan. Schipper and Verellen consider the copying of the *Laozi binahua jing* as an indication that it was to be included in a Daoist canon compiled in Xuandu guan. Furthermore, they argue that the inclusion of this text shows that "the work of Wang Yan and his colleagues was no longer limited by the scriptures of the Three Caverns and the Zhengyi canon, but had been extended to encompass works such as this popular text from the Later Han period." There is no evidence that this manuscript was indeed part of this compilation project, but even if we accept this speculative hypothesis, it still remains unclear on why Wang Yan and his collaborators may have decided to include texts beyond the Three Caverns and Zhengyi canons? What were their criteria for inclusion? Moreover, how did the *Laozi bianhua jing* survive from the late Han to the Sui? Where and by whom was it kept and transmitted? How did a copy arrive at Dunhuang? These questions, however intriguing they may be, are probably unanswerable.

The community that produced the *Laozi bianhua jing* did not recognize Zhang Ling as a sage or recipient of a new revelation. Rather, this community had its own revelations and leaders. Yet, this community also shared intriguing aspects of discourse and practices with Celestial Master Daoism and later Daoist lineages.

The *Scripture on Transformations of Laozi* offers a vision of Laozi as identical with the Dao: "sometime existent and sometime absent, he is prior; and when formed is human" 存亡則為先, 成則為人. Laozi as the Dao participates in the cosmogonic process. Laozi, in fact, is not a mundane human, but a manifestation of the Dao, who "borrowed physical form in mother Li, and within her womb transformed his body" 託形李母, 胎中易身 (1.6). The text first provides nine alternative names to Laozi, all surnamed Li, but with different names (*ming* 名) and styles (*zi* 字) (1.30-38) that represent nine transformations. Following these avatars of Laozi, the text lists several ancient manifestations of Laozi in which he appeared as a counselor to rulers 帝王師, beginning with the ancient Three Sovereigns and Five Thearchs 三皇五帝 and extending to the Han. We find similar lists of Laozi's various avatars in numerous hagiographies of Laozi composed from the second century, through the Six Dynasties, and into the Tang. Among the earliest extant texts is the "Imperial Inscription to Laozi" (*Laozi ming* 老子銘) of 166 CE, nearly contemporary with the *Scripture of Transformations*. Along with the cosmology of Lord Lao developed in the community of the Celestial Master, these two texts present three different visions of Laozi. These hagiographies reveal complex developments in the perception of Laozi among Daoists, but these are beyond the scope of this essay.[7]

Most importantly, the text then claims a recent set of manifestations. These appearances mark one of the major differences with Celestial Master Daoism. The first appearance of Laozi was in 132 on Mt. Pianjue ming 鶡爵鳴 near Chengdu. Laozi next appears in 144 on Mt. Bailu 白祿 where he is said to have "entrusted himself to burial in the valley" 託葬澗 (1.64). Two years later, he reappeared at a shrine on this mountain, with the name Zhong Yi 仲伊. At this time he dwelt on, or administered, the heights. Laozi appeared again in Chengdu in 148, where he is said to have "destroyed his physical form and became a perfected person" 壞身形為真人(1.66). Laozi reappeared in 155 on Mt. Bailu, with the title Great Sage of the Slaves 僕人大賢. The text claims a final transformation will occur in thirty years, when a temple will be

---

[7] See Anna Seidal, *Divinisation de Lao Tseu dans le Taoisme des Han.* Paris: EFEO, 1969. Livia Kohn, *God of the Dao: Lord Lao in history and myth* (Center for the Chinese Studies, University of Michigan, 1998).

erected on Mt. Bailu 白鹿 and Laozi will become a Celestial Preceptor 天傅.

These appearances clearly challenge the revelation of Lord Lao to Zhang Daoling asserted in Celestial Master sources. More importantly, these revelations are based on a theology that is very different from that of the Celestial Master Community. The leaders of this community claim themselves to be actual manifestation of Laozi. This idea is expressed several times in the voice of Laozi who asserts that "after death I live again," which may also be read as "consigning myself to death, I live again" 託死更生 (1.72), or "dying, I am again alive" 死復更生 (1.74). The verb *tuo* 託 appears three times in this text. This word has the semantic range of "consign," "commit," "entrust with someone," "rely on," "borrow the use of an object," and is here used in the phrases "borrow physical form" 託形 (1.6), "entrusted himself to burial" 託葬 (1.64), and "consigning myself to death, I live again" 託死更生 (1.72). In all three instances the use of *tuo* implies that the visible event is only a pretense, a simulacrum of a mundane event, which only the select few understand. The phrase 託死 also appears in the *Xiang'er Commentary to the Laozi* in two passages that assert that the worthy adherents of the community do not die as all mortals, but rather pass through the palace of Grand Darkness where they refine their forms 練形:

> When there is no place for them to stay in the world, the worthy withdraw and feigning death, pass through Grand Darkness, and have their images reborn on the other side. This is to be 'obliterated without perishing.'[8]

---

[8] Bokenkamp, *Early Daoist Scriptures* (California University of California Press, 1997), 102, line 227-29. ZHDZ 9.174c. The second passage states: "When the practice of a person of the Dao is complete, the spirits of the Dao summon him to return. He departs from the world through feigned death and passes through Grand Darkness, and is born again. They die but do not perish, hence they have longevity" 道人行備, 道神歸之, 避世託死過大陰中, 復生, 去為不亡, 故壽也 (Bokenkamp, *Early Daoist Scriptures*,

世有不可處，賢者避去，托死過太陰中，而復一邊生像，沒
而不殆也。俗人不能積善行，死便真死，屬地官去也。

While in the early Celestial Master community the notion of "feigned death" was applied to all members of the community, in the community of the *Laozi bianhua jing* this idea seems to be restricted to the only to the human manifestations of Laozi who appear to die but then reappear in another human form. The text does not advocate a particular practice that leads to this attainment, nor does it imply that this attainment is accessible to the members of the community.

The basic practices of the community included recitation of the *Daode jing*, confession, meditation, and abstention from alcohol. Recitation of the *Daode jing* would reveal the true body and dwelling of Laozi 欲知吾處,讀五千文,〔誦〕過萬遍,首自知身,急來詣我. The language of the *Daode jing* also informs the attainment of the promised by Laozi:

> Without artifice, without desire, you will not be distressed by calamities; the way of the valley will adhere to your body, and you will be able to cross over"

無為無欲，不憂惠，谷道來附身可度矣 (l.85)

Another practice seems to have been a type of visualization and circulation of five colored *qi* within the body:

> "Green and white at the surface, yellow and black inside, red produces me. Follow the One and commence, within there is yellow pneuma … life pneuma on left, primal pneuma on the right, yellow pneuma at the center. Cause your primordial yang to rise and penetrate the nine palaces of the limitless." (lines 82-3, 86-7).

135, line 515; ZHDZ 9.182c).

青白為表，黃黑為里，赤為生我，從一而始，中有黃氣……
生氣在左，原氣在右，中有黃氣，元陽為上，通無極九宮僮
子，精之思之，可以成己。

The text presents an eschatological political vision, with the cosmological changes and transformations of Laozi are at its core. Laozi, having personally "initiated the offices of the Han, by changing form" (l.76)... will now personally "turn the cycle and smash the Han regime"

吾發動官漢令自易身…吾轉運衝托漢事. He will choose the "good people" 良民 who will be saved from the coming calamities. It is precisely this type of eschatology, claiming the imminent end of the cosmic cycle embodied by Han, and salvific expectations of a savior who will deliver his selected people from the coming catastrophe, that link this text with the Daoist texts of the following centuries. This specific eschatological vision calling for the overthrow of the Han differentiates this community from that of the Celestial Master.

Second example: *Five Ascendant Talismans* 靈寶真一五稱經

As mentioned above the canon that was compiled by Lu Xiujing was based on notions that developed in the Lingbao scriptures. These texts are a complex synthesis between several traditions current among the elite in southern China at the end of the fourth century. The first, probably earliest, tradition is the so-called Southern Occult tradition. Among the basic traits of this tradition were the use of herbal and mineral drugs, a variety of mantic techniques, and an active quest for transcendence. Representative texts of this tradition are the *Writ of the Three Sovereigns* [*Sanhuang wen* 三皇文] and *Charts of the True Forms of the Five Peaks* [*Wuyue zhenxing tu* 五嶽真形圖] , as well as many practices and texts collated in the *Inner Chapters of the Master Embracing the Unhewn* [*Baopuzi neipian* 抱朴子內篇] and the *Array of the Five Numinous Treasure Talismans* [*Lingbao Wufuxu* 靈寶五符序].

The second tradition is that of the Shangqing 上清 revelations, which was revealed through the medium Yang Xi 楊羲 to the Xu 許 family beginning in 364. The third influence was Buddhism, the popularity of which was increasing during the 3rd and 4th centuries with a spate of new translations.[9]

Although the Lingbao texts include complex transmission narratives, the revelations do not indicate any authorship. Rather the texts all claim to have been revealed earlier --- once in the primordial beginnings of the cosmos, and a second time in the early third century to the mysterious Duke Transcendent Ge Xuan 仙公葛玄, great-uncle of Ge Hong 葛洪 (283-343). However, based on a comment by Tao Hongjing 陶弘景 (456-536) in the *Zhen'gao* 真誥,[10] scholars now agree that Ge Chaofu 葛巢甫, great-nephew of Ge Hong, authored at least some of the Lingbao scriptures, if not all.

The *Five Ascendant Talismans* (*Wuchengfu*) is one of the original Lingbao scriptures, and is particularly important for understanding the history and development of the Lingbao scriptures. There are several hints that suggest that this was among the earliest of the Lingbao texts. First, the text introduces the definition of the term Lingbao: "Lord Lao said: *Ling* 靈 is to penetrate the Dao. One who is able to penetrate the great Dao will achieve numinous efficacy (*ling*) and command the myriad spirits. *Bao* 寶 is the ability to preserve [one's life], equivalent to heaven and earth." (l.11/1.3a.2) 老君曰：靈者道通也能通大道至靈使役萬神。寶者能與天地相保。

---

[9]   Stephen R. Bokenkamp, "Sources of the Ling-pao Scriptures in Tantric and Taoist Studies in honour of R.A. Stein, II" in *Mélanges Chinois et Bouddhiques Bruxelles*, ed., Michel Strickmann, 21 (1983), 434-486; Wang Chengwen 王承文, *Dunhuang gu lingbao jing yu Jin Tang daojiao* 敦煌古靈寶經與晉唐道教, (Beijing, 2002). Yi Liu, "Gu Lingbao jing yanjiu de jichu wen ti" 古靈寶經研究的基礎問題, "Xiangong xi lingbao jing jianshu" 仙公系靈寶經簡述, "Yuanshi xi lingbao jing jianshu" 靈寶經簡述 in Liu Yi, *Dunhuang daojing yu zhonggu daojiao*, (Cabus Education Press, 2013), 119-59, 161-90, 191-219.

[10] *Zhen'gao* DZ 1016: 19.11b5, was first noted by Chen Guofu 陳國符, *Daozang yuanliu kao* 道藏源流考 (Beijing, Zhonghua shuju, rpt.1989), 67.

Secondly, the text reveals a rather crude, and probably early, attempt at the synthesis described above. The textual layering is very obvious, and the Buddhist cosmology of ten directions grafted onto the ritual descriptions of the scripture has not been fully worked out. Old ritual forms --carving effigies, the use of hallucinogenic herbs, hemerological divination -- are maintained alongside later terminology of visualization techniques.

We are fortunate to have two versions of the *Five Ascendant Talismans*: (1) the *Zhengtong Daozang* includes the text *Taishang wuji dadao ziran zhenyi wuchengfu shangjing* 太上無極大道自然真一五稱符上經 DZ 671; (2) a version of the *Wuchengfu* was found at Dunhuang, entitled *Lingbao zhenyi wuchengjing* 靈寶真一五稱經 (*Scripture of the Five Ascendants of the Perfect One of Lingbao*). The current version of *Wuchengfu* in the Daozang consists of two *juan*, while the Dunhuang version is of one *juan* only.[11] The division of the current text is also a later adjustment. The textual differences between the Dunhuang text and the received canonical version prove that P.2440 is earlier than DZ 671, and closer to the original text. The changes in the text probably date to the early Tang, but exact dating is difficult (see below).

The Lingbao scriptures are well-known for adapting Buddhist content. The Buddhist sources used by the Lingabo authors, however, are significant. The *Five Ascendant Talismans*, seen especially clearly in the Dunhuang manuscript version P.2440, uses two sutras translated by Zhi Qian 支謙 (fl. 220-252): [12] (1) a substantial section of the ritual instructions is based on *Foshuo pusa benyejing* 佛說菩薩本業經 T.281. I discuss this in detail below. (2) The final line of the text is: "One who is able to display the meaning of subtlety is like a lotus living within fire." 能弘希微之辭者, 猶火中生蓮華乎.

This line is from the *Vimalakīrtinirdeśa sutra*, ch.8, which by the

---

[11]   DZ 671 first *juan* = P.2440: lines 1-204; second *juan* = P.2440: 205-482.

[12]   On Zhi Qian's life and work see Nattier, *Guide to Early Chinese Translations*, 116-48; T.281 is discussed on 138, T.474 is discussed on 139-40.

appearance of the Lingbao texts had been translated twice: (1) *Weimo jiejing* 維摩結經 T.474 by Zhi Qian, during the *huangwu* 黃武 era of Wu 吳 (222-229 CE); (2) T.477 by Dharmaraksa 竺法護, in the 2nd year of *yongjia* 永嘉 era during Western Jin (308 CE). This line is only found in Zhi Qian's text (T.474.14.530c3), but not in Dharmaraksa. The line reappears in Kumarajiva's 鳩麻羅什 translation (T.475.14.550b4), which was compiled in 406 CE. Zhi Qian was based in the Jiang'nan region and it appears therefore that the author of this Lingbao text was clearly very familiar with the Zhi Qian translations, and preferred them when possible.

The Date of the *Wuchengfu* Scripture

Dating Daoist texts is notoriously difficult. Here the problem is compounded by the existence of two textual recensions, and the fact that *Wuchengfu* is clearly a composite text containing early material along with elements probably written by Ge Chaofu.

A catalogue of *Lingbao* texts was found among the Dunhuang manuscripts (P.2556) embedded within a work by Song Wenming 宋文明, written during the reign of Jianwendi 簡文帝 of Liang 梁 (549-551).[13] This is probably the lost catalogue by Lu Xiujing 陸修靜 (406-477), tentatively dated to 437. The catalogue lists each name of the original revelation texts followed by its name in the *jingmu* 經目.

The catalogue includes the entry: "*Ziran wuchengwen* 自然五稱文 in one *juan*, revealed. The *jingmu* 經目 names it the *Taishang dongxuan_lingbao dadao wuji_ziran zhenyi wuchengfu shangjing* (太上洞玄靈寶大道無極自然真一五稱符上經)." The title given in the catalogue is the title of DZ 671 in the Ming Daozang, which refers to the text in its present state. While this does cast doubt on the attribution of the catalogue to Lu Xiujing, but it serves to remind us that editorial changes occurred in the text of the catalogue after Lu's writing. In this

---

[13] See note 5 above.

case, the change may be attributed to Song Wenming, or an even a later redactor. Both titles differ from that of P.2440 *Lingbao zhenyi wucheng jing*.

Citations in *Wushang biyao* 無上秘要 DZ 1138 (hereafter: WSBY), which was completed in 583, reveal closer parallels to P.2440 than to DZ 671. Chapter 31 of WSBY includes extensive citations from the *Wuchengfu*. Some of these citations differ from the Daozang version of the *Wuchengfu*. Unfortunately, P.2440 is missing all these passages, as it is fully extant only from the WCF 1.2b.3 to the end. However, partial characters found in the fragmentary first line of P.2440 that correspond to graphs in the middle of the first line in WCF 1.2b can help us compare the three versions. WSBY 31.2b.9 has *bin fu* 賓伏 while the corresponding line WCF 1.2b.1 has *bin fu* 賓服 "to submit." The form of the graph in line1 of P.2440, though incomplete, seems more similar to the WSBY than to the WCF.

WSBY *juan* 26 cites extensive passages from the *Wuchengfu* dealing with five phases correlations of the five talismans. Here too there are variants that reveal a close reliance on P.2440, and differences from the canonic version WCF.

WSBY 26	P.2440	WCF
26.12b2 *meng* 孟	1:22 *meng* 孟	1.3b9 *gai* 蓋
26.12b10 *yinghuo xing chidi taihao* 營惑 星赤 帝太皓	1:43 *yinghuo xing chidi taihao* 營惑 星赤 帝太皓	1.5a8 *yinghuo chidi dalin* 營惑 赤 帝大臨
26.12b11 *taiyang* 太陽	1:44 *taiyang* 太陽	1.5a9 *tongyang* 通陽
26.12b12 *chigui yunü* 赤圭 玉女	1:45 *chigui yunü* 赤圭 玉女	1.5a10 *zhigui yunü* 直圭 玉女
26.13a9 *baixingdi shaohao* 白星帝少皓	1:71 *baixingdi shaohao* 白星帝少皓	1.7a2 *taibaixing baidi shaohao* 太白星白帝少昊
26.13a10 *sunü* 素女	1:73 *sunü* 素女	1.7a4 *baisu yunü* 白素玉女

26.3b7 *chenxingdi* 辰 星帝	1:94 *chenxingdi* 辰 星帝	1.8b3 *chenxing heidi* 辰 星黑帝
26.3b9 *xuannü* 玄女	1:96 *xuannü* 玄女	1.8b5 *taixuan yunü* 太玄玉女
Missing	Missing	1.8b9 *chengyi heinang* 盛以黑囊
26.14a5 *zhenxingdi* 鎮星帝	1:120 *zhenxingdi* 鎮星帝	1.10a7 *zhenxing huangdi* 鎮 星黃帝
26.14b1 *lujing*　錄頸	1:126 *lujing*　錄頸	1.10b3 *luling*　錄領

There are more instances that consistently show the similarity of WSBY and P.2440. In a passage dealing with auspicious times, there are significant variations between WCF 2.13a6-8 and P.2440: 449-451. This passage is cited in WSBY 66.3a12 and follows P.2440 verbatim.

In fact, a passage that absent from P.2440 and WSBY but corresponding to WCF 1.8b9 reveals that the copyist of WSBY was using an identical manuscript to P.2440. A standard part of all five sections dealing with the *Lingbao* talismans is a passage that describes stuffing the talisman into a bag of a corresponding color. Significantly, the author of P.2440 omitted it at this point. The copyist of the WSBY was very precise in leaving it out too, while the copyist of WCF added it in.

Another significant point of difference between the three versions corresponds to P.2440: 298-299. This begins a passage heavily laden with Buddhist references, which had been substantially redacted in both the WSBY and the WCF (DZ 671), with the Buddhist terminology removed. However, WSBY 31.2a4-6 differs from the parallel passage in WCF 2.5b5-7. Moreover, the opening phrase of WCF 5b5 reveals a copyist's error.

All the above serves to show that at the time of compilation of WSBY, the *Wuchengfu* text was the same as, or extremely close to, P.2440. The purging of Buddhist elements was done during the compilation of WSBY, without dependence on DZ 671. As the WSBY itself was purged of Buddhist elements during the Tang, this change might have been effected later than the official compilation date of WSBY. This in turn would make the dating of DZ 671 even later. The dating of the catalogue (P.2556) in Xuan Zong's reign would be the *latest possible date* for its authorship. However, if we assume that Lu Xiujing was the actual author of the *jingmu* catalogue cited, then there is a high probability that a text similar to the *Wuchengfu*, at least in name, was in circulation by 437 CE.

As the textual comparisons above show, the P.2440 version is definitely prior to DZ 671, and a text, probably identical to it, served as source for the citations in WSBY and for the copyist of DZ 671. P.2440, then, is as close as we can get to the original "revelation" text of Ge Chaofu.

The force of editing out the Buddhist terminology of the original text is especially brought in a section in the ritual instructions for deploying the talismans. This section incorporates the Buddhist cosmology of the ten directions, but in the Dunhuang version the Buddhist content is far more pronounced than in the Daozang version, which has clearly gone through severe editing to remove Buddhist terminology. We should also note that the first sentence of this passage which is quoted in WSBY had also gone through similar editing, but clearly independent from the Daozang version:[14]

老子曰：太上靈寶，常先天地始生，從本无數劫來，混沌自然，道真者也。在道為道本，在法為法先，<u>十方神人皆</u>始於靈寶

---

[14] DZ 1038: 31.31.2a6

P.2440.298-358	WCF　　DZ 671: 2.5a5
老子曰:太上靈寶，先天地如生，從本無 鞅數劫來 教先十方之佛,皆始於靈寶也	老君曰:太上靈寶,常先天地而生,從本 無鞅老劫來。混沌自然,道真者也在道 為道本,在教為教先十方之教, 皆始於 靈寶也。
子服五符，眾佛人區區	子服五符,眾通真人區區。
靈寶在東為香林剎,其佛名入精進,菩 薩字敬首,治震卦,其神字建	靈寶在東方為香林館,其真人名入精 進,字敬首,治震卦,其神字建剛。
靈寶在南方為樂林剎,其佛名不捨精 進,[15]菩薩字覺首,治離卦,其神字月精。	靈寶在南方為樂林館,其真人名不捨精 進,字覺首,治離卦,其神字月精。
靈寶在西方為華林剎,其佛名習精進, 菩薩字寶首,治兌卦,其神字太玄。	靈寶在西方為華林館,其真人名習精 進,字寶首,治兌卦,其神字太玄。
靈寶在北方為道林剎,[16]其佛名行精進, 菩薩字惠首,治坎卦,其神字天建。	靈寶在北方為首林館,其真人名行精 進,字惠首,治坎卦,其神字天建。
靈寶在東北為蓮林剎,[17]其佛名悲精進, 菩薩字德首,治良卦,其神字日原。	靈寶在東北方[18]為蓮林館,其真人名悲 精進,字德首,治良卦,其神字日原。
靈寶在東南為金林剎其佛名盡精進,菩 薩字目首,治異卦,其神字玄精。	靈寶在東南為金林館,其真人名盡精 進,字目首,治異卦,其神字玄精。
靈寶在西南為寶林剎,其佛名上精進, 菩薩宇明首,治坤卦,其神字桂史。	靈寶在西南為寶林館,其真人名上精 進,宇明首,治坤卦, 其神字桂史。
靈寶在西北為金剛剎,其佛名一界精 進,[19]菩薩字法首,治乾卦,其神字臨 剛。	靈寶在西北為金剛館, 其真人名一界 精進,字法首, 治乾卦,其神字臨剛。

---

[15] The equivalent name in *Foshuo pusa jing* is 不捨樂. The term 不捨精進 is usually used adjectivally as "unrelenting vigor," but it does appears as a bodhisattva's name in several sutras, such as Kumarjiva's 摩訶般若波羅蜜經 T.223 and in *Dazhi dulun* 大智度論 T.1509.25.0110c25. The lists of names in these sutras do not correspond to the list in *Foshuo pusa jing*.

[16] The equivalent name in *Foshuo pusa jing* is 道林剎. This is another example of a copyist mistake in the Daozang version of *Wuchengfu*.

[17] The equivalent name in *Foshuo pusa jing* is 青蓮剎.

[18] The unnecessary *fang* here, which is absent in P.2440 and does not recur in the following lines, may further indicate the carelessness of the copyist of the Daozang version of *Wuchengfu*.

[19] The equivalent name in *Foshuo pusa jing* is 一乘度.

靈寶在上方為欲林剎,其佛名至精進,菩薩字賢首,治華蓋,其神字八精	靈寶在上方為寶林館,其真人名至精進,字賢首,治華蓋,其神字八精
靈寶在下方為水精剎,其佛名梵精進,菩薩字智首,治五音水府,其神字月精八史。	靈寶在下方為水精館,其真人名梵精進,字智首,治五音水府,其神字人史。
八史者,天地八精,常為人通神仙。諸道士沙門尼百姓子,欲奉吾十方真佛,求神仙長生不老,當服靈寶,先致八史,種通神芝草於精舍佛圖浮廟中,十二辰上,如法以四時日佩靈寶文。正月十五日,若七月七日,作靈寶五勝符於佛圖剎寺,下著四面中央著剎. 精舍中者,著四壁,中央符著中梁上,皆隱之,勿使非常凡人見之。燒香修法,存十方靈寶太上真佛名,誦詠道經,願念高仙飛行太極符八史,字清潔。	八史者,天地八精,常令人通神靈。諸道士及學仙之士、百姓子,欲奉吾十方真道,求神仙長生不老,當服靈寶,先致八史,種通神芝草於精舍宮館靈廟中,十二辰上,如法以四時日佩靈寶文。正月十五日,若七月七日,作靈寶五稱符於精舍宮殿,下著四面中央。著嚴精舍中者,著四壁,中央符著中梁上,皆隱之,勿使非常凡人見之。燒香修法,存十方靈寶太上真教名,誦詠道經,願念高仙飛行太極府人史,字清潔。
至立春日, 東北无極之佛悲精進菩薩德首同來至大道真佛良神日原,俱啟之,隨子舍利青黃金,得如服之,壽万劫。	至立春日,東北無極之衆悲精進真人德首同來至大道真人良神日原,俱啟之,隨子身光青黃金色,得如服之,壽萬劫。
春分之日,東方无極之佛入精進菩薩敬首,同來至真佛震神建剛, 啟之,隨子舍利青如藍,得如服之,壽二万劫。	春分之日,東方無極之衆入精進真人敬首,同來至真人震神建剛,俱啟之,隨子身光青如藍,得如服之,壽二萬劫。
立夏之日,東南无極之佛,盡精進菩薩目首,同來至真佛異神玄精,俱啟之,隨子舍利青赤黃,得如服之,壽三万劫。	立夏之日,東南無極之衆,盡精進真人目首,同來至真人異神玄精,俱啟之,隨子身光青赤黃,得如服之,壽三萬劫。
夏至之日,南方无極之佛不捨精進菩薩覺首,同來至真佛離神月精,俱啟之,隨子舍利赤如丹,得如服之,壽四万劫。	夏至之日,南方無極之衆不捨精進真人覺首,同來至真人離神月精,俱啟之,隨子舍利赤如丹,[20]得如服之,壽四萬劫。
立秋之日,西南无極之佛上精進菩薩明首,同來至真佛坤神柱史,俱啟之,隨子舍利黃如金,得如服之,壽五万劫。	立秋之日,西南無極之衆上精進真人明首同來至真人坤神柱史,俱啟之,隨子舍利黃如金,得如服之,壽五萬劫。

---

[20] Here and in the next four instances DZ 671 has she li 舍利 , probably due to a copyist forgetting to change the term when copying from an early manuscript, such as P.2440.

秋分之日,西方无極之佛習精進菩薩寶首,同來至真<u>佛</u>兌神太玄,俱啟之,隨子<u>舍利</u>白如銀,得如服之,壽六万劫。	秋分之日,西方無極之<u>眾</u>習精進<u>真人</u>寶首,同來至<u>真人</u>兌神太玄,俱啟之,隨子<u>舍利</u>白如銀,得如服之,壽六萬劫。
立冬之日,西北无極之佛一界精進菩薩法首,同來至真<u>佛</u>乾神臨剛,俱啟之,隨子舍利倉黃金,得如服之,壽七万劫。	立冬之日,西北無極之<u>眾</u>一界精進<u>真人</u>法首,同來至<u>真人</u>乾神臨剛,俱啟之,隨子<u>舍利</u>蒼黃金,得如服之,壽七萬劫。
冬至之日,北方无極之佛行精進菩薩惠首,同來至真<u>佛</u>坎神天建,俱啟之,隨子舍利水倉色,得如服之,壽八万劫。	冬至之日,北方無極之<u>眾</u>行精進真人惠首同來至<u>真人</u>坎神天建,俱啟之,隨子<u>舍利</u>水蒼色,得如服之,壽八萬劫。
四季之時戊己之日,上下无極之佛至精進、梵精進菩薩賢首、智首,同來至真<u>佛</u>八精、八史,俱啟之,隨子舍利青赤白黑黃,得如服之,與大道洞合,永无極也。服符一年,十方无極之佛及十方諸已得<u>佛道真人</u>,无不盡至者,人史啟之前,隨子<u>舍利</u>,與佛相見仙道長生,成於此矣。道士、百姓子,不能修法行道,家有此符經,<u>刻安鎮石</u>,施種章拒,<u>舍利</u>自至,令人長生,心開內發,甚若日月,百病皆愈,魍魎邪魔,凶惡夾害消亡,宜官重祿,錢財如雲,男賢女貞,子孫盈堂,惠及眾生,福德巍巍。	四季之時戊己之日,上下無極之眾至精進、梵精進<u>真人</u>賢首、智首,同來至<u>真人</u>八精、八史,俱啟之,隨子<u>身光</u>青赤白黑黃,得如服之,與大道洞合,永無極也。服符一年,十方無極之眾及十方諸已得道真人,無不盡至者,人史啟之前,隨子身光,與真相見仙道長生,成於此矣。道士、百姓子,不能修法行道,<u>但</u>家有此符經,<u>刻石安鎮</u>,施種章拒,<u>身光</u>自至,令人長生,心開內發,甚若日月,百病皆愈,魍魎邪魔,凶惡夾害消亡,宜官重祿,錢財如雲,男賢女貞,子孫盈堂,惠及眾生,福德巍巍。

As mentioned above, the names of these Buddha-fields, buddhas, and bodhisattvas are copied directly from Zhi Qian's *Foshuo pusa benye jing* 佛說菩薩本業經:[21]

> 東去無極 有香林剎,佛名入精進 菩薩字敬首
> 南去無極 有樂林剎,佛名不捨樂 菩薩字覺首
> 西去無極 有華林剎,佛名習精進 菩薩字寶首
> 北去無極 有道林剎,佛名行精進 菩薩字慧首
> 東北無極 有青蓮剎,佛名悲精進 菩薩字德首
> 東南無極 有金林剎,佛名盡精進 菩薩字目首

---

[21] T.281: 10.0446c17-10.0447a06

西南無極有寶林剎，佛名上精進 菩薩字明首
西北無極有金剛剎，佛名一乘度 菩薩字法首
下方無極有水精剎，佛名梵精進 菩薩字智首
上方無極有欲林剎，佛名至精進 菩薩字賢首

Table 2: Comparison of *WCF* and *Foshuo pusa benye jing*

Direction	P.2440 / WCF		佛說菩薩本業經	
	Buddha 佛名	Bodhisattva 菩薩字	Buddha 佛名	Bodhisattva 菩薩字
東 / 香林剎	入精進	敬首	入精進	敬首
南 / 樂林剎	不捨精進	覺首	不捨樂	覺首
西 / 華林剎	習精進	寶首	習精進	寶首
北 / 道林剎	行精進	惠首	行精進	慧首
東北 / 青蓮剎	悲精進	德首	悲精進	德首
東南 / 金林剎	盡精進	目首	盡精進	目首
西南 / 寶林剎	上精進	明首	上精進	明首
西北 / 金剛剎	一界精進	法首	一乘度	法首
下方 / 水精剎	梵精進	智首	梵精進	智首
上方 / 欲林剎	至精進	賢首	至精進	賢首

So, what does all this mean?

First, it is clear that the Jiang'nan based Lingbao scriptures were circulated widely enough that copies were made and preserved in Dunhuang. This is not new information, but we should note that the Dunhuang manuscripts are far closer to the original texts than the Daozang versions. The original form of the Lingbao scriptures were far more Buddhist both in terminology and perhaps also in the implications of this terminology. Thus, as preserved in the Dunahung manuscript, the Lingbao follower using the *Scripture of the Five Ascendant Talismans* in the fifth and sixth centuries would be visualizing at each of the ten directions a "Buddhist world" (*cha* 剎), rather than a celestial palace (*guan* 館). We should also recall that at the time of composition of the Lingabo scriptures, c.400, Daoists had not yet established monasteries, so that the imagination required here would probably be the palatial establishments envisioned by Yang Xi and described in the Shangqing texts. At each direction she would be invoking a Buddha and a Bodhisattva, rather than a single perfected with different names (名) styles (字). The instructions also require the adept to visualize their bodies transforming and radiating colors. In the Dunhuang version, closer to the original, this imagination is activated by the term *sheli* 舍利 which in Buddhist context translates *sarira*, relics, the refined remains of a Buddha who had been cremated. It is not quite clear what the practitioner was supposed to visualize here – perhaps, simply seeing his own body as a corpse. The term used in the Daozang version of the text, *shenguag* 神光, refers to a notion of the physical body transformed into an ethereal, glowing, subtle body. We can interpret the theological implications here as the notion of *sarira* transformed from a post-mortem sacrality to a personal attainment in life. It is seen as the refined essence of the body while still alive. However, we should first emphasize that the original text of the *Wucheng fu* simply had the term *sheli* and not *shenguang* – we can only speculate how practitioners were supposed to interpret this term and use it in their practice. In summary, the ritual procedures presented in the original text of the *Ascendant Talismans* and which were perhaps also practiced to some degree in the Dunhuang area were quite different from the ritual instructions as seen in the Daozang version of the same text.

Case 3: *The Lingbao Scripture of Laozi Converting the Barbarians*

Taishang lingbao laozi huahu miaojing   太上靈寶老子化胡妙經

The original Lingbao scriptures thus incorporated far more Buddhism terminology and notions than the redacted versions preserved in the Daozang. Another text inspired by Lingbao material and not included in the Daozang is the *Lingbao Scripture of Converting the Barbarians* which was preserved in two fragmentary Dunhuang manuscripts S.2081 and P.2360.[22] In his annotation to the *Zhonghua daozang* edition, Wang Ka argues that the text was composed by Kou Qianzhi 寇謙之 (365-448) between 416-423.[23] Wang Ka bases his claim on a statement in the text that describes the numbers of adherents to this teaching in their locations: 800 men and women in the Sanyang 三陽 region; 1300 in the Wei capital in the north 北方魏都; 350 in the Qin, Chuan, Han region 秦川漢; and 287 in the Chang'an region.

Wang Ka does not elaborate on these locations, but seems to assume they are in north China. Rather, he argues this passage indicates a narrow time frame between the brief invasion of the north by Liu Yu 劉裕 in 416, which ended the brief Later Qin state of the Yao clan 姚秦, the retreat of the Jin army from Chang'an in 418, and the conquest of the region by Tuoba Dao 拓跋燾 (Emperor Taiwu of the Northern Wei) in 423. I doubt this dating for several reasons. First, Wang Ka's hypothesis for this precise dating remains unclear. Second, Kou Qianzhi's support for the Tuoba Wei state culminated in the 440's when he managed, with the help of the Wei Prime-minister Cui Hao 崔浩 (381-450), to establish the short-lived "Daoist theocracy" in the Wei state.[24] It was under Kou Qianzhi's influence that Tuoba Dao changed his reign name to True Lord of Great Peace 太平真君 and he was the first emperor to undergo a Daoist initiation rite by "receiving registers"

---

[22] The two texts are published together in ZHDZ vol.8, 207-210. There is a translation and close study of S.2081 by Anna Seidel, "Le Sûtra merveilleux du Ling-pao Suprême, traitant de Lao tseu qui convertit les barbares (TH ms.S.2081) - Contribution à l'étude du Bouddho-taoïsme des Six Dynasties" in *Contributions aux études sur touen-houang*, ed., M. Soymié, (EFEO: Paris, 1984) vol. III: 305-352.

[23] ZHDZ vol.8.210, n.6.

[24] Richard Mather, "K'ou Ch'ien-chih and Taoist theocracy at the Northern Wei Court, 425-451" in *Facets of Taoism* eds., Holmes welch and Anna Seidel, (Yale University Press), 103-22. Chen Yinke 陳寅恪, "Cui Hao yu Kou Qianzhi" 崔浩與寇謙之, originally published in *Lingnan xuebao* 嶺南學報, 11.1 (1949), rpt. in *Chen Yinke shixue lunwen xuanji* 陳寅恪史學論文選集 (Shanghai guji chubanshe,1992), 190-223. Liu Yi 刘屹, "Kou Qianzhi de jiashi yu shengping" 寇謙之的家世與生平, in *Hualin* 華林 2, (Beijing: Zhonghua shuju, 2002): 271-281.

受籙. During these years the emperor pursued a through persecution of Buddhism. It therefore seems unlikely that Kou Qianzhi would author a text in which Buddhism is not all presented negatively. Third, the main deity in the text is Celestial Worthy 天尊, which is probably a short form for the Lingbao deity Yuanshi tianzun 原始天尊, which Kou Qianzhi certainly did not revere.

Nevertheless, the passage from the text provides evidence for helping locate the community that may have composed this text.[25] As Anna Seidel has shown, the geographical references indicate a particular regional interest in north and north-west area, stretching from Shaanxi into Gansu. This region includes the more limited area of the late 5th and 6th century Dao-Buddhist stelae.

The *Lingbao huahu jing* differs substantially from the *Huahu* literature that we know from citations in Buddhist texts, Dunhuang fragments, and allusions in Daoist texts. While the better-known *Huahu* literature thoroughly rejects Buddha and his teachings as suitable for China, this text presents a more complex attitude. The text is in the voice of the Celestial Worthy, no doubt an allusion the Lingbao high deity Celestial Worthy of Primordial Commencement 原始天尊，who manifests himself simultaneously as two sages, Laozi and Buddha, who travel together to convert all the people. Before this twin manifestation, however, the Celestial Worthy begins by lecturing to an audience of millions in a city whose name is not given.

The audience begins by asking: "We are today fortunate by our karma 因緣 to get to meet the celestial Worthy who will explain in detail how to reach awakening, please tell what we should follow?[26]

The Celestial Worthy responds by saying that those who are able

---

[25] The following relies on Anna Seidel's analysis (1984: 312, 344): the precise referent of Sanyang is unclear, but seems to indicate a southern location; the Wei capital may refer to either Pingcheng 平城 (today's Daotong in Shanxi) which was the capital since the establishment of the Wei in 398, or Luoyang which was the capital after 495. Qinchuan refers to the plateau north of the Qinling 秦岭 range in the Shanxi-Gansu corridor.

[26] ZHDZ vol.8.208a; Seidel, 340; (p.2134, lines 7-19)

to follow the Dao attain the supreme perfection, but those who delight in the Buddha are also of my body.

「我」等能屬道者，无上最真，樂佛者亦是我身

This of course raises further questions: "in the world it is said there can only be one great sage. How can there be two worthies?"

The Celestial Worthy replied: "I observed that on the peripheral countries in the world, the Hu, Yi, Yue Lao (unclear here) all living beings have different hearts and intentions. They do not distinguish true and false; they do not have faith in offense and fortune. Each does evil and offends [against the dao]. I therefore now divided my body into two vehicles, in order to instruct and transform you all." 是故我今分身二乘，教化汝耳。

The Celestial Worthy then produced from his mouth innumerable scriptures. Daoists, sramana, and Luohan each have their own canons and accordingly teach and convert. 及道士道人、沙門羅漢，各自部典，隨所教化。

The teachings of Buddha and Dao are therefore basically the same, and are taught according to personal preference: "For those who have faith in Buddha, they teach them accordingly, and talk about these teachings; for those who have faith in the Dao, they teach them accordingly, and talk about these teachings." 若信佛者，當以教之，而為說法。若信道者，當以教之，而為說法。As long people carry out the correct practices of these texts they will be assured of salvation:

Men and women, regardless whether they are members of the Daoist community or of the common religion, as long as they are able to focus their hearts and listen to these scriptures, they will not encounter misfortune, their dwellings will be peaceful and stable, and when their life comes to an end they will not fall into the terrestrial prisons. Rather, they will all ascend to the celestial palaces in Purple Tenuity.

不問男子女人道俗，若能至心聽受此經者，不遭枉橫，所在

安隱，命過之者不墮地獄，皆登天堂紫微之宮。

The Celestial Worthy then tells a rather strange conversion story about a barbarian country that did not initially submit to the teachings. The Celestial Worthy, in his twin manifestations, appears in this country to the jeers and mockery of the locals. The two worthies challenge the population to provide them with enough food to satisfy their hunger. After eating the almost limitless amounts provided by the people of this country, the two sages were still not full, shocking the all the people. To further prove their power, the two sages state they will recompense the people for all the food they had consumed. The sages strike the earth with their metal staves and from all five direction innumerable foods and drinks appear. Rather then being impressed and thankful, the people's hearts hardened. They capture and tie up the two sages, and place them atop a pyre as tall as a mountain. The people light the fire that blazes for seven days and seven nights, until the wood is used up. But when the people approach to look at pyre, they find that the two sages are unharmed. Their glow illuminated the heavens, and their recitation of scriptures shook the four directions. After being alerted by the people, the king then sends thousands of cavalry to accompany the two sages who ride in silver and gold carriage to the palace. All the people kowtow in reverence and beg for their lives. The sages respond:

> You barbarians, whose hearts are rough and evil, you should shave your beards, wear deficient robes that expose your upper body, you are no longer to marry, so as cut off your seed. You should erect stupas and temples, and all gather morning and evening to serve in reverence, you should make an adamantine statues of the Celestial Worthy, sixty meters tall, looking as they today.

> 汝等胡人雖余，心由凶惡，為汝等除落鬚髮，偏肩露膊。不令妻娶，斷其種族。使立塔寺，徒眾朝暮札。奉侍天尊丈六金剛形象，常如今日。

The Celestial Worthy continues to emphasize the importance of statues in the next passage:

> After subduing the barbarian kingdom, they erected statues and temples, to indicate that I am the lord of the myriad lands in the world. The hall of the Celestial Worthy is in space, pervaded by spontaneously occurring musical tones of all kinds. The ignorant people of the world say that the Celestial Worthy has no image. Since the birth of the Celestial Worthy, he has passed through numerous kalpas, lasting as long as the rivers and deserts, reaching an incalculable age. I have transformed my form to accord with the ages, sometimes big, sometimes small, sometimes old, and sometimes young. The great sages of heaven and earth, all revere the Dao.
>
> 世間愚癡人輩，謂吉天尊元像。天尊生出以來，經歷數劫，恆河沙等，不可窮盡。變形世間，或大或小，或老或少。天地大聖，以道為尊。

This passage seems to be an argument for the creation of images of the Celestial Worthy, perhaps especially in his "current" form of two sages: Buddha and Laozi. On the one hand, this is clearly an argument against the aniconic tradition of the Way of the Celestial Master. Lu Xiujing, writing in the 430's, still condemned those who placed statues and banners in their silent chambers. Here we find a direct response to that critique. On the other hand, the imagery alluded to here may well resemble the Dao-Buddhist stelae of the Northern Wei.

Several scholars have already noted that the images and inscription on these stelae reveal a local tradition of a community that viewed Buddhism and Daoism as equal. For example, the Register Student Shi 師錄生 stele (dated to 523) has images of Buddha on the front and right, and Daoist images on the back and left.[27] Among the many names

---

[27]   Most scholars have labeled this stele "Master-of-the-image Register-Disciple Shi"

listed as dedicators we find several Buddhists (佛弟子) as well as Daoists (道民). The dedicatory inscription below the image on the right face includes the line:

> Thus-come great sage, eminent worthy [extend their stay?], with split form they universally transform, as inner and outer they inspire and penetrate. Dao and Buddha are matched in compassion, non-action is one.

> 如來大聖， 至尊 □ 延，分 刑 （形）普化， 內外啟徹。
> 道佛合慈， 無為是一。

Zhang and Bai argue that this line refers generally to Buddhism and Daoism as emerging from a single source. While this is correct, I suggest that the narrative of the twin saviors of *Lingbao huahujing* and this line, and of course the actual dual Dao-Buddhist imagery all share in the same ideological complex.

The Xin Yanzhi 辛延智 stele (dated 548) has Daoist images on the front and back, and Buddhist images on the lefty and right faces.[28] The dedicatory inscription beneath the Buddhist image on the right face includes a complex allusion to the "conversion of the barbarians" narrative:

(Xiangzhu Shi lusheng 像主師錄生). This may indeed be a mistake, as the inscription by the Daoist image on the face Zhang, Zexun and Zhang, Xunliao identify as the yin face of the stele reads "[ ] south face" □南面. This means that this is in fact the yang face of the stele. Moreover, Li, Song argues that there is simply no record of a Shi lusheng on the stele. Discovered in 1981, held in Shaanxi Lintong County Museum. For images, see Yan Zhang, *Beichao*, 86-91, text on 133-35; Zhang and Bai, vol.3, 706; Zhang, "Daoist Stelae," 529. I follow Zhang and Bai's emended transcription. Zhang Xun, 46, text on 172-75. Li Song 李淞, *Zhongguo daojiao meishu shi* 中國道教美術史 labels this as "Stele of 71 members of the Lu clan" 師氏七十一造像碑, 239-40.

28 Discovered in 1927, unclear provenance. For images, see Zhang Yan, *Beichao*, 100-105, text on 137-38; Zhang and Bai, vol.3, 709-12; Zhang, "Daoist Stelae," 490-91, 525. I follow the emended transcription in Zhang and Bai. Li, Song labels this "Stele by 70 member association" 邑子七十人等造像碑, *Daojia meishu shi*, 299-300.

[lacuna] 功就極崇，故能思慈下降，托民生李…南化則濱海
啓悟心，西沙則胡主啟顙，北訓夷狄體善，東據則現生李俗。
重利群生，教與仙藥精成則白日升天。

Although the basic mythology of this stele appears to be focused
on Laozi, the 70 dedicators clearly state that they recognize the ultimate
teaching, which is beyond the division of Buddhism and Daoism:
"encounter the ultimate teaching, acknowledge and have faith in the
three treasures; meditate upon attaining your recompense... make the
true forms of the two sages Great Dao and Thus-Come" 值遇至法，識
信三寶，思達功效…造大道如來二聖真容。

None of the Six Dynasties texts collected in the *Zhengtong
Daozang* advocate the production of images or stelae, and none
advocate a theology in which Laozi and Buddha are equal. Whether
there was a scriptural basis for the production of the Northern Wei
stelae there is no mention of it in the canonic collections. A scripture
like the *Lingbao Huahu jing* may have served as such a scriptural basis
or perhaps it an apologetic text composed within the communities
producing the stelae. At this stage of our knowledge we simply cannot
fully resolve this issue. What is clear, though, that these non-canonic
images as well as the three non-canonic scriptures discussed in this
paper all represent vibrant local Daoist traditions, clearly existing
beyond the textual and ritual constraints of the Daoist canon.

Bibliography

Primary Sources

DZ *Zhengtong daozang* 正統道藏, Taipei: Xinwenfeng. Numbers according to Kristofer Schipper, Kristofer and Franciscus Verellen, eds. *The Taoist Canon: A Historical Companion to the Daozang.* Chicago: The University of Chicago Press, 2004.

ZHDZ *Zhonghua daozang* 中華道藏, Zhang Jiyu 張繼禹 and Wang Ka 王卡, eds.Beijing: Huaxia, 2004.

Foshuo pusa benye jing 佛說菩薩本業經, T.281.

DZ 671 Taishang wuji dadao ziran zhenyi wuchengfu shangjing 太上無極大道自然眞一五稱符上經.

DZ 1016 *Zhen'gao* 眞誥.

DZ 1138 Wushang biyao 無上秘要.

Laozi bianhua jing 老子變化經, S.2295.

Lingbao zhenyi wuchengjing 靈寶眞一五稱經, P.2440.

Taishang lingbao laozi huahu miaojing 太上靈寶老子化胡妙經.

Sources

Chinese Sources

Chen, Guofu 陳國符. *Daozang yuanliu kao* 道藏源流考 (Beijing, Zhonghua shuju, rpt. 1989.

Chen, Yinke 陳寅恪. "Cui Hao yu Kou Qianzhi" 崔浩與寇謙之. *Lingnan xuebao* 嶺南學報, 11.1 (1949), rpt. in *Chen Yinke shixue lunwen xuanji* 陳寅恪史學論文選集 (Shanghai guji chubanshe, 1992), 190-223.

Li, Song 李淞. *Zhongguo daojiao meishu shi* 中國道教美術史. Changsha: Hunan meishu, 2012.

Liu, Yi 劉屹. *Dunhuang daojing yu zhonggu daojiao* 敦煌道經與中古道教. Lanzhou: Gansu jiaoyu chubanshe, 2010.

_____. "Kou Qianzhi de jiashi yu shengping" 寇謙之的家世與生平, *Hualin* 華林 2 (2002): 271-281.

Wang, Chengwen 王承文, *Dunhuang gu lingbao jing yu Jin Tang daojiao* 敦煌古靈寶經與晉唐道教. Beijing: Zhonghua shuju, 2002.

Zhang, Xunliao, "Daoist Stelae of the Northern Dynasties" in John Lagerwey and Lü Pengzhi, ed. *Early Chinese Religion: Part Two, The Period of Division.* Leiden and Boston: E.J. Brill, 2010: 437-543.

Zhang, Xunliao 張勛燎 and Bai Bin 白彬, *Zhongguo daojiao kaogu* 中國道教考古. Beijing: Xianzhuang shuju, 2006.

Zhang, Yan 張燕, *Beichao fodao zaoxiang bei jingxuan* 北朝佛道造像碑精选. Tianjin: Tianjin guji, 1996.

Japanese Sources

Ishimatsu Hinako 石松日奈子. *Hokugi bukkyō zōzōshi no kenkyū* 北魏仏教造像史の研究. Tokyo: Seinsha, 2005.

Ōfuchi, Ninji 大淵忍爾. "On Ku Ling-pao Ching," *Acta Asiatica*, 24 (1974): 33-56.

_____. *Tonkō dōkyo mokurokuhen* 敦煌道經目錄篇. Tokyo: Fukubu shoten, 1978.

_____. *Tonkō dōkyoi zokurokuhen* 敦煌道經圖錄篇 Tokyo: Fukubu shoten, 1979.

English Sources

Bokenkamp, Stephen R. "Sources of the Ling-pao Scriptures" in *Tantric and Taoist Studies*, ed. Michel Strickmann. Bruxelles: Institut Belges des Hautes Etudes Chinois II, 1983: 434-486.

_____. *Early Daoist Scriptures.* Berkeley: University of California Press, 1997.

_____. "Buddhism, Lu Xiujing and the first Daoist Canon" in *Culture and Power in the Reconstitution of the Chinese Realm, 200-600*, ed. Pearce, Scott and Audrey G Spiro, and Patricia Buckley Ebrey. Cambridge: Harvard University Asia Center, 2000, 81-199.

Ehrman, Bart D. *Lost Christianities: The Battles for Scripture and the Faiths We Never Knew*. Oxford: Oxford University press, 2003.

Foster, Paul. *The Apocryphal Gospels: A Very Short Introduction*. Oxford: Oxford University Press, 2009.

Hedrick, Charles W. and Robert Hodgson, eds. *Nag Hammadi, Gnosticism, and Early Christianity*. Eugene, OR: Wipf and Stock Publishers, 2005.

Kohn, Livia. *God of the Dao: Lord Lao in History and Myth*. Ann Arbor: Center for the Chinese Studies, University of Michigan, 1998.

Lim, Timothy H., Larry W. Hurtado, A. Graeme Auld, and Alison Jack, eds. *The Dead Sea Scrolls in Their Historical Context*. London and New York: T&T Clarke International: 2000.

Lim, Timothy H. and John J. Collins, eds. *The Oxford Handbook of the Dead Sea Scrolls*. Oxford: Oxfrod University Press, 2010.

Mather, Richard. "K'ou Ch'ien-chih and Taoist theocracy at the Northern Wei Court, 425-451" in *Facets of Taoism*. ed. Holmes Welch and Anna Seidel. New Haven: Yale University Press, 1979, 103-22.

Pagels, Elaine H. *The Gnostic Gospels*. New York: Random House, 1979.

Robinson, James McConkey ed. *The Nag Hammadi Library in English*. Leiden: EJ Brill, 1984.

Schipper, Kristofer and Franciscus Verellen, eds. *The Taoist Canon: A Historical Companion to the Daozang*. Chicago: The University of Chicago Press, 2004.

VanderKam, James C. *The Dead Sea Scrolls and the Bible*. Grand Rapids and Cambridge: Wm. B. Eerdmans, 2012.

French Sources

Seidel, Anna. *La Divinisation de Lao Tseu dans le Taoisme des Han*. Paris: EFEO, 1969.

_____. "Le Sûtra merveilleux du Ling-pao Suprême, traitant de Lao tseu qui convertit les barbares (TH ms.S.2081) - Contribution à l'étude du Bouddho-taoïsme des Six Dynasties" in *Contributions aux études sur touen-houang*, ed. M. Soymié. Paris: EFEO, 1984. Vol. III: 305-352.

宋代考召法的基本構成

松本浩一
日本筑波大學圖書館情報媒體研究所

一、序論

筆者曾經在關於天心法的論文中，分析了考召法的結構。[1] 定義了考召法為「捉捕崇鬼，審訊他」。這是根據《太上助國救民總真秘要》（以下簡稱為《總真秘要》）卷七，以及《金鎖流珠引》卷四中引用的《正一考召儀》所得出的定義。《正一考召儀》說「夫考召法，是考鬼召神也。」

關于考召法，劉仲宇教授在他的著書《道教法術》第七章第三節進行了專門論述。[2] 還有 Edward L. Davis 教授在他的議論天心法的著書中，分析了考召法的過程，把全體過程分為「A.法師的變神」、「B.見鬼、視鬼」、「C.捉捕崇鬼」、「D.憑依」的四個階段。[3] 還有在這篇著書中，他指出宋代出現使崇鬼憑依童子的做法，並指出主要舉行此種咒術的法師身分也是在這個時期成立的。

除了以前筆者曾經論述的《上清天心正法》和《太上助國救民總真秘要》等與天心法關聯的文獻以外，《道法會元》也包含了很多記述考召法的文章。正如劉仲宇教授所指出的，其內容大同小異。但若關注細部的話，卻各有自己的特色，互相有微妙的差異。另外道藏收錄的道教文獻中所記述的考召法，和《夷堅志》等小說中記述道士實際舉行考召法的事例，也有差異。

在本篇論文中，首先將研討《金鎖流珠引》中記述的考召法，

---

[1]　松本浩一，〈道教咒術「天心法」の起源と性格：特に「雷法」との比較を通じて〉，《圖書館情報大學研究報告》，20：2（2001），頁 27-45。

[2]　劉仲宇，《道教法術》（上海：上海文化出版社，2002），頁 378-404。

[3]　Edward L. Davis, *Society and the Supernatural in Song China* (Honolulu, Hawaii: University of Hawai'i Press, 2001), 97-100.

這本書可以認為是宋代以前成立的。宋代成立的道教咒術中具有代表性的是天心法和雷法，所以本文的基本分析資料取用的是《上清天心正法》和《總真秘要》的有關部分，又《道法會元》包含了多種有關雷法的考召法，本文取用的是卷二二二〈正一吽神靈官火犀大仙考召秘法〉，以及收錄於《道法會元》卷一五六到卷一六八的〈上清天蓬伏魔大法〉，由於天蓬法之主張有跟天心法、雷法不一樣的特色，所以本文也使用天蓬法的資料。本論文將分析這四種的考召法的構成並且指出各自的特色，最後是考察其和《夷堅志》中的考召法事例的差異。

二、《金鎖流珠引》的考召法

關於《金鎖流珠引》的成立時期，《道藏提要》說「豈宋元間術士掇拾六朝以來術數家言，匯集成書者邪？」[4] The Taoist Canon 介紹了 T. H. Barrett 教授的主張，他說：這本書成立於「唐末或是五代的某時。」[5] P. Andersen 教授說，成立時期還在考慮中。[6] 雖然《金鎖流珠引》裡介紹多種咒術儀禮，但書中沒有言及咒術力的源泉（例如雷法的「雷」，天心法的「三光」）等，宋代時所成立的咒

---

[4]　任繼愈主編，《道藏提要》（北京：中國社會科學出版社，1991），頁 753-754。

[5]　Kristofer Schipper & Franciscus Verellen eds., *The Daoist Canon: A Historical Companion to the Daozeng* (Chicago & London: The University of Chicago Press, 2004), 1078.

[6]　Kristofer Schipper & Franciscus Verellen eds., *The Daoist Canon: A Historical Companion to the Daozeng*, 1057.

術儀禮特有的新要素都還沒出現。《金鎖流珠引》收集了多種咒術，但是只有集成，體系化的咒術比較少。《金鎖流珠引》卷四概說了考召法，《總真秘要》卷七也有同樣的內容，但是是以更加完整的形式提出。所以我想《金鎖流珠引》的主要部分是從唐末到五代，或是宋代初期之間已經形成的，不過還沒有明確的證據，而且確實也有以後追加的部分，所以以目前尚不能斷定。

《金鎖流珠引》卷四「五等禮師引訣」中說：

> 太上老君授黃帝禮師法，別有科儀，具有五等。一奏章表禮
> 師，二步罡禮師，三考召治病禮師，四行禁炁天地間萬物禮
> 師，五行兵入軍入山入水行、往他國禮師。[7]

關於第三的考召法，首先引用的是《正一考召儀》的定義「夫考召法是考鬼召神也」，對此，劉仲宇教授說：

> 漢代稱此法為召劾鬼神。召，是召它們「現形」，劾有審訊，
> 處置之義，即弄清它們的來歷後，依「天律」予以處置。考
> 召，與召劾鬼神，含義略同。考，即考校功過，召鬼神前來
> 審訊和處置，即名考召。[8]

《金鎖流珠引》繼續說「（考召的）事情不是簡單的，需要清潔」，然後概說考召法的程序。首先要建壇而且壇的周圍要建立纂（以竹木為之，束茅表像亦可）。壇要開四個門口，設置拘束祟鬼

---

[7] 《金鎖流珠引》，《正統道藏》，冊 34，卷 4（臺北：新文豐出版，1995），
    頁 1a-b。
[8] 劉仲宇，《道教法術》，頁 378。

的獄。道士要做敕水禁壇和步罡、結界。設備香案、燈，晚上點燈到一更三點（十點左右）就好。道士站在西方，要存思三元考召法師李尊師，戴冠佩劍，搭乘紫雲，紫衣飄飄的從西北方降下來，並且繞壇三周。與道士一起做禁壇（時點並不清楚），率領陽兵跟道士身體中的籙兵一起齊心合力的到天曹、人間去，為請託者的家族，抓住惡鬼。還要存思周尊師率領陰兵，幫助身體中的籙兵，一起去到地獄、水中、請託者家族的墳墓中，抓住做祟害的鬼，帶來壇中，查問作祟害的緣由。

抓住祟鬼後，查問做祟的理由。但是根據要奏上的文章，只有提及處罰祟鬼：

> 臣行法依天科，行天心正一之法，願賜陽師陰師。（註：如無陽師，即自身存作，代本師身。訖即捻天師訣目，合天師降真炁，一下身中）佐臣身行兵布炁，放水放火放師子，發遣三元九天將軍，與臣同心併力，共擊破某山某廟某賊凶囚宅惡鬼營侶，悉令砂崩瓦碎，火燒水蕩，捉取精祟腰斬，令得疾病差愈，某事即遂，云云。[9]

下兩行就主張「一起攻剋某山、某廟、某賊、凶頑、囚禁、住宅的惡鬼一夥，都要打得徹底，用火焚燒用水洗滌，抓住祟鬼腰斬，讓病人痊愈。」然後要舉行考召儀禮。以下介紹的是注文記述的考召內容。

9　《金鎖流珠引》，卷4，頁6a。

夫考召，思存師於身之前。領兵士者三元總九將軍（上元、中元、下元的上部、中部、下部將軍），五德將軍五位，兵馬是百千萬人，羅列圍繞彼人屋宅。及自用，即備自屋宅門戶，把捉每一門，差一十六把一門，八人列門一邊，把刀刃向地，一一立駐刀，一如行軍，布列行陣，把捉營門戶，相似嚴教。訖即存見本師，乘九色雲頭或獅子，從東而來，與弟子領兵，巡前件人門戶上下，結界禁咒，追捉符牒，事事須秉。尊師於空中放出光明，湧出兵士，羅海截地，繞天檢獄，與臣拔出某親表某人三魂七魄，若是女人，云十四魄。三魂得離鬼庭之中，附著本身，令疾病即時差愈。[10]

根據這裡的注文內容，疾病的原因是患者的三魂七魄被祟鬼偷盜。所以考召法的主要內容是搜尋并收回魂魄。以上的考召法過程可以整理如下步驟：1.建壇；2.設獄；3.步罡、結界；4.召請神將；5.發遣（抓住祟鬼、尋找患者的魂魄）；6.處罰祟鬼。

在〈考召治病禮師〉的最後段落中說：「後聖君告天師曰：此考召法有六種」，[11] 列舉如下：

第一，能與人治邪注疾病，收捉祟妖，誅斬。

第二，能與人勘天曹地府，年命長短，貧富貴賤。

第三，能與人禁斷公私冤對相害。

第四，能與人夫妻男女生命相剋者，令不相剋，永世相宜，

10　《金鎖流珠引》，卷4，頁6b-7a。

11　「太玄三清金鎖流珠譜序」有「後聖玉皇上帝玄元上道君是也」的詞語，注文說「一云太上大道君」。根據這個解說「後聖君」是「太上大道君」。

出得金木之灾、水火之害，從順無礙。

第五，能與人解除公私呪詛，冤鬼害神，生人死鬼，圖謀口
舌之害，皆能消之，彼此無害。

第六，能除天地灾害，風雨不時，四炁不正，毒龍凶鬼，淫
水淫旱，瘟毒鬼炁，若非正天行者，此法能除之。[12]

第一種是一般說的考召法。第二種不是本來的考召，但是現在為了
解決惡運、重病等的問題，道士、法師做法事的時候，常常首先要
勘察請託者的命，所以跟考召法有很大的關聯。第三種、第四種可
以認為是為了防止發生做祟的事前調停。第五種也可以認為是第三
種的一種，現在在臺灣看得到的超拔、打城儀式是疾病、意外發生
後，也就是做祟產生影響之後做的，但是目的是「皆能消之，彼此
無害」。Davis 教授認為，黃籙齋是考召法的一種。[13] 實際上《夷堅
志》中使用考召法的記事中，常常出現如下的故事，因為祟鬼本來
對于患者有很大的冤恨（例如前世患者殺死無辜的祟鬼），為了報
仇，所以做祟。但是舉行黃籙齋的目的是依靠祭祀祟鬼而解消仇
恨，解決問題。所以黃籙齋是解決問題的手段，不能認為是考召法
的一種。但是根據《金瑣流珠引》的第五種，調停的過程也可以認
為是考召法。第六種說的是因為「毒龍、凶鬼」做「非正天行」，
天變地異發生的時候，要是鬼、精怪等不獲得天的允許而做祟，那
時候道士可以用咒術防止做祟。這裡記述的不是個別性的災害而是
一般性的，但是想法同前一樣。現在在臺灣看得到的法事，上述一

12　《金鎖流珠引》，卷 4，頁 7b-8a。
13　Edward L. Davis, *Society and the Supernatural in Song China*, 198.

連過程（特別從第一到第五）可以被認為種種民間宗教者（例如童占－紅頭法師，靈能者、占術師－道士）參與的一連治療過程，在《金鎖流珠引》成立的時代，已經把這些一連的過程全體認為是考召法。

《金鎖流珠引》也介紹了步罡的方法。著者說「夫步綱者，是強身健神壯魄之法也。先從地紀，堅勞其身，壯健其神，神炁自然鎮藏然後通天地，感使神靈也。註：此法一能治其身，二有餘力，救治於人。」[14] 就是說步罡加強身體和精神，神炁充實，然後感通天地，感使神靈。一方面整齊身體，一方面要是有餘力的話，救濟人們。劉仲宇教授指出步罡的三個功能。第一是「改變自己，以通靈致神」，第二是「飛行九天」，第三「禁止鬼神萬物」。[15] 第二的「飛行九天」是所謂的天界遍歷，經過飛行九天，道士跟天（神）合一，以後命令神將。因為與天地之間充滿的力量為一體，加強自己的身體和精神，獲得「禁止鬼神萬物」、救濟人們的力量。所以劉教授言及的三個功能，互相有關聯。

二、《上清天心正法》的考召法

關於《上清天心正法》的著者「鄧有功」，我曾考證他是南宋時代的詞人，《宋詩紀事補遺》卷八六有傳記，[16] 但是李志鴻教授

14　《金鎖流珠引》，卷1，頁1a。
15　劉仲宇，《道教法術》，頁183-189。
16　松本浩一，《宋代の道教と民間信仰》（東京：汲古書院，2006），頁365。

在著書中證明我的想法是錯誤的,《上清天心正法》應該是北宋時代已經成立。[17]

關於《上清天心正法》卷四記述的考召法,我已經在前論中討論了咒術的步驟。這裡再介紹兩三個新的論點。

首先患者的家屬把患者的情況告訴道士壇。為了不讓邪鬼逃走,法官（道士）要「下遠罩」,就是遍布天羅地網,備置神將神兵。給嶽府發行申狀,給城隍發行牒狀,把患者的具體情況詳細的報告。寫文章的時候,要在靖室,神將監視之下,要秘密地寫。決定了時刻,派遣管理或是保護患者的住址、山林、社廟、祖先、司命、五道、土地等的神明到四方,捉拿做祟為禍的邪鬼邪神,牢固地拘束,等待驅邪院到來。

卷二「遠罩法」記述詳細的做法。首先要念三次咒文「上張天羅捉山魈,下布地網捉鬼賊。四方八面,排兵布陣。收捉邪鬼,不敢走透。須要捉來,不得有違。疾疾吾奉上帝敕」,兩手互相交叉,吸北方炁一口,做撒網的動作,存思神將已經備置。兩手用拇指按煞文的位置,採取北方炁後吹出。念咒文「法靈靈,動天地,驅雷電,役吏兵,移山嶽,罩鬼神。吾行正法,救度天民疾苦。使汝上天,與吾徑上天堂。吾使汝入水,與吾徑入水宮。周遍乾坤之內,上應六合之中。須管緝捉為禍之鬼,攝附壇前,考問通名。疾速如律令（派遣吏兵,捉捕天地四方作祟的鬼,牽引來壇,拷問他們的名字）」,左手要結都監訣、右手劍訣（卷六有解說）,吸天門炁三口,遠望向天門的方向吹出。存思北方的黑炁彌滿,布滿了普天。

17　李志鴻,《道教天心正法研究》（社會科學文獻出版社,2011）,頁 16-22。

再次吸罷炁吹出，念「神將牢固罩定鬼神。急疾。」兩手用拇指按
午文的位置，念如下咒文「天上行軍，地下行軍，水府行軍，本院
行軍。左右羅列，周遍圍匝，內外密切，不得透漏，疾速火罩。急
急奉北帝敕（神將神兵包圍周遍，祟鬼不能逃走）。」首先吸北方
炁一口，然後吸南方炁一口，都是結著訣吹出的。存思天羅地網起
了火，炎火衝天，密切的覆蓋。最後念「南方火輪大將，速駕火車
萬陣，與吾罩定鬼神。速疾。」[18]

法師到患者房屋來的時候，因潔淨身體而變神，步三台、七星
罡，在斗口潔淨身心，默朝上帝，上奏這件事情。率領種種的大聖
眾、該法所屬的官將，出門而去，不要反顧。途中要持〈天蓬咒〉。
其次道士下近罩，就是「神將牢固，罩定鬼神（神將鞏固防守，抓
定鬼神）。」指揮神將，捉住祟鬼並且拘束。要是做治病儀禮的話，
去門前指揮。結束後左手結斗印，用右手叩擊門，念閉門法咒說「太
上（老君）關門拘捕邪鬼，一切冤魂自己消滅，急急如太上律令。」

道士進門後左手結山字印，吸北方炁一口吹出，存思四大神將
關門，指揮他們說「某左門神，右門尉，五道等神，牢固閉門，不
得縱令鬼祟走透。如違，如等例行坐罪疾。」道士進入門內，念鎖
門法咒說「天煞地煞戶門煞、一切邪祟煞，吾奉敕指揮門神，不得
放出邪祟煞。須收下。急急如律令。」兩手都要結大煞文或是鎖印。
其次命令請託者在正廳上安排神將，備置新鮮的果子、香、燈、茶、
湯、錢、馬等供養他們。以後道士變神、步罡、召請將帥。要念各

18　　《上清天心正法》，《正統道藏》，冊 17，卷 2（臺北：新文豐出版，
　　　1995），頁 5b-6b。

位神將的本身祕咒並且存思他們的形態和威儀。

　　讓患者出來，道士左手結邪訣，右手結劍訣或是拿天蓬尺，不離開罡步內。其次左手結斗印，右手結金刀訣，念降伏刀劍咒，而且說「神將疾速與吾拽出為禍鬼神，到來疾疾。」患者出來後，道士以局邪訣一指，說「四直天罡神將，疾速縛起手。」其次用捉、縛、枷、拷的四種咒文和手印，讓祟鬼交代本來面目。《上清天心正法》中沒有記述捉、縛、枷、拷祟鬼的具體方法。《總真秘要》卷七記述了具體方法。這裡捉、縛、枷、拷法以外，記述「壓鬼法」、「燒鬼法」等的方法。舉行「捉鬼法」的時候，首先需要令神將捉捕祟鬼附（患者的身）體。拷問祟鬼的目的也是讓祟鬼說出來他的名字。[19]

　　要是不順從的話，就用「天罡烈腦符」，沒有效果的話，就用「大神燒鬼法」。要念咒文說「大聖逆火，流逆南方，火官火燒，邪鬼滅亡。急急如律令。」採取太陽炁並且吹到筆上，寫一個火字在紙上，揉成一團，放在患者的鼻孔內，再念咒文，採取太陽炁一口，吹到患者的頭上，用火燒紙團，燒完疾病就會痊愈。[20]

　　道士左手結天罡訣，右手拿水盂，唸「發遣鬼祟離體法咒」三次，說「天罡大聖，正炁流通，人身安吉，邪鬼滅形。天罡正炁，萬邪離身。急急如太上帝君律令敕。」並且面對天罡，採取氣三口，吹到水中，把水噴付患者。要是患者吞服，就恢復常態。道士說「鬼魂離體疾」，命令患者吞服符水。其次在患者的家裡要立壇，派遣

19　《太上助國救民總真秘要》，《正統道藏》，冊54，卷7（臺北：新文　　豐出版，1995）。

20　《上清天心正法》，卷4，頁3a-4a。

神將，進獻香、燈，繼續供養他們直到完全恢復，恢復後要犒勞本院的將兵們。[21]

上述的咒術過程可以整理如下步驟：1.請託者準備文書把患者的情況告訴道士；2.下遠罩，把情況上奏東嶽、城隍；3.變神、步罡、默朝；4.下近罩；5.鎖門；6.召請神將；7.治療患者；8.保護患者、犒勞將兵。

三、〈上清天蓬伏魔大法〉的考召法

《道法會元》卷一五六到一六八記述的是〈上清天蓬伏魔大法〉。這裡主要是根據卷一五七「行持次序」介紹天蓬法的考召法。要是用符水對應沒有效果，那麼就做「坐壇行持」。對應召請的時候，首先從驅邪院發行牒文到神將捉捕邪鬼，下遠罩。出門的時候，一路上要存思神將、神吏隨行。

道士出發到患家的時候要做的咒術，在卷一五八「握神尺伏邪行持式」中進行了詳細的記述。首先召請天蓬元帥到壇，並且請他備置神將。頭上的北斗七星指向前面，道士拿著神尺步斗，唸藏身咒。咽罡炁，出門後唸天蓬咒，存思神將神兵護衛自己，唸著咒文下遠罩。咒文的意思是「我受到太上正法，而遍布天羅地網，命令神將神兵。」那時候手要結天羅地網印，吸取西北炁，望著患者家那邊放印吹炁，並且存思籠罩患者。

在接近患者的家時，要下近罩。道士要做著飛斗進入家裡，做

21　《上清天心正法》，卷4，頁4a-4b。

飛罡、召將、催牒並且存思捉捕。步罡的詳細辦法在卷一六〇。卷
一六〇的「禹步斗罡天策論」的內容是跟《總真祕要》卷八「禹步
斗綱訣」對應的。「禹步斗罡天策論」說「凡步罡履斗，先變神。
次存三元五德將軍，功曹吏兵，侍衛森列。然後發步」，就是說「道
士做步罡之前，要變神，還有存思神將降來，保護道士，然後開始
步罡。」關於步罡的意義，「禹步斗罡天策論」說「夫步罡者，乘
於正氣以禦物（步罡有憑恃天地間的正氣，制禦萬物的作用）。」
步罡的時候要念的「普護咒」中說「今日禹步，上應天罡。鬼神賓
伏，下辟不祥。如求如願，萬靈莫當。敕吾身中五苦八難，九厄百
病，千災萬禍，凶神惡鬼，圖謀口舌，天羅地網，年殃月耗，並行
攝捉，押赴魁罡，誅滅受死，入地千尺，無動無作。急急如律令敕。」
就是說凶神惡鬼等在自己身體內的全部不祥因素，根據步罡的力
量，都不起作用。[22] 這被認為是劉仲宇教授說的第三功能的例子。
考召法中很重視步罡。〈上清玉樞五雷真文〉卷五七「論罡」說「師
曰：凡修真奉法之士，既遇明師指示雷法符印等，又須得罡訣，方
能靈驗。」[23]

　　到了患家，首先要唸咒，這篇咒文有「請日、月、北斗的三光
炁守護」的意思。結金刀訣，變成元帥，念「撒罩咒」請求神將為
了對付祟鬼跟我一起下罩。執劍步罡後，執神尺召請北斗，請求神
將保護身體，採取北炁遍布自己身體，存思北斗在頭上斗柄指向前

22　《道法會元》，《正統道藏》，冊 48-51，卷 160（臺北：新文豐出版，
　　1995），頁 1a-3b。
23　《道法會元》，卷 57，頁 12b。

面，並且封鎖大門。[24]

　　道士執著劍或是神尺，到患者家的正廳焚香並且存思神明護衛他們。唸青詞後，存思神將神兵，金鼓一齊鳴響，震動天地，把青詞和紙錢燒掉。清掃患者的房間，燒香、點燈後，道士進入房間做法事。首先唸咒文，「吾用法尺，震動乾坤，立正去邪，殺鬼安人（我要用法尺，震動天地，實行正義除去邪惡，滅除祟鬼安寧患者）……北辰天罡，靈震八方，破魔伏魅，斷妖止殃（北極北斗，其威靈威嚴八方，打敗魔鬼佩服精怪）……。」採取東北炁吹入門內。自身變成天罡大聖，坐在圓光中，看患者的狀態。向患者做吹出氣，結印，唸咒文等等，讓祟鬼交代自己的真面目。存思神將神兵將祟鬼驅逐。[25]

　　卷一六七則記述讓祟鬼附著童子，交代自己真面目的方法。道士首先念「顫撼童身訣」。此咒文的目的，「速令神將顫童身，寒風颯颯撼童身，發施冰水冰童身，遍行法雨洒童身。變將甘露潤童喉，顫撼童軀吐鬼名」，就是用種種的方法讓祟鬼說出自己的真面目。這時候道士要存思，五方帝君從各個方向進入童子的身體內，說「神將與吾顫童體，顫鬼不顫童，疾速報應」，並且念咒文，「斗柄靈靈，三光同明。太陽覆護，天地交拜。敢有小鬼，拒逆不聽。奉天帝敕，寸斬無停。左右神將，不得容情。急顫童軀，通吐鬼名。交魂退病，降伏招情，俾佑（某）人病體康寧。救民疾厄，如谷應聲。急急如太陰帝君律令。」這篇咒文要念三次，下兩行的部分表示，對於不

24　《道法會元》，卷 158，頁 6a-7b。
25　《道法會元》，卷 158，頁 8a-10a。

服從的祟鬼，要不得容情地處分，這是基本的態勢，並且要是童子
的身體開始顫動，祟鬼附著的話，讓它說出它的名字，這是附著的
目的。[26]

　　解說附體的方法之後，介紹了捉（捉捕祟鬼）、縛（捆綁祟鬼）、
枷（枷住祟鬼）、拷（拷問祟鬼）的咒文。例如關於〈捉〉的咒文，
有「捉鬼咒」、「眾神捉鬼咒」、「天猷元帥捉鬼咒」三種。各個咒文
的意思是，派遣神將神兵捉捕祟鬼、讓祟鬼附著童子身體讓它說出
姓名、還回童子自己的魂魄治療疾病。在縛、枷、拷的過程中，道
士念著咒文捆綁童子，用葉子打童子的腿。還有用火燒滅祟鬼的方
法。首先念「天蓬燒鬼咒」，取得南炁後，吹炁並且發火、燒鬼。
再念咒說「……速發炎火煉妖精，大施猛火燒邪魅。惡鬼強神皆燒伏，
喪膽傾心總加庇。病者康安，吉無不利。神火一燒，萬鬼自潰。」[27]
取得南炁後吹炁，念「七星火符燒鬼咒」。念完了，要取得南氣，
存思火德星君飛行來而進入筆端，用這枝筆在童子的手中寫「七星
火符」，將火氣吹入手中，對神將說「火鈴大將軍，與吾燒鬼，疾
速報應。」

　　根據卷一五七「行持次序」，考召、附體結束後，在患者的床
下要設置火獄。卷一六六「建火獄行持訣」說，「把祟鬼附體並且
讓他說來姓名後，命令神將從該地區驅逐祟鬼……根據先師的教
訓，附體以後要建立火獄，對於祟鬼引起的疾病的人們進行保護。」
根據那記載，火獄是把作祟的鬼拘留的地方。關於設置火獄的方

26　《道法會元》，卷 167，頁 1b-2b。
27　《道法會元》，卷 167，頁 2b-6a。

法，卷一五七「行持次序」說：

> 先辦灰三四升，細篩。臨立獄時，念敕灰咒，方舖床下，中
> 間以鏡平之，令無瑕疵。用黑盞盛麻油滿盞，以橐盛，安在
> 灰心。次以紙撚符三道，一煎鬼，二四火，三南斗，符作三
> 撚，三向安寅午戌向。……次法官變神召將。即以別紙撚點
> 燈，執在手中行持。存南方三昧真火降炁合此燈光，天地四
> 維盡皆通赤，以左手彈巳午未訣，隨下點着紙撚符，飛斗一
> 座。復存四維有城，艮上有獄門，其內有絳橋一座，自獄門
> 接至外，內外各有仙童玉女，旛幢寶蓋，羅列左右。次焚追
> 鬼符一道，按日使一朱一墨，召追鬼將趙公明將軍至。如符
> 使狀，紅抹額。須臾追至，押入獄，自橋而度，便下鎖訣，
> 閉門。存四維城上有銅狗鐵蛇，各吐火光萬丈，遂下火罩罩
> 之，誦大威德咒，即陳白詞意，指揮勘考罪尤。……再召火
> 獄中的官將，並南方火鈴將軍宋無忌、炬火嚴、炬火形、炬
> 火精、炬火炎四員，追鬼將趙公明，火獄中一行官將。即閉
> 目，存至，並三十六將，諸司將兵，應借到城隍東嶽兵馬，
> 並皆羅列前後。即叩齒，誦天蓬咒，……祝將吏守護獄門，
> 毋令散漫。遂敕病人房，方退至房門，以山字訣雙手下，存
> 山塞其門。轉身，以腳踏其門外，噀水即退。[28]

就是首先準備三、四升的灰，要篩得細小。設置獄的時候，要念敕
灰咒，撒灰床下，用鏡子抹勻讓灰沒有凸凹、瑕疵。將麻油倒滿黑

28　《道法會元》，卷 157，頁 21a-22b。

色杯子。把杯子放在袋子上、安置於灰的中心。其次用煎鬼、四火、南斗的三道符捻成燈心，這三個燈心，安置在寅、午、戌的三個方向。其次道士變身成為天蓬元帥，召請神將。以別紙燃點燈火持於手中，存思南方三昧真火降下其氣融合燈光，天地四維都變成紅色，以左手彈巳、午、未訣，接著點燃紙符飛斗一座，然後存思四維有城，艮方有獄門，門內有一座深紅色的橋，從獄門通到外面，內外有仙童、玉女，旛幢寶蓋羅列左右。焚燒一道追鬼符，召請追鬼將趙公明將軍，片刻就追上崇鬼，過橋後把它們關在獄中。道士結下鎖訣，關門。並存思四維城上有銅狗、鐵蛇，它們口吐萬丈火光時，就下火罩。道士念大威德咒，陳述儀禮的意圖，指揮神將查問崇鬼的罪過。再次召請火獄中的官將、南方火鈴將軍宋無忌、追鬼將趙公明等。存思他們已經來到，還有借到城隍、東嶽的兵馬，都羅列前後。接著叩齒，誦天蓬咒，祝禱神將神兵守護獄門。道士救命患者的房間後，在房門兩手要結山字訣，存思山堵塞門口。道士以腳踐踏門外的地面，噴水後即退離。

那天晚上，讓患者安靜地睡覺，別人不要吵鬧，外人不允許觀看、往來。第二天要看有甚麼樣的反應。道士進入房間內後，召請諸司官將、火獄吏兵，監守崇鬼，再次飛斗，用燈照獄，要看灰上有甚麼樣的腳印。發行牒狀給神將，押送崇鬼到所屬衙門。道士守護著患者，等待他恢復平安，就聽指揮。把灰放棄流水中，用水淨潔，念淨天地咒、罷獄咒，讓患者吞服符水。[29] 以下詳細記述是根據灰上留下的腳印或是聞到的臭氣，判斷崇鬼真面目的方法，例如

29　《道法會元》，卷157，頁22b-23a。

要是聞到毛臭，祟鬼是山魈怪，要是聞到血腥是產鬼、勞死鬼，要是腳印小的話是傷亡鬼、大的話是經過多年的屍體之鬼等等。天蓬法的步驟可以整理如下：1. 發行文書、下遠罩；2. 變神、步罡；3. 下近罩；4. 發遣神將神兵；5. 附體；6. 拷問祟鬼；7. 火獄。

　　根據卷一五七的記述，把祟鬼下獄的目的也是為了明白祟鬼的真面目。所以「押送祟鬼到所屬衙門」後，繼續處罰祟鬼。

　　卷一六六「火籙部」議論了圍繞考召法的種種問題，還有比較天心法、雷法指出天蓬法的優點：

> 今人止二務考召，非惟不能斷除邪源，抑乃患人未得速愈。故先師有言曰：照法不如考召，考召不及正法。咒天蓬一法，專以制邪為宗，而其治邪之要，又以火獄為主。比之天心，尤為捷要。[30]

就是說：今人只有專力從事考召，不僅不能斷絕邪祟的泉源，患者也不能早就治愈。所以先師說：照法不如考召，考召不及正法。天蓬法專門以禁制邪鬼為主旨，禁制邪鬼的要點是以火獄為主。比天心法捷要。

> 江湖行持之士，止行考召，不以正法為急，間有正法者，又以雷霆行之。彼謂雷霆誅擊，無邪不除。但雷令稟性剛烈，不能駐劄患家，收捕邪妖，若非大事，又不可輕動。[31]

30　《道法會元》，卷166，頁 1b-2a。
31　《道法會元》，卷166，頁 2b。

世間舉行咒術的人，只有舉行考召，不重視正法，但有時候有保持正法的道士，也用雷霆法舉行。他說要是雷霆誅擊了（邪鬼），邪鬼就都斷絕。但是雷神的天性很剛烈，不能駐紮在患者的家里，而且捉捕邪妖，要不是大事的話，不要輕易調動。

> 或有不行天蓬，止行天心五雷諸法，而未知天蓬一法，乃治祟之專司。亦有行天蓬者，又不傳得火獄之秘，凡遇行持便以附體為重，連日累夜，恣行考附，更不思所以斷絕邪源，去病安人之策。其間亦有以天心五雷符法，及諸階考召法中符篆斷後鎮貼者，皆漫泛之符，又安能立斷邪源。往往誤人多矣。[32]

或者有人不舉行天蓬法，只舉行天心、五雷諸法，他們不知道天蓬法就是以治祟為主管的官署（相關的咒術）。也有人舉行天蓬法，不傳得火獄的秘密，他想行持咒術中附體是重要的，連日連夜肆意舉行附體考召，更不考慮斷絕邪源和解除疾病安定病人的方法。其間也有人用天心五雷的符法或是用種種考召法中的符篆斷後患，但是這些都是目的廣泛的符，又怎麼能立即斷絕邪源？人們常常被迷惑。

> 殊不知天心雖有斗獄，雷法亦有諸獄，莫非事大體重，却非頃刻可以施行。獨天蓬法中有火獄之秘，事簡而行易，兼符中有更變之要，次第有報應異殊，緩急輕重，隨意可以行之。

32　《道法會元》，卷 166，頁 16a-b。

　　　　此天心雷法所不能及者。[33]

特別是不知道天心法有斗獄，雷法也有諸獄，但是它們都是事態重
大時的咒術，不能簡單的施行。只有天蓬法中的火獄秘法，可以簡
單的舉行，用符和咒術的次第都可以臨機應變，緩急和輕重隨意應
變著舉行。這個事情是天心法、雷法是比不上的。

　　〈上清天蓬大法〉的作者幾次指出：需要斷絕邪祟的泉源，或
是驅逐祟鬼後須要繼續保護患者。他說「（因為）雷神的天性很剛
烈，不能駐紮在患者的家里」，那麼對待比較輕易的事情，不要輕
率的施行雷法。「雷部的神將，他們的性格很粗暴」，這樣的評價《道
法會元》中常常看得到。還有再三強調了天蓬法是治祟的專門咒
術，是比其他的牢獄火獄有簡單和臨機應變的優點。

　　解說建火獄的秘訣的文章中，有概說考召法的大綱的部分：

　　　　凡受人投詞，先驗狀中有無邪祟。或帖牒將吏，就法院將。
　　　　遣發前去搜捕束縛禍鬼，伺候根究。次將帶印令，親到本人
　　　　住家，或附童考召，或不附體，臨時看病勢深淺，禍祟輕重，
　　　　隨意行之。如病勢輕微，則先行考召，附童供通。劫以獲到
　　　　祟鬼，差將拘管，伺候建立火獄，推勘禍源。或病勢沉重，
　　　　切不可附體考召，便當建獄追攝。[34]

大凡要是受到人們的投詞，首先要檢驗狀中有沒有邪祟的作用。或
是向將吏發行帖、牒，從法院召請神將。派遣他們搜捕束縛祟鬼，

33　　《道法會元》，卷166，頁16b-17a。
34　　《道法會元》，卷166，頁15a-b。

要守候並且徹底的追究。其次佩帶印、令，親自去到患者本人住家，在那裡或是讓祟鬼附體在童子而進行考召，或是不做附體而看病勢的深淺、禍祟的輕重，隨便做適當的方法。要是病勢輕微，首先做考召，附體在童子自供姓名。獲到祟鬼，差遣神將拘捕，守候建立火獄，查問災禍的根源。要是病勢很重，一定不要附體、考召，應該做建獄、追蹤拘捕。根據這個引用，附體、火獄都是以審訊祟鬼為目的的。道士診斷患者的病勢是嚴重或是輕微後，要判斷舉行附體或者火獄。

> 或附之後，只是指揮神將押出城隍，或押出界，又無公文，殆同兒戲。殊不知邪祟為禍，皆是結連害人，況附體之祟，往往不肯從實供通，豈可便以為是，任意釋放。法官纔去，祟即再來。或有病勢深重，祟乘勢侵害，祟去人亡者，此是不審病勢而用法，徒知以美觀，而不行正法斷後之故。余昔日承先師囑咐，謂行附體後，便宜立火獄，以守其病。祟有未獲者，即就獄內重勘已獲見禁之祟，以追捕其餘黨。行持如此，方得緊密，免生後患。[35]

附體以後，指揮神將把邪祟驅逐城市外，但是要是沒有公文，驅逐的措施跟兒戲一樣。他們不知道邪祟作禍的時候，都是勾結害人，邪祟附體的時候，常常不肯說出事實，怎麼可以隨便以招供的內容為事實，任意釋放呢？要是道士回去，邪祟再來；要是病勢很深重的話，邪祟乘勢侵害人，導致驅逐邪祟後人死亡，這是因為不審查

---

[35] 《道法會元》，卷 166，頁 15b-16a。

病勢而舉行咒術，只有重視美觀而不舉行正法斷絕後患的結果。我往昔承受先師的教訓，他說附體後，就應該建立火獄，因此守護患者。要是還沒捉捕到邪祟的夥伴的話，就在獄內再次審查已經捉捕的邪祟，進而追捕餘黨。這樣做，才會措施得緊密，避免發生後患。根據這個引用，以冥界的統治組織已經成立為前提，所以主張需要公文。大概要是有公文的話，就可以命令以守護該地為任務的全部神明禁止祟鬼再侵入該地。

　　卷五六「上清玉府五雷大法玉樞靈文、治邪建獄法」說「若被有形有質，飛空走地，一切水陸邪神為禍，水妖作孽，不伏符者，有建獄法。命三司捉縛送獄考治，求滅根源。（要是保有形質，可以飛行、跑在地上的一切水陸邪神、水妖禍害，如果不屈從於符治的話，對于他們有建獄法。道士命令三司逮捕他們送獄並且考治，追求滅亡根源。）」[36] 然後介紹五種的獄。例如最後的「幽臺長夜之獄」，是為了收禁不道的孤魂邪神、不正的偽神詐仙。他們或是附體、進入別人的夢中，拋沙打石，或是憑依別人姦淫婦女，占據別人的屋宇。要是把他們關在獄中，關閉獄門的話，不久它們就會現出真面目。那麼再開始測算它們罪的重輕，懲罰、拘係，或是移送北帝雷霆司、蓬萊司並且依靠法律斷罪。[37] 根據這裡的記述，獄不是把犯人囚禁的地方，而是要弄明白做祟的鬼神是甚麼鬼神的地方。這個事情跟天蓬法是一樣的，卷五九「立獄收邪」的記述也是一樣：

36　《道法會元》，卷56，頁24b。
37　《道法會元》，卷56，頁26b-27a。

> 凡治大妖，山魈五通，樹石之精，狐狸邪鬼……此等之祟，
> 不可尋常治之。宜牒本處城隍，申聞東嶽，雷霆官將收捉。
> 立獄於乾亥之地禁治。以爐灰細篩，以驗形跡……法師誦咒
> 二七遍，喝神將收捕鬼祟，封押鎖閉獄房……次咒水，遍屋
> 噀洒，立要祟跡上獄，如法看驗，是何鬼祟。方作牒狀，解
> 赴東嶽，或酆都，乞依法律斷遣。[38]

這種祟鬼（山魈、五通、樹石之精、狐狸、邪鬼等的大妖）是尋常
的方法不能應付的。應對他們首先需要把牒狀寄送城隍，把申狀上
奏東嶽，並且發遣雷霆官將逮捕他們。在乾亥方向的地方立獄，為
了察看上面出現的足跡，獄中要用細篩子篩爐灰。道士念咒十四
次，命令神將逮捕鬼祟，把他們封壓在獄房。把咒水（要）判斷祟
鬼的真面目。然後寫牒狀，把他們押送到東嶽或是酆都，依靠法律
斷罪。

四、以馬元帥為主將的考召法

　　《道法會元》卷二二二到二二六的各卷都記述了以馬元帥為主
將的考召法。這裡要介紹卷二二二〈正一吽神靈官火犀大仙考召秘
法〉的考召法。

　　道士首先抬頭望在空中寫一「冇」字，[39] 念咒文七次，採取頭

38　《道法會元》，卷 59，頁 1a-2a。
39　這個「冇」字，在下一段落中表示道士身體內部的馬元帥，所以這裡表
　　示馬元帥。

上的罡氣使之遍布身體，存思四獸神君衛護前後左右，陰陽二斗和
三台星布置上下。左右手結印，以上是變神的過程，但是變為甚麼
神，這裡沒有記述。念完咒文後，要用指頭在空中點南斗，六星的
光燦爛。道士用金光寫一個「令」字，吹到星光中，星光分明中有
一位小兒，美貌而且奇特。然後再次念咒文。[40]

　　存思「令」字變成金書玉篆，舌頭接觸上顎，變成金橋直接達
到斗口，令字變成一個火珠並且飛下，要吞到心宮。再把東方青氣
吞到祖宮。存思腎氣上騰，心氣下降，水（腎氣）火（心氣）交姤。
火珠轉動，光明徹天。存思心宮中有一個「甪」字，就是內部的靈
官。真氣運起順著督脈通過夾脊、雙關直上，從頂門出去。道士結
火輪訣在香上，變成火輪，吹到輪上，靈官立即現出他的憤怒容貌。
這裡說的是腎氣和心氣的感應，還有順著督脈上昇氣並且從頂門出
來後變成神將的過程，這些方法是雷法的存思中常常看到的。外部
的靈官，內部的靈官也表示外部和內部的感應。以後念咒文，「急
急奉上紫微大帝敕，南極火犀天尊法旨，謹召正一吽神靈官馬元
帥，副帥白蛇馬大將，神霄敕法玄壇趙元帥，管不信道法朱將軍，
迷魂倒降梅福將軍，監魂大將鬱文通，駕若弼，他們要率領捉縛枷
拷四大猛將，火犀五雷大將，內壇八將，外壇八將，六天火部吏兵。」
這篇咒文是為了召請罡神的，罡神被認為是天蓬法中說的天罡大
聖。「奉北極紫微大帝敕」的詞語也是跟天蓬法共同的。[41]

　　唸這個咒文後，向巽方徑直經過天門，存思靈官在天門上聽候

40　《道法會元》，卷222，頁 3b-4a。
41　《道法會元》，卷222，頁 4b-5b。

差遣的命令。道士在那裡用金牌、結訣、默誦（靈寶）中篇，對於
神將下命令。其次為了捉捕邪鬼、審問他，召請白蛇馬大將。下一
個咒文中有「神將把童子的生魂保護著拿出來，並且很快把祟鬼的
魂附著來。」這裡明確表示以下次序，首先把童子自身的魂拿出來
保護，然後把祟鬼的魂附體。這個咒文要念三次，存思無數的火兵
衛護靈官降下至壇，接著要派遣神將。以下記載為了差遣神將、捉
捕祟鬼的幾種符咒。[42] 從北極驅邪院對白蛇大將馬充發行劄文，這
篇劄文中記載了「右劄白蛇大將馬充，只今前去某人家，監勒本音
司命土地等神，捉患人中一切為禍邪妖祟鬼，來赴本院拷附（白蛇
大將馬充立即到患者的家去，率領並且監督司命、土地等的神明，
捉捕在患者身體中作禍的邪妖祟鬼，帶來本院，進行拷問、附體）。」
這篇劄文是從北極驅邪院發行的，這樣的事情是跟天蓬法一樣。在
這個咒術中，主將馬勝元帥被認為是「南方火中之精，火中之王，
火中之旺氣」，我們可以認為是重視火的作用，其次派遣象徵著火
的力量的火瓢大將或是火鴉大將。[43]

　　召請捉、縛、枷、拷的四將。把神將捕捉的祟鬼放進火罩中拿
到壇來，火鴉啄了火罩，從那個孔穴中祟鬼出來，四將進行附體、
拷問。這裡記述的附體的具體方法是如下：道士結劍訣寫「井」字
在地上，存思黑氣像火焰似的上昇。其次結劍訣在水中寫「迷魂
符」，把那水給童子喝後噴出。存思黑霧籠罩童子，黑氣進入童子

---

[42]　接著記載了為了鎮壓作祟的精怪、不正之神明而使用的一連符咒，其中
　　有把失去到天獄或是地獄中拘留的三魂收回的符咒（《道法會元》，卷
　　222，頁17a-21a）。

[43]　《道法會元》，卷222，頁6a-24b。

的五體，四將站在四隅，他們讓祟鬼附著童子。唸咒「謹召迷魂童子鬱文通，騰魂攝附大將梅福，監生魂大將賀若弼，轉領生魂，驅鬼附身。疾」神將把童子的三魂拿出來，讓祟鬼進入童子。這些把童子的三魂拿出來而且讓祟鬼附著的過程認為是很難，在附體的記述中，「如未附，再加用」的詞語反復的出現。祟鬼附體後，為了讓他說出來他的名字，記載了「燒咒」、「水咒」、「枷咒」、「拷咒」等各種咒文。並且立獄，收監祟鬼。立獄的咒文中有「炎炎連天亙地，牛頭馬面，獄卒判官，羅列左右考勘，鬼哭神愁」的詞語，可以認為獄中繼續審問或是處罰。[44] 馬元帥的考召法認為是由以下階段構成的：1.變神；2.召請神將；3.發遣神將逮捕祟鬼；4.附體、拷問祟鬼；5.立獄。這裡沒有發行文書到上級機關的階段。但是卷二二二登載的「白蛇劄式」中看得到「北極驅邪院 當院今據某人詞稱投匄為某事（當院現在根據某人為了解決某事提出的文書）」的句子。[45] 所以首先一定有請託者提出文書的階段。以上介紹的四種考召法的主要過程，再表示如下：

　　（一）《金鎖流珠引》：1.建壇；2.設獄；3.步罡、結界；4.召請神將；5.發遣（抓住祟鬼、尋找患者的魂魄）；6.處罰祟鬼。

　　（二）天心法：1.請託者準備文書並把患者的情況告訴道士；2.下遠罩，把情況上奏東嶽、城隍；3.變神、步罡、默朝；4.下近罩；5.鎖門；6.召請神將；7.治療患者；8.保護患者、

44　《道法會元》，卷222，頁24b-35a。
45　《道法會元》，卷222，頁12a-b。

犒勞將兵。

（三）天蓬法：1.發行文書、下遠罩；2.變神、步罡；3.下近罩；4.發遣神將神兵；5.附體；6.拷問祟鬼；7.火獄。

（四）馬元帥法：1.變神；2.召請神將；3.發遣神將逮捕祟鬼；4.附體、拷問祟鬼；5.立獄。

首先有請託者（患者自身或是家屬）把患者的情況告訴道士。道士要發行文書到有關機關或是神明，這是道教的咒術儀禮都需要的。這裡有特色的是下遠罩和下近罩。也就是遍布天羅地網讓祟鬼不能逃走，這些過程都是準備工作，而天心法、天蓬法都有這個過程。這兩種考召法的步驟，還有咒術中使用北極驅邪院的神將、北極驅邪院發行的文書，是比較類似的，所以兩者有很深的關係。但是第三章引用的「火籙部」的資料中，作者強調天蓬法使用的火獄比天心法更捷要。所以可以認為兩種咒術有類似的內容，卻是有別的傳統。

以治療為目的的具體咒術，被認為是從變神開始，這是 Davis 教授正確指出的。變神後做步罡，那時候天蓬法言及「藏身咒」，是三魂將軍和七魄童子為了保護做步罡時的道士魂魄。劉仲宇教授指出步罡的三個效能，第一是「改變自己、以通靈致神」，第二是「飛行九天」，第三是「禁制鬼神萬物」。第二的「飛行九天」是所謂的天界遍歷，那時候須要保護道士的魂魄。經過飛行九天，道士跟天（神）合一，以後命令神將。這是跟唸咒、化符一起進行的。[46]

---

[46]　劉仲宇，《道教法術》，頁 183-90。

　　派遣神將後，他們首先捉捕崇鬼，捉、縛、枷、拷這四個階段是在這裡提及的（《金鎖流珠引》以外）三種考召法中共有的。此外，以馬元帥為主將的考召法包含燒、水的拷問法。這一連的拷問法的目的是讓崇鬼說出它的真面目、它的名字。《夷堅志》中的故事表示，捉捕崇鬼以後有一段階段，那是道士問崇鬼為甚麼做崇、做崇的背景、有什麼事情。然後道士說服崇鬼，做黃籙齋等救濟它，勸它停止做崇並且退出患者。《上清天心正法》或是《道法會元》等道教文獻中記述的考召法沒有這些過程。紅頭法師的儀禮書也沒有言及這個過程。但是在民間舉行考召法的時候，道士或是法師很重視這箇階段。

　　三種考召法中都有附體的階段。有的明確記述附體過程，有的只有言及讓崇鬼附著的對象是患者自身或是童子。附著的過程是首先保護患者或是童子的三魂，以後讓崇鬼附著。三種考召法都重視附著儀禮，叮嚀要細心注意。Davis 教授指出附體出現宋代，我想他的指出是正確的。立獄和收監崇鬼的過程也是受重視的。但是收監的目的是處罰它還是讓它說來姓名，這還不明白。明確記述的是後者的目的。還有崇鬼說出姓名後該如何，是拘留獄中，或是處罰他，這些也沒記述明白。

五、《夷堅志》故事中的考召法

　　關於宋代的考召法，Davis 教授在著書的第五章中有詳細的論

述。[47] 他把考召法的程序分為四個階段，第一個階段是召喚祟鬼，第二審訊他們，第三拷問他們，第四使他們離開患者。

以下引用的是《夷堅三志己》卷八「南京張通判子」的記述。這裡路當可用天心法治療南京張通判的次子受祟：

> 南京張通判之次子，患瘵疾累年，危困已極，巫卜者多云有祟。會路當可與數客經過至京，張聞其行有功，捧刺往謁，仍持狀投訴本末，乞垂拯救。時路君名未振……乃各於其手心書一符，令侍立於後，俄見一鬼吏若執符者，攜狀去。未食頃，一金紫偉人當前致禮，磬折廷下。路詰之曰：爾為城隍神，知張氏有鬼祟，何不擒捉？對曰：見擒在此。眾不覺肅然。吏卒擁一少年……慟哭久之。問曰：汝是誰？曰：我是張家長子，生前因不肖，貽怒大人，遂與舍弟同謀見殺。利刃刺心腹，痛毒到今。若父怒其子，分所甘受。至於弟殺兄，且席捲所有，在理難堪。此某之所以作祟也。路委曲開諭之云：汝若取弟，則乃翁無嗣。冤債愈深，何有終畢？又何益於事？吾令汝父建黃籙大醮薦拔汝升天，似為上策，汝意如何。語言往復，然後從命，倏忽俱不見。張族聞之，悉悲泣曰：信有之。路戒使速償醮願，病者漸安，已而無恙。而張氏憚費，頓忘所約，此子因乘馬行河岸，墜地，折脅而死。[48]

路當可招來城隍神，指出他的職務進行譴責，叫來祟鬼審訊。這就

47　Edward L. Davis, *Society and the Supernatural in Song China*, 87-114.

48　洪邁，《夷堅志》，卷8（臺北：明文書局，1982），頁1310。

是他用咒術履行現世官吏應該做的職責。但是這篇故事表示，在用天心法對于祟鬼進行審訊的過程中，重要的階段是探尋祟鬼作祟的原因。祟鬼說是他生前受到父親和弟弟不正當的對待。對於他的不滿，路當可提議他：為了解救你，父親和弟弟要做黃籙醮，因此你也要停止作祟而離開。但是這篇論文之前曾論及的天心法、天蓬法等的考召法，並沒有探尋祟鬼負有問題的階段，只有通過附著（患者或是童子的）身體，拷問祟鬼並且明白祟鬼的真面目以後，下獄處罰。這些考召法的過程真實的反映了審訊犯罪者的實際過程。

反之路當可的考召，路當可聽一聽祟鬼作祟的理由，了解他的不滿，說服他，讓他的父親舉行黃籙齋供養他，停止做祟。路當可重視這些交涉的階段。這個想法和臺灣的超薦和打城儀式中的觀念是一樣的。但是現在的超薦和打城跟《夷堅志》中的故事不一樣的地方是，超薦的全體結構跟普度一樣，而打城結構跟功德一樣，就是這些現代的咒術儀禮有黃籙齋的全體或是一部分相通之處。一方面在《夷堅志》中的故事，道士首先使用天心或是雷法舉行考召法，再來根據與祟鬼交涉的結果，為了救濟祟鬼且消除他的仇恨，道士做約定舉行黃籙齋、九幽齋等。

並不是像如雷法那樣不由分說的處罰。如 Boltz 教授指出那樣，使用五雷法、天心法的人大多是官吏。[49] 如調查《夷堅志》等的筆記小說中收錄的使用雷法、天心法的事例的話，則可以肯定教授所

---

[49]　Judith Magee Boltz, "Not by the Seal of Office Alone: New Weapons in Battles with the Supernatural," in *Religion and Society in T'ang and Sung China*, eds., Patricia Buckley Ebrey and Peter N. Gregory (Honolulu: University of Hawai'i Press, 1993), 241-305.

指出的內容。我所指出的，咒術的結構反映了審訊犯罪者的實際過程，這兩個事實是有一定的關聯性的。但是一方面也可看成是把祟鬼附著於患者或是童子，並且聽一聽祟鬼主張的階段。Davis 教授詳細考察了這樣的方法，用考召法探尋祟鬼作祟的原因，然後解決祟鬼負有的問題。如我在前論中已經指出，舉行黃籙齋（醮）或是九幽醮的故事中，大半的目的是解救祟鬼，從而讓患者可以脫離祟害，恢復健康。[50] 民間的咒術儀禮中，這樣的咒術範型是一貫占有主流地位的。Davis 教授主張「黃籙齋是考召法，這裡鬼受到審訊」。[51] 但是一般地說，黃籙齋是根據審訊的結果並為了解救祟鬼舉行的，不是黃籙齋自身成為考召法。如 Davis 教授在著書中記述，黃籙齋本來是救濟死者的儀禮。[52] 一方面考召法是逮捕、裁判和處罰祟鬼的咒術，一方面黃籙齋是解救祟鬼的方法，因此患者從做祟解放。雖然這兩種儀禮的性格是不一樣，但是兩種儀禮的目的都是讓患者從作祟解放的。通過裁判形式的咒術儀禮解決問題，和通過解救祟鬼的方法解決問題，這兩種解決範型是關聯到對鬼的民間信仰或是宗教者的思想，而這兩個範型的時代情況和歷史上的變化，還需要以後深入檢討。

六、結語

如劉仲宇教授說的那樣，各種考召法的步驟都是差不多的，首

50　松本浩一，《宋代の道教と民間信仰》，頁 205-208。
51　Edward L. Davis, *Society and the Supernatural in Song China*, 198.
52　Edward L. Davis, *Society and the Supernatural in Song China*, 227-36.

先請託者告訴道士患者的情況，道士一方面奏上東嶽、城隍等的冥界的司法神，一方面準備差遣神將逮捕祟鬼。差遣的時候道士變神並且步罡。逮捕祟鬼後，用附體或是拷問的方法，或是把他們下獄，使祟鬼暴露他們的真面目。然後從患者身上驅除他們，或是移送到上級機關處罰。

這些考召法都重視步罡的作用，差遣神將神兵等的時候，都要變神後步罡。步罡的意義有多種，但是舉行考召法時，道士要跟天地間存在的正氣、力量一體化，然後舉行咒術，這個機能是很重要的。逮捕祟鬼後，這裡介紹的咒術中沒有道士自己處罰祟鬼的規定。大多把祟鬼押送到東嶽、酆都等地獄或是到上級機關。但是第三節中引用的《道法會元》卷五六有「那麼測算罪的重輕，要懲罰、拘係」的記述，所以有時候道士也會自己進行處罰。

《夷堅志》的事例裡，路時中採用的方法是私了，跟祟鬼交涉，提出讓他的父親、弟弟舉行黃籙醮救濟它，所以不要再做祟。祟鬼接受路時中的建議。現在的超薦、打城儀式也是一樣的，請託者需要依靠巫者的媒介與做祟的鬼神做交涉，提出供養他們的某種條件，請他們停止做祟。天心法、雷法是依靠國家權威的咒術，所以他們逮捕祟鬼，暴露祟鬼的真面目後，大多押送到上級機關。但是在宋代道教咒術的考召法中，為了明白最終怎麼樣處分祟鬼，需要詳細考察考召法中的「獄」和《道法會元》卷二五一、二〈太上混洞赤文女青詔書天律〉、卷二六七〈泰玄酆都黑律儀格〉等的律。這個問題是下次論文的課題。（本文刊於《華人宗教研究》，第三期，2014，頁1-26。）

引用書目

傳統文獻

《金鎖流珠引》，《正統道藏》，第 34 冊，臺北：新文豐出版，1995。

《上清天心正法》，《正統道藏》，第 17 冊，臺北：新文豐出版，1995。

《太上助國救民總真秘要》，《正統道藏》，第 54 冊，臺北：新文豐出版，1995。

《道法會元》，《正統道藏》，第 48-51 冊，臺北：新文豐出版，1995。

洪邁，《夷堅志》，臺北：明文書局，1982。

近人論著

中文著作

任繼愈主編，《道藏提要》，北京：中國社會科學出版社，1991，頁 753-754。

李志鴻，《道教天心正法研究》，北京：社會科學文獻出版社，2011，頁 16-22。

劉仲宇，《道教法術》，上海：上海文化出版社，2002，頁 378-404。

日文著作

松本浩一，《宋代の道教と民間信仰》，東京：汲古書院，2006，頁 205-208。

―――，〈道教咒術「天心法」の起源と性格：特に「雷法」との比較を通じて〉，《圖書館情報大學研究報告》，20：2，2001，頁 27-45。

英文著作

Boltz, Judith Magee. "Not by the Seal of Office Alone: New Weapons in Battles with the Supernatural," in *Religion and Society in T'ang and Sung China*, ed. Patricia Buckley Ebrey and Peter N. Gregory. Honolulu:

University of Hawai'i Press, 1993: 241-305.

Davis, Edward L. *Society and the Supernatural in Song China.* Honolulu: Hawaii: University of Hawai'i Press, 2001.

Schipper, Kristofer, & Franciscus Verellen. *The Daoist Canon: A Historical Companion to the Daozeng.* Chicago: The University of Chicago Press, 2004.

地方的雷法與《道法會元》：

以《洞玄玉樞雷霆大法》爲中心

酒井規史

日本早稻田大學商學部

一、前言[*]

眾所皆知，明代《道藏》收錄了許多道教科儀書。它們都是中國宗教文化寶貴的資料，也是現在華人文化圈宗教儀禮的源流。特別是《道法會元》、[1]《法海遺珠》[2] 等大部的科儀書的叢書都有很大的參考價值。但對於這些科儀書的形成過程我們還有很多不明之處。

這幾年筆者研究《道藏》中的科儀書的形成過程，已發表幾篇文章。[3] 最近發表的〈地方的雷法之形成〉中，關注在湖南地區被創造的〈邵陽火車五雷大法〉，考察了地方的雷法科儀書的形成過程。[4] 本文接著前篇，關注一部叫做《洞玄玉樞雷霆大法》（收錄於《道法會元》卷一四七到卷一五二）的雷法科儀書，並嘗試對《道藏》所收的科儀書的形成過程進行探討。

《洞玄玉樞雷霆大法》被認為是最初成書於福建的雷法科儀書。我們通過對這部科儀書的分析，試圖說明地方的雷法科儀書的形成過程。並且對於地方道士（或法師）如何創造新的傳承的這個

---

* 本文在送審過程中，承蒙兩位匿名審查人的悉心指正，特此致謝。

1 《道法會元》，《正統道藏》，冊 48-51（臺北：新文豐出版，1995）。

2 《法海遺珠》，《正統道藏》，冊 45（臺北：新文豐出版，1995）。

3 酒井規史，〈「道法」の形成と派生—「上清天蓬伏魔大法」と「紫宸玄書」を中心に—〉，《東方宗教》，112（2008），頁 26-44。酒井規史，〈「道法」における道術の交流—童初正法と玉堂大法を中心に—〉，收於田中文雄、Terry Kleeman 編，《道教と共生思想》（東京：大河書房，2009），頁 116-135。

4 酒井規史，〈地方における雷法の形成—「邵陽火車五雷大法」を中心に—〉，《東方宗教》，119（2012），頁 22-38。

問題，也可以提供一個典型實例。

而且，筆者推測《洞玄玉樞雷霆大法》的《道藏》所收版本經過了數次的編纂。我們下面將探討這個版本的編纂過程，由此解釋明代《道藏》中的科儀書編纂的部分情況。

二、「洞玄玉樞雷法」的法統

(一) 薛師淳〈事實〉中的法統

《洞玄玉樞雷霆大法》這部雷法科儀書的內容是以使役名為劉天君的神將法術為中心。這部科儀書記載的雷法被認為是在福建創造的。《道藏》中還有兩種有關這個雷法的科儀書：(1)《洞玄秘旨》（《法海遺珠》卷一到卷二），(2)《九陽上將劉天君秘法》（《法海遺珠》卷三十一）。以下，為了讀者的方便起見，根據這個雷法在元初的名稱（請參看下文），將其稱為「洞玄玉樞雷法」。

我們首先要概觀「洞玄玉樞雷法」的沿革。基於《道法會元》卷一四七的〈事實〉，我們可以知道「洞玄玉樞雷法」的成立過程。[5] 這篇〈事實〉是元代元貞二年（1296）所寫的。作者薛師淳是這個雷法的傳受者之一，所以這篇文章作為當事者的記錄有很珍貴的資料價值。〈事實〉一開始講的是南宋時代白玉蟾的故事。白玉蟾行腳時，碰到奇異的老人。這個老人就是辛天君（辛漢臣），他向白玉蟾傳授了使役劉天君的法術。

---

[5]　《道法會元》，卷147，頁1a-4a。李遠國先生已提到這個雷法的法統，請見李遠國，《神霄雷法》（成都：四川人民出版社，2003），頁117-118。

元代初期，福建泉州市舶司的女兒馬士清[6]脫俗齋戒，終於她被白玉蟾傳授這個雷法，用雷法祈雨救民。然後，她把這個雷法傳授給在當地工作的官僚翁法建。翁法建以福建建寧府的北山道院為據點，用「洞玄玉樞雷法」來祈雨驅邪。[7]

〈事實〉的作者薛師淳是翁法建的徒弟，以五福萬壽宮的道士劉壁峰與連樂山為保舉傳受了「洞玄玉樞雷法」。翁法建的徒弟也有趙菊存與丁松隱。根據〈事實〉，我們可以如下整理這個雷法的法統。[8]

（1）辛漢臣　→（2）白玉蟾　→（3）馬士清
→（4）翁法建　→（5）趙菊存、薛師淳、丁松隱

薛師淳說他被傳授的法術跟趙氏與丁氏的不一樣，所以我們可以知道，在元代初期「洞玄玉樞雷法」早有分派問題的產生。〈事實〉所收的《洞玄玉樞雷霆大法》這部科儀書可能是基於薛師淳傳承的「洞玄玉樞雷法」。下面我們會再探討這部科儀書的編纂過程。

6　薛師淳有時沒記載傳授者的全名，如遇這種情況則根據《法海遺珠》卷一〈流派〉一項（7b-8a）補全。

7　《湖海新聞夷堅續志》記載了一個叫翁道應的法師（翁法官）的故事。這個翁法官是建安人。宋元時期的建安屬於福建路建寧府，翁法建也以建寧府為據點而活動。所以這兩者被認為是同一人物。見無名氏，《湖海新聞夷堅續志》（北京：中華書局，1986，金心點校本），後集卷1，〈道教門・法救產母〉，頁166。

8　薛師淳的〈事實〉中，翁法建的上級「蒲左丞」也登場，跟翁法建一起詣馬士清的壇下請雨。但他沒有從馬士清傳授「洞玄玉樞雷法」。各種科儀書也沒有將他看作祖師之一。

(二)〈洞玄傳宗畫像贊〉中的法統

　　元末明初活躍的鄭真[9]寫作的〈洞玄傳宗畫像贊〉[10]中也有「洞玄玉樞雷法」的法統記錄。從篇名也可以知道這篇文章就是歷代「洞玄玉樞雷法」祖師的肖像「贊」。鄭真記載說當時的「洞玄玉樞雷法」持續傳授七代而保留下來。但這篇文章記載的法統跟上述的〈事實〉有部分的不一致，可整理如下。

　　　　（1）洞玄教主（劉真君？）　→（2）白玉蟾　→（3）馬玄君（士清）　→汪雷日（翁法建？）、薛洞玄（師淳？）、丁松隱、倪了然

　　鄭真說這個雷法來自「洞玄教主」，但文中沒有明確的記載。鄭真沒有提到〈事實〉中法統的第一代辛漢臣，僅說「蓋洞玄教主，既真君變相」。這篇中叫做「真君」的只有劉真君。所以鄭真說的「洞玄教主」就意味著劉真君。他很可能認為劉真君就是「洞玄玉樞雷法」的教主。

　　從第二代白玉蟾到第三代馬玄君（士清）的法統是和〈事實〉一樣的，但關於第四代以後的傳授者，鄭真僅說「其次則汪雷日、薛洞玄、丁松隱、倪了然」，沒有詳細地記載傳授的情況，還不明白他怎麼認為這四個傳授者的關係。

9　關於鄭真的事蹟，參見小林晃，〈鄭真輯「四明文獻」の史料価値とその編纂目的－『全宋文』『全元文』補遺の試み〉，《北大史學》，49（2009），頁22-48。

10　鄭真，《滎陽外史集》，《景印文淵閣四庫全書》集部別集類第173，卷50（臺北：台灣商務印書館，1983，國立故宮博物院藏本影印），頁16a-18b。

第四個傳授者是汪雷日，不是翁法建。薛師淳的〈事實〉中，翁法建是一個很重要的傳授者。〈洞玄傳宗畫像贊〉沒有提到翁法建，這是很奇怪的，不過現有資料的不足，我們無法知道其原因。第五個與第六個傳授者就是翁法建的徒弟。第五個的薛洞玄被認為是薛師淳，第六個是跟薛師淳同一世代的丁松隱。所以〈洞玄傳宗畫像贊〉的法統有可能不是直線式的傳授關係，僅是舉出了歷代主要傳授者。

關於第七個傳授者倪了然沒有傳記資料，現在不能知道他的身份。但銘文之中有「彼美了然，佩裾蹁躚，龍虎名山，妙悟真詮」的一句。所以他可能是在龍虎山活動的道士。並且，〈洞玄傳宗畫像贊〉是被會稽的陳宗澤請求寫的。雖然對於這個陳宗澤也沒有詳細地記載，但有可能他也是一位雷法傳授者。

前面我們根據〈事實〉和〈洞玄傳宗畫像贊〉概觀「洞玄玉樞雷法」的沿革。辛漢臣和白玉蟾之間的師徒關係被認為是實際不存在的事，屬於傳說（下面將再進行考察）。馬士清和她的徒弟活躍於福建，這個雷法隨之普及。然後，福建以外的江南地區也出現了倪了然等傳授者。

可是，由於資料不夠，我們無法知道明初以後的「洞玄玉樞雷法」傳授情況，也不明白《正統道藏》被編纂的時期有什麼樣的傳授者。但從《道藏》收錄了數部科儀書的事實來看，它在江南地區普及後，各地的傳授者陸續編纂了自己的科儀書。所以《道藏》的編纂者認為它是一個有力的雷法，收錄了幾種相關的科儀書。

(三)「洞玄玉樞雷法」的法統與白玉蟾的法統

　　如上所述，〈事實〉說「洞玄玉樞雷法」是南宋的白玉蟾從辛漢臣（辛天君）傳受到的雷法。這個師徒關係應該是「洞玄玉樞雷法」傳承者假造的。其理由為：第一，在我們現在看到的白玉蟾的資料中，沒有「洞玄玉樞雷法」的記載。[11] 雖然《洞玄玉樞雷霆大法》記載了白玉蟾的教說，[12] 但白玉蟾的文集和語錄中找不到這個教說，缺乏可信性。第二，白玉蟾留下來的資料中，他始終認為他的師傅是陳楠，沒有記載辛漢臣向他傳授法術這個故事。辛漢臣的直傳的徒弟是陳楠，不是白玉蟾。[13]

　　那麼，「洞玄玉樞雷法」的傳承者為什麼要假造這個法統呢？這是因為，他們希望能提高自己所傳的雷法的權威性，所以利用了南宋時代的著名道士白玉蟾。白玉蟾在世的時候已經享有盛名，他是當時一流的雷法名家且很有聲望。而福建是白玉蟾的活動中心之一，所以在福建創造的「洞玄玉樞雷法」的傳承者容易想到白玉蟾而將他導入了他們的法統。

　　從辛漢臣、陳楠到白玉蟾的法統是白玉蟾生前已所主張的，[14]

11　關於白玉蟾的事蹟，參見宮川尚志，〈南宋の道士白玉蟾の事績〉，收於內田吟風博士頌壽記念會編，《東洋史論集：內田吟風博士頌壽記念》（京都：同朋舍，1978），頁 499-517，Judith A. Berling, "Channels of Connection in Sung Religion: The Case of Pai Yü-Ch'an", in *Religion and Society in T'ang and Sung China* eds., Patricia Buckley Ebrey and Peter N.Gregory (Honolulu: University of Hawaii Press, 1993), 307-333；橫手裕，〈白玉蟾と南宋江南道教〉，《東方學報》，68（1996），頁 77-182。

12　《道法會元》，卷 148，頁 1a。

13　橫手裕先生詳細討論了白玉蟾的法統。參見橫手裕，〈白玉蟾と南宋江南道教〉，《東方學報》，68（京都：1996），頁 99-106、159-162。

14　謝顯道，《海瓊白真人語錄》，《正統道藏》，冊 55，卷 1（臺北：新

並在南宋末期的江南地區廣泛地流傳。「洞玄玉樞雷法」的初期傳授者希望把這個雷法的中心神格劉天君與白玉蟾的法統相聯繫，以提高劉天君的權威。

馬士清的徒弟翁法建本是官僚，他的徒弟趙菊存也當了建寧的儒學教諭。〈事實〉的作者薛師淳也可算是文人。他們所受的教育程度比較高，因此也有將自己傳承的雷法法統加以潤色的可能。於是，在元代初期，「洞玄玉樞雷法」的法統完成了。

三、「洞玄玉樞雷法」的神格體系與神霄說

(一) 宋代「神霄說」的發展

「洞玄玉樞雷法」的祖師之一白玉蟾自號「神霄散吏」，[15] 是廣為人知的神霄雷法傳授者。而且，從科儀書中的神格記載也可以確認這個雷法基於「神霄說」（下面會再詳細討論），可以說「洞玄玉樞雷法」就是神霄系統的雷法。[16] 以下我們討論「神霄說」在「洞

文豐出版，1995），頁 13a-b。

[15]　趙道一，《歷世真仙體道通鑑》，《正統道藏》，冊 8，卷 49（臺北：新文豐出版，1995），頁 17a。

[16]　以後，本文把基於「神霄說」的雷法稱為「神霄系統的雷法」。關於神霄系統的雷法，參看 Michel Strickmann 著，安倍道子譯，〈宋代の雷儀─神霄運動と道家南宗についての略說〉，《東方宗教》，46（1975），頁 15-28；李豐楙，〈道教神霄派的形成與發展〉，《幼獅學誌》，19：4（1987），頁 146-169；李遠國，《神霄雷法》，頁 1-135；Florian C. Reiter. "The Management of Narure: Convictions and Means in Daoist Thunder Magic (Daojiao leifa)," in *Purpose, Means and Convictions in Daoism A Berlin Symposium* ed., Florian C. Reiter (Wiesbaden: Harrassowitz Verlag，2007), 183-200.

玄玉樞雷法」的神格系統是如何被反映的。

　　首先我們要概觀北宋末期「神霄說」的出現及其後的發展。林靈素提倡的「神霄說」眾所皆知，不再細說，在這裡僅概論而已。根據各種的資料，林靈素主張了天界有「九霄」，而把其最高的領域叫做「神霄」。這個「神霄」的帝王就是「神霄長生王」，也被稱為「長生大帝」。林靈素還說當時的皇帝徽宗就是長生大帝下凡的，蔡京等徽宗的寵臣也被認為是天界的神格，林靈素的神霄說也就表揚了當時的皇帝與高官。

　　徽宗沉迷於神霄說，往後，重用林靈素。政和七年，徽宗下了敕令，在全國建立「神霄萬壽宮」，祭祀長生大帝、青華帝君等基於神霄說的神格。[17]但靖康之變發生，北宋滅亡，徽宗成為亡國的皇帝。林靈素也被認為是奸臣，他的神霄說也就因此被否定。但是，南宋以後神霄說並沒有消失。

　　徽宗時代以後的神霄說的發展中，以《無上九霄玉清大梵紫微玄都雷霆玉經》[18]（以下簡稱《雷霆玉經》）的出現最為重要。以神霄說為基礎的新的神格系統由這部經典擴展開來。林靈素的初期神

17　關於徽宗的道教信仰，參見金中樞，〈論北宋末年之崇尚道教（上）〉，《宋史研究集》，7（1973），頁 291-392、〈論北宋末年之崇尚道教（下）〉，《宋史研究集》，8（1976），頁 207-278；宮川尚之，〈林靈素と宋の徽宗〉，《東海大學紀要·文學部篇》，24（1976），頁 1-8；松本浩一，〈徽宗の宗教政策について〉，收於野口鐵郎先生古稀記念論集刊行委員会編《中華世界の歷史的展開》（東京：汲古書院，2002），頁 157-176。關於神霄宮的制度沿革，參見唐代劍，《宋代道教管理制度研究》（北京：線裝書局，2003），頁 52-57。

18　《無上九霄玉清大梵紫微玄都雷霆玉經》，《正統道藏》，冊 2（臺北：新文豐出版，1995）。

霄說對於「神霄」等天界的九個領域本來沒有詳細的構想。《雷霆玉經》敷衍了初期神霄說而提倡新的神霄說：

> 大帝曰：吾為高上神霄玉清真王長生大帝，其次則有東極青華大帝、九天應元雷聲普化天尊、九天雷祖大帝、上清紫微碧玉宮太乙大天帝、六天洞淵大帝、六波天主帝君、可韓司丈人真君、九天採訪真君，是為神霄九宸。[19]

根據《雷霆玉經》，九個神格掌管各自的領域。南宋以後，這個新的神霄神格

系統廣泛地普及，在《道藏》中也是很常見的。並且通過《雷霆玉經》，將雷部的神格與神霄說聯繫起來：

> 昔在劫初，玉清神母元君是浮黎元始天尊之后，長子為玉清元始天尊，其第九子位為高上神霄玉清真王長生大帝，專制九霄三十六天。三十六天尊為大帝，統領元象，主握陰陽，以故雷霆之政咸隸焉。[20]

由於這個記載，神霄系統的最高神高上神霄玉清真王長生大帝變為掌管雷霆的神格，這就是神霄說與雷法聯繫的開端。而且，經典中列出「五方雷霆神吏」等雷部神格的名單，因而形成了以神霄長生大帝為領袖的雷部神格系統的基礎。[21]

---

[19]　《無上九霄玉清大梵紫微玄都雷霆玉經》，頁 11a-b。
[20]　《無上九霄玉清大梵紫微玄都雷霆玉經》，頁 4b-5a。
[21]　關於神霄說的發展過程，參見松本浩一，〈宋代の雷法〉，《社会文化史學》，17（1979），頁 45-65。

（二）「洞玄玉樞雷法」的神格與神霄說

那麼，「洞玄玉樞雷法」的神格與神霄說的關係如何？下面接著考察一下這個雷法的神格體系。《洞玄玉樞雷霆大法》如下開列神格的名單：

> 洞玄教主妙行真人神霄玉樞青靈雷霆天帝君
>
> 主法、都天元帥歘火律令、鄧天君
>
> 主帥、三五九陽上將蒼牙鐵面、劉天君[22]

雖然這部科儀書沒有提到神霄神格體系中的最高神神霄長生大帝，可是很重視其他神霄系統的雷法中被崇拜的神格。開頭提到的「洞玄教主、妙行真人、神霄玉樞青靈雷霆天帝君」就是辛漢臣（辛天君），也是這個雷法的祖師。[23] 從這個頭銜中看到的「神霄」這個詞，我們可以知道它和神霄說的關係。辛漢臣是在神霄系統的雷法科儀書之中被信仰的神格，也常見於《道法會元》等科儀書中。第二個「主法、都天元帥歘火律令、鄧天君」也是神霄系統的神格，許多科儀書中可以看到它的名字（全名是鄧伯溫）。但是這個科儀書中有關鄧天君的法術不太多。[24]

第三個「主帥、三五九陽上將蒼牙鐵面、劉天君」就是「洞玄玉樞雷法」的核心神格，也是這個雷法獨特的神格。科儀書中關於

22　《道法會元》，卷147，頁4b。

23　《法海遺珠》卷一將這個神格叫做「辛忠義」（8a），這就是辛漢臣的別稱。

24　松本浩一先生指出，《道法會元》卷56到卷153是由神霄系統的雷法構成的。辛漢臣與鄧伯溫也是在該部分中常見的神格。松本浩一，《中國の咒術》（東京：大修館書店，2001），頁216-217。

使役劉天君的法術的記載也比較多。這個神格的頭銜被認為是來自《雷霆玉經》。該經記載了許多雷部神格，其中我們可以看到「蒼牙大仙」、「蒼牙使者」和「三五鐵面火車大將軍」等的名稱。劉天君的「三五九陽上將蒼牙鐵面」這個頭銜可認為是由上面提到的《雷霆玉經》中的雷部神格名稱組合而來的。

此外，薛師淳的〈事實〉中，劉天君（劉神君）的頭銜是「上殿捲簾大將軍・九天雲路護駕使・樞機二臺節制使・神霄玉樞洞玄執律蒼牙鐵面」。這個頭銜與科儀書中的頭銜不一致，但還是用「蒼牙鐵面」的名稱。而且，頭銜中還有「神霄」兩個字，這也明顯地表示它是神霄系統的神格。

《洞玄玉樞雷霆大法》的神格名單中，接著這三個神格，我們可以看到「暘谷飛捷張神君」。[25] 這個神格是同辛天君與鄧天君在神霄系統的雷法科儀書中被崇拜的張天君。[26] 但是這部科儀書不太看重張天君。「洞玄玉樞雷法」的傳授者調換張天君與劉天君的地位，而提高這個雷法的核心神格劉天君的權威。

現在我們無法知道這個雷法被創造時怎麼認識法術主神劉天君。但可以推測「洞玄玉樞雷法」的傳承者（可能是翁法建或薛師淳）整理神格和法術，在這個過程中，從當時很普遍的《雷霆玉經》得到啟發而編纂了科儀書。神霄說的流行和《雷霆玉經》出現後，地方道士（或法師）可以將自己傳授的雷法與神霄說聯繫起來，從而提高他們的雷法的權威。《道法會元》和《法海遺珠》收集了許

25　《道法會元》，卷 147，頁 5a。

26　張天君有幾種頭銜。《道法會元》卷 83 記載的頭銜是「先天一氣火雷飛捷報應使者、暘谷神君」（1b）。

多神霄系統的雷法科儀書，從這個事實也可以確認神霄說對許多雷法的產生有極大的影響。

四、「洞玄玉樞雷法」的法術與科儀書的編纂過程

(一)初期「洞玄玉樞雷法」的法術

　　下面我們要通過法術記載的分析，探討「洞玄玉樞雷法」科儀書的編纂過程。根據記錄雷法初期情況的〈事實〉，此雷法的初期傳承者翁法建使用了「九陽、少陽、元陽真氣、薰魔等符、及洞玄九章」等的法術。[27] 這些法術在《道法會元》和《法海遺珠》中有記載。以下，為了說明科儀書形成過程的第一階段，特別關注翁法建使用的這些法術，以復原「洞玄玉樞雷法」的初期的面貌。

　　第一，「九陽符」在《道法會元》卷一四八[28] 和卷一四九、[29]《法海遺珠》卷一[30]中有記載。這三種「九陽符」的版本非常相似。因為這張符的「散形」之中有「蒼牙鐵面將」的部分，所以這張符有使役劉天君的功能。第二，「少陽符」在《道法會元》卷一四八[31] 和卷一四九、[32]《法海遺珠》卷一[33] 中有記載。這張符的功能也跟「少陽符」一樣，是控制雷神的。第三，「元陽真氣符」在《道法會元》

27　《道法會元》，卷147，頁3a。
28　《道法會元》，卷148，頁5a-b。
29　《道法會元》，卷149，頁2a-b。
30　《法海遺珠》，卷1，頁9b-10a。
31　《道法會元》，卷148，頁3a-4a。
32　《道法會元》，卷149，頁1b-2a。
33　《法海遺珠》，卷1，頁8b-9b。

卷一四九、[34]《法海遺珠》卷一[35] 和卷三十一[36] 有記載。三個版本
的「散形」都有「劉矩」的部分，所以這張符也是使役劉天君的。
第四，「薰魔符」在《道法會元》卷一四九、[37]《法海遺珠》卷一[38] 和
卷三十一[39] 有記載。這張符也有使役雷神的功能。但從與符同時使
用的咒文來看，前兩者和後者不一樣。在《道法會元》的版本中我
們可以看到「都天大雷公」這一句，這個「都天大雷公」意味著這
個雷法的「主法、都天元帥」鄧天君。《法海遺珠》卷一也說這張
符是「鄧君親傳」的。這兩個版本都是跟鄧天君有密切的關係。但
《法海遺珠》卷三十一的咒文之中沒有提到鄧天君，而有「敕召鐵
面將」這一句。這「鐵面將」意味著這個雷法的「主帥、三五九陽
上將蒼牙鐵面、劉天君」。所以最後一個版本就是為了使役劉天君
的。

　　這四張符跟這個雷法的主要神格劉天君和鄧天君有密切的關
係，所以我們可以認為這四張符從「洞玄玉樞雷法」被創造的元代
開始使用，明代版本也繼承了這個雷法初期的符。特別是前三者都
是使役劉天君的，應該是這個雷法的核心法術。

　　翁法建所使用的〈洞玄九章〉也是《道藏》所收的「洞玄玉樞
雷法」相關科儀書中有記載的。《道法會元》卷一四八[40] 和《法海

---

[34]　《道法會元》，卷149，頁5a-6a。
[35]　《法海遺珠》，卷1，頁11a-b。
[36]　《法海遺珠》，卷31，頁3a-b。
[37]　《道法會元》，卷149，頁6a-b。
[38]　《法海遺珠》，卷1，頁10b-11a。
[39]　《法海遺珠》，卷31，頁3b。
[40]　《道法會元》，卷148，頁6a-10a。

遺珠》卷二[41] 記載了有關於〈洞玄九章〉的法術。前者叫做〈洞玄靈寶金玉九章〉，後者叫做〈策役雷章〉。雖然兩者項目的名稱有差別，但都用〈元陽火鳳章〉等九張符的法術。兩個版本之中，這九張符的名稱和功能大致相同，所以它們倆有同一個來源。所以這些符也被認為是基於元初的「洞玄玉樞雷法」的法術。[42]

五、《洞玄玉樞雷霆大法》與清微法

(一)儀禮文書的導入

上面我們確認明代《道藏》所收的幾種科儀書記載了繼承初期「洞玄玉樞雷法」的法術。但《洞玄玉樞雷霆大法》中可以看到其他的法術。筆者推測有的「洞玄玉樞雷法」的傳承者把清微法[43] 的因素導入到《洞玄玉樞雷霆大法》的版本。下面筆者要把《洞玄玉樞雷霆大法》中的儀禮文書和清微法的儀禮文書對照一下，確認筆者的推測。

首先我們看《洞玄玉樞雷霆大法》的〈開關符命〉：

---

[41]　《法海遺珠》，卷2，頁1a-5b。

[42]　除了這些法術以外，薛師淳還傳授到「太一玉笈」與「太一劍尖」（《道法會元》卷147，頁3b）。但明代《道藏》所收的「洞玄玉樞雷法」相關科儀書中沒有它們的記載。

[43]　關於清微法，參看卿希泰主編，《中國道教史（修訂本）》，卷3（成都：四川人民出版社，1996），頁136-139；李志鴻，〈試論清微派的"會道"與"歸元"〉，《世界宗教研究》，3（2005），頁116-125；Lowell Skar 著，橫手裕譯，〈清微仙譜、雷法、神靈そして道原—中世の中国東南部における宗教の統合について—〉，收於田中文雄、Terry Kleeman 編，《道教と共生思想》（東京：大河書房，2009），頁136-154。

〈開關符命〉

五雷使院行司

恭準元降道旨符文。

（符）太極之始，雲篆太虛，三氣成符，元始玉書。天關掌關，諸帝諸君，承符奉命，奏入帝廷。罡風九醜，火速潛形。敢有干試，風火無停。一如帝命，火急遵承。年　月　日　時告下。

洞玄制教弟子　　臣姓某

洞玄通明中侍卿　　臣翁

紫霄扶風洞玄元明君　　臣馬

金闕持宸洞玄高明君　　臣白

洞玄教主玉樞青靈上帝　辛[44]

　　這篇儀禮文書是向五雷使院（管理雷部的天界機關）呈上，目的是祈禱這些符發揮功能。除了用做儀禮的道士（或法師）的名義（「洞玄制教弟子臣姓某」）祈禱以外，文書的最後面有馬士清、白玉蟾和辛漢臣的署名。這是倚仗「洞玄玉樞雷法」的祖師的權威，讓對五雷使院的命令得以成功。

　　《道法會元》卷一五三記載了跟〈開關符命〉類似的〈開天誥〉：

〈開天誥〉（黃紙）

元始洞玄開天請進章

某恭準道旨元降符文所到，進入天門。臣謹為某傳度某法，

---

[44]　《道法會元》，卷150，頁10b-12b。

皈身佩奉，祈禱雨暘，驅邪治病，謹　奏帝廷，頒行符命。

符　元陽請進章（加九火筆）

右符，上告天闕掌關諸天帝君闕下。請行鑒證符文，不以天下章表為例，即便進奏諸天帝關，恭伺昭報。符到奉行。

　年　月　日　時告行。

（批朱）專請三五將軍劉某徑行開關，遍行奏達。

具位　臣姓某承諾奉行。

列師位。[45]

　　這篇文書的主要目的是派「三五將軍劉某」（就是劉天君）到天界，讓他開天門，對於高層神格上奏。它的功能跟上述的〈開關符命〉大概一樣。

　　值得注意的是，這兩篇儀禮文書中可以看到「恭準元降道旨符文」、「元降符文」等詞。就是說，這兩篇儀禮文書都是以叫做「元降」的教理為基礎的。「元降」一詞在清微法的科儀書中很常見，也有一部叫《清微元降大法》的科儀書，所以我們可以推測「元降」這個詞表示清微法的重要教理。

　　清微法的科儀書中沒有敘述「元降」一詞的定義，難以斷定它的含義。[46] 但從經典的記載，可以推測大概的意義。《清微神烈秘法》卷上〈雷奧秘論〉中有如下記載：

45　《道法會元》，卷153，頁8a-9a。

46　Kristofer Schipper（施舟人）先生把「元降」這個詞用英文翻譯成「Original Revelations」。參看 Kristofer Schipper,"Master Chao I-chen 趙宜真(?~1382) and the Ch'ing-wei 清微 School of Taoism",收於秋月觀暎編，《道教と宗教文化》（東京：平川出版社，1987），頁724。

> 夫清微者，以象言之，乃大羅天上鬱羅蕭臺玉山上京上極无
> 上大羅玉清諸天中之尊也。肇自混沌溟涬、鴻濛未判之先，
> 大梵大初之境，即元始至尊之所治也。乃一開明祖劫，是謂
> 天根。且清微法者，即神霄異名也。……法中雷符、玉章、
> 天經，皆浩劫之初，梵氣為自然結成於太空之中。昔元始下
> 降，乃命天真皇人，按筆以書其文字，廣長一丈，藏於紫微
> 上宮玉京金闕，命五老上帝掌之。[47]

就是說，清微法的符都是來自原初的氣，元始天尊向天真皇人
啟示的。而且，這些符分「上品靈書」、「中品靈書」、「下品靈書」
三種，其中「下品靈書，則應世宗師，心心相授，口口相傳，與天
長存，祈天福國，弘道化人，役使雷霆，坐召風雨，斬滅妖邪，救
濟旱澇，拯度幽顯，贊助皇民，即今人間清微雷法妙道是也。」[48] 從
這個記載來看，「元降」一詞表示著來自原初的氣與祖師元始天尊
的根本教理，因此清微法尊從這一詞。所以我們可以推測上面提到
的兩篇儀禮文書都是從清微法的科儀書導入的。[49]

《道法會元》所收的清微法的科儀書中也有〈開天符〉（雖然
有些不同的名稱，但格式大概一樣）的項目，類似於上述兩篇文書
（《道法會元》卷二十二、卷二十三、卷四十一、卷四十二、卷四
十四、卷四十五、卷四十九、卷五十、卷五十一、卷五十二、卷五

---

[47] 《清微神烈秘法》，《正統道藏》，冊 6（臺北：新文豐出版，1995），
　　卷上，頁 1a-b。
[48] 《清微神烈秘法》，卷上，頁 1b-2a。
[49] 《法海遺珠》卷 1 中也有「元降」一詞的記載（12b）。我們可以知道
　　這部科儀書也是「洞玄玉樞雷法」受到清微派的影響後編纂的。

十三、卷五十五）。我們下面引用〈清微玉宸鍊度奏申文檢〉中〈開天符誥〉的例子：

〈開天符誥〉（黃紙）

元始一炁開天通三界玉符

恭準元降道旨，符文所至，三界咸遵，萬神侍衛，奏入天門。

（空五寸、篆符。）

右謹上請天闕掌關諸君、三界主者。準此證應，毋得稽延，

速達帝廷，立俟昭報。一如律令。

年　月　日時告下。

謹遣九天捷疾焚炎符使楊傑，操捧上達。

具位　臣姓某承誥奉行。

宗師金闕昭凝妙道保仙元君祖。

祖師金闕上保清真紫虛元君魏。[50]

　　這篇文書很類似《洞玄玉樞雷霆大法》中的〈開關符命〉，還是可以看到「元降道旨」一詞。而且，最後面提到清微法的祖師祖舒和魏華存，試圖借女仙的權威加強文書的效力。通過兩者的對照，我們可以知道《洞玄玉樞雷霆大法》中的〈開關符命〉模仿了清微法儀禮文書的格式。

（二）《道法會元》與清微法

　　同清微法統的趙宜真等道士涉及到明代《道法會元》的編纂，

50　《道法會元》，卷22，頁23b-24a。

《道法會元》也因此有濃厚清微法的色彩。[51]《道法會元》卷五收錄了趙宜真的文章，這篇文章實際上可以說是《道法會元》的序文。在該文中趙宜真敘述了《道法會元》的編纂方針：

> 宜真猥以菲材，叨承正派，暇日討論道法體用之旨，輒將師傳四派歸一。宗譜、道樞、元降祕文，列於篇首。其符章經道，簡策詔令，取其切於用者，各以類聚。其諸階雷奧，止取三元、神捷、神烈、天雷。嶽瀆、諸將之法，見於贊化，顯於當時者，各存其要。[52]

他說將「宗譜、道樞、元降秘文」（如上所述，「元降」意味著清微法的重要教理）置於《道法會元》的開頭，中間收錄各種雷法，最後收錄了使役各種神將的法術（例如地祇法、酆都法等）。這個構成跟我們現在看到的《道法會元》的構成是大概一致的。[53] 因為趙宜真就是清微法的傳授者，《道法會元》的構成反映了他的信仰。

如上所述，「洞玄玉樞雷法」本來是神霄系統的雷法，跟清微法是沒有關係的。可是，我們可以推測「洞玄玉樞雷法」流傳過程當中，有的傳承者導入了清微法的因素，而編纂《道法會元》所收錄《洞玄玉樞雷霆大法》的這個版本。雖然我們不能確定清微法的因素何時加上了《洞玄玉樞雷霆大法》，但不難想像《道法會元》

---

[51] 參看 Kristofer Schipper，"Master Chao I-chen 趙宜真(?-1382) and the Ch'ing-wei 清微 School of Taoism," 頁 715-734。

[52] 《道法會元》，卷 5，頁 37a-b。

[53] 現在的《道法會元》版本將趙宜真看作祖師之一，被認為是後人再編纂的。參看 Lowell Skar，〈清微仙譜、雷法、神靈そして道原—中世の中国東南部における宗教の統合について—〉，頁 151-152。

的編者（也是清微法的傳授者）選擇收錄了受到清微法影響的「洞玄玉樞雷法」科儀書。

清微法是綜合性的法術，採納了各種道教法術。清微法的祖師是元始天尊，神霄系統的雷法也一樣崇拜元始天尊，所以這兩種系統法術容易融合起來。作為兩者融合的一個例子，《洞玄玉樞雷霆大法》是很有趣的。上面所述的《清微神烈秘法》卷一說「清微法者，即神霄異名也。」從這個記載來看，可以推測清微法的傳授者也將神霄系統的雷法看作是跟清微法類似的法術。雖然沒有明確的證據，但很有可能是清微法的傳授者最終編纂了《洞玄玉樞雷霆大法》。

六、小結

我們通過對《洞玄玉樞雷霆大法》的分析，說明了它的編纂過程。以下，再次概括一下這個過程。這個過程同時表明了神霄系統的雷法科儀書的發展過程。

北宋末期徽宗時代，林靈素創造了「神霄說」。徽宗也信仰神霄說，所以它普及到全國。它對當時的中國宗教界影響很強大，北宋滅亡以後神霄說的影響仍然延續。進入南宋時代，《雷霆玉經》很流行，它敷衍了神霄說，而跟雷部神格聯繫起來，給後代的雷法提供了教理基礎。

而且，白玉蟾等道士對神霄神格體系進行整理，把辛漢臣等神格導入了自己的法統。神霄系統的雷法在各地被創造時，各地雷法的創造者（或傳承者）利用了基於神霄說的雷法神格體系和法統，

提高自己傳承的雷法的權威。本文探討的《洞玄玉樞雷霆大法》就是一個典型的例子。

南宋末期，新的道教法術清微法便登場了。到明代清微法擴大勢力，成為跟神霄雷法並肩的道教法術。然後，清微法的傳承者涉及到明代《道法會元》的編纂，他們認為神霄雷法很有力，編纂道教法術的科儀叢書時也吸納了許多神霄系統的雷法。所以，我們現在也可以看到很多神霄系統雷法的科儀書。

《道藏》所收錄的科儀書所記載的法術中，創造地點很明顯的法術並不多。但我們可以推測《道法會元》等科儀叢書的編纂時，有採用地方創造的法術科儀書。[54]《道法會元》、《法海遺珠》等大部的科儀叢書中，如本文討論的「洞玄玉樞雷法」有三種科儀書，同一法術有幾種科儀書的情況是很常見的。[55] 這一定反映著各地的法術傳授者編纂他們自己的科儀書而另立一派的情況。換言之，《道藏》編纂者採納著地方宗教（或地方形成的法術）的活力，而編纂了大部科儀書的叢書。

而且，通過《洞玄玉樞雷霆大法》編纂過程的分析，我們可以了解道教法術的融合過程。如上所述，初期的〈洞玄玉樞雷法〉僅

---

[54] 例如《太上三五邵陽鐵面火車五雷大法》（《道法會元》，卷 122-卷 123）本來是在湖南創造的。參見拙稿〈地方における雷法の形成—「邵陽火車五雷大法」を中心に—〉，《東方宗教》，頁 22-38。

[55] 例如，地祇法有〈東嶽太保考召秘法〉（《道法會元》，卷 254）、〈地祇溫元帥大法〉（《道法會元》，卷 255-256）、〈地祇溫師大法〉（《法海遺珠》，卷 43）等多種科儀書。《道法會元》卷二五三〈地祇法〉（寶佑六年）的作者劉玉說，當時地祇法已有幾十種，限於使役地祇法的核心神格溫元帥的科儀書（「溫將軍的專司」）也有「十餘本」（《道法會元》，卷 253，頁 1a）。

僅只是使用幾種符而使役劉天君的簡便法術。後代的傳承者導入了
清微法的法術，增加了其內容。《道法會元》等《道藏》所收的有
些科儀書內容混亂，它們有時反映著各種法術的交流與融合。我們
研究《道藏》的科儀書時，應該注意它們的多層性。

　　特別值得注意的是《洞玄玉樞雷法》導入了清微法的事實。目
前，雖然有部分學者指出趙宜真等清微法的傳承者涉及到明代《道
藏》的編纂，但幾乎沒有討論清微法的教理對於明代《道藏》所收
之科儀書的影響。本文僅僅進行初步考察，但應該繼續研討這個問
題。（本文刊於《華人宗教研究》，第三期，2014，頁 27-49。）

引用書目

傳統文獻

《道法會元》，《正統道藏》，第 48-51 冊，臺北：新文豐出版，1995。

《法海遺珠》，《正統道藏》，第 45 冊，臺北：新文豐出版，1995。

《海瓊白眞人語錄》，《正統道藏》，第 55 冊，臺北：新文豐出版，1995。

《清微神烈秘法》，《正統道藏》，第 6 冊，臺北：新文豐出版，1995。

《無上九霄玉清大梵紫微玄都雷霆玉經》，《正統道藏》，第 2 冊，臺北：
　　新文豐出版，1995。

趙道一，《歷世眞仙體道通鑑》，《正統道藏》，第 8 冊，臺北：新文豐出
　　版，1995。

鄭眞，《榮陽外使集》，《景印文淵閣四庫全書》集部別集類第 173，臺北：
　　臺灣商務印書館，1983，國立故宮博物院藏本影印。

謝顯道，《海瓊白眞人語錄》，《正統道藏》，第 55 冊，臺北：新文豐出版，
　　1995。

近人論著

中文著作

金中樞，〈論北宋末年之崇尚道教(上)〉，《宋史研究集》，7，臺北：1973，
　　頁 291-392。

———，〈論北宋末年之崇尚道教(下)〉，《宋史研究集》，8，臺北：1976，
　　頁 207-278。

李志鴻，〈試論清微派的"會道"與"歸元"〉，《世界宗教研究》，2005：3，
　　北京：2005，頁 116-125。

李遠國，《神霄雷法》，成都：四川人民出版社，2003。

李豐楙，〈道教神霄派的形成與發展〉，《幼獅學誌》，19：4，臺北：1987，
　　頁 146-169。

唐代劍，《宋代道教管理制度研究》，北京：線裝書局，2003。

卿希泰主編，《中國道教史（修訂本）》第三卷，四川：四川人民出版社，
　　1996。

日文著作

小林晃，〈鄭眞輯「四明文獻」の史料価値とその編纂目的－『全宋文』
　　『全元文』補遺の試み〉，《北大史學》，49，札幌：2009，頁 22-48。

松本浩一，〈宋代の雷法〉，《社会文化史學》，17，東京：1979，頁 45-65。

――――，《中國の咒術》，東京：大修館書店，2001。

――――，〈徽宗の宗教政策について〉，收於野口鐵郎先生古稀記念論
　　集刊行委員會編，《中華世界の歷史的展開》，東京：汲古書院，2002，
　　頁 157-176。

宮川尙之，〈林靈素と宋の徽宗〉，《東海大學紀要・文學部篇》，24，東
　　京：1976，頁 1-8。

――――，〈南宋の道士白玉蟾の事績〉，收於內田吟風博士頌壽記念會
　　編，《東洋史論集：內田吟風博士頌壽記念》，京都：同朋舍，1978，
　　頁 499-517。

酒井規史，〈「道法」の形成と派生―「上清天蓬伏魔大法」と「紫宸玄
　　書」を中心に―〉，《東方宗教》，112，東京：2008，頁 26-44。

――――，＜「道法」における道術の交流―童初正法と玉堂大法を中
　　心に―＞，收於田中文雄、Terry Kleeman 編，《道教と共生思想》，
　　東京：大河書房，2009，頁 116-135。

――――，〈地方における雷法の形成―「邵陽火車五雷大法」を中心に
　　―〉，《東方宗教》，119，東京：2012，頁 22-38。

橫手裕，〈白玉蟾と南宋江南道教〉，《東方學報》，68，京都：1996，頁

77-182。

Lowell Skar 著、橫手裕譯,〈清微仙譜、雷法、神靈そして道原─中世の中國東南部における宗教的統合について─〉,收於田中文雄、Terry Kleeman 編,《道教と共生思想》,東京:大河書房,2009,頁 136-154。

Michel Strickmann 著,安倍道子譯,〈宋代の雷儀─神霄運動と道家南宗についての略說〉,《東方宗教》,46,1975,頁 15-28。

英文著作

Berling, Judith A. "Channels of Connection in Sung Religion : The case of Pai Yü-Ch'an," in *Religion and Society in T'ang and Sung China*, ed. Patricia Buckley Ebrey and Peter N. Gregory. Honolulu: University of Hawaii Press, 1993, 307-333.

Reiter, Florian C. "The Management of Nature : Convictions and Means in Daoist Thunder Magic(Daojiao leifa)," in *Purpose, Means and Convictions in Daoism A Berlin Symposium,* ed. Florian C. Reiter. Wiesbaden: Harrassowitz Verlag, 2007, 183-200.

Schipper, Kristofer. "Master Chao I-chen 趙宜眞(?-1382) and the Ch'ing-wei 清微 School of Taoism," 收於秋月觀暎編,《道教と宗教文化》,東京:平川出版社,1987,頁 715-734。

援法入道

——南宋靈寶傳度科儀研究

張超然
輔仁大學宗教學系

前言*

　　近年來，不同區域的當代道教調查成果不僅豐富了我們對於道教在地方傳統中的理解，同時也對過去通過歷史文獻或道教經典所獲得的歷史道教的理解產生程度不一的質疑。人們開始反省那些由特定人士撰作或編輯的經典文獻所能呈現該時代情況的實際程度。雖然如此，仔細考察一定數量的歷史文獻或道教經典，並且審慎使用這些文獻所提供的歷史訊息，仍然可能幫助我們在一定程度內掌握置身在地方傳統中的道教處境，甚至通過不同時期的文獻比對，判斷其中可能的變遷情形。以臺灣道教儀式為例，目前已有不少研究成果在這一方面做出貢獻。[1] 其中部分成果甚至能夠指出道

＊　　本文為科技部補助專題計畫「宋元道教法位與傳度的基礎研究」（MOST 103-2410-H-030-054-）成果之一。投稿本刊時，承蒙兩位匿名審查者提供許多寶貴的修訂意見，特此誌謝！

[1]　諸如施舟人（Kristofer M. Schipper）的「分燈」研究；勞格文（John Lagerwey）、丸山宏的「玉壇發表」研究；呂錘寬、丸山宏的道壇變遷研究；李豐楙的「謝土」研究；山田明廣的「合符童子」研究；以及林振源的「禁壇」研究。詳見 Kristofer M. Schipper, *Le Fen-teng—Ritual taoist,* (Publications de l' EFEO, 103, 1975). John Lagerwey, *Taoist Ritual in Chinese Society and History*, (N.Y.: Macmillan Publishing Company, 1987), 68-89. 丸山宏，〈玉壇發表科儀考——臺南道教の歷史的系譜を求めて〉，《道教儀禮文書の歷史的研究》，頁 249-288。呂錘寬，《臺灣的道教儀式與音樂》，（臺北：學藝出版社，1994），頁 82-85。丸山宏，〈道壇と神々の歷史——現代臺南道教の儀禮空間の成立〉，《道教儀禮文書の歷史的研究》，頁 211-248。李豐楙，〈祭煞與安鎮：道教謝土安龍的複合儀〉in *Foundations of Daoist Ritual: A Berlin Symposium,* ed., Florian C. Reiter (Weisbaden: Harrassowitz Verlag, 2009), 47-70。山田明廣，〈臺灣道教合符童子科儀之形成的初步探討〉，《成大歷史學報》，39（2010）：177-202。林振源，〈敕水禁壇：台灣北部

教儀式究竟是如何受到地方宗教傳統的影響，因而發生變異。

最近由於新代天師襲位問題，以及地方授籙文獻的陸續披露，使得過去施舟人、大淵忍爾、丁煌、丸山宏所關心的地方奏職授籙儀式，或由天師所授的正一經籙相關議題，[2] 再次得到重視。諸如姜守誠在臺南、高屏一帶進行奏職閱籙儀式的調查與比較；[3] 李麗涼利用天師府法師名冊與實地訪查資料，詳細考察了六十三代天師在臺授籙情形；[4] 李豐楙則是通過六十三代天師在臺成立教會、規劃教區以及傳度授籙的情形，考察其整編臺灣道教的過程與成敗，同時指出泉州南安與臺灣高屏地區複合正一與閭山兩種系統的傳度方式；[5] 謝聰輝循著高屏地區發現的抄本，追索福建泉州地區流

道教醮儀中的驅邪法〉，in *Exorcism in Daoism: A Berlin Symposium*, ed., Florian C. Reiter (Weisbaden: Harrassowitz Verlag, 2011), 171-194。

[2] K＝M＝シッペール著，福井重雅譯，〈「都功」の職能に関する二、三の考察〉，（東京：國書刊行會，1977），頁 252-290。大淵忍爾，《中國人の宗教儀禮・道教篇》，（東京：風響社，2005），頁 443-451。丁煌，〈《正一大黃預修延壽經籙》初研（一）、（二）、（三）〉，（《道教學探索》，8[1994]、9[1995]、10[1997]），頁 373-430、199-380、342-362。丸山宏，〈臺南道教の奏職文檢〉，《道教儀禮文書の歷史的研究》，頁 371-416。丸山宏，〈道教傳度奏職儀式比較研究──以台灣南部的奏職文檢為中心〉，收錄於譚偉倫主編，《宗教與中國社會研究叢書（十四）：中國地方宗教儀式論集》，(香港中文大學崇基學院宗教與中國社會研究中心，2011)，頁 637-658。

[3] 姜守誠，〈南臺灣靈寶道派登梯奏職閱籙科儀之研究──兼論臺南與高屏二地之差異〉，《成大宗教與文化學報》，16（2011），頁 225-300。

[4] 李麗涼，《弍代天師：張恩溥與臺灣道教》，（臺北：國史館，2012），頁 144-145, 163-216。

[5] 李豐楙（Fong-mao Lee），〈授籙與爬刀梯：六十三代張恩溥天師在台灣（1950-1969）的整編問題〉，in *Affiliation and Transmission in Daoism: A Berlin Symposium*, ed., Florian C. Reiter (Wiesbaden: Harrassowitz Verlag, 2012), 225-247。

傳的正一經籙及其授籙程序；[6] 劉仲宇與高萬桑（Vincent Goossaert）考察了現今流傳民間的授籙規範——《天壇玉格》的幾個不同版本，劉氏更試圖全面研究道教授籙制度，尤其是當代龍虎山逐漸恢復的授籙儀式與初階經籙；[7] 而呂鵬志也正積極投入江西修水縣普濟道院所藏正一經籙的調查，以及戴祥柳道長所行授籙法事的研究。[8]

這一方面的調查研究仍在進行，未來勢必會有更多調查資料與研究成果幫助我們了解近代龍虎山與不同地區的授籙活動及其經籙內容。在那之前，適度進行道教傳度的歷史研究，對此議題的持續進展應該有所助益。過去，這一方面的研究大多集中在中古時期的天師道、方士傳統以及靈寶經派的傳授儀式。[9] 作為中古與近現

---

[6] 　謝聰輝（Tsung-hui Hsieh），〈受籙與驅邪：以臺灣「鳳山道」奏職文檢為中心〉, in *Exorcism in Taoism*, Berlin: Seminar of Sinology, ed., Florian C. Reiter (Berlin: Humboldt-University, 2011), 213-230；〈正一經籙初探——以臺灣與福建南安所見為主〉，頁 143-189。

[7] 　劉仲宇，〈光緒抄本《正乙天壇玉格》初探〉，《正一道教研究·第 2 輯》，（北京：宗教文化出版社，2013），頁 88-115。高萬桑，〈近代中國的天師授籙系統：對《天壇玉格》的初步研究〉，黎志添主編，《十九世紀以來中國地方道教變遷》，（香港：三聯書店，2013），頁 437-456。劉仲宇，《道教授籙制度研究》，（北京：中國社會科學出版社，2014）。

[8] 　呂鵬志，〈贛西北流傳的五雷籙〉，發表於「經典、儀式與民間信仰國際學術研討會」，上海師範大學哲學學院敦煌學研究所主辦，（2014 年 10 月 24-27 日），頁 387-432。

[9] 　諸如丸山宏，〈受籙の章について——章本の研究（三）〉，《道教儀禮文書の歷史的研究》，（東京：汲古書院，2004），頁 103-136。John Lagerwey, "Zhenyi Registers," in *ICS Visiting Professor Lecture Series (1): Journal of Chinese Studies Special Issue*, (Hong Kong: Institute of Chinese Studies, 2006), 25-88。丸山宏，〈陸修靜「太上洞玄靈寶授度儀」初探〉，《第一屆道教仙道文化國際研討會論文集》，（高雄：高雄道德院、國立中山大學，2006），頁 623-640。呂鵬志，〈天師道授籙科儀——敦

代道教傳授儀式的銜接關鍵，宋代靈寶傳度儀式較少受到關注。目前所見，唯有丸山宏討論當代臺南道教奏職文檢時，比對過金允中與同時期靈寶傳度所用文書差異，並且指出金氏對於其中三項文書的批評；[10] 李志鴻討論宋代天心正法的傳度與法階時，也曾引述金允中對於當時傳度做法的評論；[11] 而酒井規史討論宋代新興道教儀式傳統（酒井稱之為「道法」）的起源與發展時，也曾關注其中傳度與古典道教法位之間的關聯。[12] 總的來說，這一方面的深入研究仍待持續進行。

所幸，目前已有一個好的開始。丸山宏討論當代臺南道教奏職文檢時，已經指出：宋代的靈寶傳度科儀，站在金允中的立場，至少存在三項關鍵性的差異，包括：傳度所行「分券」的意義與具體做法；傳度是否必須授與〈仙誥〉；以及傳度過程是否交撥兵將？金允中的批評往往針對浙東地區流行的東華靈寶傳統，而被視為來自北方的靈寶傳統對於江南傳統的批評。[13] 然而，這三項差異所突

煌寫本 S203 考論〉，《宗教學研究》，2（2011），頁 79-166。王卡，〈敦煌本《陶公傳授儀》校讀記〉，《道教經史論叢》，（成都：巴蜀書社，2007），頁 331-339。呂鵬志，〈天師道登壇告盟儀──《正一法文法籙部儀》考論〉，《中央研究院歷史語言研究所集刊》，77:1（2006），頁 8-24。謝世維，〈經典、靈圖與授度：《洞玄靈寶二十四生圖經》研究〉，《文與哲》，20（2012），頁 95-126。

10　丸山宏，《道教儀禮文書の歷史的研究》，頁 374-379。

11　李志鴻，《道教天心正法研究》，（北京：社會科學文獻出版社，2011），頁 169-170。

12　酒井規史，〈宋代道教における「道法」の研究〉，（東京：早稻田大學文學學術院博士論文，2011）。

13　丸山宏，《道教儀禮文書の歷史的研究》，頁 471。關於南宋浙東地區流行的東華靈寶傳統，可參謝世維，〈宋元時期的「東華派」檢討──系譜、聖傳與教法〉，《東吳中文學報》，23（2012），頁 161-190。

顯的問題，不僅僅是不同傳承或個別區域的道教傳統在傳度方法上的差異而已，背後還隱含著宋代新興儀式傳統究竟如何影響古典道教儀式的發展，道士的宗教身份是否因為傳度而有所變異，甚至作為道教傳授權威的「宗壇」與地方道教傳統之間可能存在的衝突等諸多問題。

　　這個議題的持續研究也有助於了解：構成目前道士宗教身份的諸種憑證究竟是如何形成的。根據目前已經公布的正一經籙，[14] 不同等級、不同性質的經籙所須傳度的項目或有不同，但它們大多涉及下列範疇，而在不同方面規範或形塑了當代正一道士的宗教身份，包括：受得該籙位之道士所處的法位等級（版券職籙、官誥、職帖）、所具備的經教素養（寶經）、所應遵循的行為規範（誓戒、合同環券）、能夠行使的儀式權能（職印、給兵帖），以及最終的生命歸屬（路引、功德文牒、免罪金牌）等。如果近現代道士與中古道士的身分、性質存在差異而應加以辨析，那麼仔細考察這些規範他們身分的傳度項目，不失為是一個妥適的方法。

　　因此，本文將利用南宋時期成書的兩部《上清靈寶大法》（CT1223, CT1221，以下簡稱《靈寶大法》），以及稍早成書的《靈寶無量度人上經大法》（CT219，以下簡稱《度人上經大法》）作為研究對象，它們分別是由金允中（fl. 1205-1225）與王契真（fl. 1208-1250）編纂而成，而後者所著不僅承自《度人上經大法》，同

14　　如丁煌，〈《正一大黃預修延壽經籙》初研（一）、（二）、（三）〉；謝聰輝，〈正一經籙初探——以臺灣與福建南安所見為主〉，《道教研究學報：宗教、歷史與社會》，5（2013），頁 143-189。

時受到金氏著作的影響。[15] 雖然如此，這兩種《靈寶大法》卻又分別代表著當時兩種不同的靈寶傳統。金氏的靈寶傳承來自北方，而與龍虎山正一宗壇關係密切；王氏則是延續《度人上經大法》為代表的浙江東部地區的靈寶傳統，這個地方傳統頗受北宋末期興起的「天心正法」影響。為了說明這一點，本文將同時利用北宋末期成書的兩種天心正法文獻──《上清骨髓靈文鬼律》（CT461，以下簡稱《靈文鬼律》）與《太上助國救民總真秘要》（CT1227，以下簡稱《總真秘要》），考察這個新興地方儀式傳統在南宋時期靈寶傳度科儀的形成與發展過程所發揮的影響力。

一、南宋時期的道教法位系統

南朝初期，道教的發展與當時不同道派或經派的文獻編輯工作連繫在一起。在追求一個具有整體意義的「道教」意識底下，幾個主要傳統的道書被匯集在一起，編著目錄，用以標誌這個宗教的內涵。這個彙輯的過程，先後經過兩次結構性（三洞、四輔）的調整，確定了日後道教一切經藏（道藏）的編輯結構，同時規範了唐代道教的基本內涵。這些來自不同次傳統的道書不僅組成了完整的「道教」，同時也依照兩次彙輯的判教結果，建立起信奉「道教」之後得以依次修習的不同教法階段。這些不同修習階段各自具有相應

15　關於這三部作品的關係，詳參勞格文（John Lagerwey）為它們所寫的提要。Kristofer Schipper and Franciscus Verellen eds., *The Taoist Canon: A Historical Companion to the Daozang*, (Chicago: The University of Chicago Press, 2004), 1021-1032.

的法職位階（法位），以及必須受授修習的符籙、經法、儀式與戒律。[16]

關於這個南朝以至唐代逐漸發展起來的道教法位系統，已經得到許多關注。[17] 雖然其中存在些許差異，但仍可大致描述為：初入道門、正一、道德（太玄）、洞神、洞玄、洞真、三洞等七階法位，成為唐代道教法位的基本形式。[18] 即便到了北宋，學者根據部分修道規範、傳度儀式以及道士稱號等資料，判斷當時道士的法位等級制度仍多延續唐代的七階法位。[19] 只是到了南宋，多種新興驅邪儀式傳統流行民間，且已普遍受到當時道士認可，而被納進道法傳承體系，致使當時道士法位稱號發生變異。[20]

類此受到新興驅邪儀式傳統影響所造成的變異不只見於道士稱號，原先既存的法位內涵也已發生變化。根據金允中與王契真的記述，南宋道教法位系統至少存在下列三個層級：

---

[16]　クリストファ・シペール著，福井文雅譯，〈敦煌文書に見える道士の法位階梯について〉，頁 325-345。小林正美，〈天師道における受法のカリキュラムと道士の位階制度〉，《敦煌と中國道教》（敦煌講座4）（東京：大東出版社，1983），頁 1-27。

[17]　除前註引書，另見小林正美，《中國の道教》（東京：創文社，1998），頁 95-101, 154-163。《唐代の道教と天師道》（東京：知泉書館，2003），頁 65-131。呂鵬志，〈法位與中古道教儀式的分類〉，《宗教學研究》，2(2012)，頁 1-10。

[18]　有時在洞神與洞玄法位之前，又各加上洞淵、昇玄法位。

[19]　小林正美，〈天師道における受法のカリキュラムと道士の位階制度〉，東洋の思想と宗教，18（2001），頁 1-27。酒井規史，〈宋代道教における「道法」の研究〉（東京：早稻田大學文學學術院博士論文，2011），頁 118-120。

[20]　酒井規史〈南宋時代の道士の稱號──經籙の法位と「道法」の職名〉，《東洋の思想と宗教》，25（2008），頁 115-134。又酒井規史，〈宋代道教における「道法」の研究〉，頁 135-140。

錄階法職品：❶洞真部有〈上清大洞回車畢道錄〉一階，佩
之者稱「上清大洞弟子」。……而大洞本品，古無法職，亦
無章奏，後世有編大洞法者矣，然終非古書也。❷洞神部盛
於東漢，〈盟威錄〉以下諸階雜錄悉總於正一壇，天心正法、
五雷諸法、考召之文、書禁之術，莫不隸焉。……❸洞玄部
有〈靈寶中盟祕錄〉一階，〈紫虛陽光〉次之，靈寶大法隸
焉。[21]（引文中標號為筆者所加）

在這三級法位之中，除了最高的洞真法位乃以〈上清大洞回車畢道
錄〉為憑證，而沒有相應的施用方法，其餘法位都有相應的「法」
與「錄」，作為該一法位得以施用之儀法以及相應的行持憑證。諸
如洞神法位的〈正一盟威錄〉，以及相應的天心正法、五雷諸法、
考召之文、書禁之術；[22] 而洞玄法位則授〈靈寶中盟秘錄〉與〈紫
虛陽光錄〉，所行之法則為「靈寶大法」。

　　這個三級形式的法位體系源自劉宋時期初創的道藏編輯架構
——「三洞」，[23] 但其內容卻已有所變異。其中最為顯著的差異在

21　金允中，《上清靈寶大法》，收入《正統道藏》，冊 52-53，（臺北：
　　新文豐出版，1988），卷 10，頁 9b-10a。王契真，《上清靈寶大法》，
　　收入《正統道藏》，冊 51-52，（臺北：新文豐出版，1988），卷 27，
　　頁 5a-b。另見松本浩一與李志鴻的引述。松本浩一著，高致華譯，〈張
　　天師與南宋的道教〉（合肥：黃山書社，2006），頁 76。李志鴻，《道
　　教天心正法研究》（北京：社會科學文獻出版社，2011），頁 165-166。
22　關於天心正法與龍虎山天師府的討論，見李志鴻，《道教天心正法研
　　究》，頁 82-88。但他沒有留意正一盟威錄與天心正法的關係，但言金
　　元多道觀傳授天心正法。由於天心正法與正一錄合傳，因此許多正一錄
　　位道士都具有天心法職。李氏也沒有意識到這一點。李志鴻，《道教天
　　心正法研究》，頁 114。
23　關於「三洞」學說，可參小林正美，〈《九天生神章經》の形成と三洞

於原本作為洞神部主要內容的《三皇文》及其系列經法已被原屬正一部的〈盟威籙〉所取代，而在宋代新興的主要驅邪法術（如天心正法、神霄五雷），則被歸入此一法位之中，而與〈盟威籙〉相應。

如此法位的重新安排不僅見於金、王二氏的記述，同時也可在元代《道法會元》（CT1220）所收錄的兩種五府玉冊相關文獻中見到，如〈上清五元玉冊九靈飛步章奏祕法〉即言：「三洞者：洞玄、洞真、洞神也。洞真乃大洞法籙，即元始上乘法；洞玄乃靈寶法籙；洞神即盟威、都功、天心、五雷等法籙。總受之，稱『三洞法師』」；[24] 而「玉堂盧元老」為《五府冊文正法》所寫的跋文也提到：「如洞真部則本無章奏之文，不立祛治之格。……今之中盟經籙、靈寶大法之類，則洞玄部也。……如正一盟威已下諸籙，及天心正法之類，則洞神部也。」[25]

至於這三級法位的受授次序，雖然金允中〈籙階法職品〉所列為洞真、洞神、洞玄，但那恐怕不是進受如此三級籙位的實際次第。即便到了南宋，三洞內涵或有改變，但理想的受法次序似乎沒有什麼變化，依然保持先洞神、次洞玄、終洞真的次序。如蔣叔輿

說の成立〉，《東洋の思想と宗教》，5（1988）。另收入小林正美，《六朝道教史研究》，（東京都：創文社，1990），頁 217-240。小林正美，〈三洞四輔與「道教」的成立〉，陳鼓應主編，《道教文化研究》，16（1999），頁 10-21。又王承文，〈古靈寶經與道教「三洞」學說的起源與發展〉，頁 159-266；王承文〈敦煌古靈寶經與陸修靜「三洞」學說的來源〉，收入《敦煌古靈寶經與晉唐道教》，（北京：中華書局，2002），頁 72-102。〈南朝道教從「三洞經書」向「七部經書」轉變原因考察〉，鄭開編，《水窮雲起集：道教文獻研究的舊學新知》，（北京：社會科學文獻出版社，2009），頁 25-50。

24　《道法會元》，卷179，頁 2a。
25　《道法會元》，卷178，頁 6a-b。目前我們對盧元老所知有限。

（1156-1217）所言：「受道之士，先受正一盟威、三五都功（洞神），修持有漸，方可進受靈寶中盟（洞神）、上清大洞（洞真）諸籙，否則為躐等僭越，違太真之格」；[26] 金允中亦言：「但中古以降，三洞宣行，授受之規，合分次第，學則有序，不可僭陞。須先佩洞神部諸階秘籙，奉行正一諸法，心志無惰，利濟有功，方詣宗壇，受中盟之秘籙，進洞玄之上品。」[27]

如前所言，不同經教法位各自具備「法」（施用儀法）與「籙」（行持憑證）的對應關係。如此法、籙對應的規範，也可見於《道法會元》收錄的〈太上天壇玉格〉，如其所言：「受籙之士但欲職高，而金寶効信，受上品法籙，殊不知經中分明稱載：法與籙相背則不靈。如行天心法，合受〈三五都功籙〉；行雷法，合受〈高上神霄籙〉；行靈寶法，合受〈紫虛陽光籙〉及〈靈寶中盟籙〉；……。已上諸階，皆以本籙為職。法籙相違，社廟切笑。」[28] 而且不只行法須與籙位相應，甚至行儀時所使用的法器，也須根據籙位而有不同，諸如破獄儀式，得受中盟經籙者便能持使策杖破獄，若僅受〈盟威法籙〉者則限持劍破獄。[29]

對於「靈寶大法」來說，其行持憑證即為〈靈寶中盟籙〉。這也意味著所有能夠主持或修建靈寶齋儀的高功法師，都應已受洞玄

26　蔣叔輿，《黃籙大齋立成儀》，卷17，頁7b。
27　金允中，《上清靈寶大法》，卷42，頁1b-2a。
28　《道法會元》，卷250，頁19b-20a。
29　《玄元三天玉堂大法》：「師曰：破獄之法，合以策杖扣獄局。而所以用策杖者，三洞法師也。有持劍而破獄者，是正一法師也。……今本宗惟嗣師曾受中盟、大洞籙者，可用策杖，餘則盟威法籙，劍也。」（15:8b-9a）此一要求乃與不同籙位所傳度的法器項目有關，詳後。

法位，否則將連參與靈寶齋儀、擔任壇席職官都有問題。一如蔣叔
興所言：

> 若法師佩三洞，眾官參洞玄者可著之。闕人之處，可洞玄為
> 法師，紫虛、正一為眾官。齋法出於靈寶，屬洞玄，以此行
> 之，理亦為當。其他十戒、白簡道士，不可著職升壇。[30]
> 應高功法師，須備受三五都功籙、正一盟威籙、靈寶中盟五
> 法籙、靈寶十部妙經，及行靈寶大法，方可依科修建。……
> 應『都講』以下五職，亦須備受〈三五〉、〈正一〉、〈靈寶〉、
> 〈陽光〉等籙，方可使預壇席。[31]

只是，恐怕並非所有受籙活動都會依照如此理想的次序，實際上可
能存在缺受某一法籙的情形，如蔣氏討論修建靈寶齋儀的法籙要求
時，便曾指出：已受靈寶中盟秘籙，卻未備受都功、盟威二籙者，
由於無法「出官」，因此不可行齋。[32] 這便說明了當時受籙未必完
全按照標準化程序。

---

[30] 蔣叔興，《黃籙大齋立成儀》，卷 2，頁 12a-b。
[31] 蔣叔興，《黃籙大齋立成儀》，卷 49，頁 5b, 6a-b。
[32] 蔣叔興《黃籙大齋立成儀》：「應法師止受都功職籙，及昇玄、陽光、
洞淵等籙，卻不受盟威籙；或止受都功職籙及中盟五法籙，不受盟威籙；
或止受都功籙及上清籙，不受盟威籙；或止受都功籙，不受盟威籙；或
止受盟威籙，卻不受都功籙，並不許開建。」（卷 49，頁 6a）

二、靈寶中盟秘籙與靈寶大法

（一）靈寶中盟秘籙

　　東晉南朝成立的元始系《靈寶經》，似乎便未規劃適用整部叢書的傳授儀式。目前已知的南朝《靈寶經》傳授儀式，乃是由陸修靜所規劃，分為兩個階段進行：「中盟」與「大盟」。[33] 唯有完成兩階段傳授以及後續的投簡儀式，才能正式修用其中經法。所謂：

> 夫受靈寶，券、盟既有梯首，授簡、修剌必由次第。中盟、大盟皆投龍簡，其後八節、甲子，別投三元玉簡。如此方得四時登山，修真文之事。
>
> 凡受靈寶，度二盟及後修玉簡，都合用金鐶七十四隻、金龍十三枚。如此事畢，方得依八節，修真文赤書之簡也。[34]

事實上，陸氏兩階段傳授《靈寶經》的構想，根據的是仙公系靈寶經《真一自然經訣》。根據現存敦煌殘本《太上靈寶威儀洞玄真一自然經訣》（P.2452，以下簡稱《真一自然經訣》），[35] 其所規劃的靈寶傳授儀式即分兩個階段：即第一階段為傳授儀式開始之前的上章預告，希望以此乞求靈應，作為判斷能否傳經的依據。現存《真一自然經訣》殘本除了保存請求傳授時由弟子所投「手辭」（即〈太

33　過去受到六朝末、唐初的文獻影響，以為靈寶傳度須經初盟、中盟、大盟三個階段。丸山宏，〈陸修靜「太上洞玄靈寶授度儀」初探〉，頁 624。

34　陸修靜，《太上洞玄靈寶眾簡文》（CT410），頁 1a, 7a。

35　《真一自然經訣》未收錄於明代《正統道藏》，王卡根據敦煌寫本 P.2356、P.2403、P.2452，儘可能復原了這部作品。見《太上靈寶威儀洞玄真一自然經訣》，《中華道藏》，冊 4，頁 97-101。

極真人傳經章辭要經〉），還保有這次上章預告所用的章辭範本（〈初度經章儀〉）。[36]上章預告之後便行齋戒，等待靈應；齋後即須抄寫即將傳授的《靈寶經》，並經五次校對，確保沒有任何遺漏錯誤。[37]傳授儀式的第二階段亦以章儀形式上章，並行分券、傳經。分券時所用的「券文」也還保存在目前殘存的《真一自然經訣》之中。[38] 傳授儀式結束之後，則由師父、弟子分別舉行投鐶與投簡儀式。

現存《真一自然經訣》數次提及此儀式所欲傳授的項目，但其內涵卻是模糊不清，其中兩處言其為「靈寶自然經」、「太上無極大道無上太真自然經」，[39] 似乎指涉《真一自然經訣》自身，但其他三處又說傳的是「太上靈寶洞玄寶經」、「靈寶經」或「太上靈寶至真五篇太真道上經」，[40] 可能指涉全數《靈寶經》。如就現存《真一自然經訣》殘文看來，這部作品從未刻意突顯自身價值，而是急於說服當時江南各個宗教傳統（正一、上清與佛教）的信奉者，希望他們能在既已修奉的經法之外，考慮以《靈寶經》作為基礎。[41] 如此看來，這部作品所提供的傳授儀式，應是為了這個目標所規劃的靈寶傳授儀式。

顯然，陸修靜沒有完全接受《真一自然經訣》的規劃，或者他仍然認為《真一自然經訣》的規劃並不充份，不能作為所有元始系

36　《真一自然經訣》，《中華道藏》，第 4 冊，頁 99c-100a。
37　《真一自然經訣》，《中華道藏》，第 4 冊，頁 99c。
38　《真一自然經訣》，《中華道藏》，第 4 冊，頁 100a-b。
39　《真一自然經訣》，《中華道藏》，第 4 冊，頁 99c20-21, 100b12。
40　《真一自然經訣》，《中華道藏》，第 4 冊，頁 99b18-19, 100a7, 100b2-3。
41　《真一自然經訣》，《中華道藏》，第 4 冊，頁 97b-c。

《靈寶經》的傳授儀式。但陸氏仍以此《真一自然經訣》的規劃，作為初次傳授《靈寶經》的必要階段，亦即所謂的「中盟」。如其在引述《真一自然經訣》的傳授儀式之後所言：「此科是初受靈寶，度〈自然券〉，寫經竟，校當五過，定重拜〈黃繒章〉，付經，名曰『中盟』。」[42] 隨後，陸氏更引《明真科》，言於三天之後才能舉行第二階段的「登壇大盟」，傳授「靈寶真文、十部妙經」：

> 《明真科》：三天，受靈寶真文、十部妙經，以金龍三枚，投水府、靈山、所住宅合三處，為學仙之信。不投此，三官拘人命籍，求乞不達。〔此科是登壇大盟。佩真文赤書、二鐶、策、杖之日，當以金龍三枚、金鐶二十七隻，投山、水、宅三處，告盟三官。簡文依《玉訣》，如左。〕[43]（中括弧內為陸修靜註文）

也就是說，按照陸修靜的看法，《靈寶經》的傳授應該區分為兩個階段：第一階段的傳授儀式出自《真一自然經訣》，儀式目的在於授度〈自然券〉與傳授《真一自然經》，作為未來傳授《靈寶經》的基礎；至於元始系《靈寶經》的傳授，根據《明真科》與《赤書玉訣》，應由另一儀式來承擔。只是當時苦無可以依循的儀式，來完成這第二階段的傳授，因而造成當時多有援用其他道派的儀式來傳授《靈寶經》的情形。[44] 而這也就是陸修靜之所以編輯《太上洞

42　陸修靜，《太上洞玄靈寶眾簡文》，頁 1b-2a。關於此傳度自然券儀，另見《洞玄度靈寶自然券儀》（CT522）。

43　陸修靜，《太上洞玄靈寶眾簡文》，頁 2a。

44　陸修靜〈太上洞玄靈寶授度儀表〉：「自靈寶導世以來，相傳授者，或

玄靈寶授度儀》（CT528，以下簡稱《靈寶授度儀》）的原因。

陸修靜編纂的《靈寶授度儀》即是第二階段的傳授儀式，稱之為「靈寶大盟」或「登壇大盟」、「登壇告大盟」，[45] 主要根據當時存世的諸種《靈寶經》——《金籙簡文》、《黃籙簡文》、《明真科》、《赤書玉訣》、《真一自然經訣》的記述編撰而成。[46]

「靈寶大盟」本身也分兩個階段：「宿露真文」與「登壇告大盟」。第一階段主要用以判定受學弟子的資格，第二階段才是正式的傳授儀式。傳授之後三日，則由弟子設齋謝恩。其中傳授的項目主要為「真文」（五方真文）與「二籙」（三部八景籙、諸天內音籙），同時還包括作為靈寶道士身份憑證的「策」，以及行儀法器——「杖」（內含〈五帝真符〉的「元始神杖」）。[47] 其中作為「二籙」之一的「三部八景籙」，即為靈寶齋儀期間相對於天師道「出官」儀節所應召請的靈寶仙官系統。此一系統乃由《靈寶二十四生圖經》所建立，成為後來靈寶傳度的重要項目，[48] 而召請這些仙官來護壇受事，則為建齋行道的必要儀節。

南朝末期，真文、二籙、自然經券、靈策以及諸種《靈寶經》（靈寶中盟經目），仍然成為兩階段洞玄法位（太上靈寶洞玄弟子、

總度三洞，同壇共盟，精麤糅雜，小大混行；時有單受洞玄而施用上法，告召錯濫，不相主伍；或採博下道、黃赤之官，降就卑猥，引屈非所，顛倒亂妄，不得體式，乖違冥典，迷誤後徒。」（頁 2a）

45　陸修靜《太上洞玄靈寶授度儀》：「靈寶大盟：宿露真文、拜表、出官、啟奏，次第如左」（頁 4a）；「明日登壇告大盟次第法……」（頁 7b）。

46　丸山宏，〈陸修靜「太上洞玄靈寶授度儀」初探〉，頁 623-640。

47　謝世維，〈從天文到聖物：六朝道教儀式中策杖之考察〉，頁 85-116。

48　謝世維，〈經典、靈圖與授度：《洞玄靈寶二十四生圖經》研究〉，頁 95-126。

无上洞玄法師）的傳授項目，但其位序卻與先前有所不同。[49] 到了唐初，靈寶傳授進程一度整齊化為三個階段，並且對應不同戒律。如張萬福所列靈寶經戒，即是依照初盟、中盟、大盟三個位次：

> 靈寶法目：（初盟）自然券；中盟經四十七卷（中盟經目）；大盟：真文、八景、内音。[50]（括弧內說明文字為筆者所加）
> 閉塞六情戒〔此靈寶初盟所受，即破〈自然券〉也〕、智慧上品大戒〔此靈寶中盟，與入帙經同所受〕、三元百八十戒〔此靈寶大盟所受〕。[51]（中括弧內文字為原有註文）

然而在唐末五代，似乎仍有維持兩階段傳授《靈寶經》的做法存在。杜光庭即曾引述「道士張承光」的意見，言：「登壇受靈寶中盟畢，依自然金科，投金鈕十口，放龍清泉，為求仙之道；重登壇，受五老赤書、二籙、杖、策、思微定志等，依《明真科》文，即投三龍、二十七鈕，以山、水、宅三處，為學仙之信。」[52]

　　但是到了南宋，如上所見，洞玄法位只剩「靈寶中盟」，未見「大盟」。而且此時所稱「中盟」，恐怕更多是指介於洞神與洞真之

49　《洞玄靈寶三洞奉道科誡營始》（CT1125），卷4，頁8a。南朝中末期天師道也採用登壇告盟或「三盟」的形式，只是這裡的「三盟」不是分三階段告盟傳授經法，而是分別告盟天、地、水三官。詳見呂鵬志，〈天師道登壇告盟儀──《正一法文法籙部儀》考論〉，頁8-24。

50　張萬福，《傳授三洞經戒法籙略說》，卷1，頁8a。

51　張萬福，《傳授三洞經戒法籙略說》，卷1，頁2a。又張萬福《三洞眾戒文・序》：「靈寶初盟：閉塞六情戒；中盟：智慧上品大戒；大盟：三元百八十品戒。」

52　杜光庭，《太上黃籙齋儀》，卷55，頁18a。又見蔣叔輿，《黃籙大齋立成儀》，卷20，頁10ab。

「中」的盟約，而非傳授靈寶的中間階段。此外，唐代以前洞玄法位所傳授的項目也在此時發生重大變化，原本作為主要傳授項目的自然經券、中盟經目所列《靈寶經》、真文、二籙、策、杖，只有少數見於南宋靈寶傳度。如後所見，南宋時期的靈寶傳度因為受到新興儀式傳統的影響，形成了以《靈寶大法》為首，包括印章、策杖、兵將與諸種符券文牒在內的傳授項目，只是這些項目因為不同派系而有差異，尤其是印章、兵將與券牒的種類與數量。

（二）靈寶大法

南宋時期，與〈靈寶中盟秘籙〉相應的法術內容為「靈寶大法」。而宋代「靈寶大法」的形成又與《度人上品妙經》在宋代的新發展有關。宋代道教特別突顯《度人上品妙經》（以下簡稱《度人經》）在《靈寶經》中的地位。一如金允中在其《上清靈寶大法·總序》所言：「蓋洞玄之部，品目繁多，詞章浩博。惟《度人》之一卷，備拯濟之深樞。內而鍊行修仙，可以登真度世；外而立功葳事，可以福顯利幽。隱訣靈音，悉存經內。」[53] 司馬虛（Michel Strickmann）將這樣現象歸諸於北宋末期神霄道士與徽宗的共同努力。[54] 但是對於《度人經》的推崇與積極發展，不只見於北宋的神霄運動，作為當時道教主流儀式的靈寶齋儀也有類似情形。

金允中便曾指出宋代靈寶齋儀存在兩種不同時期形成的成分，所謂的「科條」、「典格」（「齋」的部分）與「符篆」、「文移」

53　金允中，《靈寶大法·總序》，頁 1b。

54　司馬虛（Michel Strickmann）著，劉屹譯，〈最長的道經〉，《法國漢學》·第 7 輯，（北京：中華書局，2002），頁 188-211。

（「法」的部分）：

> 宋簡寂先生陸君修靜，……述科定制，漸見端緒；至唐廣成
> 先生杜君光庭，遂按經誥，修成《黃籙齋科》四十卷。由是
> 科條大備，典格具彰，跨古越今，以成軌範。……至如符篆、
> 文移，則非齋科所載。行教之士，轉相傳授，於是纂聚中洞
> 諸經符呪、訣目，集以成書，而實宗于《度人》之一卷。惟
> 經（度人經）乃法中之本，而法乃經之用。法出於靈寶，而
> 隸乎洞玄，故謂之「靈寶大法」。[55]
>
> 其法，則主於《度人》一經；其齋，則遵廣成之科。先籍師
> 唐君受傳，以付劉副觀，劉君受傳，以付金允中。冒昧嗣行，
> 悉從成典。[56]

其中「齋」的部分指的是陸修靜以來、乃至杜光庭，逐漸修訂完成
的黃籙齋儀；而「法」的部分則指實際演行科儀時必須使用的諸種
符文、呪語、訣目與儀式文書（文移），後者並未見於前述齋儀文
本之中，而是由宋人根據《度人經》發展出來的結果。這些根據《度
人經》所衍生的法訣即稱「靈寶大法」，或稱「度人大法」，亦即南
宋靈寶傳度的核心內容。當時多有編述此法的典籍存在，只是詳簡
不一：或有多達一百二十卷者，或有僅止二十卷者。[57] 根據蔣叔輿
的記述，南宋所行諸種鍊度相關科儀法訣，都可以包括在「靈寶大

55　金允中，《靈寶大法・總序》，頁 1b-2a。
56　金允中，《靈寶大法》，卷 17，頁 23a。
57　金允中，《靈寶大法・總序》，頁 2b-3a。

法」之中。[58]

　　若就客觀歷史發展而言，金允中上述的見解頗為中肯，但那卻不是南宋道教界普遍認同的意見。諸如金氏曾經批評的浙江以東流行的天台靈寶傳統，便以這些編集於《靈寶大法》中的文辭為上古天界神靈口頭宣示的內容，而非宋代前輩發展的結果。金允中因此對之頗多批評：

> 紹興之後，浙江以東多宗「天台四十九品」，不究前輩編集之本意，首於序中直云：「靈寶大法」者，三十六部尊經之首、九品仙真神靈之根。指法中編集之辭，俱是上帝口宣之語，殊不知符檄、齋修醮設、書禁驅治、祈請鎮禳，悉是中古之後因事立儀，隨時定制，輔翊元化，贊助靈風。非以為法出於後世而不可行，乃其採諸經之要妙，搜眾典之符章，亦有遇異人之付傳，亦有蒙神仙之授受。凡可以立功宏化者，集為中乘之法，却非上古之世天帝之言。[59]

金氏批評的「天台靈寶」即是以甯全真、王契真、林靈真為代表的浙東傳統。這個傳統將「靈寶大法」視為靈寶經法發展的特定階段（八明開聰或五譯成書），乃由妙行真人與玄一三真人撰集而成，即如《度人上經大法》所謂：「五譯自天真皇人，悉書其文以為正

---

[58] 蔣叔輿《黃籙大齋立成儀》：「自『靈寶大法』降世，於是玉符金簡之文、寶籙真券之目、神虎攝召之訣、南昌鍊度之科、五仙沐浴之儀、回耀降光之格、策杖破獄之法、輪燈懺謝之門，其修用有訣，其施行有序，遷升罪爽，普度幽明，視古法始加詳焉。」（卷33，頁11a）另見酒井規史的討論。酒井規史，〈宋代道教における「道法」の研究〉，頁104。

[59] 金允中，《靈寶大法‧總序》，頁3a-b。

音。妙行真人撰集符書，大法修用。真定真人、鬱羅真人、光妙真
人集三十六部真經、符圖為『中盟寶籙』，以三十六部真經之文為
『靈寶大法』，因此流傳。」[60] 而這樣的看法也可以在王契真所編
輯的《靈寶大法》中見到。[61] 也就是說，南宋浙東的天台靈寶傳統
認為「靈寶大法」也是諸天上聖所傳教法，並非宋代才出現的新成
分。[62] 而這樣的看法可能是上承陸修靜的意見。陸氏所謂的「靈寶
大法」指的便是包括三十六卷《靈寶經》在內的所有靈寶經教，其
中除了符圖之類的成分是在虛空之中自然結氣而成，其餘讚頌說辭
也是上界聖真的作品。[63]

　　總的來說，雖然南宋時期不同道教派系對於「靈寶大法」的來
源存在歧義，但都以其指涉舉建靈寶齋儀時所須掌握的符籙、文
書，甚至包括舉建齋儀所需的各種知識與技法，而為靈寶傳度的主
要項目之一。

三、靈寶法籙的傳度程序

　　〈靈寶中盟秘籙〉與「靈寶大法」成為南宋洞玄法位道士舉行

---

[60]　《度人上經大法》，卷2，頁2a-b。

[61]　王契真，《靈寶大法》，卷1，頁8b。

[62]　《度人上經大法》：「『靈寶大法』乃无上大羅元始天尊所說，玉宸道
　　　君、五老上帝、高尊上聖、妙行真人、十方神王、至真大神所受，後聖
　　　玄元金闕高真天帝行化下教，世間得而聞之。」（卷1，頁1a）這段文
　　　字也可以在王契真《靈寶大法》（1:1a）中見到。

[63]　陸修靜〈授度儀表〉：「伏尋靈寶大法下世度人，玄科舊目三十六卷，
　　　符圖則自然空生，讚說皆上真注筆。仙聖之所由，歷劫之筌範。」（頁
　　　1ab）

靈寶齋儀的行持憑證與指南手冊。根據金允中的說明，〈中盟秘籙〉與「靈寶大法」的傳度分別是在兩個不同的階段舉行，而且是由不同師資傳授。如其所言：

> 而古者傳籙，則以有籙者為師。中古以後，建立宗壇，不容師度。故傳經受籙，合以宗壇為師。若嗣行靈寶，奏受齋法，則合從所受之法，存拜三師。[64]
>
> ……❶方詣宗壇，受中盟之秘籙，進洞玄之上品。❷然後請保舉、監度，投師籙奏上穹，關申三界，開壇傳授，遷職奉行。[65]（引文編號為筆者所加）

亦即，〈中盟秘籙〉必須要到「宗壇」受授，以此代表晉昇洞玄法位。隨後才能禮請保舉、監度二師，一同投辭度師，乞其開壇傳授「靈寶大法」並奏授法職。

　　至於此處所論「宗壇」，丸山宏以為金氏討論「六幕」設置問題時提及的「宗壇」皆為龍虎山正一宗壇，故而推測進昇洞玄法位必須前往正一宗壇受籙，並且進一步指出當時正一宗壇已經掌握〈靈寶中盟秘籙〉的傳授權利。[66] 只是金氏也曾同時提及閣皂山靈寶宗壇，[67] 因此不能排除當時授與〈中盟秘籙〉之處，也有可能為

64　金允中，《靈寶大法》，卷 22，頁 13b。
65　金允中，《靈寶大法》，卷 42，頁 1b-2a。
66　丸山宏，《道教儀禮文書の歷史的研究》，頁 375。
67　金允中《靈寶大法》：「金陵之三茅山，大洞之宗壇也；臨江之閣皂山，靈寶之宗壇也；信州之龍虎山，正一宗壇也。」（卷 10，頁 8a）又「洞真、洞玄宗壇，非本姓而以弟子傳教，故稱『宗師』。以時君許其傳籙，身居宗壇，主領傳度天下學士，亦以宗壇為重，故得稱。」（卷 10，頁 16b）

閣皁山靈寶宗壇。[68] 無論如何，〈中盟秘籙〉的傳度乃由一個代表
這個法位的最高機構負責，而與〈三皇版策〉、〈思微定志券〉合併
出給。職是之故，金氏編輯靈寶傳度科儀時，並未將此一部分列入，
如其所言：「故有〈三皇版策〉、〈思微定志〉之券，既係宗壇總教
此等儀物，並合隨〈籙〉出給，今更不編敘入法，恐越傳法之科。
從靈寶經格，分真券（靈書真券）、五靈策杖，合隨本法行用，本
法印、劍、給帖補職（補職帖式），不輕於授受之禮，以崇乎經法
之宗也。故『法』（靈寶大法）以傳度終之。」[69]

　　嗣法弟子親至宗壇受籙之後，便得進入第二階段，進傳「靈寶
大法」。一如金允中在〈傳度對齋品‧奏牘式〉所言：「其人已佩〈中
盟秘籙〉，今來進傳『靈寶大法』，依準科格，合行遷補『靈寶中盟
弟子南曹執法典者』為職。」[70] 靈寶傳度的第二階段以禮請保舉、
監度二師為始，接著投詞「度師」。[71] 度師接受投詞之後，必須預
先錄奏上天，通知三界官屬，並且選擇吉日與其餘二師共同開壇傳
授。總的來說，金允中的兩階段靈寶傳度程序，可以描述如下：第
一階段宗壇受「籙」，以〈中盟秘籙〉、〈三皇版策〉、〈思微定志券〉
等項目為主要受授內容；第二階段度師授「法」，此階段又可區分
以下四道程序：1.禮請「保舉師」、「監度師」；2.投詞「度師」；[72] 3.

68　酒井規史則以此宗壇為閣皁山靈寶宗壇。酒井規史，〈宋代道教におけ
　　る「道法」の研究〉，頁 123。

69　金允中，《靈寶大法》，卷 42，頁 2a。

70　金允中，《靈寶大法》，卷 42，頁 15b-16a。

71　如上引文。又金允中《靈寶大法》：「嗣法弟子先謂保舉、監度師已定，
　　然後齎香信，詣師前投詞。」（卷 42，頁 2a-b）

72　投詞文可見金允中，《靈寶大法》，卷 42，頁 2b-3a。

度師錄奏天關，申牒三界合屬真司；4.三師一同為嗣法弟子舉行靈
寶傳度科儀。

　　相較於此，以寗全真為代表、活躍於浙東地區的天台靈寶傳
統，[73] 其法籙傳度程序完全沒有提及宗壇受籙之事，也未採行籙、
法分離的兩階段傳度。（詳後）其中尤以金允中以為應由宗壇授與
的「思微定志之券」納入天台靈寶傳度項目最受矚目。[74]

　　類此浙東天台靈寶可能代表不受宗壇約束的地方傳度情形。但
這並不意味他們有意抗拒宗壇的權威。如後所見，早在宗壇傳度規
範建立之前，他們既已因應地方需求而有自己的做法，但王契真《靈
寶大法》的例子同時也說明了即便宗壇規範出現之後，這些地方傳
統仍然沒有意願接受整編。[75] 這類地方性靈寶傳度更具開放性，接
受包括諸侯公卿、士庶、商賈、道士等不同經濟等級或社會階層的
受法者，[76] 而不限於具備基礎法位（如洞神部〈正一盟威法籙〉）
的道士。如其所言：

　　　受法之人要在忠孝君師父母，慈悲幽冥苦爽，心奉三寶，清
　　　貞修己，含光默識，密行陰德，一心本末，終不忘信求師匠
　　　之微言，篤實任淳而遵守。在品祿，無妨於仕君養親；居山

73　謝世維，〈宋元時期的「東華派」檢討——系譜、聖傳與教法〉，頁 161-190。
74　《度人上經大法・思微板券》，卷 71，頁 23b-25a。王契真《靈寶大法・
　　思微版券式》，卷 29，頁 12a-14b。
75　酒井規史的道觀管理制度研究亦發現由自身道脈繼承管理權的道觀（甲
　　乙住持制），其道士未必都會到宗壇受錄。見酒井規史，〈宋代道教に
　　おける「道法」の研究〉，頁 123。
76　傳度靈寶大法的信物要求，即依社會階層與經濟能力而有所區別。見王
　　契真，《靈寶大法》，卷 28，頁 3b-4a；《度人上經大法》，卷 71，頁
　　22a-b。

林者，無嫌於修鍊形神；樂江湖者，無媿於逍遙逸散；務耕
耘者，不廢於農桑稼穡；大隱於行商坐賈者，不阻於經營謀
運；小隱於醫卜工巧者，不抑於精專藝業。[77]

如此做法便將靈寶大法的傳度與傳統道教法位系統脫鉤，而成為從
事任何行業的一般民眾均能兼修的諸種儀法之一。

如果根據金氏的方案，洞玄法位的傳度在宗壇與保舉、監度二
師的雙重保證之下，由度師查核嗣法資格的責任已經大幅降低。但
是對於未經宗壇授籙的天台靈寶而言，檢擇弟子的重責便落在度師
與歷代宗師肩上，因此審查弟子的受法資格成為傳度前的重要程
序。一如《度人上經大法》所言：「當審察賢愚，分別仙凡，然後
方受詞誓，具表以告三天。獲其告報，方擇吉日，依科盟授。」[78] 關
於這一方面，天台靈寶的做法至少包括以下三道程序：1.審核嗣法
弟子的德性與家世；2.以拜奏心章的方式，取得元始天尊口命；3.
傳度時要求歷代宗師保舉。

❶當審賢愚，分別仙姿，然後方可受詞立誓。❷依玄科年限，
備詞心章，取大帥（元始天尊）口命；❸次求宗師保舉，與
度師同壇之宗也，即申三天上相，付下三官府。獲其吉報，

77　王契真，《靈寶大法》，卷28，頁5a-6b。

78　《度人上經大法》，卷71，頁22a。又王契真《靈寶大法》：「師曰：
授受之科，當選擇其人。神真內固、威德儼然、言行有信、慈憫忠孝、
謹節正己、操心端直、志慕希夷，如此之人，方可修持上法，濟度死生。
若陰謀潛害、言行有虧、忠孝不立、心行邪佞、諂曲詐欺、內無德行、
外失威嚴，則福淺惡逆之人。或三途中世、屠劍、將兵、刑戮之家，豈
可洞達天地神祇者哉？」（卷28，頁2b-3a）

方擇吉日，一依科格，盟天而傳。[79]（引文編號為筆者所加）

首先必須由保舉師與監度師審核嗣法弟子資格，並且投狀度師，說明願意擔任保舉或監度之責；[80] 弟子則須自備〈三代出身立盟誓狀〉，詳列家世情形。[81] 接著則由度師拜奏心章，取得元始天尊的授權。拜奏心章為天台靈寶所行特殊上章技法，指道士在讀章之後，端立存想自己跪奏章中事旨於泥丸天尊，[82] 或是通過吞服心章的方式奏告心神，令其上達太上。[83] 這類拜奏心章的做法因為宣稱「上章入定時默朝，即能見景，乃承得帝意。正是自己天尊，何勞上望」，因而遭到金允中的批評。[84]

如此拜奏心章的做法，源自天心正法的「默朝上帝」。北宋末

79　王契真，《靈寶大法》，卷28，頁3a。

80　保舉師與監度師所投之狀文範本，見王契真，《上清靈寶大法》，卷28，頁8b-10a。

81　王契真，《靈寶大法》，卷28，頁10a-11b。

82　《度人上經大法・奏心章秘訣》：「自己丹田中一元始天尊漸漸升上至泥丸，面前而坐，自己跪於天尊之前，默奏章中之事，詳悉懇切，請祈再四。……奏畢，想天尊復降歸丹田。自己亦退就案前，將章入鐵架中，必以香倚定，關告將吏等衛侍章文上達。」（卷42，頁16b）

83　《度人上經大法・審心章式》，卷43，頁5b-6a；又卷43〈運神合景品〉：「其服心章，以章灰入口，一依符訣。待審得報應，允與不允，方可拜章」（頁7a）；「心中神，丹元君。……住心中，莫離身。外有急速，疾來告人。心章上達，太上聖情。允與不允，報我知聞」（頁7a）；「兆擇六甲吉日起首，存諸天帝儼然在泥丸之上，存自己身如蓮實，在於下丹田，如深淵幽谷之中，迤旨升上中丹田，過華蓋，歷重樓，穿金門，度玉戶，上至泥丸，朝奏乞事如意，復巡歷元始，歸下丹田也。如此日為之，凡有章奏審覆，可以聽候聖語，知所未然。」（頁11a-b）

84　《度人上經大法》，卷43，頁13a。另見丸山宏的討論，〈金允中の道教儀禮學と南宋後半期の道教界〉，《道教儀禮文書の歴史的研究》，頁459-492。

成書的《上清天心正法》（CT566）即以此法行「飛章拜表」：

> 凡飛章拜表，先服〈開心符〉，次服〈三清三境真符〉，使神
> 炁混合，可以黙朝上帝。故修真祕之道，言入衆妙門，洞觀
> 無礙，飛章拜表。天尊曰：「自己天尊，何勞仰望上聖。則
> 使神人附我，我附神人。精神上入三天，可以親朝玉帝，面
> 奉玄穹，自然昭格。」[85]

天台靈寶運用此拜奏心章的方式，不但可以取得元始天尊的同意，
也可以此告盟十天，甚至自行建壇傳度，不再需要依賴度師。一如
王契真所言：「凡拜心章，已承上玄之命，許行付度」，[86]「或心章
已達，玄命許度，立盟結誓，……建壇自度也。不必一一在於度師
攝行」。[87]

　　至於宗師保舉，天台靈寶先於預行申發時，便錄狀上奏玄師、
天師、經籍度三師、監齋法師等宗師，恭請於開壇傳度時前來保舉、
監度。[88] 王氏靈寶傳度雖也設置人間保舉、監度二師，但這樣的規
劃似非天台靈寶原有的。《度人上經大法》便未有此二師的設置，
甚至在其特有的補授仙職的誥文，是以飛天神王、三十二天帝君、
妙行真人擔任保舉師與監度師。[89]

85　《上清天心正法》，卷6，頁5a-b。
86　王契真，《靈寶大法》，卷28，頁5b-6a。
87　王契真，《靈寶大法》，卷28，頁6a。
88　王契真《靈寶大法》：「奏玄師……臣開壇傳度之時，恭請恩光，證明
　　監度，提攜後學，接引方來，共垂保舉之恩，曲賜陶成之造。」（卷28，
　　頁28b）
89　《度人上經大法》，卷71，頁28a。

以此，天台靈寶的傳度程序，大致包括以下四個階段：1.審察賢愚，受詞立誓；2.備詞心章，承命上玄；3.預行申發；4.宗師保舉，盟天傳度。[90] 其中第一、二階段在於確認嗣法弟子資格；第三階段則為傳度之前的預告階段；第四階段則為正式的靈寶傳度科儀。

四、預行申發

無論是金氏或王氏《靈寶大法》，正式靈寶傳度之前均須預行申發（發奏）。[91] 但這似乎不是天台靈寶原有的儀式項目，至少在《度人上經大法》便未見到此一部分。[92] 根據金允中的說法，靈寶傳度古法並無完整科本遺留，後來被視作典型的靈寶傳度科儀，其實是金氏根據靈寶經義自行編撰的結果。[93] 但這並不意味當時沒有靈寶傳度儀式。一如金氏所批評的，當時靈寶傳度儀式多有援引其他醮儀用語，或者採行不同儀式傳統（如天心正法）的儀節或文書：

> 至如傳受，近來多增十天盟告，雜儀頗衆，諸方互有不同，悉非本經舊典，難以輕用。及其傳度行科，或用天心法傳度之文，或以他醮之語參雜宣啓，却與傳靈寶大法事體大不相

90　同前引文。另見王契真，《靈寶大法》，卷28，頁3a。
91　金允中《靈寶大法》：「發奏已畢，則擇日開壇傳度，修設謝恩清醮。至期，按科奉行。」（卷42，頁8b）
92　如後所見，《度人上經大法》所行傳度科儀（傳度啟奏科）亦與兩種《靈寶大法》不同。
93　金允中《靈寶大法》：「古法中雖有其辭而科文未備，允中今從舊典，校正編撰，並從本法之義，免致於上帝前事屬此而口言彼也。」（卷43，頁20a-b）

　倅。[94]

因此，金氏極力抨擊與呼籲的「天心正法，久已混淆；靈寶神文，豈宜隨俗」，[95] 恐怕才是反映當時靈寶傳度的實際情形。

　　除了金氏的證詞之外，我們也確實找到兩種《靈寶大法》所確立的南宋靈寶傳度模式（預行申發、傳度醮儀）受到天心正法影響的痕跡。若就預行申發而言，那是度師在接受投詞之後、正式開壇傳度之前，先將傳度申請錄狀奏聞上帝、申牒三界，除了請求傳度許可之外，同時要求行文所屬單位，令其依法照應施行。（詳後）這樣的做法表明了：南宋靈寶傳度並未依循陸修靜在登壇告盟之前，通過宿露真文的方式求得傳法許可，而是改行天心正法的「奏名」方式。

　　以天心正法為代表的新興儀式傳統多以「代天行化，伐廟除邪」為自任。他們仿照宋代國家律法與官僚體制的形式，制訂「玉格」、「鬼律」，作為自身神職人員及其所管輔之神靈世界的規範。[96] 其中〈玉格〉便多論及傳度正法的規範，[97] 並且強調正式傳度之前，由度師「奏名」的必要性。諸如：傳度必須得到保舉審察，度師奏名並得報應之後，才能進行傳度；奏名之前，師徒關係還未成立，弟子不能詐稱法職，此時也還不得傳授印訣或借人傳寫、與人討論；「奏名」之後，弟子才能跪受劍、印、訣目、筆硯、朱墨諸種

94　金允中，《靈寶大法》，卷43，頁20a。
95　金允中，《靈寶大法》，卷43，頁20a。
96　李志鴻，〈《上清骨髓靈文鬼律》與天心正法的齋醮儀式〉，頁206-209。
97　鄧有功，《靈文鬼律》卷中〈玉格正條〉（1a-4b），亦即元妙宗，《總真秘要》卷六〈玉格正條〉（10b-14a）。

法器。[98] 即便是在其他天心正法文獻，也多提及「奏名」為傳度正法、補職受位之前必須舉行的儀式。[99] 雖然「奏名」用詞與概念可能具有更為古老的源頭，[100] 但如呂太古所言，宋代以後的參神、啟奏多是採行天心正法倡行的發奏儀，[101] 即便是在傳度靈寶法籙時亦是如此。

　　金允中編撰的〈傳度對齋品〉並未詳述正式傳度之前由度師所行的發奏儀，但在傳度醮前預發「請醮狀牒」的「發奏節次」[102] 卻可作為參考。亦即，道眾先於醮壇左側的「五師幕」前依序站立，高功與道眾上香致拜之後即長跪請牒；隨後，道眾即捧狀牒至「發牒所」，由高功焚符、變神之後召將，並為召請而來的官將舉行三獻法事，最後在宣讀關帖之後發遣官將遞送狀牒。[103]

98　《靈文鬼律》卷中：「諸奏名，人未奏，詐稱法職者，徒二年。已奏而報應未下，保舉審察不當，即議重奏。不俟報而妄稱師弟，各徒二年」（頁2b）；「諸應選人材，可保奏而不奏，不可妄而奏者，並徒一年。未經奏陳，輒傳印訣者，罪同上」（頁1b）」；「諸傳度正法，聽以甲子、庚申、三元、八節、五臘、本命日奏名，跪受劍、印、訣目、筆、硯、朱、墨。法具皆祭而用之。」（頁3b）

99　《靈文鬼律》：「諸善民能驅邪輔正、實有濟物之功者，收錄奏名，傳度正法，補職受位」（卷3，頁1a）；《天心正法》：「已奏名金闕者，許容傳度斯法，須令誓盟，然後而付焉」（卷2，頁11b）；《靈文鬼律》卷下〈弟子求保舉師狀〉：「某州縣鄉坊里住姓某，右某昨於某年月日，具詞躬詣上清法門某人門下，求授《天心正法》一部，志願助天行化，佐國救民，治病扶危，斷絕邪祟，已蒙許賜，赴日奏名，奉命依法訪尋有道名師，保舉傳授。」（頁14b-15a）

100　六朝時期的《上清經》（尤其是《青要紫書金根眾經》、《開天三圖七星移度經》）便多論及「奏名」，但多以存思投札的方式，奏名青宮，還未採行發奏科儀的形式。

101　呂太古，《道門通教必用集》，卷6，頁3a，又卷9，頁1a。

102　金允中，《靈寶大法·目錄》，頁21b。

103　金允中，《靈寶大法》，卷42，頁19b-20b。如果簡略描述其中流程，

相較於申奏儀式的闕如，金允中對於申奏項目、對象與格式則有詳細敘錄，[104] 其中至少包括五種不同對象與請願目的的文書：

1. 奏狀：旨在錄狀上奏三清、四御，[105] 請允傳度「上清靈寶大法」，補授嗣法弟子「靈寶中盟弟子‧南曹執法典者」之職。

2. 奏狀：內容同上，唯對象[106]不同。

3. 申狀（上界）：旨在錄狀並粘連「本法合用印篆」，申聞上界高真，[107] 請求：(1)原赦嗣法弟子與其祖先之罪；(2)容許傳度；(3)乞求頒告諸天及所屬單位，依法照應施行。

4. 申狀（中下界）：旨以「靈寶大法司」名義，錄狀申聞地府、水府、東嶽，[108] 要求允從申請，並行文所屬單位，依法照應施行。

5. 發牒：以「靈寶大法司」名義，錄狀發牒蒿里丈人、州縣城隍、九州社令，要求行文所屬分野之「典祀正神、祠廟郡邑、城隍社令」，依法照應施行。

據此可知，發奏旨在通過各類申奏文書，取得各級神靈的傳度允

大致如下：〔五師幕〕立班－上香－請牒－捧狀牒至發牒所－〔發牒所〕灑淨－焚符、變神、召將－三獻－宣關帖－遣發－灌酹、焚燎。

104 金允中，《靈寶大法》，卷42，頁3a-8b。

105 包括：元始天尊、靈寶天尊、道德天尊、玉皇上帝、天皇大帝、紫（微）北極大帝、后土皇地祇。

106 包括：南極長生大帝、東極太乙救苦天尊、十方靈寶天尊、九天帝、三十二天、木公、金母。

107 包括：中天北斗九皇、三官帝君、北極四聖、靈寶五師、日宮孝道真王、月宮孝道明王、九州都仙太史、太極左仙翁、三界大魔王、五帝魔王。

108 包括：地府北陰酆都大帝、水府東霞扶桑大帝、東嶽天齊仁聖帝。

許，同時週知嗣法弟子所將行用的法職、印式。只是申奏對象並不以此為限。[109]

王契真傳度靈寶大法的申奏項目大致與金氏相同，只是更為繁複。[110] 其中，申奏內容包括請允所奏、週知弟子法職、印式在內，總共涉及下列五個方面：1.說明即將擇日傳度，設醮謝恩；2.祈補弟子名銜，奏請壇額、靖名，刊造印篆、心印；[111] 3.請允所奏，並降勑命告下三界十方、諸天曹局、合屬去處，照應弟子所受法職、印式，咸使知聞；4.原赦弟子宿愆，削除罪簿，列名仙界；乞降生氣，流注弟子身中；5.設醮至期，恭俟恩光，鑒臨醮席，證明修奉。[112]

除此之外，部分申奏內容還包括請降各類官將，諸如申奏鍊度相關尊神時，乞降諸煉度府司（如南昌受鍊司、北魁玄範府）之仙官將吏；[113] 申奏靈寶六師或靈寶大法主帥時，請降靈寶大法司諸

---

[109]　金氏《靈寶大法》：「其餘欲加詳，更自隨事增益。或兼傳別法，事屬他司者，各自申牒可也。發放功曹關應干帖式，例見〈奏申文檄品〉，茲不再錄。」（卷42，頁8b）

[110]　王契真，《靈寶大法》，卷28頁13a至卷29頁7a。

[111]　其中印篆應即「通章印法」與「靈寶大法司印額」，心印即「本人心印」。王氏《大法》：「臣奏為某遵依法式，合行奏給通章印法，以備章奏行移，并借以靈寶大法司印額及本人心印，遂一具單，隨狀進呈，丐為頒行三界真司合干去處，照應施行。」（28:22b）

[112]　王契真，《靈寶大法》，卷28，頁13a-14b。

[113]　諸如：申奏南極朱陵大帝時，「乞勑降丹天世界朱陵火府南昌上宮受鍊司合干仙官將吏，一合下臨某人靖治之中，輔助教法，拯濟幽冥。」（卷28，頁15b）申奏北斗時，「丐勑降北魁玄範神虎大聖、玉女、使者、一行官將，分形應化，下臨某靖治之中，輔助教法，共積功勳。」（卷28，頁25a-b）以及申奏南斗時，「丐關告南昌火府鍊度真司，給降主鍊度生化合干仙官將吏，分神化炁，下赴某靖治之中，輔助教法，拯濟幽陰。」（卷28，頁26b）

司官屬，同時發牒靈寶官將，要求稟承上命；[114] 以及申奏泰玄都省時，詳列諸種傳度項目，令其頒付直日玄曹，並依所奏施行，其中特別羅列差降的各府司功曹將吏，要求下臨弟子壇靖，隨印駐劄，輔助教法。[115] 除了請降各類官將，同時發牒靖治官將，要求祂們「各典攸司，恪守厥職，會同壇所請降靈寶諸司官屬，一合駐劄，分神治事，輔助教法，共積陰功。」[116]

上述請降官將的做法，雖然可以推源至天師道的度籙儀式，[117] 但那畢竟不是靈寶原有的傳統，金允中依照靈寶經義所規劃的傳度發奏便無此安排。東晉末期，靈寶儀式形成之初即已援用天師道的「出官」、「發爐」儀節，結合而成啟事之前的「捻香咒」。[118] 在此咒中，仍然多由天師道之功曹使者——「身中三五功曹、左右官使者、左右捧香、驛龍騎吏、侍香金童、傳言玉女、五帝直符」擔負道士意旨傳遞的工作。[119] 但很快的，另一部南朝初期成書的靈寶經——《洞玄靈寶二十四生圖經》（CT1407）便已發展出靈寶經派自身的「仙官」系統。

---

114 諸如奏靈寶六師時，「專丐師恩，差降靈寶大法諸司官屬，分靈應化，一合下臨某靖治之中，蒞職列曹，分司治事，輔翊教法，濟度幽明，共積陰功，宣揚道化。」（卷28，頁28a-b）申靈寶大法主帥真君、法部真仙靈官將史時，要求「恭遵上帝勅命，應時分神化炁，一合下降某靖治之中，雲屯駐劄，分司治事，輔助教法，普濟幽明。」（卷28，頁34a）以及牒靈寶法部官將時，要求其「恭稟上天命令，潛分應化真身，於某日一合赴某靖治之中，列職分司，按營治事。」（卷29，頁1b）
115 王契真，《靈寶大法》，卷28，頁20b-23b。
116 王契真，《靈寶大法》，卷29，頁2b。
117 丸山宏，〈受籙の章について——章本の研究（三）〉，頁103-136；呂鵬志，〈天師道授籙科儀——敦煌寫本S203考論〉，頁79-166。
118 丸山宏，〈道教儀礼の出官啟事に関する諸問題〉，頁441-469。
119 《赤書玉訣妙經》，卷1，頁16ab。

　　《二十四生圖經》援用天師道、《上清經》既有的三部八景二十四身神的觀念，將其圖像化，並且通過存思「三部八真神圖」與吞服〈三元八景符〉（洞玄內觀玉符）的方法，致令三元八景神真現形，達到通達幽微、降致諸仙兵馬乘騎的效果。[120] 此部作品所建構的「仙官」系統後來成為新式靈寶齋儀重要儀節——「請仙官」所召請的對象。同樣是南朝初期成書的《洞玄靈寶長夜之府九幽玉匱明真科》（CT1411）已於具位關啟時上請這些仙官，令祂們監臨齋堂，並於行道事竟之後，啟還仙官。[121] 陸修靜所規劃的「靈寶大盟」便將這群三部八景神真列為授度的主要內容——「二籙」之一。而陸氏《靈寶授度儀》所行「出官」也是這一仙官系統；[122] 北周成書的《無上秘要》（CT1138），其中所錄諸種齋法已多請降這群仙官監臨齋堂，並於儀式結束之前啟還仙官。[123]

---

120 謝世維以此為「透過符文而將天書、真圖聖啟，進而降為經典的過程」。參見謝氏，〈經典、靈圖與授度：《洞玄靈寶二十四生圖經》研究〉，頁 105。

121 《九幽玉匱明真科》，頁 17a-b。

122 陸修靜，《靈寶授度儀》，頁 13b-19b。

123 諸如《無上秘要》卷五十三〈金籙齋品〉亦請仙官兵馬來下，監臨齋堂；卷五十四〈黃籙齋品〉引《洞玄黃籙簡文》亦設「請仙官」儀節；卷五十〈塗炭齋品〉「出官啟事」言及「依靈寶下元大謝修齋立直」，亦請諸仙兵馬，其末則有還仙官；卷三十八〈授洞神三皇儀品〉亦有上述「還仙官法」，且言出自《明真經》；《無上秘要》卷三十九〈授洞玄真文儀品〉亦有「還仙官」，卻言「右出《自然經訣》」；卷三十七〈授道德五千文儀品〉則具述還仙官法：「次師東面，還仙官法：太上靈寶无上三洞弟子某嶽先生某甲等，上啟虛无自然元始天尊……以去某月某日，謹與某甲等傳經行道，建立齋直，燒香懺願。今傳授事畢，所請天仙、地仙、飛仙、真人、神人、聖人、監齋直事、侍香金童、散花玉女、五帝直符、傳言奏事、飛龍騎吏等，監臨齋所，營衛勤勞，各隨功受賞，進品上秩，復諸天位。謹上啟聞。」

　　亦即，中古靈寶齋法之中，受召降臨齋所，負責營衛壇場、通達幽微工作的是三部八景神真，而祂們在齋儀結束之前便被送還天界。也就是說，構想這些仙官的最初來源雖然是二十四身神，但祂們並不如同身神一般駐劄在靈寶大盟道士的身中或壇靖之中。金允中便是依據這樣的傳統，以為「靈寶大法」所傳度的官將吏兵「皆屬上玄」，並不駐劄凡世，乃須「臨事請降」，因此他向天曹預行申發時，並不特別請降諸種官將。如其所言：

> 靈寶官屬、玉童玉女、天將仙兵，隸屬上玄，不同常職。準依經格，隨事請降，輔佐行持。法師毋得叱咤指呼。其神不係凡世駐劄，須當澄心定息，誦呪焚符，臨目存思，密行召用。行令已畢，各復元班。[124]

按照金氏的看法，靈寶大法所召請的仙官與天心正法用以驅邪、考召的東嶽將兵不同，不可於傳度之時交撥，因此無法認同天台靈寶在傳度時交撥法中將吏的做法。[125]

---

[124] 金允中，《靈寶大法》，卷42，頁17b-18a。
[125] 金允中《靈寶大法》：「法中將吏皆屬上玄，非天心正法用嶽下將兵，乃考召諸法可以交撥，此乃臨事請降者也」（卷43，頁19b）；又「天台法中破壞經句，以為將吏司局之名，盡出附會臆說，已詳論於〈三界宮曹品次〉，不可襲非蹈妄而用之。帖中署具本法合召將吏，以備典儀，非交撥之例，皆舊例也。」（卷43，頁19b-20a）

五、傳度醮儀

　　預行申發之後，便即擇日開壇傳度。根據金允中與王契真的描述，典型靈寶傳度科儀包括：（禁壇）宿啟、行道、設醮三個階段，通常與「預行申發」（發奏）結合成兩天的科事：

> 傳度開壇建醮，或有力之家，宿啟則預行申發，晚下敕水禁壇、宿啟行科如齋法。次日昧爽，登壇開啟，三時行道、朝真懺悔。謝恩有靈寶道場，三朝科文可用。晚下設醮傳度，尤為盡善。[126]

按照行科時日與儀節流程，金、王二氏所描述的典型靈寶傳度科儀大致可以分析如下：

　　第一日：**發奏**－［晚］**禁壇**－宿啟
　　第二日：早朝－午朝－晚朝－［晚］**設醮**（傳度）

　　其中，傳度科儀的核心部分在於盟誓、給付諸種法器文書與謝恩，而這些都被安排在第二日晚間舉行的醮儀之中，其餘的宿啟與朝科則因與傳度沒有必然關聯，不像傳統黃籙齋儀是以朝科作為核心儀節，因此常行的簡略傳度科儀，預行申發之後僅剩設醮傳度，

---

[126] 金允中，《靈寶大法》，卷42，頁19a。又王契真《靈寶大法》：「凡開壇傳度，隨力為之。若有力之家，當預行申發，至晚，敕水禁壇、宿啟行科，亦如齋法。次日昧爽登壇，三時朝奏，至晚下設醮傳度，尤為盡善。」（卷30，頁1a）

一如金氏所言：「往往世人傳度，多止於設醮而已。故今具叙傳度
醮式，即係受法傳度乃本法之事，非黃籙之儀」；[127] 或王氏所謂：
「往往世俗從省，止於設醮而已，故宿啟、朝科，罕得備載。靈寶
大齋道場，三朝科文亦從更改行用。今且敘其傳度醮式，乃受法謝
恩之禮，非黃籙齋儀，量其輕重，行之可也。」[128] 或許正由於這
樣的原因，金允中只有規劃傳度醮儀。

（一）金允中的傳度醮儀

　　傳度醮儀有其特定壇場形式。根據金允中的規劃，醮筵是為平
面壇場形式，中央排列上帝神位，如同齋壇中央的三寶位與御案，
兩側則設置列聖神位，或六十分，或一百二十分，醮壇前方左右分
設玄師、天師、經師、籍師、度師五師幕，以及許遜、葛玄二位幕。
最後這一部分則也因地制宜，而將兩者合併。[129]

　　傳度醮儀之前必須先行「禁壇」，才能設醮傳度。如果按照空
間差異描述醮儀程序，則可分為三個階段：

1. ［五師幕］道眾立班－上香（高功、嗣法弟子上香致拜）
　　－請師（五師、許、葛）－雲輿頌－啟白（啟師）
2. ［醮壇］入戶－上香（十方香、御案香、本位香）－開啟
　　－啟堂－禮師－衛靈－發爐－出官－啟白－ 初獻 －宣
　　詞、焚詞－ 亞獻 －（嗣法弟子）啟白－啟白、宣戒（十戒）

127　金允中，《靈寶大法》，卷 42，頁 19a。
128　王契真，《靈寶大法》，卷 30，頁 1a-b。
129　金允中，《靈寶大法》，卷 42，頁 19a-b。

—分環破券—飲丹—對聖補職（補職帖）—給付（環、券、帖）—弟子啟白—高功宣科—│終獻│—送神—納官—復爐—出堂

3. ［五師幕］謝師、焚燎、灌酹—交賀、退

　　根據上述儀節分析，除了進入與退出醮壇前後須至「五師幕」或「二位幕」啟師與謝師外，醮壇行儀以朝儀與三獻（以方框標誌者）為主架構，其間安插傳度相關儀節，包括：宣戒、分環破券、飲丹、對聖補職、給付（以底線標誌者）。其中的「分環破券」即是以龍頭書刀剖分「銀環」與黃絹材質的〈靈書真券〉，以為師弟子結誓「度師不敢隱真出偽，弟子不敢叛道背師」的憑證，[130] 其中環上鑿字的形式與只破券、不分環的做法（如此則須準備二環）亦受天心正法影響；[131]「飲丹」則為分環破券之後，「以丹代血」、「歃血重盟」，而所飲之丹還同時具有「中理五炁，混合百神」的煉養效果；「對聖補職」則是高功再度啟白之後，「對聖補受公帖」，由表白宣讀〈補職帖〉後，遷補受度弟子為「靈寶中盟弟子‧南曹執法典者」之職；最後的「給付」則是由章表將環、券與補職帖交付弟子收存的儀節。[132]

130　金允中，《靈寶大法》，卷42，頁11b；又卷43，頁12b-13a。
131　一如金允中所言：「環上本圓無字，今宗壇則鑿師押字於上，傳法亦然。古人舍淳抱朴，不事外飾，凡事尚質素而已。至路真官（路時中）編《天心正法》，則環上有字……此亦用環之義，然皆非古式。若靈寶乃洞玄之上品，不宜隨俗行事。」又「環以示信誓，路君臨壇分券而不剖環，其意蓋謂既分券合約矣，不剖環亦可也。環則弟子佩之，不渝盟而已。高識之士，更宜詳酌而行。」見《靈寶大法》，卷42，頁14a-b。
132　以上見金允中，《靈寶大法》，卷43，頁13b。〈補職帖式〉則見卷42，

如果根據〈補職帖式〉所列項目，[133] 金氏靈寶傳度除了環、券、帖之外，還包括法、印、劍、策杖、法服、神靈等六個項目，各自內容為：

1. 法：《上清靈寶大法》一部。

2. 印：靈寶大法司印、通章印、越章印、黃神印、神虎印等五種。[134]

3. 劍：八景輝靈之劍。

4. 策杖：五靈策杖。

5. 法服：洞玄弟子法服格式。

6. 隨印受召之神靈：

   (1) 三五功曹、左右官使者等：進拜章書、入室修存、謁帝朝真、飛神啟事、焚誦禱請、召役神靈時，隨印受事。

   (2) 神虎何喬二聖、三部追魂使者、七司玉女：追取幽魂，攝召魂爽時，齎持符札，照應施行。

   (3) 十方飛天神王、降真召靈符使、金龍茭龍驛吏：修齋設醮須宣令傳符時，稟符受事。宣傳事畢，徑復元班。

   (4) 靈寶官屬、玉童玉女、天將仙兵：輔佐行持。隨事請降（這些神靈並不駐劄於凡世），行令已畢，各復元班。

頁 15a-19a。

133　金允中，《靈寶大法》，卷 42，頁 16a-18a。

134　其中「神虎印」三顆，為「神虎總印」、「神虎雌雄二印」。見金允中，《靈寶大法》，卷 10，頁 4a-5a。

這些項目多為日後受度弟子行法所需指南、法器與神靈。須再次強調的是，此處所授與的靈寶天將仙兵並不駐劄凡世壇靖，而是由行儀道士隨事請降，行畢之後即請復班，而其他系統的功曹將吏亦隨印受事，並不駐劄壇靖。

（二）《度人上經大法》的傳度儀式

作為兩種《靈寶大法》編輯基礎的《度人上經大法》，[135] 並未依照上述傳度做法進行，其所反映的可能是天台靈寶更早的傳度方式。根據〈傳度啟奏科〉，[136]《度人上經大法》的傳度儀式仍以「分環破券，給誓受戒，付度靈文，交兵度將」為中心，完整儀式則可分析為下列七道程序：啟奏－宣投詞－度經－度法－分環破券－給付－祝咒。亦即儀式初始，先由度師向「靈寶眾真、洞玄諸帝」啟告傳度事宜（啟奏），並且宣讀弟子所投〈傳度詞式〉[137]（宣投詞）；弟子跪受《度人經》（度經）後，便由度師啟奏，說明「恭對聖前，受持大法」；弟子禮拜十方、謝師之後，度師即以「丹水」三噀弟子身並行祝唸（度法）；度法之後，即由度師持環、券，祝咒（分環破券），給付弟子環、券、帖（補將吏帖）、牒（交兵給法牒）、板（思微板券）、符（破獄符）、印（靈寶大法司印等）、狀等物，由弟子收執；度師在祝咒之後，弟子便再拜退出。

其中，〈交兵給法牒〉詳細羅列了《度人上經大法》所傳度的項目，包括：法、印、策杖、謁簡、憑證與神靈。

---

[135] Kristofer Schipper and Franciscus Verellen eds., *The Taoist Canon: A Historical Companion to the Daozang*, 1022.
[136] 《度人上經大法》，卷 72，頁 1b-4b。
[137] 《度人上經大法》，卷 72，頁 1a-b。

1. 法：上清靈寶經法、符圖玉篆、科範儀格。
2. 印：靈寶大法司印等十八種印。[138]
3. 策杖：破獄符杖（五帝破獄策杖）。
4. 謁簡：十方謁簡（飛真朝元謁簡）。
5. 憑證：戒牒（誓戒牒）、誥（天仙寶誥）、板符（思微板券）、交兵牒（交兵給法牒）、環（靈寶環式）、券（合同券）。
6. 神靈：上清靈寶法中天真上聖、神王真君、將帥吏兵、童子玉女、功曹符吏兵馬，總計百億萬眾。

相較於金氏《靈寶大法》，《度人上經大法》除了增加多種印式，主要增衍的部分在於給付的多種文憑。其中，用以盟誓的環、券以及破獄用的符杖，亦為金氏靈寶傳度項目。除此之外，下列諸項則未見於金氏靈寶傳度：〈思微板券〉、〈靈寶修真誓戒〉、〈靈寶天仙寶誥〉、〈交兵給法牒〉與〈飛真朝元謁簡〉。其中，以梓木為材質的〈思微板券〉乃由券文與券符兩部分組成，傳度之日付授弟子收執、隨身配帶，用以證明經過合格傳度（金寶質心，盟告十天；魔王保舉，眾真監度），故得「名度南宮，萬神侍衛，身度三界，位登仙翁」。[139] 如前所言，金氏認為這一項目應由宗壇授與，故不應作為靈寶傳度項目。至於〈靈寶修真誓戒〉則是「靈寶傳度法壇」給付嗣法弟子的〈誓戒牒〉，其中包括靈寶十願、靈寶五戒、靈寶十誓、靈寶十善諸戒。[140] 相較於金氏只在傳度醮儀安排宣戒，天台靈寶則將誓戒成文化，並付弟子留存。〈靈寶天仙寶誥〉則是補

---

138 有可能是十九種，即「神虎雌雄印」應分為神虎雌印與神虎雄印。
139 《度人上經大法》，卷71，頁23b-25a。
140 《度人上經大法》，卷71，頁25a-27a。

授嗣法弟子「法職」、「仙爵」的憑證，那是在具奏上天並且獲得「吉祥之報」後，在諸天聖眾保舉、監度與傳度之下所授與的法職。一般而言，天台靈寶授與的典型法職為「太上洞玄［三景］弟子某獄先生某帝真人奉行靈寶大法‧南昌上宮受鍊司真官‧主管黃籙院事」。[141] 至於〈交兵給法牒〉，則是「靈寶傳（度）法壇」給付嗣法弟子的「專牒」，其中羅列了所有給付項目。[142] 而〈飛真朝元謁簡〉則為嗣法弟子日後「飛真朝元」時，用以「拜謁」天真之梓木簡札。[143]

　　總的來說，天台靈寶傳度文憑具有下列三項特徵。第一，自授〈思微板券〉。相較於金允中將〈思微板券〉歸為宗壇傳度項目，天台靈寶由於未與宗壇合作，因此直接以此券作為證明傳度的重要文件。第二，補授仙爵。相較於金氏以為傳度科儀無法「面覲上帝，顯奉天旨，止於備錄奏告，依儀傳度」，因此只能對聖補職，天台靈寶則以其能行「飛真朝元」（故須傳度謁簡），故能補授仙爵，使其靈寶道士在世之時即能位為仙官。第三，交兵給法。相較於金氏以靈寶仙官未曾駐劄凡世，天台靈寶則多差撥兵馬。因此必須在傳度之後舉行「祭將儀」，[144] 由弟子三獻祭祀「新差來輔法將帥吏兵」，並宣〈補將吏帖〉，令其補入該壇司駐劄。

（三）王契真的傳度醮儀

　　《度人上經大法》傳度之後雖然也要舉建謝恩醮，但此醮與

141　《度人上經大法》，卷71，頁 27a-29a。
142　《度人上經大法》，卷71，頁 29a-30a。
143　《度人上經大法》，卷71，頁 30b。
144　《度人上經大法》，卷71，頁 32a-b。

金、王二氏的傳度醮性質不同，僅止設醮謝恩。[145] 至於天台靈寶的後繼者——王契真《靈寶大法》所記述的靈寶傳度科儀以及當時止於設醮傳度的情形都接近金允中的說法。[146] 也就是說，王氏靈寶傳度採行的是金氏設醮傳度的模式。

雖然如此，但王氏靈寶傳度仍然保留許多天台靈寶傳度的特徵。單從儀節分析，便可知曉王氏「靈寶大法傳度醮科」乃是結合《度人上經大法》與金氏《靈寶大法》的結果。

> 禮師－衛靈－出官－啟白－ 初獻 －重啟事（宣詞表、焚燎）－ 亞獻 －啟白－宣讀投詞－嗣法弟子啟白－宣戒－傳經文－傳法訣、度法印、度法劍－剖券分環－噀水飲丹盟誓－給付環券－宣版券（思微版券）－度仙誥－受交兵帖－弟子謝恩－重啟事－ 終獻 －宣〈龍車表疏〉－重啟事－送聖－謝官將 [147]

亦即，王氏靈寶傳度醮儀同樣是以朝儀與三獻（以方框標誌者）為架構，其間安插傳度相關儀節（以底線標誌者），包括金氏所有的宣戒、分環破券、飲丹、給付，以及《度人上經大法・傳度啟奏科》的度經、度法、交兵與祭將儀。[148]

145　今本不存謝恩醮儀，唯見〈傳度謝恩表式〉，72:4b-5a。

146　王契真，《靈寶大法》，卷30，頁 1a-b。

147　王契真，《靈寶大法》，卷30，頁 1b-21a。

148　傳經文＝度經（《度人上經大法》，72:3a）；度法訣＝度法（《度人上經大法》，72:3a-4a）；宣版券＝未有相應儀節，但有〈思微板券〉（《度人上經大法》，71:23b-25a），內容相同；度仙誥＝未有相應儀節，但有〈天仙寶誥〉（《度人上經大法》，71:27a-29a）；受〈交兵帖〉＝未有相應儀節，但有〈交兵給法牒〉（《度人上經大法》，71:29a-30a）；

　　至於王氏靈寶傳度所給付的憑證，除了分環破券所用〈合同券〉、[149] 銀環，[150] 以及證明遷補法職的〈補職帖〉，[151] 更多部分是承襲《度人上經大法》所用的〈思微版券〉、〈誓戒牒〉、〈仙誥〉、〈交兵給法仙帖〉與「謁簡」。[152] 其中，〈交兵給法仙帖〉（又稱〈交將帖〉）同樣是由保舉師、監度師、度師三人以「靈寶大法傳度玄壇」的名義，說明已謄詞發奏三天、盟告三界十方，以今開壇傳度，「付授靈文，裂券分環，受戒領職，結盟立誓，分撥將兵」，因此詳列即將給付的經冊、法器、傳度憑證以及請降之功曹將吏，將其交付嗣法弟子，並且給帖為證。其中請降的功曹將吏，除了「靈寶大法司」以及章奏相關功曹外，便是與煉度相關官將，包括北魁玄範府、南昌鍊度司、黃籙院與天醫院等。[153] 此外，新增的〈告盟十天券〉、〈告盟三天券〉，則是用以告盟三天或十天，[154] 有別於與

謝官將＝祭將儀（《度人上經大法》，71:32ab）

149　〈合同券〉即〈靈寶合同職券〉，乃以朱符墨文於黃絹之上，傳度時恭對聖前，破券盟約（師不敢隱真出偽，弟子不敢怨道咎師）而傳，度師、弟子各收一半，與「銀環」同盛於黃袋之中。見王契真，《靈寶大法》，卷29，頁14b-16a。此券內容與《度人上經大法》卷七十一所收〈破券式〉相同。

150　一對銀環以青絲結繫，臨壇割斷，度師、弟子各收一環，與「合同券」同盛於黃絹袋中。見王契真，《靈寶大法》，卷29，頁11b-12a。

151　「補職帖」為保舉師、監度師、度師三人以「靈寶大法傳度玄壇」名義，說明在此師尊監度、眾聖光臨，帥將吏兵就列的傳度場合，應補嗣法弟子「某籙弟子南宮執法仙士」之職，並給帖為證。見王契真，《靈寶大法》，卷29，頁9a-b。

152　王契真，《靈寶大法》，卷29，頁12a-14b、9b-11b、20a-21b、7a-9a。

153　王契真，《靈寶大法》，卷29，頁8a-b。

154　〈告盟十天券〉又稱〈靈寶告盟十天寶券〉，此十券旨與三祖（父、祖、曾祖）共同告盟十天：「妄示非人，背道咎師，甘伺天憲」，亦於傳度時由師、弟子分券收執。〈三天券〉又稱〈靈寶告盟三天合同券〉，此券與〈告盟十天寶券〉形式相同，唯中間符式不同，亦於傳度時由師、

度師盟誓的〈合同卷〉。[155]

（四）天台靈寶傳度與天心傳度

比較天台靈寶與金允中的靈寶傳度，其間差異除了未由宗壇傳度〈思微版券〉外，最重要的是通過〈仙誥〉與〈交兵給法帖〉的給付，授與嗣法弟子仙職，並差撥兵將，令其駐劄弟子家中壇靖，因此必須祭謝官將。這個部分主要受到天心正法傳度的影響。金允中既言：「三洞之品，自漢天師宏正一之宗，而天心正法出焉。……又於傳度之時，給仙誥，以補職幽冥。世法為之，元妙宗遂因其式而編叙。」[156] 其中元妙宗即是《總真秘要》的編者，北宋末期重要的天心正法繼承者之一。而《靈文鬼律》卷下所收錄的三十六條儀式相關規範條文，[157] 其中與傳度儀式有關的說明便包括：傳度對象與資格（第 25，26 條）、傳度醮儀（第 4，29 條）、四個等級的北極驅邪院行法官（第 30 條）以及犒祭將吏等規範（第 5 條）。

根據這些說明，可知天心傳度亦以醮儀形式辦理，大致區分「結盟－給付－啟聖」三個階段：

> 諸應傳度，弟子肘步投師。❶師昇壇說戒，露刺飲丹，分鐶破券，[158] 以誓盟言。❷次與訣目符文，宣示真誥（官誥），

弟子分券收執。見王契真，《靈寶大法》，卷 29，頁 16b-19b、16a-b。新增的這兩種合同券，多受金允中的批評，見金氏，《靈寶大法》，卷 43，頁 18a-19b。

[155] 詳前引文。王契真，《靈寶大法》，卷 28，頁 5b-6a。

[156] 金允中，《靈寶大法》，卷 43〈傳度對齋品〉，頁 16b-17a。

[157] 此即收錄《助國救民總真秘要》卷六的三十五條儀式條文，只是《靈文鬼律》多出第二十七條，而缺佚了《總真秘要》的第三十三條。

[158] 今本《靈文鬼律》未收師弟子盟誓時所用「破券」券式，唯《總真秘要》

跪授官職、印劍之類。❸師啓白上聖，落三尸於四體，釋萬
罪於九玄；關報所屬行持，上合天心。[159]（引文編號為筆者
所加）

天心傳度醮筵即依章醮儀式安排聖位，奏獻錢馬。度師啟告天地，
接受保舉師投狀之後，[160] 即付囑符訣與官誥、真籙等諸種文憑，
並且通知東嶽，移除新任法官名籍，轉而記名天曹，並令其祖獲致
超昇。

諸應傳度正法，以法中用日設醮一座，名曰「傳度醮」，奏
獻錢馬一百二十分，以章醮儀中聖位列獻，如數內減半奏
者，從之。❶告報天地，受舉官保明狀詰，❷依法付囑符訣、
官告、真籙之類，❸關報東嶽，割移名籍，附天曹，原赦九
族，出離幽冥，超昇生界。登壇節次、行事，並依本法。[161]
（引文編號為筆者所加）

天心傳度所給付的文憑主要為下列兩項，用以證明受法者的行持資
格及其補受的天界法職。第一，〈新授正法人給板符鐵券式〉，[162] 此

保留一份明代版本的〈真文契文式〉（9:17a-18a）。
[159] 《靈文鬼律》，卷3，頁1b。
[160] 今本《靈文鬼律》僅存〈弟子求保舉師狀〉（3:14b-15a），未見保舉師
狀。
[161] 《靈文鬼律》，卷3，頁5b-6a。
[162] 《靈文鬼律》，卷3，頁15b-17a。此券亦見於《總真秘要》卷九〈天心
正法符券〉（頁1a-4a），唯其券文內容與符券材質，鄧有功與元妙宗
持有不同意見。鄧氏《靈文鬼律》：「夫板符鐵券者⋯⋯以黃花繪帛為
之。今行法之人，多使柏木為符、鐵板為券，此皆不然。以俗世所見，
非合仙旨。板符則是板籍、符契之義；鐵券則誓堅確盟，要之不移也。

券在於證明新授正法弟子已得玉帝敕命，具有依教行持的資格，同時要求諸種天神將吏，依准此一上帝符券，護助行法，誅邪除妖。券中亦列有行法者所須遵守之戒律，[163] 並強調戒行對於行法效果的影響。第二，〈新授正法人補驅邪院官告式〉，[164] 此誥在於證明新授正法弟子得補最低等級的北極驅邪院法職「北極驅邪院右判官同勾院事」。[165]

雖然以上天心傳度醮儀的概述並未見到差撥兵將的相關儀節，但那確是天心傳度的重要部分。諸如《靈文鬼律‧正法榜式》所言：「當院見管押將吏兵等，係奉玉帝敕命，差撥赴本院，護法行化，助國濟民，救度群品，咸歸正道」；「泰山差到兵將，仰分作兩番，每一日一替，參隨當院行法官出入。遇有急速幹事，不在此限。仍只得於本院安泊，無輒慢易。」[166] 根據〈正法榜式〉的說明，北極驅邪院法官所能役使的神將吏兵分為兩個範疇：天兵將吏與東嶽差到兵將，前者常駐天界，呼召則至，後者安泊法壇，分作

乃大仙饒公所傳之意，錄之于後」（卷3，頁15b）；元氏《總真秘要》：「夫版符者，以版為之，上書符呪。鐵券者，以鐵葉為之上，以雌黃為地，朱書券文。又或有以黃花繒帛為之，上書符券，言不必用鐵，止以鐵為堅確之意。案乎古法，各有意義，大體表其誠信，永堅固而已。今且以所授舊法，列如後式。」（卷9，頁1a）

163　券文之中舉列了戒律條文，故此券亦稱「戒券」（《靈文鬼律》，卷3，頁17a）。

164　《靈文鬼律》，卷3，頁17a-18a。此告亦見於《總真秘要》卷9〈新授法人補驅邪院官誥式〉（頁5a-6b）。

165　北極驅邪院法職共分四個等級，見《靈文鬼律》（卷3，頁6a-7b）、《總真秘要》（卷6，頁18a-19a）。又李志鴻，〈《上清骨髓靈文鬼律》與天心正法的齋醮儀式〉，頁211-213。

166　《靈文鬼律‧正法榜式》，卷3，頁11b-13a。亦見《總真秘要》卷6，頁23a。

兩班，輪流參隨法官出入。東嶽差到的神將吏兵，則在酒食、錢馬
犒賞之後便「常守本職，准備驅用」。[167]《靈文鬼律》卷下不僅收
錄犒祭三界直符、四直功曹、神將吏兵的儀式，同時保留了儀式中
所使用的〈誓功曹文〉、〈誓神將文〉。[168]

由此看來，天台靈寶傳度確與天心傳度頗為相仿。酒井規史甚
至進一步分析「靈寶大法」與「天心正法」等新興「道法」之間共
同具備的特徵，而以前者亦為宋代諸種新興「道法」之一，只是它
是用以配合黃籙齋使用的道法而已。[169] 既為宋代新興「道法」，因
此酒井認為靈寶大法亦有獨立位階制度以及「靈寶大法司」的職
名，而與傳統道教受法教程與位階制度有所不同，因此認為靈寶大
法乃是在不同於傳統道教位階架構中傳授。[170] 只是，酒井自己也
曾發現部分禮儀文本提及傳授「靈寶大法」須以受傳經籙為前提的
描述，但認為這純粹是因為金允中或《天壇玉格》等作品是從「道
士」立場所做的批判，並非傳度「靈寶大法」的普遍規範，因此，
可能存在無關經籙有無的「道法」傳授。[171] 酒井的觀察頗具見地，

167　《靈文鬼律・正法榜式》，卷 3，頁 1b。
168　《靈文鬼律・正法榜式》，卷 3，頁 9b-11a。
169　酒井規史以為「靈寶大法」與「天心正法」等新興「道法」之間共同具
　　備的特徵包括：(1)關於起源的傳承：靈寶大法以元始天尊為祖師；(2)
　　設定天界機關：靈寶大法設定「靈寶大法司」，作為所有施行大法者所
　　屬機關；(3)獨立的神將體系：靈寶大法創造「萬事如意大將軍」之類的
　　神將；(4)獨立的傳授系統：靈寶大法之禮儀書亦載獨立的傳授儀式；(5)
　　各種不同的文本：諸如上述四種靈寶大法禮儀書，雖有許多共通處，也
　　有許多不同的細節。見氏著，〈宋代道教における「道法」の研究〉，
　　頁 105-106。
170　酒井規史，〈宋代道教における「道法」の研究〉，頁 107。
171　酒井規史，〈宋代道教における「道法」の研究〉，頁 107-110。

只是將「靈寶大法」視作宋代新興道法之一可能過於簡化問題。不同於其他宋代新興驅邪「道法」，「靈寶大法」專為古典道教齋儀服務，旨在發展亡者救濟儀式，而與中古靈寶經之間有著更為密切的關聯。正因如此，才有可能形成王、金二氏為代表的「新／舊」、「南／北」傳統的差異。

結論

無可置疑的，宋代新興儀式傳統對於中古以前的古典道教儀式產生一定的影響。若就靈寶傳度科儀而言，由於北宋神霄運動突顯《度人經》的地位，根據此一經典所衍生出諸種法訣，成為支持靈寶齋儀得以踐行的關鍵要素。這些法訣被統稱為「靈寶大法」，成為當時道教三階法位中的一環，而與「靈寶中盟秘籙」組成洞玄法籙，成為擁有洞神法籙者（正一盟威籙／天心正法）持續晉升的目標。

然而，如同陸修靜所面臨的困境，南宋洞玄法師也同樣面臨沒有可以依循的合適傳度儀式，因此產生許多權宜之計，參考當時其他傳統的流行做法便成選項之一。無論是《度人上經大法》或是金允中所提出的方案，都不難發現其中受到天心正法影響的結果。這些影響至少表現在下列幾個方面：首先，新出的「靈寶大法」重新構造了南宋時期靈寶傳度的諸種項目，其中只有少數傳承自中古靈寶傳統，更多項目來自天心正法，諸如仙誥、差撥兵將以及駐劄壇靖之後的祭將等等，這些來自天心傳度的項目主要見於浙東地區所流行的天台靈寶傳統。而部分傳度項目的形式與傳度方式也受到天

心正法的影響，其中分環破券時所用的銀環必須鏨上師押之字，以及不分環而由弟子直接佩帶的做法都是比較明顯的例子。其次，天台靈寶通過拜奏心章的方式取得元始天尊的傳度同意，甚至因此而能自行建壇傳度。如此做法大大削弱人間師資與宗壇的權威，而那同樣是源自天心正法通過存思方式所行的「默朝上帝」。最後，金氏規劃為期兩天的靈寶傳度，其實是結合天心正法的傳度儀式（奏名－傳度醮）與靈寶齋醮科儀（宿啟－行道－設醮）的結果。身為天台靈寶的繼承者，王契真雖然接受了金氏的傳度規劃，卻也沒有因此放棄天台靈寶原有的傳度特質，包括：自授〈思微板券〉、補授仙爵與交兵給法、祭謝官將等。

受到天心正法影響後的靈寶道士，尤其是天台靈寶道士，其宗教身份可能因此發生變異。變異的情形主要表現在下列兩個方面：第一，天台靈寶吸收天心傳度給付仙誥以補仙職的做法，即令原本僅具道職、追求日後成仙的道士，傳度之時即具仙官身份，成為天界官屬中的一員。第二，原本靈寶道士僅具臨事請送仙官的職權，故其壇靖並不駐劄靈寶官屬，其餘功曹將吏也只是隨印受事。然而受到天心正法影響的天台靈寶道士卻於傳度之時請降靈寶官屬以及多種煉度相關院司官將，令其駐劄壇靖，並且接受週期性的酒食錢馬犒祭。如此情形非但改變了靈寶道壇的宗教生態與景觀，同時也對其身份性質（道士／法官）以及日常宗教活動（神不飲食／定期祭將）造成影響。

最後，作為道教傳授權威的龍虎山正一宗壇或其他宗壇與地方道教傳統之間肯定存在不少的衝突與緊張關係。金允中所規劃的兩階段傳授靈寶法籙的做法（先至宗師進受「中盟秘籙」，再投度師

傳度「靈寶大法」），一方面維護了宗壇所擁有的授籙權利，卻也能夠包容地方度師的傳法工作。只是這樣的規劃並未普遍得到地方道壇的認同。即便是能夠認同金氏傳度醮儀的王契真，仍然不願意與宗壇合作，寧願維持通過心章取得來自天尊的更高權威的認可，以及在歷代宗師保舉之下完成他們的傳度。[172] 由此看來，金氏在其著作之中對此極力的抨擊與呼籲，恐怕所反映的正是自許為正統權威的宗壇與地方道教傳統之間的緊張與衝突，而造成如此衝突的最大原因恐怕在於後者在地方宗教傳統的影響之下，援引了多種新興技法與要素，而對於古典道教傳統形成不小的衝擊。（本文刊於《臺灣宗教研究》，第 13 卷 2 期，2014 年 12 月。）

---

[172] 元代成立的天台靈寶譜系——〈靈寶源流〉最後結束於第三十九代天師張嗣成（fl. 1317-1344），這似說明正一宗壇對此傳統的接納與承繼。參見謝世維，〈宋元時期的「東華派」檢討——系譜、聖傳與教法〉，頁 167-168。或據《道法會元》卷 244〈水南林先生事實〉，可知元代天台靈寶代表人物之一的林偉夫與龍虎山三十八代、三十九代天師往來密切，這或許也可說明當時天台靈寶已向龍虎山靠攏的情形。此據審稿意見修訂，特此誌謝！

引用書目

傳統文獻

《太上靈寶威儀洞玄眞一自然經訣》，收入張繼禹主編，《中華道藏》，第
　4 冊，北京：華夏出版社，2004。

《太上洞玄靈寶赤書玉訣妙經》，收入《正統道藏》，第 10 冊，臺北：新
　文豐出版，1988。

《洞玄靈寶二十四生圖經》，收入《正統道藏》，第 57 冊，臺北：新文豐
　出版，1988。

《洞玄靈寶三洞奉道科誡營始》，收入《正統道藏》，第 41 冊，臺北：新
　文豐出版，1988。

《洞玄靈寶長夜之府九幽玉匱明眞科》，收入《正統道藏》，第 57 冊，臺
　北：新文豐出版，1988。

《無上秘要》，收入《正統道藏》，第 42 冊，臺北：新文豐出版，1988。

《道法會元》，收入《正統道藏》，第 48-51 冊，臺北：新文豐出版，1988。

《靈寶無量度人上經大法》，收入《正統道藏》，第 5-6 冊，臺北：新文豐
　出版，1988。

王契眞，《上清靈寶大法》，收入《正統道藏》，第 51-52 冊，臺北：新文
　豐出版，1988。

元妙宗，《太上助國救民總眞秘要》，收入《正統道藏》，第 54 冊，臺北：
　新文豐出版，1988。

杜光庭，《太上黃籙齋儀》，收入《正統道藏》，第 15 冊，臺北：新文豐
　出版，1988。

呂太古，《道門通教必用集》，收入《正統道藏》，第 54 冊，臺北：新文
　豐出版，1988。

金允中，《上清靈寶大法》，收入《正統道藏》，第 52-53 冊，臺北：新文

豐出版，1988。

陸修靜，《太上洞玄靈寶眾簡文》，收入《正統道藏》，第 11 冊，臺北：
　　新文豐出版，1988。

———，《太上洞玄靈寶授度儀》，收入《正統道藏》，第 16 冊，臺北：
　　新文豐出版，1988。

張萬福，《傳授三洞經戒法籙略說》，收入《正統道藏》，第 54 冊，臺北：
　　新文豐出版，1988。

路時中，《玄元三天玉堂大法》，收入《正統道藏》，第 6 冊，臺北：新文
　　豐出版，1988。

鄧有功，《上清骨髓靈文鬼律》，收入《正統道藏》，第 11 冊，臺北：新
　　文豐出版，1988。

———，《上清天心正法》，收入《正統道藏》，第 17 冊，臺北：新文豐
　　出版，1988。

蔣叔輿，《無上黃籙大齋立成儀》，收入《正統道藏》，第 15-16 冊，臺北：
　　新文豐出版，1988。

近人論著

中文著作

丁煌，〈《正一大黃預修延壽經籙》初研（一）〉，《道教學探索》，8，1994，
　　頁 373-430。

——，〈《正一大黃預修延壽經籙》初研（二）〉，《道教學探索》，9，1995，
　　頁 199-80。

——，〈《正一大黃預修延壽經籙》初研（三）〉，《道教學探索》，10，1997，
　　頁 342-362。

小林正美，〈三洞四輔與「道教」的成立〉，陳鼓應主編，《道教文化研究》，

16，1999，頁 10-21。

小林正美，王皓月譯，《中國的道教》，濟南：齊魯書社，2010。

————，王皓月、李之美譯，《唐代的道教與天師道》，濟南：齊魯書社，2013。

山田明廣，〈臺灣道教合符童子科儀之形成的初步探討〉，《成大歷史學報》，39，文史哲出版社印行，2010，頁 177-202。

丸山宏，〈道教傳度奏職儀式比較研究——以台灣南部的奏職文檢為中心〉，收錄於譚偉倫主編，《宗教與中國社會研究叢書（十四）：中國地方宗教儀式論集》，香港中文大學崇基學院宗教與中國社會研究中心，2011，頁 637-658。

————，〈陸修靜「太上洞玄靈寶授度儀」初探〉，《第一屆道教仙道文化國際研討會論文集》，高雄：高雄道德院、國立中山大學，2006，頁 623-640。

王卡，〈敦煌本《陶公傳授儀》校讀記〉，《道教經史論叢》，成都：巴蜀書社，2007，頁 331-339。

王承文，〈古靈寶經與道教「三洞」學說的起源與發展〉，收入《敦煌古靈寶經與晉唐道教》，北京：中華書局，2002，頁 159-266。

————，〈敦煌古靈寶經與陸修靜「三洞」學說的來源〉，黎志添主編，《道教研究與中國宗教文化》，香港：中華書局，2003，頁 72-102。

————，〈南朝道教從「三洞經書」向「七部經書」轉變原因考察〉，鄭開編，《水窮雲起集：道教文獻研究的舊學新知》，北京：社會科學文獻出版社，2009，頁 25-50。

司馬虛（Michel Strickmann）著，劉屹譯，〈最長的道經〉，《法國漢學·第 7 輯（宗教史專號）》，北京：中華書局，2002，頁 188-211。

呂錘寬，《臺灣的道教儀式與音樂》，臺北：學藝出版社，1994。

呂鵬志，〈天師道授籙科儀——敦煌寫本 S203 考論〉，《中央研究院歷史

語言研究所集刊》，77:1，臺北：2006，頁 79-166。

───，《唐前道教儀式史綱》，北京：中華書局，2008。

───，〈天師道登壇告盟儀──《正一法文法籙部儀》考論〉，《宗教學研究》，2，2011，頁 8-24。

───，〈法位與中古道教儀式的分類〉，《宗教學研究》，2，2012，頁 1-10。

───，〈贛西北流傳的五雷籙〉，發表於「經典、儀式與民間信仰國際學術研討會」，上海師範大學哲學學院敦煌學研究所主辦，2014 年 10 月 24-27 日，頁 387-432。

李志鴻，〈《上清骨髓靈文鬼律》與天心正法的齋醮儀式〉，《道教研究學報：宗教、歷史與社會》，1，2009，頁 201-237。

───，《道教天心正法研究》，北京：社會科學文獻出版社，2011。

李豐楙，《東港東隆宮醮誌──丁丑年九朝慶成謝恩水火祈安清醮》，臺北：學生書局，1998，頁 106-112。

───，〈祭煞與安鎮：道教謝土安龍的複合儀式〉，in *Foundations of Daoist Ritual: A Berlin Symposium*, ed. Florian C. Reiter. Wiesbaden: Harrassowitz Verlag, 2009, 47-70.

─── (Lee, Fong-mao)，〈授籙與爬刀梯：六十三代張恩溥天師在台灣（1950-1969）的整編問題〉，in *Affiliation and Transmission in Daoism: A Berlin Symposium*, ed. Florian C. Reiter. Wiesbaden: Harrassowitz Verlag, 2012, 225-247.

李麗涼，《弌代天師：張恩溥與臺灣道教》，臺北：國史館，2012。

松本浩一著，高致華譯，〈張天師與南宋的道教〉，《探尋民間諸神與信仰文化》，合肥：黃山書社，2006，頁 69-86。

林振源(Lin, Cheng-Yuan)，〈敕水禁壇：台灣北部道教醮儀中的驅邪法〉，in *Exorcism in Daoism: A Berlin Symposium*, ed. Florian C. Reiter. Wiesbaden: Harrassowitz Verlag, 2011, 171-194.

姜守誠，〈南臺灣靈寶道派登梯奏職閱籙科儀之研究──兼論臺南與高屏二

地之差異〉，《成大宗教與文化學報》，16，2011，頁 225-300。

高萬桑，〈近代中國的天師授籙系統：對《天壇玉格》的初步研究〉，黎
　　志添主編，《十九世紀以來中國地方道教變遷》，香港：三聯書店，
　　2013，頁 437-456。

劉仲宇，〈從盟威到授籙──早期道教入道方式探索〉，《正一道教研究·
　　第 1 輯》，北京：宗教文化出版社，2012，頁 2-16。

──────，〈光緒抄本《正乙天壇玉格》初探〉，《正一道教研究·第 2 輯》，
　　北京：宗教文化出版社，2013，頁 88-115。

──────，《道教授籙制度研究》，北京：中國社會科學出版社，2014。

──────，〈從天文到聖物：六朝道教儀式中策杖之考察〉，《漢學研究》，
　　27:4，2009，頁 85-116。

──────，〈經典、靈圖與授度：《洞玄靈寶二十四生圖經》研究〉，《文
　　與哲》，20，2012，頁 95-126。

──────，〈宋元時期的「東華派」檢討──系譜、聖傳與教法〉，《東吳
　　中文學報》，23，2012，頁 161-190。

謝聰輝（Tsung-hui Hsieh），〈受籙與驅邪：以臺灣「鳳山道」奏職文檢為
　　中心〉，in *Exorcism in Taoism*, ed. Florian C. Reiter. Berlin: Seminar of
　　Sinology, Humboldt-University Berlin, 2011, 213-230.

──────，〈正一經籙初探──以臺灣與福建南安所見為主〉，《道教研究
　　學報：宗教、歷史與社會》，5，2013，頁 143-189。

日文著作

K=M=シッペール著，福井重雅譯，〈「都功」の職能に関する二、三の考
　　察〉，酒井忠夫編，《道教の總合的研究》，東京：國書刊行會，1977，
　　頁 252-290。

クリストファ・シペール著，福井文雅譯，〈敦煌文書に見える道士の法
　　位階梯について〉，《敦煌と中國道教》（敦煌講座 4），東京：大東出

版社，1983，頁 325-345。

クリストファ・シペール著，山田利明譯，〈靈宝科儀の展開〉，酒井忠
　　夫、福井文雅、山田利明編，《日中・中国の宗教文化の研究》，東
　　京：平河出版社，1991，頁 219-231。

大淵忍爾，《中國人の宗教儀禮・道教篇》，東京：風響社，2005。

小林正美，〈《九天生神章經》の形成と三洞說の成立〉，《東洋の思想と
　　宗教》，5，1988。另收入小林正美，《六朝道教史研究》，東京都：
　　創文社，1990，頁 217-240。

————，《中國の道教》，東京：創文社，1998。

————，〈天師道における受法のカリキュラムと道士の位階制度〉，
　　《東洋の思想と宗教》，18，2001，頁 1-27。

————，《唐代の道教と天師道》，東京：知泉書館，2003。

————，〈唐代道教における大洞三景弟子と大洞法師の法位の形成〉，
　　《東方學》，105，2008，頁 1-18。

山田明廣，〈道教齋儀の研究〉，大阪：關西大學文學研究科博士學位論
　　文，2008。

丸山宏，《道教儀禮文書の歷史的研究》，東京：汲古書院，2004。

————，〈道教儀礼の出官啓事に関する諸問題〉，坂出祥伸先生退休
　　記念論集刊行會編，《中國思想における身體、自然、信仰──坂出
　　祥伸先生退休記念論集》，東京：東方書店，2004，頁 441-469。

酒井規史，〈南宋時代の道士の稱號──經籙の法位と「道法」の職名〉，
　　《東洋の思想と宗教》，25，2008，頁 115-134。

————，〈宋代道教における「道法」の研究〉，東京：早稻田大學文
　　學學術院博士論文，2011。

英文著作

Lagerwey, John. *Taoist Ritual in Chinese Society and History*. N.Y.: Macmillan Publishing Company, 1987.

————. "Zhenyi Registers," in *ICS Visiting Professor Lecture Series (1): Journal of Chinese Studies Special Issue*. Hong Kong: Institute of Chinese Studies, 2006, 25-88.

Schipper, Kristofer M. *Le Fen-teng——Ritual taoist*. Publications de l' EFEO, 103, 1975.

Schipper, Kristorfer, and Franciscus Verellen. eds. *The Taoist Canon: A Historical Companion to the Daozang*. Chicago: The University of Chicago Press.

溫瓊神話與道教道統

——從劉玉到黃公瑾的「地祇法」

高振宏
政治大學中國文學系

一、前言[*]

《道法會元》[1]為道教著名的法術類書籍彙編，內容記載了宋、元時期新興的神霄、天心、清微等道派的思想與道術，以往研究多著重神霄法與天心法上，近幾年研究更為細緻，延伸至祭鍊、考召、附生童法及相關的元帥法等問題。[2]然而《道法會元》共兩百六十

---

[*] 這裡所使用的「神話」一詞為廣義神話的用法，意指黃公瑾在《地祇上將溫太保傳》所敘述的溫太保事蹟。「道統」一詞取用自宋明儒學的用法，其內涵非是現實中的傳經關係，而是寄寓某種理念、理想而建構出的譜系，筆者以為這是在宋代整個文化背景下產生的思維方式，不只表現在佛教的燈錄與儒學的道統說，在《道法會元》中各派別的道法多可以看到這種建立傳承譜系的企圖，如雷法祖師火師汪真君、虛靖天師等，因此稱為「道教道統」。又，本文初稿曾獲康豹、謝世維、張超然三位教授以及葉聰霈、蔡竺君等同學指正，後又得松本浩一、胡其德、鄭燦山等教授及兩位審查教授惠賜意見，特誌感謝。本文引用道經斷句參考張繼禹主編，《中華道藏》（北京：華夏出版社，2004）。遇有疑義，則由筆者重新斷句、標點，若有問題，概由個人負責。

[1] 《道法會元》，《正統道藏》，冊48-51，（臺北：新文豐出版，1995）。

[2] 相關研究有 Judith M. Boltz（鮑菊隱），*A Survey of Taoist Literature: Tenth to Seventeenth Centuries* (Berkley: Center for Chinese Studies, 1987)，較近期的有 Edward L. Davis（戴安德），*Society and the Supernatural in Song China* (Honolulu: University of Hawaii Press, 2001)；李遠國，《神霄雷法：道教神霄派沿革與思想》（成都：四川人民出版社，2003）；松本浩一，《宋代の道教と民間信仰》（東京：汲古書院，2006）；二階堂善弘，《道教・民間信仰における元帥神の變容》（吹田：關西大學出版部，2006）；Florian C. Reiter（常志靜），*Basic Conditions of Taoist Thunder Magic* (Wiesbaden: Harrassowitz Verlag, 2007)；Mark Meulenbeld（梅林寶），*Civilized Demons: Ming Thunder Gods From Ritual to Literature* (Ph.D. diss., The University of Princeton, 2007)；李志鴻，《道教天心正法研究》（北京：社會科學文獻出版社，2011）。單篇論文則有酒井規史，〈道法の形成と派生：上清天篷伏魔大法と紫宸玄書を中心に〉，《東方宗教》，112（2008），頁26-44、〈「道法」における道術の交流──童初正法と玉堂大法を中心に〉，收入田中文雄、Terry F. Kleeman 編，

八卷，其內容頗為駁雜，卷與卷之間不見得有一定的聯繫，因此學者間有不同的看法，大體來說，目前認為可分為清微派（卷一到卷五十五）、神霄派（卷五十六到卷一百），以及新神霄派（或稱神霄衍派，卷一百之後），其中新神霄派又可細分出地祇、酆都等派別，[3]但目前對於這些道派的相關研究仍少，且對這些派別與神霄、清微的關係多是透過傳道譜系的追溯，其中的操持法門、內涵缺少更細緻的分析，仍有許多討論空間。

在卷兩百五十三有南宋劉玉（清卿）所述的〈地祇法〉以及元代黃公瑾整理這些資料後所寫的〈地祇緒餘論〉（以下簡稱〈緒餘論〉）、〈後跋〉與〈劉清卿事實〉，而在洞神部譜籙類也收有黃公瑾校正的《地祇上將溫太保傳》[4]與纂集的《溫太保傳補遺》（簡稱《太保傳》、《補遺》），較完備地說明了地祇法的傳道譜系、道法內容與

《道教と共生思想——第3回日米道教研究會議論文集》（東京：大河書房，2009），頁116-135、〈地方における雷法の形成：邵陽火車五雷大法を中心に〉，《東方宗教》，119（2012），頁22-38；Shu-wei Hsieh（謝世維）, "Exorcism in Buddho-Daoist Context: A Study of Exorcism in the Method of Ucchusma and Luminous Agent Marshal Ma," in *Exorcism and Religious Daoism*, ed., Florian C. Reiter (Wiesbaden: Harrassowitz Verlag, 2011), 257-276、〈密法、道術與童子：穢跡金剛法與靈官馬元帥祕法中的驅邪法式研究〉，《國文學報》，51（2012），頁1-36。

3　Kristofer Schipper（施舟人）在 *The Daoist Canon*（《道藏通考》）中將《道法會元》歸為清微派；松本浩一認為可分為清微（卷1到卷55）、神霄派（卷56到卷100）、新神霄派（卷100之後）；而二階堂善弘則認為可分為清微、神霄系，以及神霄系衍派、天心、地祇、酆都等兩大系統，意義相仿。相關討論分見 Kristofer Schipper（施舟人）& Franciscus Verellen（傅飛嵐）eds., *The Daoist Canon: A Historical Companion to the Daozeng* (Chicago: The University of Chicago Press, 2004), 1081-1113；松本浩一，《宋代の道教と民間信仰》，頁333-353；二階堂善弘，《道教・民間信仰における元帥神の變容》，頁108-146。

4　《地祇上將溫太保傳》，《正統道藏》，冊30（臺北：新文豐出版，1995）。

特色。由於地祇法驅遣的官將多為接受血食、由人成神的功烈神祇，且法術以附體為特色，相對於其他元帥法役使由道氣或星宿所化的天神、雷神，在當時多被視為下階、下品道法，所以劉玉、黃公瑾在上述文獻中強烈地透顯出建構地祇法正統性的企圖，蘊含了豐富的信息。早期研究者鮑菊隱（Judith M. Boltz）、勞格文（John Lagerwey）就已有相關介紹或討論，[5] 較全面的研究是康豹（Paul R. Katz），在他碩士論文已注意溫瓊在浙江地區的發展，特別是瘟神的性質，而他透過黃公瑾校正的《太保傳》討論道教如何改造民間神祇，使之符合道教的官僚系統模式，完成正統化的目地。且進一步比較道教聖傳與民間聖傳的差異，認為民間版本與道教聖傳多有差異，傳統認為道教影響民間宗教的論點有待重估。所以他提出了「回響」（reverberation）的概念，指出神明的不同形象不會是孤立而隔絕的存在，而是不斷地透過各種方式、途徑相互影響，進而形構出神祇多元的樣貌。[6] 而范純武在研究張巡信仰時也指出，由於宋代東嶽信仰不斷發展，其冥府功能與職司不斷擴大、完備，加上許多

---

[5]　　Judith M. Boltz, *A Survey of Taoist Literature: Tenth to Seventeenth Centuries*, 97-99. John Lagerwey, *Taoist Ritual in Chinese Society and History* (New York: Macmillan Publishing Company, 1987), 241-252.

[6]　　Paul R. Katz（康豹）, *Demon Hordes and Burning Boats: the Cult of Marshal Wen in Late Imperial Chekiang* (Albany: State University of New York Press, 1995)，特別是第三章 "The Hagiography of Marshal Wen" 的討論；另可參康豹著、趙昕毅譯，〈道教與地方信仰──以溫元帥信仰為個案〉，收入高致華編，《探尋民間諸神與信仰文化》（合肥：黃山書社，2006），頁 116-148；同文亦見《從地獄到仙境──漢人民間信仰的多元面貌：康豹自選集》（臺北：博揚文化，2009），頁 19-50。〈「精魂拘閉，誰之過乎？」──道教與中國法律文化初探〉，收入《文化與歷史的追索──余英時教授八秩壽慶論文集》（臺北：聯經出版社，2009），頁 559-582。蒙康豹老師見賜論文，特誌感謝。

祠神常有與東嶽合祀的情況，因此東嶽系統陸續吸納城隍信仰及各種民間祠神，如溫瓊、康應、張巡、許遠、關羽等，而後成為道教地祇法役使的諸位元帥神。[7] 這個觀點相當具啟發性，從天師道以來，道教與民間宗教存在著既合作又對抗的關係，且到了中晚唐之後，道士、道觀與地方社會的仙人崇拜有更密切的合作。[8] 而范純武的觀察提供了一個絕佳的切入點，可以看到民間祠神是透過怎樣的方式進入道教之中，不過，范純武研究重點是在張巡信仰的發展與變化，以此個案回應康豹所提出「回響」的概念，因此是以道藏中的資料作為輔助，所以對這些資料的運用仍有可斟酌之處，且之後其研究轉向，未再延續這樣的討論。這兩位學者主要從道教與地方信仰間的互動關係切入，但對地祇法的某些特色較為忽略，如地祇的特質、十地祇與獨體地祇、地祇與附體等問題，且筆者對於相關文本的詮釋也有不同的看法，如溫瓊成神後伐廟馘邪的對象主要

---

7 范純武，〈雙忠崇祀與中國民間信仰〉（臺北：國立臺灣師範大學歷史系博士論文，2003），第二章〈宋代以後道教的發展與雙忠信仰〉，頁69-98。〈道教對民間俗神的編納──以地祇法和張巡信仰關係為例〉，收入黎志添主編，《香港及華南道教研究》（香港：中華書局，2005），頁405-433。

8 相關討論可參相關討論可參石泰安（Rolf A. Stein）著，呂鵬志譯，〈二至七世紀的道教和民間宗教〉，《法國漢學》，第七輯（中華書局，2002），頁39-67；施舟人（Kristofer Schipper），〈道教的清約〉，《法國漢學》，第七輯，頁149-167；"Taoist Ritual and Local Cult of the T'ang Dynasty," in *Tantric and Taoist Studies: in Honour of R. A. Stein* vol.22, ed., Michel Strickmaan (Bruxelles: Institut belge des hautes études chinoises, 1985), 812-834；黎志添，〈六朝天師道與民間宗教祭祀〉，收入黎志添主編，《道教與民間宗教研究論集》（香港：學峰文化事業公司，1999），頁11-39；前揭勞格文、康豹、范純武等學者論文也都有論及相關的問題。

為佛教（民間佛教）[9] 而非地方淫祀，且在《太保傳》的語脈中，隱然有溫瓊所受的「道封」是要超越一般祠神的「國封」（朝封），[10] 就此來看，黃公瑾似乎是想建立一種超越於佛教、儒家（國封）的道教權威。因此本文的討論焦點有三：其一擺在黃公瑾如何透過傳承譜系建構地祇法的正統性（特別是以溫瓊為主的祇法）；其次則說明溫瓊、康應、關羽等祠神如何由東嶽系統進入道教，進而消解人間地祇血食、附體的特質；最後則是討論黃公瑾在確立地祇溫瓊的正統性之後，如何透過溫瓊打擊三壇之教、民間祠神等敘事從而建構一種超越佛教、儒家的道教權威。而文末則是就目前所見的道經資料重新檢討地祇法的譜系，從張宇初的《峴泉集》所列酆岳法的譜系與道藏資料間的悖論來思考道藏資料的性質與運用。

9　本處使用「民間佛教」意指流行於大眾社會，混融了佛教、道教、地方宗教或巫術等儀式的佛教信仰。有些學者反對這樣的用法，但筆者運用這個詞彙是一權宜性的用法，意在彰顯佛教在大眾社會傳播、衍化，配合民眾實效需求後所形成儀式師或儀式特質。譚偉倫認為民間佛教應包括「地方佛教」、「宗派佛教」、「儀式佛教」三大內容，相關說明可參譚偉倫，〈建立民間佛教研究領域爭議〉，譚偉倫主編，《民間佛教研究》（北京：中華書局，2007），頁 3-12。

10　胡其德教授指出，因傳統中國缺少現代的「國家」概論，應用「朝封」為是。筆者認同此說，特此誌謝。不過由於《太保傳》原文的敘述是用「國封」，因此行文依從原文「國封」一詞，而在其後括弧加上「朝封」以表說明。

二、建構道統：地祇法的譜系[11]

　　有關地祇法的傳承頗為複雜，就相關資料來看，最大力在推動地祇法的是劉玉（清卿）、黃公瑾（景周）師徒。[12] 依黃公瑾所撰的〈劉清卿事實〉所述：「清卿姓劉氏名世，仍法諱玉，世為河朔人，中興勳臣玠之孫也。」[13] 可知劉玉本名劉世，為名將劉玠之孫，

---

[11]　一般來說，《道法會元》中的部分道法在卷前會有簡易的序文說明該派的法脈源流、立法旨趣與操法要領，其道法的傳承不論是真實或虛構，都隱含著一種透過「譜系」的建構來達成某種宗教傳統（正統）或宗教詮釋的目的。目前以此觀念來討論道教宗教傳記者可參謝世維，〈譜系與融合：太極五真人頌〉，收入氏著，《天界之文：魏晉南北朝靈寶經典研究》（臺北：臺灣商務印書館，2010），頁 167-212；而李志鴻則提出「派」與「法」的概念來討論天心正法與《道法會元》中的相關道派，可參李志鴻，《道教天心正法研究》，頁 1-15。

[12]　有關盧埜、劉玉、黃公瑾等人的法脈與傳承可參李遠國，《神霄雷法：道教神霄派沿革與思想》，第三章第二節〈奉行神霄道法的眾多高真〉，頁 93-105。而與盧埜相關的神霄譜系研究甚多，可參司馬虛(Michel Strickmaan)著，安倍道子譯，〈宋代の雷儀──神霄運動と道家南宗についての略說〉，《東方宗教》，46（1975），頁 15-28；松本浩一，〈宋代の雷法〉，《社會文化史學》，17（1979），頁 45-65；李豐楙先生，〈宋元道教神霄派的形成與發展〉，氏著《許遜與薩守堅：鄧志謨道教小說研究》（臺北：臺灣學生書局，1997），頁 171-206；較近期的有李麗涼，〈北宋神霄道士林靈素與神霄運動〉（香港：香港中文大學哲學博士論文，2006），頁 167-217；Florian C. Reiter, "Taoist Transcendence and Thunder Magic, As seen in the *Great Rituals of Heavenly Ting of Metal and Fire in the Divine Empyrean*（神霄金火天丁大法）," in *Zeitschrift der Deustschen Morgenländischen Gesellschaft* (Wiesbaden: Harrassowitz Verlag, 2011), 415-445。

[13]　《道法會元》，《正統道藏》，冊 48-51，卷 253（臺北：新文豐出版，1995），頁 10a。

劉玠在建炎四年（1130）戰亡，[14] 而劉玉口述〈地祇法〉的時間為南宋理宗寶佑六年（1258），兩人時間差了一百餘年，由此推測劉玉傳黃公瑾地祇法時年紀至少應超過五、六十歲，甚至可能已經七、八十歲，其主要活動時間大概可能是寧宗（1194-1124）到理宗（1225-1264）期間。據黃公瑾之說，劉玉初學為「小四直符水，[15] 靈官、酆都、地祇考附」，後再跟隨徐必大（洪季）學習道法，更曾獲徐必大之師、當時著名的道士盧埜傳授「神霄金火天丁大法」，在《道法會元》卷一百九十八有劉玉所撰的〈金火天丁大法後序〉：

> 故宗師秘其道。火師傳與玉真教主林侍宸，林傳與張如晦，後傳陳道一，下付薛洞真、盧君也，次以神霄派脉付徐必大，徐亦不得其文。盧君化於劍江，將解而枕中出其書以付玉。法傳盧君，而派繼徐君。在前所傳此法，與人未嘗盡授，得之者只天丁一符。[16]

在此，劉玉認為他所承接的是「火師汪真君→林靈素→張如晦→陳道一→薛洞真、盧埜→徐必大」這個譜系，不過，依照劉玉的說法，徐必大雖然承接了神霄法脈，但似乎未完全學得盧埜的法門，實際上自己才是真正得到金火天丁大法。在卷 253 黃公瑾所撰的〈劉清

14　「劉玠，為潭州將。建炎中，金人陷潭州，玠挺身血戰，中數十矢，死於陣。民立廟祀之。」參見昌彼得等編，《宋人傳記資料索引》（臺北：鼎文出版社，1974），頁 3851。

15　如果「小四直符水，靈官、地祇考附」有位階的上下關係，那這裡的「小四直符水」就有可能是指役使北極驅邪院四大天丁傳遞文書，而後才可進一步驅遣官將進行考召。但這是暫時的擬測，目前仍缺少相關文獻證明。

16　《道法會元》，卷 198，頁 26b。

卿事實〉中有清楚地交代這段緣由：

> 後因養浩盧君伯善來江西，以諸法付度於徐洪季，洪季以所
> 得授清卿。清卿得法，方從盧遊。伯善歿於洪季家，炁雖絕，
> 體甚溫，無敢封殮。三日，忽甦，視諸弟子，惟清卿在焉，
> 語之曰：「我以三事當入酆都。一母死不奔喪；二邪淫敗真，
> 輕慢道法；三改摘呪訣，傳授非人。汝法欲何階，吾於汝當
> 無隱，却須率諸法友箋天救我，免入酆都。」清卿以神霄中
> 獨體金火天丁一階為請，盧悉以心章、隱諱、內鍊、秘訣傾
> 囷付之。筆錄才竟，諸弟子輻輳，則盧復瞑目化去。[17]

依黃公瑾轉述劉玉的說法，盧埜似乎有偷改呪呪、未全然地將行持
之法傳授給徐必大，而後因故還陽才將這套法門傳給了劉玉，不過
依此說法，劉玉本身也只有學得「獨體天丁」一法，未習得全套的
金火天丁大法。就黃公瑾接續所說的，清卿自後「單符隻將，千變
萬化，所向無前」的語意來看，所謂「獨體」乃是行法時只用天丁
一符，不再夾雜其他神將，而這個概念也充分的表現在目前卷一九
八的金火天丁大法中。從目前所見的十卷「金火天丁大法」來看，
它應是一完整的道法系統，內容包括祈雨運雷、伐廟制邪、召孤祭
鍊等，但相對於地祇法，這套法門缺少了附體考召的部分，以道法
概念來看，相對於完備的「金火天丁大法」，地祇、酆都法則多役
使與地下世界相關的官將，儀式多跟附體考召法有關，性質與民間
巫術較為接近，算是道法系統的初階，因此劉玉雖然行靈官、酆都、

17　《道法會元》，卷253，頁10a-11b。

地祇頗有靈效，但仍再向徐必大、盧埜學習更高階之法。這樣的情況在宋元時期的道士、法官不算罕見，當時許多神霄、天心道士常會兼行不同派別的法門，而在《夷堅志》的記載中，法官未必要會全套的道法，只要能操持某一法門，便可行走江湖、伐廟驅邪。如果以宗教市場的概念來看，以附體考召為主的酆都、地祇法應在當時的信仰群眾中有相當的需求，可補足「金火天丁大法」不足的部分，在某方面來說是彼此互補，也許就類似現今的道法二門。

而黃公瑾在〈緒餘論〉中也提到他的學法因緣，他因為兩個小孩罹患重症，所以才開始從舉業轉習道法：

> 丁未冬，翎原、稔疾二豎子告急，乃從事於道法，一符而頃
> 刻告功，通真達玄之趣有開于此。……憤悱一念，研覃七年，
> 方受雷霆符水，又七年諳練，頗熟蹊隧，稍通內外之神　出
> 入，慣鬼神之變化情態。[18]

南宋的丁未年有高宗建炎元年（1127）和理宗淳祐七年（1247），而劉玉口述〈地祇法〉的時間為南宋理宗寶佑六年（1258），所以這裡的丁未年應是指後者，由此來看，黃公瑾主要的活動時間大約是理宗中後期（1225-1264）到元初左右。

依照上述的說明，理論上地祇法的傳承譜系應該是「盧埜→徐必大→劉玉→黃公瑾」，但劉玉只特別標舉盧埜所傳的「神霄金火天丁大法」，他操持的地祇法反而是依從呂希真的法門，盧埜的版本只是提供參酌，在〈地祇法〉一開頭便提到：

---

[18]　《道法會元》，卷253，頁4a。

地祇一法，凡數十階，溫將軍專司亦十餘本，使學者莫之適
從。余初得之盛仙官椿，繼得之李真君守道，再得之於六陰
洞微盧仙卿埜，所授之本已大不同。繼而遇時真官，則符籙
愈異。晚參之聞判官天祐，及傳之呂真官希真，玄奧始全備
矣。呂以道法自青城而來江浙，名動一時，凡祈晴、禱雨、
伐廟、馘邪，莫非用此。……余行之既久，專守呂之言，罔
敢或失。[19]

他認為地祇法有不同的階位或是不同的類別，[20] 而以溫瓊為主帥之
法就有十餘種，但流傳的法門甚多，因此操法者多有疑問，劉玉自
身所學就有來自「盛椿、李守道、盧埜、呂希真」等數人（另參酌
時真官〔未詳姓名〕、聞天祐），這些傳授的仙官、真官並非是傳承
關係，而是進一步回應前文所提到當時流傳的多種法門。黃公瑾在
〈緒餘論〉便提到地祇法原有石碑本，而後還有鐵林府、原公夫人
廟、五雷、五虎、索子、十字、四兇、聖府等地祇法，還可區分出
蘇道濟派、溫州正派、李蓬頭派、過曜卿派等派別。雖然在劉玉的
系統中，他對呂希真所傳之法最為稱道，但黃公瑾在〈緒餘論〉論

19　《道法會元》，卷253，頁1a。
20　依道教傳統，「階」字應解釋為階位，意指不同層級的修法者可受不同
　　階位的道法，如〈緒餘論〉中黃公瑾稱「余昇高自下，歷階而趨」，但
　　參照〈地祇法〉的前後文，這個「階」亦有可能是指種類，為役使不同
　　的官將或地祇，而非上下層次的階位。如《藏外道書》所收的《諸階火
　　雷大法》，或是明代朱權所編《天皇至道太清玉冊》中「天心玄秘章」
　　所列的道法三十九階、鍊度法七階、告斗法七階等，這些不同階的法術
　　看來比較是驅遣不同官將或是不同系統的法門，而無上下階位的關係，
　　因此筆者比較傾向後者的解釋。

及地祇法源流時卻非追溯呂希真、劉玉的法脈，[21] 反而是強化正統性的道教派門意識：

> 有源思流，行法須明派，派不真則將不正。……地祇一司之法，實起教於虛靖天師，次顯化於天寶洞主王宗敬真官、青城吳道顯靈官、青州柳伯奇仙官、果州威惠鍾明真人，……。[22]

原本在劉玉〈地祇法〉中只引虛靖天師之語：「法中至靈，無如溫瓊。上世宗師不授於人，恐其易感通而輕泄怠慢也。」[23] 來補充地祇法在道法系統的合法性，但黃公瑾則提出「張繼先（虛靖）、王宗敬、吳道顯、柳伯奇、鍾明」這個相對具正統性的譜系。從文字來看，虛靖天師、王宗敬等人的關係也未必是直承的師徒關係，乃是由虛靖天師傳出地祇之法，而後由王宗敬、吳道顯、柳伯奇等人發顯，不過他在《太保傳》中更進一步強化、建構了一套直線式的傳道神話——王宗敬到青城山天寶洞得遇虛靖天師，獲傳「獨體地祇溫太保祕法」一階，而後王宗敬傳吳道顯（另傳授驅邪院印、玄帝像、龍虎籙文），吳道顯所傳弟子甚多，「此後太保及十地祇之書散流天下，崇其法者甚多」。[24] 在此，黃公瑾確立了虛靖天師、王

21　據〈地祇法〉最後所述：「余（劉玉）來沈溪多歷年數，今以其傳授之於巽園黃君景周（黃公瑾），書此以冠卷端，祕而寶之，幸也。」引自《道法會元》，卷253，頁3b。可見黃公瑾的地祇法應是得劉玉，但黃公瑾卻強調從虛靖天師以下的傳承，可見其應是有意建構一套具「正統性」的譜系，這就有點類似盧埜與劉玉的關係，他只標舉盧埜傳的金火天丁法，而不談地祇法，應也是具有類似的考量與意向性。

22　《道法會元》，卷253，頁5b。

23　《道法會元》，卷253，頁3b。

24　《道法會元》，卷253，頁6b-10a。

宗敬、吳道顯等祖師的地位，特別是虛靖天師張繼先，明顯地是將
地祇法拉往當時地位逐漸上升的龍虎山系統。松本浩一已指出：張
天師受命掌三山符籙、成為道教權威是南宋三十五代天師張可大，
或元代三十六代天師張宗演之後的情況，而三十代虛靖天師在北宋
雖受徽宗皇帝重視，但地位還不如林靈素、徐知翁等神霄道士。不
過到了南宋之後，民間或道教界開始敷衍許多與虛靖天師相關的傳
說，虛靖天師成為當時道教的正統權威，所以許多新出的道法，如
「混元一炁八卦動神天醫五雷大法」、「太一火犀雷府朱將軍考附大
法」等，都宣稱是傳自虛靖天師，以提升自身的正統性與權威
性。[25] 而這樣的說法，不僅只是道派的託名，在當時應有一定的影
響力與接受度，在《藏外道書》所收的《朱將軍大法》與《地祇鐵
甲飛雄上將翼靈昭武使者巡太保溫元帥血脈心傳》，約是反應元代
到明初的情況，其中也都將虛靖天師視為祖師，[26] 可見這個說法在
當時的道教界有一定的影響力。而《三教源流搜神大全》中所載「孚
祐溫元帥」則稱：

---

25 有關虛靖天師在宋代的地位，可參王見川，〈龍虎山張天師的興起與其
    在宋代的發展〉，收入高致華編，《探尋民間諸神與信仰文化》（合肥：
    黃山書社出版，2006），頁 31-68；松本浩一，〈張天師與南宋道教〉，
    頁 69-86。但兩位學者都沒有具體指出何以到南宋時期民間會大量出現
    虛靖天師的傳說，筆者以為這也許和三十五代天師張可大受宋理宗尊
    崇，而「提舉三山符籙」，成為受官方認證後的道教權威，加上當時道
    體法用的思潮，因此民間開始大量敷衍與張天師相關的神話，相關討論
    可參高振宏，〈虛靖天師傳說與龍虎山道教權威的形成——以筆記、小
    說與道經的綜合考察〉（國立政治大學中文系主辦，「兩岸六校研究生
    國學高峰會議」，臺北：2013 年 1 月）。
26 胡道靜、陳耀庭、段文桂、林萬清等編，《藏外道書》（成都：巴蜀書
    社，1992），頁 63、98。

> 後王巨宋寧年間，有嗣漢三十六代天師飛清真人張君始持符召之法，役用嶽神，得位十太保之列，首溫太保之名，召之，立廟。[27]

這裡的宋寧年間應是指宋代的崇寧年間，依時間點來看，此時的天師應不可能是入元後的三十六天師張宗演，而且張宗演也沒有飛清真人的道號。由時間點來看，應是指在徽宗時代活動的虛靖天師。不管這裡的天師究竟是虛靖天師張繼先還是張宗演，這個說法仍如《太保傳》所昭示的：溫元帥得位仙班，與嶽府（東嶽）、張天師有著密不可分的關係。

除了祖師問題之外，《太保傳》所述的傳授過程也有些問題：原本王宗敬所得為「獨體地祇法」，未有所謂十地祇法，但到吳道顯卻出現了十地祇法的新說法，而在《補遺》中黃公瑾也提到盧埜曾使用「十地祇方」擒捕邪祟。這裡的「十地祇」指的是包括溫瓊在內的十太保，在同屬地祇法的〈東平張元帥祕法〉、[28]〈東平張元帥專司考召法〉[29] 列有十太保之名，分別為溫瓊（溫玉）、李文真、鐵勝、劉仲、楊文素（楊文貴）、康應、張蘊、岳昊、孟雲、常彥卿（韋彥卿），[30] 在《太保傳》中有提到孟雲、韋彥是隨溫瓊一同

---

27 佚名撰，《繪圖三教源流搜神大全（外二種）》（上海：上海古籍出版社，2012），「孚祐溫元帥」條，頁 222-224。

28 《道法會元》，卷 257，頁 7b。

29 《道法會元》，卷 258，頁 2a。

30 宋代的吳自牧在《夢粱錄》提到：「廣靈廟，在石塘壩，奉東岳溫元帥，請于朝，賜廟額封爵，自溫將軍以下九神皆錫侯爵，曰溫封正佑（一作祐）、李封孚佑、錢封靈佑、劉封顯佑、楊封順佑、康封安佑、張封廣佑、岳封協佑、孟封昭佑、韋封威佑。」見《夢粱錄》卷 14，「外郡行祠」條。這裡所載的第三太保姓錢，而道經中則為鐵勝，而封號也與道

成神,《補遺》中有溫瓊懲處康應之事,而其他太保的事蹟較為不明。范純武認為這十地祇屬於當時民間祠神的英靈信仰,因宋代東嶽信仰的發展,其系統不斷擴大、完備,這些民間祠神因而陸續被吸納進入道教的系統,像岳昊後來便被轉換為岳飛。[31] 相對於此,在道經中被稱為「獨體地祇」者只有出現在地祇法中的溫瓊與關羽,如:

> 《法海遺珠》:「關召獨體地祇司翊靈昭武溫使太保,并部下崔、盧、鄧、竇四大天丁神將疾速赴壇,立伺昭報。」[32]
> 〈地祇馘魔關元帥祕法〉:「將班　東嶽獨體地祇義勇武安英濟關元帥諱羽。」[33]

從語意來看,「獨體地祇」意為召喚眾地祇中的單一神祇,所以所謂「十地祇法」應是役使成組太保的地祇法,「獨體地祇法」則是

經、搜神類書有異。這條資料亦見清代所編的《杭州府志》,其中更明確表示立廟時間為宋景定四年(1263),敕封時間為咸淳五年(1269),可參清代龔嘉儁修,李榕纂,《杭州府志》,卷9(臺北:成文出版社,1982),「祠祀」,「廣靈廟」條,頁363。

31　范純武,〈宋代以後道教的發展與雙忠信仰〉,《雙忠崇祀與中國民間信仰》,頁 69-98;〈道教對民間俗神的編納〉,《香港及華南道教研究》,頁 405-433。范純武提出這個說法,但僅提及岳飛曾任冥府速報司,而據《至元嘉禾志》卷 12 所載的崇德縣祠廟:「東嶽行宮在縣西南一百步」,而「城隍廟在縣西南隅語溪館東」底下考證云:「邑令臧元士增刱門道兩廊,開路東出,岳王祠附於內。」為岳王與東嶽行宮合祀之例,另在《咸淳毗陵志》卷 14 所載的宜興祠廟,岳武穆廟即位於東嶽行廟之西,為另一個可資佐證的例子。

32　《法海遺珠》,《正統道藏》,冊 45,卷 15(臺北:新文豐出版,1995),頁 18b。

33　《道法會元》,卷 259,頁 16。

單獨役使溫太保的地祇法。就邏輯而言，是可以從十地祇簡化為獨
體地祇，亦可以由獨體地祇敷衍為十地祇，然從整個語境來看，若
是溫太保法較為早出，則應逕稱太保法或地祇法，而不會特意加上
「獨體」，這個「獨體」應是為了區別「眾地祇」的特殊稱呼，所
以實際上應是十地祇法較為早出，而後才有所謂的「獨體地祇」。
如此來看黃公瑾所述的傳道系統，反而是帶著十地祇法是由溫太保
法敷衍而出的暗示意味，由此「獨體地祇」一詞更有豐富的指涉：
一方面可以指單獨以溫太保為主的地祇法，另一方面也可帶有獨尊
溫太保或是溫太保為地祇法宗祖的意味，就像黃公瑾在〈緒餘論〉
中針對江湖流傳的各種法門所提到：「求其中的，起祖本而已」─
─只要依據祖本而起的祕呪與心章，皆能得其靈驗。兩相連結，這
個「祖本」或多或少暗示著就是溫太保法，兼具著「起源」與「權
威」的象徵意義。姑不論王宗敬所傳是否有十地祇法，黃公瑾這個
說法無形中彌縫了劉玉譜系與十地祇法之說的缺漏，來自青城呂希
真之法，應也是源自虛靖天師，只是可能是來自吳道顯散流天下的
法門之一而已，且更重要的是──呂希真之法是具有實效，而這正
也是地祇法的重要特點，同時也為劉玉的譜系與實作成效提供了理
論上的依據。黃公瑾在此會如此特意強調，可能地祇法多是面對一
般群眾，所以劉玉、黃公瑾論法時除了提及譜系、法門等理論面之
外，同時會不斷地強調實效面的問題。

　　在上述的討論中，「獨體地祇」與「十地祇」的說法不僅只是
法門上的差別，還牽涉到黃公瑾所企欲建立的地祇法傳統。劉玉、

黃公瑾操法的習慣頗重簡易、喜用「獨體」，[34] 劉玉在〈地祇法〉便稱「呂（希真）之法書希要而簡」，強調丙丁生鬼符貴乎獨用，要求盧埜傳授的是「獨體金火天丁大法」，而後「單符隻將，千變萬化，所向無前。」[35] 黃公瑾在〈緒餘論〉中也強調要使用虛靖天師所傳的丙丁生鬼符、急捉符、治病符，特別是前兩道，而在當時江浙所傳符法甚多，恐怕不具實際的靈效。在《太保傳》中更可看出黃公瑾想建立獨體地祇法的企圖，除了虛靖天師的傳法神話外，在《太保傳》中更引述兩件溫瓊超越於眾地祇之上的事蹟，其一為奉三壇僧伽之道的許溫、郝邊作怪，「部瘟司」不敢攝捉，所以嶽帝集會於天寶洞，炳靈公奏請溫瓊前往討伐，而也被收錄於地祇法中的張巡元帥則只是被差役去召請溫瓊前往討伐。其次，則是掌（城隍）瘟司的康應因掌瘟不平、檢察太過，而被鍾明真人差溫瓊收下，因王孺卿之請而寬恕，但康應的吏卒仍遭杖一百後才被釋放。[36] 康豹將此視為溫瓊打擊淫祀的事蹟，[37] 但我以為，在這些文字更隱含黃公瑾建立溫瓊超越眾地祇之上、具絕對權威性的企圖，所以他才說「可特稱地祇上將、天下正神，部轄群祇」。換言之，黃公瑾雖然繼承了劉玉的地祇法──劉玉之法至少有溫瓊、張巡、張去疾三法（知地祇之功用，威猛捷疾，莫出瓊右；英武靈異，莫如巡應；巡聲聽察則去疾也），但以溫瓊為上，且熟知當時流傳的眾法（包

34　筆者目前已初步梳理相關資料，完成〈獨體：劉玉及黃公瑾的道法特質〉一文（待刊稿）。

35　《道法會元》，卷253，頁11a。

36　《地祇上將溫太保傳》，頁11a-15a。

37　康豹，〈道教與地方信仰──以溫元帥信仰為個案〉，《探尋民間諸神與信仰文化》，頁116-148。

括十地祇法）——但他在《太保傳》中試圖透過譜系與神話來建構出以溫瓊為尊的獨體地祇法，並透過同樣方式企圖將地祇法提升至與其他道法同樣的階位。

三、通往道教之路：東嶽的渠道

前節已提及，溫瓊成神與東嶽、天師有密切的關聯，在《太保傳》的敘事中溫瓊成神、進入道教的重要渠道便是東嶽廟：

> 瓊奇之，自是不殺，只出入東嶽廟，為化主打供。精進三年。忽一日，嶽峰遇黃衣蓬頭道者，長揖瓊曰：「今日嶽帝書上汝名，若天年終則為嶽府太保。汝可立像於殿前，身後當任其職。」瓊如其言，立像於嶽府，自此諸太保時復來訪瓊。一日，殿前太保灌丘休語瓊曰：「汝像若變則歸職矣。」瓊日至像前觀之。有少年孟雲笑之曰：「汝日日來觀此像，恐人盜去乎？」瓊曰：「灌將軍報我像變則為神，我若為神汝亦為我卒矣。」其後孟雲同韋彥以青色塗其像，口裝二豬牙。一日，溫瓊來燒香，只見其像已變，即更青衣、青巾、麻鞋，唯有平時殺牛鐵棒頭，持至殿下，遂立化矣。孟、韋來觀，方欲頂禮，亦皆立化。至五月初九日敕下，肉身不倒，亦不變動，敕封顯德大將軍。[38]

在這段敘述中有幾點值得注意：第一，東嶽具有保奏善士的權力，

38　《地祇上將溫太保傳》，頁 2a-b。

因此溫瓊死後能進入東嶽任職。其次，此時東嶽廟中已有不少成神
的太保，而隨著溫瓊立化的孟雲、韋彥也是成為太保，位入十太保
之列。第三，這裡交代了溫瓊成神的形象及其登化之日。

東嶽之所以能保奏善士，大概與傳統的泰山之說有關：從六朝
以來的傳統認為人死後歸泰山管轄，而且可以依生前行為分派不同
的職位。[39] 而這裡更值得注意的是，所分派的職務不再是泰山令、
泰山錄事等仿擬人間政治的官僚系統，而是所謂的「太保」。「太保」
原屬三公之一，為實際的官職，但在宋、元時期則指廟祝或師巫，
康豹引宋代俞琰的《書齋夜話》：「余謂今之巫者言神巫其體，蓋猶
古之尸。故南方俚俗稱巫為大（太）保，又呼為師人。師字即是尸
字，師與尸聲相近也。」[40] 認為最遲在宋代，中國南方多以「太保」
指稱師巫。[41] 而在元代的《大元聖政國朝典章・典章新集至治條例》
其中「禁廟祝稱攝管、太保」條也提到：

> 至治元年二月　　日江西行省准　中書省咨禮部呈奉省判王
> 謀言：「江淮迤南風俗，酷事淫祠，其廟祝師巫之徒或呼太

39　相關討論可參酒井忠夫著，金華譯，〈泰山信仰研究〉，收入游琪、劉
　　錫誠主編，《山岳與象徵》（北京：商務印書館，2004），頁193-224。
40　俞琰，《書齋夜話》，卷1（臺北：藝文印書館，1972，叢書集成三編），
　　頁5。俞琰此說主要是回應朱熹在《詩集傳》所謂：「神保，蓋尸之嘉
　　號，楚辭所謂靈保，亦以巫降神之稱也」的說法。而在《朱子語類》中
　　也提到：「古時祭祀都是正，無許多邪誕。古人只臨時為壇以祭，此心
　　發處，則彼以氣感，纔徹便散。今人不合做許多神像只兀兀在這裏坐，
　　又有許多夫妻子母之屬。如今神道必有一名，謂之『張太保』『李太保』，
　　甚可笑！」，卷87，禮4，「小戴禮・祭義」，頁2261。
41　康豹，〈道教與地方信仰——以溫元帥信仰為個案〉，《探尋民間諸神
　　與信仰文化》，頁127。文中也提到，勞格文認為「太保」一詞多是指
　　儀式中執行武場的道士。

保，或呼摁管，妄自尊大，稱為生神。惶惑民眾，未經禁治，移准刑部關議。」[42]

不過，太保未必就一定指師巫，在宋代時期對於能持道術禁治邪祟的特異之人也稱太保，在《夷堅丁志》卷9的「陳媳婦」條載：

> 有禁 典首劉某，持齋戒不食，但啖乳香飲水，能制鬼物，都人謂之「喫香劉太保」。民父母偕往懇祈。劉呼視其子曰：「此物乃為怪耶？吾久疑其必作孽，今果爾。」……乃就其家設壇位，步罡（罡+刂）作法，舉火四十九炬焚之，怪遂絕。[43]

從文獻來看，宋元時期的東嶽行宮（祠）多由道士主持，比較少見到師巫主持的情況，可參下列數例：

> 壽聖觀：阿育王山前。大觀間，道士梁守清始建東岳行宮，嘉泰元年道士胡抱一請紹興府餘姚縣廣福廢觀，改今額。[44]
> 清道觀：縣東南三里，唐天寶八年建，後廢。皇朝紹興三十年道士葉景虛重建，又于其右建東岳行宮、尚書樓，鑰扃其入觀之路，曰列仙遊觀。[45]

---

[42] 不著編人，《大元聖政國朝典章》（臺北：故宮博物院，1976），「刑部・雜禁」條，頁 2278。

[43] 洪邁撰，何卓點校，《夷堅志》（北京：中華書局，2006），冊3，頁611。

[44] 胡榘修，方萬里、羅濬纂，《寶慶四明志・鄞縣志》，收入《宋元方志叢刊》，卷13（北京：中華書局，1990），頁 5166。

[45] 胡榘修，方萬里、羅濬纂，《寶慶四明志・慈溪縣志》，收入《宋元方志叢刊》，卷17（北京：中華書局，1990），頁 5217。

天清宮：在縣西南一百步。考證：元係東嶽行宮道院道士蘇大亨募緣增建，宋紹定四年請額開山。[46]

旌信朝元宮：縣東北五里，即招寶山下東嶽行宮，宋紹興八年道士李知孟建，皇朝大德六年教所請今額。[47]

報恩光孝觀：泰定四年火，今營建未完。觀之東有東嶽行宮，至大二年火，元統元年道士陸嗣華募建。[48]

由此來看，東嶽行宮多由道士募建、主持，也多依附於道觀底下，甚至之後就直接改宮為觀。不過，似乎也存在由師巫主持的可能，南宋的魏峴在《四明它山水利備覽》述及鄞縣地區祈雨的狀況，便提到：

辛丑冬（1242），淘沙因稟鄉帥，余參政，給楮券五百千，代民償願。緣三牲用費不資，兼不欲擾民。又雲濤觀有三清閣之嚴淨，又有東嶽行宮之威靈，亦不敢用牲牢。然未關於神，不敢輕改眾議，殊未有處。峴恐成因循，遂作三圖：其一命道士改作三界清醮一百二十分以答龍神，并施斛以享堰神；其二命師巫作三界清醮；其三用小牲牢三界。卜於龍王及善政侯，得第一圖。峴即以其事白之陳帥，再得官券三百

46　單慶修，徐碩纂，《至元嘉禾志》，收入《宋元方志叢刊》，卷 12（北京：中華書局，1990），頁 4491。

47　馬澤修，袁桷纂，《延祐四明志》，收入《宋元方志叢刊》，卷 18，頁 6411。

48　王元恭修，王厚孫、徐亮纂，《至正四明續志》，收入《宋元方志叢刊》，卷 10，頁 6575。

千助成醮事。[49]

這則資料所述的即是上引壽聖觀的鄞縣地區，反應的是由師巫主持的龍王廟事務，但從文字來看，當地的師巫也有主持齋醮儀式的能力，且對當地的祠廟事務有相當的影響力。依宋代東嶽行宮遍布天下的情況，也許某些地方性的東嶽行宮就是由當地師巫參與或主持相關儀式。

上述溫瓊立化之後，孟雲、韋彥也隨之立化，並同祀於東嶽廟中，成為隸屬東嶽的太保。前已提及，范純武曾以張巡元帥為例，指出在宋元時期民間祠神常有與東嶽廟共祀的情況，道教也因此吸納這些英靈信仰，進入道教的神譜系統。[50] 除了其所述之例外，最典型的則是康王的例子，《鑄鼎餘聞》記載了相關的資料：

> 忠靖威顯靈祐英濟王張抃：江西《金谿縣志》載永樂舊志云：「東嶽廟，左廡祀忠靖王。」按〈臨淮棄指亭記〉：「王姓張名抃，與南霽雲同守睢陽，同乞師於賀蘭進明，同斷指以示信，又同死。託夢於家曰：『吾得請於帝，輔東嶽為司錄事。』唐封感應太保，宋封靈祐侯，累贈至王號曰忠靖威顯靈祐英濟，廟號昭烈云。」
>
> 康王廟：……福州福清縣連江縣俱有康王廟，在東嶽廟左，祀康保裔。新建縣得勝門外之一鋪有康保裔廟，土人以木郎

---

49 魏峴，《四明它山水利備覽》卷上，「設醮」條，收入張壽鏞輯，《四明叢書》（張氏約園刊本），第 3 集，頁 21。
50 范純武，〈宋代以後道教的發展與雙忠信仰〉，《雙忠崇祀與中國民間信仰》，頁 69-98。

廟張巡並入祀之，額曰「康張福地」。……《黔書》云：「麥
新縣祀宋康保裔，其神介胄、赭面，今黔城中賽張、康神，
張為厲狀；康赭面，謂之老菩薩。亦曰張王、康王。」[51]

除上述資料外，在《宋會要輯稿》亦載一位「康舍人」，也是合祀
於東嶽行宮之內：

> 威濟善利孚應王廟：在江南東路信州弋陽縣東嶽行宮內，佐
> 神康舍人威濟公祠。光堯皇帝建炎二年九月封威濟王，四年
> 十二月加封善利二字，以王師收捕魔賊，陰助顯靈，從都統
> 辛企宗請也。紹興二十六年正月，加封今號。[52]

這個善利孚應王康舍人在當地亦被視為康王，在《至順鎮江志》卷
八便載：

> 康王祠在城隍廟西廡，宋紹興壬午郡人艾欽文創建。紹興壬
> 午，郡民大疫，艾欽文素業醫，夢神授香蘇飲方，待補是藥

51　姚福均輯，《鑄鼎餘聞》，收入李豐楙、王秋桂主編，《中國民間民間
信仰資料彙編（第一輯）》，冊12，卷2（臺北：臺灣學生書局，1989），
「忠靖威顯靈祐英濟王張扞」條與「康王廟」條，頁143-144、155-158；
另可參「孚應昭烈王」條下姚均的討論：「均案：似即上之昭烈王張扞。
然今邑城內東嶽廟左祀忠靖王，右祀孚應王，則又分為二神。此廟為明
洪武二十一年建。」，頁147。從相關資料，在明代之後有康張合祀的
情況，而康王的封號有孚應二字，這裡的孚應昭烈王有可能就是康王。
而有關康王信仰的研究可參 Anne Gerritsen（何安娜），"From Demon to
Deity: Kang Wang in Thirteenth-Century Jizhou and Beyond," T'oung Pao
（通報）vol. 90, no. 1-3 (2004): 1-31。
52　《宋會要輯稿》，禮20，「山川祠」，「信州弋陽縣東嶽行宮內佐神康
舍人威濟公祠」條；同書卷21「嶽瀆諸廟」，「善利孚應王廟」條。

可愈。乃置錡釜，煮藥於庭，病者至，使飲之，無不差，遂
捐己貲，建祠於廟之西廡也。歸附後延祐六年加封威顯昭惠
聖順忠烈王，歲久廟貌傾圯，天歷己巳重修。紹興迄今幾二
百年，瓦缺橡腐，神像仆地，腹中有書一卷，乃欽文倡建祠
宇疏。醫生屠文富，欽文曾孫墭，復率眾修之，一新像設。
欽文即澹軒先生謙之父，漫塘劉公嘗誌其墓云：按饒之浮梁
州景德鎮，宋寶慶中石刻其略云：「王姓康名保裔，河南洛
陽人，仕周，以戰功為東班押班。父死，宋太祖以保裔代父
職。後與契丹戰，兵盡食絕，援兵不至而死，真宗震悼久之，
贈侍中。已而靈跡顯著於信之弋陽，熙甯中封英顯侯，慶元
閒封咸濟善利孚應英烈王。」[53]

這裡的康王康保裔又稱康應，在《道法會元》卷三十八收有〈靈佑
忠烈大法〉，稱主法元帥為「靈佑滅殭忠烈元帥康應　保裔」，[54] 亦
屬嶽府的太保，祂也是一位具功烈神祇性質的人間地祇，相關事蹟
見於《宋史·本紀·真宗》「咸平三年」：

> 契丹犯河間，高陽關都部署康保裔死之。[55]

---

53 脫因修，俞希魯纂，《至順鎮江志》，卷8，《宋元方志叢刊》（北京：
　　中華書局，1990），頁 2724。

54 《道法會元》，卷38，4b。

55 脫脫撰，《宋史》卷6〈真宗本紀〉，「咸平三年」條，頁 111。在昌
　　彼得等編，《宋人傳記資料索引》亦載：「康保裔　河南洛陽人，為龍
　　捷指運使，屢立戰功。謹厚好禮，喜賓客，善騎射，真宗時為高陽關都
　　部署，與契丹戰，歿於陣。贈侍中。」見昌彼得等編，《宋人傳記資料
　　索引》，頁 2102。

康保裔在真宗咸平三年（1000）就已戰死，但就正史的記載，似乎未曾立廟奉祀。然就目前文獻所見，有關康王信仰的資料多在南宋時期的南方地區，如黃公瑾的《太保傳》提到鍾明真人驅遣溫瓊責罰康王行瘟太過之事，[56] 文中稱果州（今四川南川）地區的康王被封為「威濟善利孚惠英烈王」、掌辰溪古寺瘟司，而南宋歐陽守道（1209-？）的〈靈佑廟記〉留下更詳盡的信仰資料：

> 敕賜靈佑廟，威顯善利靈應英烈王神，姓康、諱保裔，國初北邊名將也。……以其父子兩世戰沒（歿），嗟惜之事，見國史咸平三年，赫赫若前日事也。距今淳祐戊申（八年，1248）二百五十年矣。王洛陽人，死於河間，大江之南，馬跡不及，而南渡之後，威靈著於茲土，豈平生狥（殉）國，死有餘忠。中州既經靖康之難，人謀不臧而收復無日，則其英魂毅魄故將視衣冠所在而依之耶？……盧陵屬邑（今江西吉安地區），皆有王之別廟，遠近人士，歲時走集，莫感遑寧。然其所以事神，往往知畏而不知敬，造妖襲訛，日新月盛，專以司疫冠其徽稱，蓋無復知有王之平生者。江南巫鬼，自昔已然，然王重不幸以其凜凜不磨之忠，乃見同儕於伯強之列，薦享黷慢，罔有馨香。則有荷校赭衣，自為梟囚，巫操其權，禁貫在口，有敢出一語，證其理之不然。巫之黨戰戰相恐，若畏禍且立至，何辜斯人，神願樂於此立威如此哉？[57]

56　《地祇上將溫太保傳》，頁13a-15a。

57　歐陽守道，〈靈佑廟記〉，《巽齋文集》，卷16（臺北：臺灣商務印書館，出版年不詳，影印四庫全書珍本二集，第313冊），頁1-5。

就歐陽守道的觀點，他認為康王信仰是隨著宋王室南遷而在南方傳
衍，也建立不少崇祀的寺廟。在江西地區的康王也與四川地區有相
近封號，更明確立有廟宇，也被當地民眾認為是掌管瘟疫的神祇。
更重要的是，當地是由民間師巫在主持相關事務，雖未看到是否有
進行附體、行符等儀式，但明確可見當地有「扮犯」的習俗。[58] 這
座康王廟到明代又有重修，梁潛的〈重修白沙靈祐廟記〉也有類似
的觀點：

> 盧陵上流三十里曰白沙，有廟曰靈祐，相傳以祀宋高陽關都
> 署康公保裔也。……而道家者流謂公為疫部之帥，察善惡
> 而司疫焉，是不必然也。夫為善，降之百祥；為不善，降之
> 百殃者，天之道，而亦人事之必至者，公何預焉。……白沙
> 之有廟邪自宋紹定辛卯，既燬而復興者屢矣。近其民又改
> 之，既成，主廟事某求予文記之，與恐民怵公之威而不知公
> 之烈也。故論述其事，俾刻之石，使祀公者有以考焉。[59]

這座靈祐廟能多次重建，顯見當地崇拜的盛況。且由此來看，在四
川、江西、浙江等江南地區是將康王視為瘟部之神，而且還在江西
發展出相關的祭典儀式與儀式主持者。

58　有關「扮犯」的研究可參李豐楙，〈塗炭齋之後：道教民俗中首過儀式
　　的扮犯表演〉，收入李豐楙、廖肇亨編，《沉淪、懺悔與救度：中國文
　　化的懺悔書寫論集》（臺北：中央研究院文哲所，2013），頁 79-118；
　　Paul R. Katz（康豹），*Divine Justice: Religion and the Development of
　　Chinese Legal Culture* (London and New York: Routledge, 2009), 61-81。

59　梁潛撰，《泊庵集》，卷 3（臺北：臺灣商務印書館，出版年不詳，四
　　庫全書珍本六集，第 266 冊），頁 29-31。

相較於同祀之例，另一個更具代表性的例子的則是關羽，與溫瓊神話相近的模式也見於《地祇翊魔關元帥秘法》卷後陳希微[60]所撰的〈事實〉：

> 昔三十代天師虛靖真君於崇寧年間奉詔旨，云：「萬里召卿，因鹽池被蛟作孽，卿能與朕圖之乎？」於是真君即篆符文，行香至東嶽廊下，見關羽像，問左右：「此是何神？」有弟子答曰：「是漢將關羽，此神忠義之神。」師曰：「何不就用之。」於是就作，用關字內加六丁，書鐵符投之池內。即時風雲四起，雷電交轟，斬蛟首於池上。師覆奏曰：「斬蛟已竟。」帝曰：「何神？」師曰：「漢將關羽。」帝曰：「可見乎？」師曰：「惟恐上驚。」帝命召之，師遂叩令三下，將乃現形於殿下，挟大刀、執蛟首於前，不退，帝擲崇寧錢，就封之為崇寧真君。師責之，要君非禮，罰下酆都五百年，故為酆都將。此法乃斬蛟龍翊魔祖法始也，故書其首末以示後之嗣法之士。陳希微謹誌。[61]

這篇〈事實〉闡述關元帥法的起源，[62] 故事中天師即是役使東嶽屬神關羽前往解池斬蛟，內容也強調該法門符式是由虛靖天師所傳出

---

60 陳希微為北宋時期之人，時間約比張繼先稍晚，據《茅山志》所載：「陳希微，初名伯雄，字彥真，吳人。元祐中得疾，飲符水愈，遂棄家為道士。徽宗聞其名，乃以所居柳汭泉為抱元觀，賜號洞微法師。」參見昌彼得等編，《宋人傳記資料索引》，頁 2580。

61 《道法會元》，卷 259，頁 17a-18a。

62 筆者曾仔細討論這則傳說所代表的相關意義，詳參高振宏，〈虛靖天師傳說與龍虎山道教權威的形成〉，「兩岸六校研究生國學高峰會議」會議論文，2013 年 1 月。

——即該段前的存用符文與同卷所列的「六丁羌鬼雷符」，符式即為「用關字內加六丁」。更值得注意的是，在本卷中「天師斬蛟得勝用之，加賜四將天符牒」，其符式後云：

> 右符遣清源妙道眞君陳昱，崇寧眞君關羽，禁將趙昱、關平。如役緊用，方可用之。傳法之士，以忠義爲心，其應如響。[63]

胡小偉已指出：關羽崇寧真君的封號見於江南地帶，而清源妙道真君即是所謂的二郎神，對於其身分有多種不同的說法，如李冰父子、趙昱、關平等，這裡所稱陳昱應為趙昱（關元帥法中亦有稱趙昊），在《三教源流搜神大全》中有錄其本傳：

> 清源妙道眞君，姓趙，名昱。從道士李珏隱青城山。隋煬帝知其賢，起爲嘉州太守。郡左右有冷源二河，內有犍爲老蛟，春夏爲害，其水汎漲，漂濟傷民。昱大怒，時五月間設舟船七百艘，率甲士千餘人、民萬餘人，夾江鼓噪，聲振天地。昱持刀入水，有頃，其水赤，石崖奔吼如雷。昱右手持刀，左手持蛟首，奮波而出。時有佐昱入水者七人，即七聖也。時年二十六歲。隋末天下大亂，棄官隱去，不知所終。後因嘉州江水漲溢，蜀人見青霧中乘白馬，引數人，鷹犬彈弓獵者，波面而過，乃昱也。民感其德，立廟於灌江口奉祀焉，俗曰灌口二郎。（唐）太宗封神勇大將軍；明皇幸蜀，加封赤城王。宋眞宗朝，益州大亂，帝遣張乖崖入蜀治之，公詣

63　《道法會元》，卷259，頁7b。

祠下求助於神，果克之。奏請于朝，追尊聖號曰「清源妙道
真君」。[64]

這位副帥趙昱亦是一以斬蛟聞名的祠神，不過，這裡將關羽、趙昱
合用不止因斬蛟之事，在南宋時期關羽、清源真君有合祀的情況，
亦與東嶽行宮頗有相關：

> 《咸淳臨安志》卷七十三「土俗諸祠」：「清元真君、義勇武
> 安王廟：在西溪法華山。紹興三十二年建，一在半道紅。」[65]
> 《西湖老人繁盛錄》卷廿：「土俗祠：……義勇武安王廟及
> 清源真君廟，在西溪法華山，一在半道紅街。外郡行祠：東
> 嶽行宮有五：曰吳山、曰西溪法華山、曰臨平景星觀，曰湯鎮
> 順濟宮，曰楊村山雲山梵刹，俱奉東嶽天齊仁聖帝香火。」[66]

當時的西溪法華山有東嶽行宮同祀義勇武安王、清源真君的情況，
而這個區域也是溫元帥法主要的流行區域。這樣的情況似乎不只在
江南地區，元代的山東奉高縣與明清時期的北京也有相關的記載：

64　佚名撰，《繪圖三教源流搜神大全》，頁 113；相關研究可參胡小偉，
　　〈宋代的「二郎神」崇拜〉，《伽藍天尊——佛道兩教與關羽崇拜》（香
　　港：科華圖書出版社，2005），頁 167-198。當時的江南地區多有清源
　　妙道真君的崇拜，如明代馮夢龍所編，《醒世恒言》，卷 13，〈勘皮靴
　　單證二郎神〉中的二郎神就是清源妙道真君，其形象就是「手執一張彈
　　弓，又像張仙送子一般」，不過在故事中，他是與北極佑聖真君合祀。
　　（此間北極佑聖真君與那清源妙道二郎神，極是靈應。）
65　潛修友纂修，《咸淳臨安志》，卷 73，《宋元方志叢刊》，頁 4009。
66　西湖老人撰，《西湖老人繁盛錄》，卷 20（北京：中國商業出版社，1982），
　　頁 118-119。

〈神譴樂人〉：（山東）奉高縣東嶽廟甚嚴，年例以三月二十
八日，市民慶賀嶽帝壽辰。舊例酌獻，帝四盞例是樂奏《萬
年歡》。至元戊寅，樂人萬壽心思是年荒歉，既無人主事，
又無祇待，遂只奏小曲。後萬壽夢被黃衣吏攝至岳廟清源真
君殿下，真君問曰：「前日嶽帝生日酌獻，你如何第四盞只
奏小曲。」[67]

〈（北京）弘慈廣濟寺碑銘〉：丁亥夏後，建伽藍殿，中塑給
孤長者、清源妙道、崇寧寶德二真君像。（另《敕建弘慈廣
濟寺新志》亦載：東伽藍殿，三楹。供伏魔大帝、給孤長者、
清源妙道真君。）[68]

由此來看，當時許多具瘟疫、死亡特質的祠神多被道教的東嶽系統
吸納，也多標榜虛靖天師為祖師，這些祠神與法術可能即是四十三
代天師張宇初在《峴泉集》中提到的「酆岳之法」的來源（詳下節）。

　　總上所述，溫瓊、張巡、康保裔，甚至關羽這些與東嶽行宮同
祀的神祇除了具功烈神祇性質外，也帶有相當強烈的疫神、死亡等
特質──所以被視為司疫之神（後轉化為逐疫）、形象多為具獠牙、
青紅臉的厲狀。祂們雖已轉升為神，但仍帶有著「敗軍死將」的色
彩，合祀於東嶽行宮的目的應是協助東嶽大帝管轄地下世界的陰兵
陰將，在六朝的《洞玄靈寶五嶽古本真形圖》中便記載：

67　無名氏撰，金心點校，《湖海新聞夷堅續志》（北京：中華書局，2006），
　　頁 224-225。

68　萬安大學士，〈弘慈廣濟寺碑銘〉，收入釋湛祐遺薰，釋然叢編輯，余
　　賓碩較訂，《敕建弘慈廣濟寺新志》（清康熙四十三年大悲壇藏板），
　　頁 10b、3a。

東嶽泰山君領群神五千九百人，主治死生，百鬼之主帥也、
血食廟祀宗伯者也。俗世所奉鬼祠邪精之神而死者，皆歸泰
山受罪考焉。……泰山君服青袍，戴蒼碧七稱之冠，佩通陽
太明之印，乘青龍，從群官來迎子。[69]

認為俗世的血食廟祀之神皆歸東嶽泰山君掌理，顯示泰山與民間祠
神的連繫，在唐宋之後，更明確形成了一套城隍（疫神）、社令、
土地等階序完整的神譜系統。另一方面，也可能與宋代新興的儀式
傳統有密切關聯，在天心正法中法官常會向東嶽借兵、輔助追治邪
祟，如《上清天心正法》便載：

「治伏癲邪」：……次備本人所患情由，具申嶽府、備牒城
隍。書寫文字，務在祕密，差神將監臨於靖室，書之不可令
人見。各乞選差將兵，前往監逐某住址山林、社廟、家先、
司命、五道、土地、內外所事等神，立定時候，勒令盡抵，
四散緝捉。患人家應有為禍三界邪祟、鬼神，牢固拘管，伺
候當院到來，別有指揮。[70]
「追治山魈」：凡欲追治山魈，令投狀來，具狀內情由。密
申東嶽、牒城隍，借兵相助訖。[71]

而就相關的文檢來看，所借的「嶽兵」不僅限於東嶽，也包括了隸

69　《洞玄靈寶五嶽古本真形圖》，《正統道藏》，冊11（臺北：新文豐出
　　版，1995），2a-b。
70　《上清天心正法》，《正統道藏》，冊17，卷4（臺北：新文豐出版，
　　1995），頁1a-b。
71　《上清天心正法》，卷5，頁1a。

屬東嶽底下的土地、城隍、祠神等等，在《上清骨髓靈文鬼律》卷上的「法道門」更明確規定：

> 諸應管東嶽差到神將吏兵，三年一替。一年一替者聽。並具勞績過犯，報本嶽考察賞罰，仍於去替一月前，預差替人。願留再任者，關本嶽。應替不替，不應替而替者，杖一百，有故者勿論。[72]
>
> 諸神將吏兵輒離行法官者，杖一百。遇有急關，許於近便神祠差借兵，不得過五百人。幹辦訖，犒賞推恩，申奏所屬錄功。[73]

在這樣的模式底下，這些合祀於東嶽行宮的祠神便有可能常被法官臨時調遣、協助驅邪，就如上引的虛靖天師至東嶽廊見關羽神像，而驅遣其協助斬蛟，若這些祠神便於役使驅遣且又捷疾靈驗，那麼法官便可能與這些祠神建立特定的盟約關係，甚至可能因此發展出獨立的元帥法。[74] 就此來看，東嶽便成為道教與民間祠神溝通的最佳渠道，使道教與民間宗教有更緊密的連結，許多民間神祇便以此途徑與道教交互融攝，形塑出新的宗教景觀。

---

[72] 《上清骨髓靈文鬼律》，《正統道藏》，冊11（臺北：新文豐出版，1995），頁 1b。

[73] 《上清骨髓靈文鬼律》，頁 5a。

[74] 有關「借嶽兵」的相關研究可參李志鴻，〈申東嶽與牒城隍：借得陰兵以供差遣〉，《道教天心正法研究》，頁 152-159。但這項方法也受到其他道派的批評與質疑，在《道法會元・太上天壇玉格》中就提到：「諸行法官，不得借借嶽兵，稍不祭祀，反為禍端。……若用嶽兵，將來法官命終，流入鬼道。」，卷 250，頁 5b。而本段討論主要為審查人提點、發明，特誌感謝。

四、地祇的焦慮：血食與附體

閱讀〈地祇法〉、〈緒餘論〉與《太保傳》會感受劉玉和黃公瑾對地祇法在整個道法系統的階位有某種強烈的焦慮，劉玉提到：

> 召天神必自天門而降，召雷神必自中天而來、巽戶而至，酆都則自地戶而出，維地祇帥將胖蠁（散布瀰漫之意）只在眼前，召之則在于陽間，平步而來，略無障礙。末學之士，專務貪高，每卑地祇之法，謂人間之神不足治強邪、蕩兇祟。殊不思地祇乃靈寶侍衛之官，受命上清，護玄帝教，神通至大，豈輕易可言耶。[75]

而黃公瑾在《太保傳》中也說：

> 自後太保及十地祇之書散流天下，崇其法甚多。而人人以為地祇為正法之下品，乃人間之神，奉法者必兼他司之法，自此而不聞應矣。且末學亦知其為捷諸司，而不能專心敬崇者十有八九。[76]

兩人都提出相同的看法：地祇雖為人間之神，但捷疾響應，能治強邪、蕩兇祟，試圖反駁江湖法官以地祇法為下品的說法。原因在於從天師道以來的道教傳統反對以血食祭祀的民間祠神，[77] 因此不論

---

[75] 《道法會元》，卷253，頁 1b-2a。
[76] 《地祇上將溫太保傳》，頁 10b。
[77] 參前揭 Rolf A. Stein（石泰安）、Kristofer Schipper（施舟人）、黎志添、

是道士崇奉的三清或是授籙的官將都是由道氣所化，本質是潔淨的。但到了唐宋之際，因神霄、天心等道派興起，許多新出的神祇開始進入道教系統，而這些神祇有許多原本是接受血食的民間祠神，因此道士或法官就必須尋求方法克服與教義相悖的困境。在神霄雷法、天心正法或相關的元帥法中，便宣稱役使的官將是天上神祇或星宿所化，較典型即是雷霆三帥辛漢臣、鄧伯溫、張元伯或是靈官馬元帥，例如馬靈官便被視為南斗化身，因此道士或法官必須透過存思呼召、內煉變神，才能使自身化身為這些元帥神。[78] 但類似地祇法的人間神祇，因非道氣、星宿所化，相對來說，是位在整個道教神譜系統的下階，因此劉玉、黃公瑾才有如此的焦慮。所以提升地祇的第一要務，便是向上連結至道教傳統，所以劉玉宣稱「地祇乃靈寶侍衛之官，受命上清，護玄帝教」，將其接軌到宋代盛行的道教靈寶、上清傳統，[79] 甚至還與唐代新出的北帝（玄帝）、酆

John Lagerwey（勞格文）、康豹（Paul R. Katz）等學者論文。

[78] 從天師道以來由道氣所化的官將如何轉變成帶實體意義的元帥神是一複雜的問題，牽涉到神祇觀念的變遷，筆者將另行撰文討論。此外，這裡還有一個義理上的衝突，既然這些地祇諸神非是道氣所化，那麼道士、法官在行法時要如何呼召變神呢？因此下文筆者才認為地祇法中的附生童法不完全是官將擒祟、將邪祟押入童子體內，也有官將附體擒祟的類型。

[79] 最具代表性就是《度人經》的發展以及在民間的普及，在《夷堅志》中載有多則誦讀《度人經》可獲功德、脫離地獄之苦，反應這部經典在當時民間社會的普及與影響。而 Michel Strickmann（司馬虛）指出《度人經》由六朝時期的一卷本敷衍為六十一卷本與宋徽宗和林靈素推行的神霄運動有密切的關係，《靈寶無量度人上品妙經符圖》則是以神霄派的宇宙模式來解釋一卷本的《度人經》。相關討論可參 Michel Strickmann（司馬虛）著，劉屹譯，〈最長的道經〉，《法國漢學》，第七輯，頁188-211；另可參謝聰輝，〈一卷本度人經及其在台灣正一派的運用析論〉，《中國學術年刊》，第 30 期春季號（2008），頁 105-136。而這

都法勾連，黃公瑾則進一步訴諸虛靖天師所代表的正統性：

> 虛靖曰：「向者溫州百姓保奏汝於天庭，云有救旱之功，不
> 以廟食國封為榮，而有歸依正道、扶持宗師之志。吾面對嶽
> 帝，為汝作地祇一司正法符籙呪訣。」……虛靖教主曰：「地
> 祇之神，奉命玉清，是為靈寶侍衛送迎之官，故《度人經》
> 中有勑制地祇，侍衛送迎之語。」又謂：「法部至神，無出
> 溫瓊。」[80]

「勑制地祇，侍衛送迎」在《度人經》的原意修真者歌詠〈空洞靈
章〉後飛昇天界，三界魔王恭敬相迎，也可命令人間神祇護衛接送。
在此則被具體化成一官僚系統，敷衍成隸屬東嶽或酆都、由溫太保
職掌的地祇司，其職責主要為糾察人間善惡：[81]

> 勑制地祇經云：「人榮枯貴賤得失，屈伸否泰，善惡吉凶，
> 皆屬東岳，並係地祇。巡遊世間，混雜往來，中界一念始舉，
> 地祇即錄，分毫功過，報慶即行。」[82]

裡的「上清」未必就是六朝的上清經派，亦有可能是《度人經》中的上
清天，也有可能是借用了《上清天心正法》、《上清靈寶大法》等經典
名稱。由於線索有限，不易從文脈中得知其確指為何？
80　《地祇上將溫太保傳》，頁 4b。
81　「地祇司」有時又被作為「地司」，在《道法會元》的〈地祇法〉前有
〈天心地司大法〉（卷 246）與〈北帝地司殷元帥祕法〉（卷 247），
為彭元泰、廖守真所傳，掌法元帥為太歲殷郊太子。原本此法專門處理
犯土煞之用，但可能受地祇法或是其他元帥法的影響，因此也包括了考
召、糾察等職能。
82　《道法會元》，卷 253，頁 4a。

而到黃公瑾《太保傳》時更將這個職能含括到整個人間神祇（前引「部轄群祇」），其後協助果州鍾明真人懲處康應行瘟太過之罪，即是執行巡檢天下、地司糾察的職能。而「法部至神，無出溫瓊」則是強化地祇法在法派系統中的首要地位。

這裡還有一點非常值得注意：就是這些傳法祖師所傳授的「神祇真形符」。[83] 黃公瑾在〈緒餘論〉中提到：「地祇法諸符，如內丁生鬼符、急捉符、治病符，皆是虛靖天師所傳，合以初本為正。」[84] 而在《太保傳》中更具述這段緣由：

> 虛靖曰：「……吾面對嶽帝，為汝作地祇一司正法符篆咒訣。謂瓊曰：『汝化於三月十五日寅時，此為木老火初之節，故木生火，火旺於丙丁，鬼為萬物之靈者，故只此篆為汝真形足矣。』」虛靖作其符為「丙丁生鬼」四字，以應其時，而成真篆，然後又以雲篆而書畫諸符，地祇一司之法蓋始於此。[85]

83　筆者以為宋代時期的符篆神話有三種主要類型：第一種以「鄧紫陽感北帝遣天丁賜三十六黑篆真文」為代表，為鄧天師獲得神啟，而後在石室得到真形符篆；另一種則為「饒洞天掘地得書」，此類接近第一種形態，是在某個隱秘的洞天或洞窟發現符文，但要使用這些符篆仍須經過某個轉譯者（譚紫霄）。《沖虛通妙侍宸王先生家話》（《正統道藏》第54冊）中提到王文卿在清真洞天獲得雷書，再得火師汪真君點化，也是類似的模式。而神祇真形符則代表另一種新興的模式，強調符文是由祖師或天師創造，顯示修真者在神聖符篆傳世的過程中具有比天文降世更關鍵的意義，具有某種典範變遷的意義，也回應宋代興起的人文主義思潮，很值得關注。

84　《道法會元》，卷253，頁7b。

85　《道法會元》，卷253，頁4a-b。

在南宋末、元代時期的道教環境中頗為重視這類神祇真形符，可說
是他們建構或提升新道法系統的一種方式，有關虛靖天師創造新符
文的神話亦可見於據傳為盧埜所傳的「太一火犀雷府朱將軍考附大
法」，在篇首的〈雷奧序〉就提到：

> 主法乃太乙月孛星君，其神性烈，作中天之威曜，不可犯之，
> 三界鬼神，無不畏懼。正將追捉，副將驅攝，內有星君真形
> 符篆、上清隱章，無怪不治，無邪不摧。……三氣靈官朱僧
> 祇，變化無方，神通至大，至聖至靈，具如本身符。[86]

而前引〈地祇馘魔關元帥秘法〉卷末陳希微所撰的〈事實〉也提到
虛靖天師就「關字內加六丁，書鐵符投之池內」。類似的例子還可
見於彭元泰所寫的《天心地司大法·法序》：

> 是北帝敕主法仙卿下降，特遣侍御殷郊護助真人修鍊大丹。
> 所到則瘟疫消滅，神煞潛藏，行無擇日，用不選時，如意指
> 使，悉順真人之意焉。於是頒一符付真人為役使之信。後真
> 人得道，遍歷江湖，一日，命元帥滅魔，良久，帥現曰：「魔
> 已滅矣。」真人曰：「帥未離左右，何其速耶？」帥曰：「有
> 副將蔣銳應命，已行馘滅矣。」真人曰：「副帥可得聞乎？」
> 帥曰：「亦北帝雷神也。」於是真人喜而遷秩為顯應通靈急
> 捉使者，真人因形以符，付之為約信，以輔元帥之法，因斯

---

[86] 《道法會元》，卷227，頁1a、3a。

出矣。[87]

在此的殷郊原是北帝敕下，要護助廖守真修道，而真形符則類似道士與官將間的約信，到之後廖守真修鍊得道，他自己也能頒畫真形符來役使元帥，甚至還有權遷昇神祇的位階。這種道士（天師）創發真形符便能役使官將執行任務，顯示這類神祇真形符即是道士與官將的約信，具有某種氣感、約信的「體用關係」——道士為體，官將為用，這顯示一個重要的轉變，道士、法官所驅遣的未必就是受籙時的籙中官將（道籙或法籙），而是可以就世俗或是新出神祇創發新的符文，甚至由此發展成新的道法系統。如同前文所述的，這批官將代表一種新興的傳統，與神祇真形符互為表裡。這也代表此時對於符文的概念不完全再是六朝道教中元始天尊鍊形而顯或是天文降示，[88] 而是修鍊成真的高道也具有創發符文的能力與權力，因此筆者以為這代表著一種「新祖師傳統」的興起。道教原有所謂「道、經、師」三寶的傳統，六朝時期道經出世的模式多會強調由道化現為符篆、文字的過程，因此經典具有某種神聖性，而《道法會元》所收錄的經典較類似法術的操作手冊，且有許多道法多來自神啟或秘傳，因此相對於「道」與「經」，他們更重視「師」的部分，除了透過某種虛擬的神聖譜系來強化自身的正統性，也藉由祖師所創發的真形符來代表自身的道統，他們在建構過程中剔除神啟的不確定性或虛擬性，而逐步將道法的神聖根源落實為高道祖

87　《道法會元》，卷 246，頁 1a-b。
88　相關研究可參謝世維，《天界之文：魏晉南北朝靈寶經典研究》，頁 1-124。

師，進一步以這種人間之「師」來建構新的道法傳統。

除了承接當時興起的龍虎山系統外，黃公瑾還進一步將溫瓊塑造為不求血食、國封之神：

> 市民欲立廟，村主姚子正亦欲立廟，瓊告子正曰：「吾受命
> 東嶽，正欲立大功勳，去世大害，扶持正道，安敢忘上帝好
> 生之德，而遽欲血食，不施仁濟之心乎。苟受國封，實為我
> 德之累。汝等若立廟，我焚之。……」有百姓王九二附體曰：
> 「吾誓在正直濟民，終有宗師收吾入道法，會下為吏，不以
> 廟祀國封為重，汝欲報吾功德，幸勿保奏朝廷，若能為吾奏
> 明於玄帝闕下，則天神地祇俱歸敬矣。」[89]

除引文所述外，溫瓊懲處康應後也是不接受國封，所以「朝廷以溫
都巡不受國封，特賜金錢沈香一斤。」康豹認為溫瓊不受國封，背
後隱藏的即是不受人間血食，是符合道士所接受的正統儀式。筆者
認同這項說法，但是在《太保傳》的語境中，「國封」一詞還涉及
到「靈力」的問題，譬如許遜、郝邊興三壇之教，「天下國封神祇
皆畏之」，[90] 青城山的魔鬼餘黨行瘟疫飛霆以求血食，「國封曰顯濟
廟，神曰靈祐普利廣德博濟王」，[91] 虛靖天師保奏溫瓊為助法翊靈
昭武大使太保，以酆都肅殺馬黑馬三千人付統領、以聽驅使，兵馬
之首薛真不服，謂「我乃冥司之猛將……遊行天下，無敢干犯者，

89　《地祇上將溫太保傳》，頁3a。
90　《地祇上將溫太保傳》，頁3a。
91　《地祇上將溫太保傳》，頁5a。

祀典神祇亦皆迎送。」[92] 從這些敘述來看，接受朝廷封敕的神祇在靈力上顯得較為薄弱，除了無法抗衡冥司之神，連一般的淫祀都不敢干犯外，甚至這些神祇原本就是淫祀、後被國家權力收編，在此之下，接受「道封」的溫太保靈力顯然在這些國封神祇之上。[93] 溫太保靈力來源有二：其一為虛靖天師為其所作的地祇正法符籙呪訣；其二為接受吳道顯以丙丁之呪持鍊，而後加持天蓬呪以助威靈，進而備足六通。這兩項來源分別代表了「道」與「法」的兩大權威：虛靖天師的正統性已如上述；而天蓬呪是指北極四聖之首的天蓬元帥，所象徵的即當時考召法的最高權力單位——北極驅邪院，由此確立溫太保在法部的權威性，所以在〈緒餘論〉中還引四目老翁（為天罡大神，乃天蓬元帥手下第一猛將）之讚，[94] 也是暗示著該法獲得北極驅邪院的認可。

　　仔細觀察溫瓊成神之後所打擊的對象，除了上述國封神祇之

---

[92] 《地祇上將溫太保傳》，頁 5a-6b。

[93] 就目前一般認知，「國封」（朝封）為受朝廷封而被載入祀典；「道封」則是在道教仙傳中記載了該神祇接受上天（玉皇）封敕；而「民封」則是祀典無載，民間所加的封號。這些封敕有複雜而密切關係，「民封」多以靈力作為判準，而可能因為顯應屢著，所以地方仕紳奏請朝廷加封，其後更可能因這些機緣進入道教系統。這個問題須以個案進行考察，筆者將另行撰文討論。目前有關宋代祠祀的研究頗多，如 Valerie Hansen（韓森）、金井德幸、小島毅、皮慶生，或前引松本浩一、范純武等，但很少仔細討論這三種封敕的關係，稍有相關者為韓森與王見川（稱玉封，即筆者所謂的道封），可參韓森、包偉民譯，《變遷之神：南宋時期的民間信仰》（江蘇：浙江人民出版社，1999）；王見川，〈「關公大戰蚩尤」傳說之考察〉，《漢人宗教、民間信仰與預言書的探索：王見川自選集》（臺北：博揚文化，2008），頁 395-410。

[94] 《道法會元》，卷 253，頁 8-9b。

外，還有奉持佛教三壇僧伽之道的福建伽羅王、許溫和郝邊，[95] 以及《補遺》中的華光菩薩、（屢受國封）猴神、魚精及最後約略提到的安慶掛車大王、通聖小官人、洞庭劉小一、洪山漢陽之廟、瘟司牛氏之祠。相對來說，《太保傳》主要針對的是國封祠神（民間淫祀？）與民間佛教系統，所以在此黃公瑾不只是塑造一個道教形象的溫瓊而已，更是企圖建立一種超越國封、佛教（裡面甚至是有部分是民封）的「道封」或「道統」權威。當然這個權威是否成立，在《太保傳》自身的敘述也是有些矛盾的，譬如溫瓊在剿滅許溫、郝邊及佛釋僧伽三十六萬後，因不受廟食、國封，杜真人為其保奏三天，之後皇帝（宋孝宗）章詞是否上達天聽？杜真人對曰：

> 至省蒙使相判云：「人間之神，絲毫之德，而敢干瀆至尊。本欲送左司靈官擬罪，又念汝奉法七世，權赦一次。惟瓊之名，頒行天下城隍司照會。溫瓊正直，曾受宗師正法，可特稱地祇上將、天下正神，部轄群祇，提點宮廟。」奏詞架閣，不敢謄錄。自此後太保威名震伏，群臣舉皆敬仰。[96]

溫太保不受廟食、國封之舉並非完全獲得道教系統的稱頌，也還是會受到天界的責備，國家權力與天界權威彼此間還是有密切的連結關係。

　　而對照〈地祇法〉、〈緒餘論〉與《太保傳》還會發現地祇法的

95　這個伽羅王可能為虎伽羅或馬伽羅，為密教神祇，所代表的應為密教與民間巫術混雜而成的民間佛教，與白玉蟾在《海瓊白真人語錄》中所批判的民間巫法相近。

96　《地祇上將溫太保傳》，頁 12b-13a。

一個特點被黃公瑾淡化，或是說刻意忽略。劉玉說：

> 呂之法書悉要而簡。其序云：「七十二階附體無出溫瓊，耐
> 久而有始終，捷疾而易感應。……」乃知萬法易動莫如地祇，
> 地祇勇猛無越溫將。蓋嘗思之，召天神必自天門而降，召雷
> 神必自中天而來、巽戶而至，酆都則自地戶而出，維地祇帥
> 將肸蠁只在眼前，召之則于陽間，平步而來，略無障礙。[97]

在呂希真與劉玉的認知，地祇法的一個重要特點在於「附體耐久有
始終，捷疾易感應」，這肇因地祇之神是人間神祇，可隨召而至，
不像天神、雷神或冥司神祇路程較長、且須通過天門、地戶等關卡。
若據鄧有功所編的《上清骨髓靈文鬼律》卷上「法道門」所載：[98]

> 諸發遣文字，危急行劄子限當時謂病篤會問陰府天曹、命數
> 延促之類。次緊牒城隍，限一日。次申東嶽，立獄、催鬼神，
> 限二日。常程給限，並不過三日。輒有留滯，半日，杖一百；
> 涉私故，徒一年。情重者，加一等，在道阻節者，以其罪罪
> 之。[99]
>
> 急切飛奏，限兩時報應。緊切，限一日。次緊，限三日。常
> 程七日。並謂奏上天者。[100]

---

97 《道法會元》，卷 253，頁 1a。
98 在元妙宗所編的《太上助國救民總真秘要》卷 6 之《太清隱書骨髓靈文
    鬼律玉格儀式》的「道法門」第二條（1b）亦有相同記載，可參見。這
    部分資料得張超然教授提點，特誌感謝。
99 《上清骨髓靈文鬼律》，卷上，頁 1b。
100 《上清骨髓靈文鬼律》，卷上，頁 10a。

可見當時法官呼召官將傳遞文書至城隍、東嶽，除了緊急劄子外，大多須經過一到兩天的期程，但最多不能超過三天；飛奏上天更需七日的時程。而由下文地祇法實踐（盧埜考附）的情況來看，似乎不需要再經過相關的公文流程，且應是在一天之內就完成了擒捕邪崇的工作，這種捷疾的效率應是很符合民眾的需求，正是地祇法能廣泛傳布的原因。而「附體法」或「附生童法」是宋元之際元帥法的一個特色，Michel Strickmann 認為是受到唐代密教法術的影響，[101] 而謝世維指出道教的附童法與密教則有不同，密教是透過童子諦觀三世之事，但道教的附童法則是由官將擒崇、將之押入生童身中，再進行拷問，而非神祇、官將附體。[102] 但是從地祇法的實踐來看，

---

[101] 相關討論可參 Michel Strickmann & Bernard Faure, *Chinese Magical Medicine* (California: Stanford University Press, 2002)，而此觀點後由 Edward L. Davis 進一步繼承、發揮，可參前引 *Society and the Supernatural in Song China*。

[102] 詳參 Shu-wei Hsieh (謝世維), "Exorcism in Buddho-Daoist Context: A Study of Exorcism in the Method of Ucchusma and Luminous Agent Marshal Ma";〈密法、道術與童子：穢跡金剛法與靈官馬元帥祕法中的驅邪法式研究〉，《國文學報》，51，頁 1-36。不過，在民間實踐中，密教的附童法也不完全都是由童子諦觀，也有神祇附體的形態，如《夷堅甲志》卷 19 的「穢跡金剛」，開頭便云：「漳泉間人，好持穢跡金剛法治病禳禬，神降則憑童子以言。」；《夷堅丙志》卷 6 的「福州大悲巫」也是類似的例子：「福州有巫，能持穢跡呪行法，為人治祟蠱甚驗，俗呼為大悲。……召巫考治之。才至，即有小兒盤辟入門，舞躍良久，徑投舍前池中。此兒乃比鄰富家子也。迨暮不復出，明日，別一兒又如是。兩家之父相聚詬罵巫，欲執以送官。巫曰：『少緩我，容我盡術，汝子自出矣，無傷也。』觀者踵至，四繞池邊以待。移時，聞若千萬人聲起於池，眾皆辟易，兩兒自水中出，一以繩縛大鯉，一從後箠之，曳登岸，鯉已死。兩兒揚揚如平常，略無所知覺。巫命累骭瓦於女腹上，舉杖悉碎之，已而暴下，孕即失去，乃驗鯉為祟云。」這條資料與下文提到盧埜的考附很相近，是由神祇附體於小孩身上，再進入池中擒捉作祟的鯉精。所引資料分見洪邁撰，何卓點校，《夷堅志》，冊 1，頁 417、

似乎不完全都是如此，也有神祇、官將附體的情形，像是盧埜使用
的地祇考附：

> 盧養浩來江西，至臨江軍行化，值蕭氏家患瘵，懸賞募人救
> 療。養浩於慧力寺前考附，每附一童，躍入江月亭水中，不
> 復上岸，眾皆疑信。養浩再附一人，遂持法官所執之劍，亦
> 直躍入潭中。良久，三人扛至一鮎魚頭上岸，乃知正其為祟，
> 蕭之疾由是而愈。盧語人曰：『未差溫瓊，方得捷疾。』」[103]

由此資料來看，盧埜行考附並非是押祟入體，而是驅遣十地祇附於
童身、進入潭中追捕邪祟。此外，也有類似密教以童子諦觀的形態，
如《夷堅支庚》卷八的「江渭逢二仙」條：

> 紹興七年上元夜，建康士人江渭元亮偕一友出觀，游歷巷
> 陌。迨于更闌，車馬稍闃，見兩美人各跨小駒，侍妾五六輩
> 肩隨，夾道提西絺紗籠，全如內間裝束，頻目江。……二士
> 自此不茹煙火，唯飡水果，殊喜為得際上仙。三月，往茅山，
> 與道士劉法師語，自詫奇遇。劉曰：「以吾觀之，二君精神
> 索漠，有妖氣。若遇真仙，當不如此。我能奉為去之。」……
> 劉命具香案，擇童子三四人立於傍，結印噓呵，令童視案面，
> 曰：「一團光影如日月。」曰：「是已。」令細窺光內，曰：「有
> 吏兵。」劉敕吏追土地至，遣擒元夕杜家園祟物。才食頃，

171。
[103]　《地祇上將溫太保傳》，頁4b。

童云：「兩婦人脫去冠帔，伏地待罪。又有數婢側立。」[104]

由此來看，雖然經典記載是由官將擒祟、將之押入生童身中，再進行拷問，但這也許是某種理想形態，在實踐上仍有一些分歧，有的是如經典所載，由道教官將擒捕、押祟附體；有些是保留密教以童子諦觀的方式，而後驅遣官將追祟；有的則是官將直接附體、前往擒祟。但是後者很容易遭受質疑，主要是天師道以來的道教傳統基本上是反對附體的，[105] 且在《太上天壇玉格》中有云：

> 經云：「一切上真天仙神將，不附生人之體。若輒附人語者，決是邪魔外道、不正之鬼，多是土地及司命能作此怪，行法之士當審查之。」[106]

所以「附生童法」雖然是當時廣泛操用的法術，但可能因為地祇法易受感應、來去迅疾，因此附體的神祇可能被視為土地、司命作怪，才會被視為下階之法。所以黃公瑾在〈緒餘論〉中也對相關的質疑提出回應：

> 有源思流，行法須明派，派不真則將不正。何謂不正，假如江湖法友，偶墮窮途，雖有此文，元無撥受，名曰保明奏度，實則無將可傳，鬼神因而盜名竊位而為將，其害不可勝言，

104　洪邁撰，何卓點校，《夷堅志》，冊3，頁1198-1199。
105　這個說法是可斟酌的，因為在天師道經典中的「被氣傳語」是否可算是一種附體，學者仍有不同的看法，但至少可以確定，天師道以來的道教傳統能接受降真，但不鼓勵附體。
106　《道法會元》，卷250，10a。

而招因果亦不勝其重。……雖然，嗣法者派得其真文，失其實而將吏亦能顯靈者，有數說。或因與道有緣，或以前生夙契，或以至誠感動。至如接派非其傳度，將失其正，而將吏雖響應於一時，必無收拾於後日，學者三省斯言，當知所警。[107]

他認為地祇法是上承虛靖天師，因此所驅遣的將帥是神祇，但許多江湖法官並未獲得這個「正統法脈」的傳授，因此驅遣、附體的將帥實際上多為一般鬼神，而非道教正神，這樣說法相當程度可以減低群眾或道士對附體的合法性或真實性的質疑。而上引吳道顯以鏡持鍊溫太保的神話則也相當程度改變了附體的特質：[108]溫太保修鍊後可現身出入鏡中，意謂著他由實體轉換為道炁或是靈體，相對於前文的王九二附體或是變黑蛇束冥司猛將薛真、徐汴，已不再使用附體或變身的方式行法，在某種意義上，此時的溫太保已超越民間或冥司神祇，而能自由來去，且「備足六通，升天入地，上中下三界神祇並皆敬畏。」

除了附體法之外，在地祇法中也能發現獨特的攝亡、照臂之法，在《地祇溫帥大法》「青靈三素攝附」後接續為一系列附體法術，先以「黑呪」存黑煞馮濛天，再誦「鬼字呪」召鬼附身，接著濛魂、開咽喉後便是「對臂」、「照臂」：

「照臂」：月華鏡、水華夷，當願敕召大神威，領兵大保，

---

107 《道法會元》，卷253，5b-6b。
108 在《藏外道書》的《地祇鐵甲飛雄上將翼靈昭武使都巡太保溫元帥血脈心傳》所列的祖師有「鍊鏡吳真人道顯」，可見這一系的傳承頗重這則鍊鏡神話。參見胡道靜等編，《藏外道書》，冊29，頁98。

速降壇前，聽吾指揮。適伸召請，想已到前，急急如東嶽泰
山天齊仁聖帝律令。入壇，合附者掌中大煞文，於壇以手薰
香上。左煞文，右劍訣。布斗於香上吹附者右臂上，引炁下
附者掌中，大煞文虛書一驅字，點水於附者掌中，書一裂字
念咒：天地昏黑，驅神速裂，報指分明，不得差別，急急如
律令。

「策役罡」：……火炁布附者，喝開五指，如開五指，請元
帥附臂，執筆封報。

「運臂呪」：萬法祖師敕溫某準吾令。四將捉生魂，急捉為
禍祟。折動掌中文，急急驅裂，急勾急伸。急急如天蓬眞君
律令。如報應，收光。謝師解壇。[109]

其中所述的，不只是押祟入生童體進行拷問，而是讓神祇附於臂
上，以書寫回報各項事務（執筆封報），可能就類似現今臺北正宗
書畫社的情況。[110] 而從最後所述的「如報應，收光」來看，那「照
臂」中的「點水於附者掌中」就類似上述《夷堅支庚》「江渭逢二
仙」中所述的，可以由具反射特質的物品諦觀或回報執行的結果。
而在此之後還有「墜旛大法」，但所錄多為罡訣，較無法明確理解
其意，但溫元帥的相關法門多見「青靈」、「青玄」這類與地下世界
有關的詞彙，大抵可推想溫元帥或相關法門原初應與破獄召亡有
關。而前章已提到酆都法的「攝亡法」，這個攝亡墜旛之法在宋元

109　《道法會元》，卷255，12a-14a。
110　相關研究可參宋光宇，〈從正宗書畫社這個案例談乩是什麼〉，收入李
　　豐楙先生、朱榮貴編，《儀式、廟會與社區：道教、民間信仰與民間文
　　化論文集》（臺北：中央研究院文哲所籌備處，1996），頁178-196。

道法經典如《靈寶無量度人上品妙經大法》、《法海遺珠》、《道法會元》等都可見到，是由法官或道士召將（夜光玉女或五帝大魔）開破獄門召攝亡魂、附於旛上，或是憑附童子通傳言語。而上述的這些法術正好可對應到清微派〈道法樞紐〉的批判：[111]

> 師曰：「附體開光、降將報指、照水封臂、攝亡墜旛，其鬼不神，其事不應，皆術數也，非道法也。知此者可明神道設教耳，知道者不為是也。」[112]

就此來看，〈道法樞紐〉可說便是針對地祇法所提出的批判，認為這些法術所召喚的神祇非是正真之神，也不能真的解決相關問題，屬於下階的術數，非是合於大道的正法。這也側面說明了地祇法多被視為下階末流之法，而多受江湖法官質疑和批評。

從以上討論可知：在劉玉的〈地祇法〉中，溫瓊還保有附體、人間之神的地祇特色，但到黃公瑾《太保傳》時，則先入祀東嶽，再透過炳靈公保奏、虛靖天師傳法，後於青城山守護天師，被虛靖保奏為「助法翊靈昭武大使太保」，並得酆都兵馬驅使。後被吳道顯以鏡修鍊、加持天蓬呪，備足六通，又弭平奉僧伽三壇之教的伽嘍王、許溫、郝邊，懲處曾受國封的康應太保等，以道封與修鍊淡化或轉化溫瓊原屬人間地祇的特色，進而形塑了一個「道封」後打擊佛教、國封祠神的溫瓊形象，反過來說，在這些論述背後應是隱

111　這部分題為雲山保一真人李少微授，在《道法會元》卷 1 可見相近資料，但未署名作者。
112　《清微元降大法》，《正統道藏》，冊 6，卷 25（臺北：新文豐出版，1995），頁 7b。

含了一種道教面對佛教（民間佛教）與民間祠神的危機感。進一步
放在宋代以來的大背景來看，道教面對密教流衍至民間、與民間巫
術混融後形成的民間佛教，以及朝廷不斷敕封的祠神，道教徒不再
訴諸老君出世，而試圖建立起一個以宗師為主──火師汪真君、虛
靖天師等宗師──的「新道教道統」，由此來超越佛教與國家權力。
當然，這是黃公瑾個人的企盼，就後續的道經資料來看，溫瓊並未
在道教神譜中佔據崇高的法位或是產生驚人的影響力，這個道教道
統似乎沒有真的被接受與認可，但是也許是溫瓊信仰在民間的影響
力，後來溫元帥被清微派吸收，結合其他三位元帥併為《清微馬趙
溫關四帥大法》，[113] 而後更被列為護持北極玄天上帝的馬、趙、溫、
關四大元帥，[114] 多少完成了他撰述〈緒餘論〉、《太保傳》，企圖提
升、彰顯獨體地祇溫太保的努力。

五、餘論：再論地祇法的譜系問題

　　本文比較劉玉〈地祇法〉與黃公瑾〈地祇緒餘論〉、《地祇上將
溫太保傳》，從中發現黃公瑾試圖透過道統譜系與溫瓊神話來建
構、提升地祇法在道法系統的位階。其師劉玉之法得自盛椿、李守
道、盧養浩、呂希真，而專守呂希真所傳之法，但到黃公瑾之時，
則稱地祇法起自虛靖天師張繼先，後傳王宗敬、吳道顯、柳伯期、

---

[113]　《道法會元》，卷36。
[114]　筆者曾進行過初步的討論，參見高振宏，〈道教馬趙溫關四大元帥探
　　　考〉，收入《第十四屆「宗教與心靈改革研討會」論文集》（高雄：高
　　　雄道德院，2012），頁 214-236。

鍾明等人，別立一宗，建立起地祇法的神聖譜系。而在劉玉所述中，地祇法會役使溫瓊、張巡兩位元帥，但以溫瓊為上，且其特色為附體耐久而有始終，捷疾而易感應，他仍將之視為人間神祇。但在黃公瑾手中，則將「地祇」具體成一官僚系統，並與道教傳統連結，遠承靈寶、上清，近則歸屬東嶽，同時造構獨體地祇溫太保的神話——溫瓊不受血食、國封，得虛靖天師傳地祇一司正法符籙呪訣，並獲保奏、受封「助法翊靈昭武大使太保」，領有酆都三千兵馬。後又得吳道顯以鏡持鍊、加持天蓬呪，備足六通，因此打擊奉僧伽三壇之教的伽羅王、許溫、郝邊，懲處曾受國封的康應太保，轉變了人間神祇血食、附體等特色，形構出一個「道教」的溫瓊形象，而這樣的溫瓊形象隱然是帶著一種道封超越國封、佛教的企圖。若將這個情況擺在宋代以來的宗教環境來看，筆者以為黃公瑾試圖建立一個以虛靖天師為宗師的「新道教道統」，在外部可凌駕於佛教與國家大舉封敕的眾多祠神，在道教內部則可吸納相關的民間祠神、提升以民間法術為根底的法術位階，為原被視為較下品、低階的地祇法提供了伐廟馘邪的理論依據。也許是因為他的努力，溫太保後被清微派吸收，列入《清微馬趙溫關四帥大法》，之後更成為護持北極玄天上帝的馬、趙、溫、關四大元帥，持續在當今的道教儀式發揮作用。

　　除了本文所論要點之外，編纂道藏的四十三代天師張宇初（1361-1410）在《峴泉集》中的「玄問」曾提出所謂的「酆岳之法」：

　　曰三洞四輔：清微、靈寶、神霄、酆岳者，洞輔之品經籙是也。……酆岳則朱熙明、鄭知微、盧養浩、葉法善，倡其宗

者左、鄭、潘、李而派益衍矣。」[115]

在此張宇初是以「三洞四輔」的架構含括當時流行的清微、靈寶、神霄、酆岳等四個道派，並且梳理了他們的傳法譜系。從這個譜系來看，張宇初所謂的「酆岳」應指與酆都、東嶽相關的道法，應即是指《道法會元》中的酆都法與地祇法。前已提及，依照劉玉、黃公瑾所建構的地祇法譜系應為：

虛靖天師 → 王宗敬 → 吳道顯 ⟹ 柳伯奇 ⟹ 鍾明
→ …… → 劉玉 → 黃公瑾（黃公瑾的《太保傳》未直接
說明吳道顯傳法柳伯奇、柳伯奇傳法鍾明，因此以虛箭頭表
示）

善行者：盛椿、李守道、盧埜、呂希真、時真官（未詳姓名）、
聞天祐。依《太保傳》，另有曹可復、宰（失姓字）、盧埜、
洪一庵（十地祇方）[116]

流傳：石碑本地祇、鐵林府地祇、原公夫人廟地祇、五雷地
祇、五虎地祇、索子地祇、十字地祇、四兕地祇、聖府地祇。
即後陳後則有蘇道濟派、溫州正派、李蓬頭派、過曜卿派、

---

[115]　《峴泉集》，《正統道藏》，冊 55，卷 1（臺北：新文豐出版，1995），頁 18b-19b。

[116]　黃公瑾纂集的《溫太保傳補遺》提到：「洪一庵行內臺酆都得名，攜其徒鍾野雲到建寧府浦城縣牛田黃通鑰家。遇其小女患顛邪，驗之考附。因仕於閩，有邪名江郎、名戴大婆為禍，置獄在寺，為人踢破，其祟走逸，借援邪神，變為飛鴉猛虎，圍繞寺外，唬吼鳴噪，諸法俱不能收伏。後用十地祇，方悉擒捕（或可斷為「後用十地祇方，悉擒捕」），遂縛其祟，過湖右用沈沒法，方滅其形。」見《溫太保傳補遺》，頁 4b-5a。

玄靈續派。[117]

但在此張宇初反而跳過最大力推動的劉玉與黃公瑾，也未列龍虎山的虛靖天師，反而是以《道法會元》卷二五四的葉法善天師為法源，[118] 這也許有兩種可能：一為可能有些張宇初所見的資料並未完全收入正統道藏之中；另一則為地祇法以附體考召為主，在道法諸階中屬於比較低下的階位，他擔心影響龍虎山道教權威的地位，因此有意迴避虛靖天師所傳的這項說法。

而有趣的是，不論地祇祖師是葉天師還是虛靖天師，在明代都有其擁護者，[119] 在《藏外道書》所收的《地祇鐵甲飛雄上將翼靈昭武使都巡太保溫元帥血脈心傳》，其中所列「法派」的祖師為：

> 祖師：三十代天師虛靖玄通宏悟真君張繼先
>
> 祖師：涼州感惠鍾真君
>
> 祖師：鍊鏡吳真人道顯
>
> 宗師：一庵洪真人、養浩盧真人、宗用陳真人、本心尹真人、
> 　　　澄心趙真人、春谷朱真人、鳳庭朱真人、衡（沖）直
> 　　　蔣真人

117　《道法會元》，卷 253，頁 1a-5b。

118　有關葉法善天師與宋元道法的關係，吳真作過相關討論，可參氏著《為神性加注：唐宋葉法善崇拜的造成史》（北京：中國社會科學出版社，2012），特別是第六章〈宋代道法傳統的發明與道經的托名〉，頁142-179。

119　康豹認為這些不同的資料反應了溫元帥在民間不同的樣貌，因此提出「回響」的概念。但筆者以為葉天師、虛靖天師的說法都見於道經與民間資料，可見當時是有這兩種主流神話（當然未必就是道教影響民間宗教）在交相競爭或是交互影響。

經師：雷谷蔣仙官

籍師：鶴巢黃眞官、明眞程先生克明

度師：冲玄曹眞人中正[120]

這套譜系與劉玉、黃公瑾所列又有差異，反而強調黃公瑾所提到善行十地祇法的洪一庵和盧埜，也許代表另一個盧埜所傳出的系統。而明代宋濂的〈溫忠靖王廟堂碑〉則是接受了葉天師這個說法：

> 歲在閼逢，涒攤斗杓，直寅其日，某家子東家道士儲祥曦新作溫忠靖王廟。成後十有一年，太史氏濂為之記曰：「……（溫瓊）二十六舉進士不第，乃拊几歎曰：『吾生不能致君澤，死當為泰山神，以除天下惡厲耳。』復制三十六神符授人，曰：『持此能主地上鬼神。』言已，忽幻藥叉象，屹立而亡。蜀葉天師後用其符，禁除沴氣之為人蠱者，彷彿見王衣楮袍、握寶劍，乘追風駿下之。劾名之家遂皆祠王以祈靈響焉。王嗣封翊靈昭武將軍正佑侯。其曰正福顯應威烈忠靖王，則宋季之累家也。」[121]

從上文的說明來觀察道經中的情況，會發現兩個有趣的現象：其

---

120 胡道靜等編，《藏外道書》，冊 29，頁 98。據胡道靜等編纂者指出，本冊所收錄的〈太乙月孛雷君祕法〉、〈天罡玄祕都雷法〉、〈太乙三山木郎祈雨神咒〉等為明代內府抄本，原藏於北京圖書館，而該冊〈朱將軍大法〉有中山神谷在元統二年（1334）的序文、〈諸階鎮貼符〉最後有陶典真在嘉靖二十一年（1542）的署文，則大致可知這批資料大致為元代後期到明代中期整理的作品。

121 明‧宋濂，〈溫忠靖王廟堂碑〉，《宋文憲全集》，卷41（臺北：中華書局，1966，四庫備要本，第 556 冊），頁 3-4。

一，從《藏外道書》的資料來看，劉玉的系統似乎未有延續，但是若我們考慮材料的性質，《藏外道書》所收資料為內府抄本，屬官家系統，而劉玉的地祇法則具較強烈的民間性格（重實效），也許他的系統主要是在民間流播，這部分就有待挖掘更多抄本資料才能補足。其次，不論是神霄法或酆岳法，劉玉應是扮演一個頗為重要的角色，且道藏中也收錄了相關資料，但張宇初在《峴泉集》或《道門十規》中卻隻字未提，箇中原因令人玩味，其中反應了張宇初的某種史觀與選擇，或許如上文所提，劉玉的道法系統具有較強的民間性格，不符合他心目中的「高道」標準，因此刻意地排除在相關譜系之外，不過，這也只是暫時的推測，仍有待更多的新出資料輔證。道藏的編纂是一個挑選與汰選的過程，這種帶有悖論的情況，反而能讓我們更仔細反省如何看待、運用現存的道藏資料，目前湖北、湖南、江西地區的抄本所列祖師有見於道藏的盧埜與章潢溪，[122] 如能發掘更多的抄本資料，對這些道法系統將能有更多的理解。（本文刊於《華人宗教研究》，第三期，2014，頁 51-104。）

---

[122] 可參見李豐楙先生所蒐集的抄本，李豐楙，《道法海涵》（臺北：新文豐出版社，2014）。

引用書目

傳統文獻

安居香山、中村璋八輯，《緯書集成（下）》，石家莊：河北人民出版社，1994。

《上清骨髓靈文鬼律》，《正統道藏》，第 11 冊，臺北：新文豐出版，1995。

《地祇上將溫太保傳》，《正統道藏》，第 30 冊，臺北：新文豐出版，1995。

《沖虛通妙侍宸王先生家話》，《正統道藏》，第 54 冊，臺北：新文豐出版，1995。

《法海遺珠》，《正統道藏》，第 45 冊，臺北：新文豐出版，1995。

《洞玄靈寶五嶽古本眞形圖》，《正統道藏》，第 11 冊，臺北：新文豐出版，1995。

《峴泉集》，《正統道藏》，第 55 冊，臺北：新文豐出版，1995。

《道法會元》，《正統道藏》，第 48-51 冊，臺北：新文豐出版，1995。

不著編人，《大元聖政國朝典章》，臺北：故宮博物院，1976。

王元恭修，王厚孫、徐亮纂，《至正四明續志》，《宋元方志叢刊》，北京：中華書局，1990。

西湖老人撰，《西湖老人繁盛錄》，北京：中國商業出版社，1982。

佚名撰，《繪圖三教源流搜神大全（外二種）》，上海：上海古籍出版社，2012。

宋濂，〈溫忠靖王廟堂碑〉，《宋文憲全集》，臺北：中華書局，1966，四庫備要本，第 556 冊，頁 3-4。

俞琰，《書齋夜話》，臺北：藝文印書館，1972，叢書集成三編。

姚福均輯，《鑄鼎餘聞》，收入李豐楙、王秋桂主編，《中國民間民間信仰資料彙編（第一輯）》，第 12 冊，臺北：臺灣學生書局，1989。

洪邁撰，何卓點校，《夷堅志》，北京：中華書局，2006。

胡道靜、陳耀庭、段文桂、林萬清等編，《藏外道書》，成都：巴蜀書社，1992。

胡榘修，方萬里、羅濬纂，《寶慶四明志》，《宋元方志叢刊》，北京：中華書局，1990。

馬澤修，袁桷纂，《延祐四明志》，《宋元方志叢刊》，北京：中華書局，1990。

張繼禹主編：《中華道藏》，北京：華夏出版社，2004。

梁潛撰，《泊庵集》，臺北：臺灣商務印書館，出版年不詳，四庫全書珍本六集，第 266 冊。

脫因修，俞希魯纂，《至順鎮江志》，《宋元方志叢刊》，北京：中華書局，1990。

單慶修，徐碩纂，《至元嘉禾志》，《宋元方志叢刊》，北京：中華書局，1990。

無名氏撰，金心點校，《湖海新聞夷堅續志》，北京：中華書局，2006。

萬安大學士，〈弘慈廣濟寺碑銘〉，收入（清）釋湛祐遺藁，釋然叢編輯，余賓碩較訂，《敕建弘慈廣濟寺新志》，清康熙四十三年大悲壇藏板。

歐陽守道，〈靈佑廟記〉，《巽齋文集》，臺北：臺灣商務印書館，未明出版年，影印四庫全書珍本，第 313 冊，頁 1-5。

潛修友纂修，《咸淳臨安志》，《宋元方志叢刊》，北京：中華書局，1990。

魏峴，《四明它山水利備覽》，收入張壽鏞輯，《四明叢書》（張氏約園刊本），第 3 集。

龔嘉儁修，李榕纂，《杭州府志》，臺北：成文出版社，1982。

近人論著

中文著作

王見川，〈「關公大戰蚩尤」傳說之考察〉，《漢人宗教、民間信仰與預言書的探索：王見川自選集》，臺北：博揚文化出版社，2008，頁 395-410。

———，〈龍虎山張天師的興起與其在宋代的發展〉，收入高致華編，《探尋民間諸神與信仰文化》，合肥：黃山書社，2006，頁 31-68。

司馬虛（Michel Strickmann）著，劉屹譯〈最長的道經〉，《法國漢學》，第七輯，中華書局，2002，頁 188-211。

石泰安（Rolf A. Stein）著，呂鵬志譯，〈二至七世紀的道教和民間宗教〉，《法國漢學》，第七輯，中華書局，2002，頁 39-67。

吳真作，《為神性加注：唐宋葉法善崇拜的造成史》，北京：中國社會科學出版社，2012。

宋光宇，〈從正宗書畫社這個案例談乩是什麼〉，收入李豐楙先生、朱榮貴編，《儀式、廟會與社區：道教、民間信仰與民間文化論文集》，臺北：中央研究院文哲所籌備處，1996，頁 178-196。

李志鴻《道教天心正法研究》，北京：社會科學文獻，2011。

李遠國，《神霄雷法：道教神霄派沿革與思想》，成都：四川人民出版社，2003。

李豐楙，〈塗炭齋之後：道教民俗中首過儀式的扮犯表演〉，收入李豐楙、廖肇亨編，《沉淪、懺悔與救度：中國文化的懺悔書寫論集》，臺北：中央研究院文哲所，2013，頁 79-118。

———，〈許遜與薩守堅：鄧志謨道教小說研究〉，臺北：臺灣學生書局，1997。

李麗涼，〈北宋神霄道士林靈素與神霄運動〉，香港：香港中文大學哲學博士論文，2006。

昌彼得等編，《宋人傳記資料索引》，臺北：鼎文出版社，1974。

施舟人（Kristofer Schipper），〈道教的清約〉，《法國漢學》，第七輯，中華書局，2002，頁 149-167。

胡小偉，〈宋代的「二郎神」崇拜〉，《伽藍天尊──佛道兩教與關羽崇拜》，香港：科華圖書出版社，2005，頁 167-198。

范純武，〈道教對民間俗神的編納──以地祇法和張巡信仰關係為例〉，收入黎志添主編，《香港及華南道教研究》，香港：中華書局，2005，頁 405-433。

———，〈雙忠崇祀與中國民間信仰〉，臺北：國立臺灣師範大學歷史系博士論文，2003。

酒井忠夫著，金華譯，〈泰山信仰研究〉，收入游琪、劉錫誠主編，《山岳與象徵》，北京：商務印書館，2004，頁 193-224。

高振宏，〈虛靖天師傳說與龍虎山道教權威的形成──以筆記、小說與道經的綜合考察〉，國立政治大學中文系主辦，「兩岸六校研究生國學高峰會議」，臺北：2013 年 1 月。

———，〈道教馬趙溫關四大元帥探考〉，收入《第十四屆「宗教與心靈改革研討會」論文集》，高雄：高雄道德院，2012，頁 214-236。。

康豹（Paul R. Katz），〈「精魂拘閉，誰之過乎？」──道教與中國法律文化初探〉，收入《文化與歷史的追索──余英時教授八秩壽慶論文集》，臺北：聯經出版社，2009，頁 559-582。

———，趙昕毅譯，〈道教與地方信仰──以溫元帥信仰為個案〉，收入高致華編，《探尋民間諸神與信仰文化》，合肥：黃山書社，2006，頁 116-148；同文亦見《從地獄到仙境──漢人民間信仰的多元面貌：康豹自選集》，臺北：博揚文化出版社，2009，頁 19-50。

黎志添，〈六朝天師道與民間宗教祭祀〉，收入黎志添主編，《道教與民間宗教研究論集》，香港：學峰文化事業公司，1999，頁 11-39。

謝世維，〈密法、道術與童子：穢跡金剛法與靈官馬元帥祕法中的驅邪法式研究〉，《國文學報》，51，臺北：2012，頁 1-36。

───,《天界之文：魏晉南北朝靈寶經典研究》，臺北：臺灣商務印書館，2010。

謝聰輝，〈一卷本度人經及其在臺灣正一派的運用析論〉，《中國學術年刊》，30 期春季號，臺北：2008，頁 105-136。

韓森（Valerie Hansen）、包偉民譯，《變遷之神：南宋時期的民間信仰》，江蘇：浙江人民出版社，1999。

譚偉倫，《民間佛教研究》，北京：中華書局，2007。

日文著作

二階堂善弘，《道教・民間信仰における元帥神の變容》，吹田：關西大學出版部，2006。

松本浩一，〈宋代の雷法〉，《社會文化史學》，17，1979，頁 45-65。

───，〈張天師與南宋道教〉，收入高致華編，《探尋民間諸神與信仰文化》，合肥：黃山書社，2006，頁 69-86。

───，《宋代の道教と民間信仰》，東京：汲古書院，2006。

酒井規史，〈「道法」における道術の交流──童初正法と玉堂大法を中心に〉，收入田中文雄、Terry F. Kleeman 編，《道教と共生思想──第 3 回日米道教研究會議論文集》，東京：大河書房，2009，頁 116-135。

───，〈地方における雷法の形成：邵陽火車五雷大法を中心に〉，《東方宗教》，119，東京：2012，頁 22-38。

───，〈道法の形成と派生：上清天篷伏魔大法と紫宸玄書を中心に〉，《東方宗教》，112，東京：2008，頁 26-44。

Michel Strickmaan 著，安倍道子譯，〈宋代の雷儀──神霄運動と道家南宗についての略說〉，《東方宗教》，46，東京：1975，頁 15-28。

英文著作

Boltz, Judith M. *A Survey of Taoist Literature: Tenth to Seventeenth Centuries.* Berkley: Center for Chinese Studies, 1987.

Davis, Edward L. *Society and the Supernatural in Song China.* Honolulu: University of Hawaii Press, 2001.

Gerritsen, Anne. "From Demon to Deity : Kang Wang in Thirteenth- Century Jizhou and Beyond," T'oung Pao (通報) vol.90, no. 1-3 (2004): 1-31.

Hsieh, Shu-wei (謝世維), "Exorcism in Buddho-Daoist Context: A Study of Exorcism in the Method of Ucchusma and Luminous Agent Marshal Ma," in *Exorcism and Religious Daoism*, ed. Florian C. Reiter. Wiesbaden: Harrassowitz Verlag, 2011, 257-276.

Katz, Paul R. *Demon Hordes and Burning Boats: the Cult of Marshal Wen in Late Imperial Chekiang.* Albany: State University of New York Press, 1995.

Katz, Paul R. *Divine Justice: Religion and the Development of Chinese Legal Culture.* London and New York: Routledge, 2009.

Lagerwey, John. *Taoist Ritual in Chinese Society and History.* New York: Macmillan Publishing Company, 1987.

Meulenbeld, Mark. "Civilized Demons: Ming Thunder Gods From Ritual to Literature." Ph.D. diss., The University of Princeton, 2007.

Reiter, Florian C. "Taoist Transcendence and Thunder Magic, As seen in the Great Rituals of Heavenly Ting of Metal and Fire in the Divine Empyrean (神霄金火天丁大法)," in *Zeitschrift der Deustschen Morgenländischen Gesellschaft*. Wiesbaden: Harrassowitz Verlag, 2011, 415-445。

Reiter, Florian C. *Basic Conditions of Taoist Thunder Magic.* Wiesbaden: Harrassowitz Verlag, 2007.

Schipper, Kristofer, & Franciscus Verellen. *The Daoist Canon: A Historical Companion to the Daozeng.* Chicago: The University of Chicago Press, 2004。

Schipper, Kristofer. "Taoist Ritual and Local Cult of the T'ang Dynasty," in *Tantric and Taoist Studies*: *in Honour of R. A. Stein* vol.22, ed. Michel

Strickmaan. Bruxelles: Institut belge des hautes études chinoises, 1985, 812-834.

Strickmann, Michel. & Bernard Faure. *Chinese Magical Medicine*. California: Stanford University Press, 2002.

Daubing Lips with Blood and Drinking Elixirs with the Celestial Lord Yin Jiao

—— The Role of Thunder Deities in Daoist Ordination in Contemporary Hunan

David Mozina[*]
Boston College, USA

One of the most intriguing aspects of the liturgical life encountered by the scholars working in central Hunan is the pronounced appearance of thunder ritual.[1] Rising to prominence in the Northern Song dynasty, thunder ritual (*leifa* 雷法) is a generic term for a broad spectrum of therapeutic ritual methods associated with the exorcistic power of primordial thunder and imagined to be wielded by a host of martial deities.[2] Thunder ritual has become deeply woven into the fabric of

---

[*]   This research focuses on the liturgical life of Meicheng Township (Meicheng zhen 梅城鎮) and its environs in central Hunan Province 湖南省, on the history of thunder ritual (*leifa* 雷法) since the Song dynasty, and on Chinese and modern Western conceptions of ritual. He is currently at work on a monograph on rituals surrounding talismanic writing in central Hunan.

[1]   I wish to thank Alain Arrault, Patrice Fava, and le centre de l'École française d'Extrême-Orient à Pékin for the opportunity to work on "Projet Hunan." I also wish to thank Poul Andersen, Stephen Bokenkamp, Terry Kleeman, Mark Meulenbeld, Kimberley Patton, Michael Puett, Gil Raz, and Zhang Ling 張玲 for their comments and criticisms. Support for research for this article was provided by a Chiang Ching-kuo Foundation Junior Scholar Grant, an International Dissertation Research Fellowship from the Social Science Research Council, a Foreign Language and Area Studies Academic Year Fellowship, and a Dean's Dissertation Grant from the Harvard Divinity School.

[2]   The scholarly literature on the various stripes of thunder ritual is growing, but see, among others, Judith M. Boltz, *A Survey of Taoist Literature: Tenth to Seventeenth Centuries* (Berkeley: Institute of East Asian Studies and Center for Chinese Studies, University of California, 1987), same author, "Not by the Seal of Office Alone: New Weapons in Battles with the Supernatural," in *Religion and Society in T'ang and Sung China*, eds., Patricia Ebrey and Peter Gregory, (Honolulu: University of Hawai'i Press, 1993), 241-305. Edward L. Davis, *Society and the Supernatural in Song China* (Honolulu: University of Hawai'i Press, 2001). Robert Hymes, *Way and Byway: Taoism, Lineage, and Models of Divinity in Sung and Modern China* (Berkeley: University of California Press, 2002). Mark R.E. Meulenbeld, *Demonic Warfare: Daoism, Territorial Networks, and the History of a Ming Novel* (Honolulu: University of Hawai'i Press, 2015); same author, "Civilized Demons: Ming Thunder Gods from Ritual to Literature," (Ph. D. Diss., Princeton University, 2007). Florian C. Reiter, "The Discourse on the Thunders 雷說, by the Taoist Wang Wen-ch'ing 王文卿 (1093-1153)," *Journal of the Royal Asiatic Society Series* 3, 14: 3 (2004): 207-229; same author, *Basic Conditions of Taoist Thunder Magic* (Wiesbaden: Harrassowitz Verlag, 2007); same author, "The Management of Nature: Convictions and Means in Daoist Thunder Magic (Daojiao leifa)," in *Purpose, Means and Convictions in Daoism: A Berlin Symposium*, ed., Florian

C. Reiter (Wiesbaden: Harrassowitz Verlag, 2007), 183-200; same author, *Man, Nature, and the Infinite: The Scope of Daoist Thunder Magic Rituals* (Wiesbaden: Harrassowitz Verlag, 2013). Kristofer M. Schipper, "Master Chao I-chen and the Ch'ing-wei School of Taoism," in *Dōkyō to shūkyō bunka* 道教と宗教文化 [Daoism and Religious Culture] ed., Akizuki Kan'ei 秋月觀暎, (Tōkyō 東京: Hirakawa shuppansha 平河出版社, 1987); in K. M. Schipper and Franciscus Verellen, eds., *The Taoist Canon: A Historical Companion to the Daozang* (Chicago: University of Chicago Press, 2004), 1056-1115. Lowell Skar, "Administering Thunder: A Thirteenth-Century Memorial Deliberating the Thunder Rites," *Cahiers d'Extême-Asie*, 9 (1996-97): 159-202. Piet van der Loon, "A Taoist Collection of the Fourteenth Century," in *Studia Sino-Mongolica, Festschrift für Herbert Franke*, ed., Wolfgang Bauer, (Wiesbaden: Franz Steiner, 1979). And Kleeman Terry 祁泰履, "The Evolution of Daoist Cosmology and the Construction of the Common Sacred Realm" 道教宇宙關的演化及其普世聖域的建構, *Taiwan dongya wenming yanjiu xuekan* 台灣東亞文明研究學刊 2, no. 1 (2005): 87-108.
For recent scholarship out of Taiwan, see, among others, Sakai Norifumi 酒井規史, "Difang de leifa yu *Daofa huiyuan*: yi *Dongxuan yushu leiting dafa* wei zhongxin" 地方的雷法與《道法會元》：以《洞玄玉樞雷霆大法》為中心 [Local thunder ritual and the *Daofa huiyuan*: a study of the *Dongxuan yushu leiting dafa*], *Huaren zongjiao yanjiu* 華人宗教研究, 3 (2014): 27-49. Zheng Zhiming 鄭志明, "Cong *Daofa huiyuan* tan Song Yuan fulu fapai de shijie zhixu guan" 從《道法會元》談宋元符籙法派的世界秩序觀 [On the worldview of the ritual sect of talismans and registers during the Song-Yuan period, from sources in the *Daofa huiyuan*], *Chengda zongjiao yu wenhua xuebao* 成大宗教與文化學報, 6 (2006): 35-57. Li Fengmao 李豐楙, "Daojiao shenxiao pai de xingcheng yu fazhan 道教神霄派的形成與發展 [The formation and development of the Daoist Divine Empyrean sect], *Youshi xuezhi* 幼獅學誌, 19, no. 4 (1987): 146-169.
For recent scholarship out of mainland China, see Wang Chi 王弛, "Dadan tong sanjie leiting su yaoxie" 大丹通三界，雷霆肅妖邪: 清微雷法的法力 [The great elixir penetrates the three realms, the thunderclap eliminates evil demons: the ritual power of Qingwei thunder ritual], *Zhongguo daojiao* 中國道教, 1 (2014): 35-38; same author, "Tianshi Zhang Jixian yu Longhu shan zhengyi leifa" 天師張繼先與龍虎山正一雷法 [Celestial Master Zhang Jixian and the Orthodox Unity thunder ritual of Mount Longhu], *Shijie zongjiao yanjiu* 世界宗教研究, 4 (2012): 72-80. Li Yuanguo 李遠國, "Leifa, dandao yu yangsheng" 雷法、丹道與養生 [Thunder ritual, inner alchemy and longevity techniques], *Zongjiaoxue yanjiu* 宗教學研究, 1 (2010); same author, *Shenxiao leifa: Daojiao shenxiaopai yange yu sixiang* 神霄雷法：道教神霄派沿革與思想 [Divine Empyrean thunder ritual: the evolution and thought of the Daoist Divine Empyrean sect] (Chengdu 成都: Sichuan renmin chuban 四川人民出版, 2003). Liao Wenyi 廖文毅, "Bai Yuchan neidan yu leifa zhi ronghe" 白玉蟾內丹與雷法之融合 [The fusion of Bai Yuchan's inner alchemy and thunder ritual], *Hunan keji xueyuan xuebao* 湖南科技

學院學報, 31: 1 (2010): 81-91. An Huatao 安華濤, "Bai Yuchan yu shenxiao leifa" 白玉蟾與神霄雷法 [Bai Yuchan and Divine Empyrean thunder ritual], *Zhongguo daojiao* 中國道教, 6 (2009): 34-38. Zhang Zehong 張澤洪, "Lun Bai Yuchan dui nansong daojiao keyi de chuangxin—jian lun nansong jiaotuan de leifa" 論白玉蟾對南宋道教科儀的創新—兼論南宗教團的雷法 [On Bai Yuchan's creative innovations of Southern Song Daoist ritual—and on the thunder ritual of the southern lineage], *Hubei daxue xuebao* (*zhexue shehui kexue ban*) 湖北大學學報 (哲學社會科學版), 31: 6 (2004): 694-699. Li Zhihong 李志鴻, "Leifa yu leishen chongbai" 雷法與雷神崇拜 [Thunder ritual and the worship of thunder gods], *Zhongguo daojiao* 中國道教, 3 (2004): 32-36. Liu Zhongyu 劉仲宇 "Wulei zhengfa yuanyuan kaolun" 五雷正法淵源考論 [The origins of the orthodox rites of the five thunders], *Zongjiaoxue yanjiu* 宗教學研究, 3 (2001): 14-21.

For recent scholarship in Japan, see Sakai Norifumi 酒井規史, "Chihō ni okeru raihō no keisei—*Shōyō kasha gorai Taihō* o chūshin ni" 地方における雷法の形成—「邵陽火車五雷大法」を中心に [Localization of Daoist thunder rites in the *Shaoyang huoche wulei dafa*], *Tōhō shūkyō* 東方宗教, 119 (2012): 22-38; same author, "Dōhō ni okeru dōjutsu no kōryū—Dōsho shōbō to Gyokudō taihō o chūshin ni" 「道法」における道術の交流—童初正法と玉堂大法を中心に [Transmission of *daoshu* 道術 (arts of the way) amongst *daofa* 道法 (rites of the way) in the Tongchu zhengfa 童初正法 and Yutang dafa 玉堂大法], in *Dōkyō to kyōsei shisō: dai 3-kai Nichi-Bei dōkyō kenkyūkai giron bunshū* 道教と共生思想: 第 3 回日米道教研究会議論文集 [Daoism and symbiotic thought: proceedings from the third Japanese-American Daoism conference] eds., Tanaka Fumio 田中文雄 and Terry Kleeman, (Tokyo 東京: Taiga Shobō 大河書房, 2009), 116-135. Lowell Skar, "Seibi senpu, raihō, shinrei soshite dōgen—chūsei no Chūgoku tōnanbu ni okeru shūkyō teki tōgō ni tsuite" 清微仙譜、雷法、神霊そして道原—中世の中国東南部における宗教的統合について [Qingwei immortals' rosters, thunder rituals, divine powers, and the origins of the Dao: on a medieval religious synthesis in southeast China], in *Dōkyō to kyōsei shisō: dai 3-kai Nichi-Bei dōkyō kenkyūkai giron bunshū* 道教と共生思想: 第 3 回日米道教研究会議論文集 [Daoism and symbiotic thought: proceedings from the third Japanese-American Daoism conference] eds., Tanaka Fumio 田中文雄 and Terry Kleeman, (Tokyo 東京: Taiga Shobō 大河書房, 2009), 136-154. Matsumoto Koichi 松本浩一, "Dōkyō jujutsu tenshinhō no kigen to seikaku—tokuni raihō to no hikaku o tsūjite" 道教呪術「天心法」の起源と性格—特に「雷法」との比較を通じて [The origin and characteristics of the Daoist Rites of the Heavenly Heart, seen through a comparison with Thunder Ritual], *Toshokan jōhō daigaku kenkyū hōkoku* 図書館情報大学研究報告, 20: 2 (2001): 27-45; same author, "Sōdai no raihō" 宋代の雷法 [Song dynasty thunder ritual], *Shakai bunka shigaku* 社会文化史学, 17 (1979): 45-65. Liu Zhiwan 劉枝萬, "Raijin shinkō to raihō no tenkai" 雷神信仰と雷法の展開 [Belief in thunder deities and the development of thunder ritual], *Tōhō shūkyō* 東方宗教, 67 (1986): 1-21. Michel

Daoist liturgical life throughout southern China, but the ritual activity and artifacts we are currently discovering in central Hunan seem to exhibit thunder ritual in particularly conspicuous ways.[3]

Images of these thunder generals, clad in military gear and wielding terrible weapons, grace the scroll paintings that bound the outer periphery of the altar spaces in which local Daoists perform. Cardboard tablets listing the names of the same generals are prominently arranged along with civil deities on the inner and outer tables that anchor the altar space. As if reflecting the images along the walls and on the tables of the altar space, one-meter-tall paper images of the generals hang from the rafters of the temple or household foyer in which the *jiao* 醮 is performed. Alongside clusters of thearchs, sovereigns, and sages, the paper images of several thunder generals dangle together in a group as representations of the Thunder Ministry (*leibu* 雷部), the office of exorcism in the northern heavens in which they are headquartered.

These generals each command legions of spirit armies charged

Strickmann, "Sōdai no raigi—shinshō undō to dōka nanshū ni tsuite no ryakusetsu" 宋代 の雷儀—神霄運動と道教南宗についての略説 [Song dynasty thunder rites: an outline of the Divine Empyrean movement and the southern lineage of Daoism], *Tōhō shūkyō* 東方宗教, 46 (1975): 15-28.

[3] For a multi-media glimpse of the religious life of present-day Hunan, see Patrice Fava, *Aux portes du ciel: la statuaire taoïste du Hunan: art et anthropologie de la Chine* (Paris: Les belles lettres, École française d'Extrême-Orient, 2013). Fava's vibrant film "Han Xin's Revenge: A Daoist Mystery," Meudon, CNRS Images, 2005; and the following databases of two collections of religious statuary and their hidden documents: Alain Arrault, Michela Bussotti, Patrice Fava, Li Feng 李豐, and Zhang Yao 張瑤 *et al.*, eds., "Les statuettes religieuses du Hunan. 1. La collection Patrice Fava," École française d'Extrême-Orient, 2006, and Alain Arrault, Michela Bussotti, Deng Zhaohui 鄧昭慧, Li Feng, Shen Jinxian 沈晉賢, and Zhang Yao, eds., "Les statuettes religieuses du Hunan. 2. La collection du musée du Hunan," École française d'Extrême-Orient, Musée du Hunan, 2006. Both collections can be accessed at http://www.efeo.fr/statuettes_hunan/. For a brief history of Daoism and Buddhism in Hunan, see James Robson, "Among Mountains and Between Rivers: A Preliminary Appraisal of the Arrival, Spread, and Development of Daoism and Buddhism in the Central Hunan (Xiangzhong) Region," *Cahiers d'Extême-Asie*, 19 (2010): 9-45.

with intimidating or destroying demons that cause illness and economic misfortune. The band of martial deities associated with the primal power of thunder is imagined as providing apotropaic protection and exorcistic efficacy. The ritual programs of any *jiao* or "minor rite" (*xiaofa* 小法) — two-to-three hour ritual programs designed to protect or rid households from demonic influences — are infused with invocations, movements, talismans, and spells by which officiants of Daoist ritual summon and come to command thunder generals and their minions. Thunder deities are typically pressed into service to protect the perimeter of the altar space during its purification, to guard transmissions of written announcements and petitions from Daoist officiants to the celestial bureaux of high deities of the pantheon, and, of course, to protect or heal from demonic influence that might inflict the community or patrons of the *jiao* or minor rite.

From 2004, I have spent a good deal of time exploring liturgical activity around Meicheng Township 梅城鎮, located in southeastern Anhua County 安化縣, north-central Hunan. The several Daoist lineages that live and work in and around Meicheng are Han Chinese and regard themselves as Orthodox Unity (*zhengyi* 正一) Daoist priests who are also ordained in Buddhist lineages that have passed down texts and oral traditions needed to perform funerary rituals.[4] I have been

---

[4] The lineages of Daoists in the Meicheng region consider themselves "half Buddhist, half Daoist" (*banfo bandao* 半佛半道). They trace their Buddhist ritual tradition to the 12th century Chan master Pu'an 普庵 (1115-1169), who is said to have made a career of engaging in exorcistic practices. For recent studies of Daoist and Buddhist lineages in southern China who also identify Pu'an as a patriarch, see Tam Wai-lun 譚偉倫, "Transmission Ritual of Local Daoists in Southeast China: A Study of Two Transmission Rituals: Yongful of Southern Fujian and Wanzai of Northwest Jiangxi," in *Affiliation and Transmission in Daoism: A Berlin Symposium*, ed., Florian C. Reiter, (Wiesbaden: Harrassowitz Verlag, 2012), 173-192; same author, "Exorcism and the Pu'an Buddhist Ritual Specialists in Rural China," in *Exorcism in Daoism: A Berlin Symposium*, ed., Florian C. Reiter, (Wiesbaden: Harrassowitz Verlag, 2011), 137-150; same author, "A Study of the Jiao Ritual Conducted by the Namo of Yingde in Northern Guangdong as a Form of Popular Buddhism," *Journal of Chinese Ritual, Theatre and Folklore* 民俗曲藝, 163: 3 (2009): 71-115; and Ye Mingsheng 葉明生, "Minxibei Pu'an Qingwei deng pai

struck by how central a role thunder deities play in the way Daoist priests in the Meicheng region define their own lineages. The very definition of a Daoist priest, literally an "official of the Dao" (*daoguan* 道官), is a ritual officiant who has mastered the proper techniques to summon and control specific thunder deities. Nowhere is this self-definition more plainly visible than in ordination rites, in which these ritual methods are ceremoniously passed down from master to disciple in the form of written manuals of esoteric ritual instructions (*mizhi* 秘旨) and oral teachings (*kouchuan* 口傳).

In this essay, I employ both textual and ethnographic modes of analysis to bring to light an aspect of these living thunder rites by studying an ordination rite performed by one of the lineages of Daoists who operate in the Meicheng region. By means of a close reading of a transmission rite practiced by them, I demonstrate that a covenantal

---

diaocha" 閩西北普庵清微等派調查 [The Pu'an and Qingwei Ritual Lineages in West-Central Fujian], in *Minxibei de minsu zongjiao yu shehui* 閩西北的民俗宗教與社會 [Customary Religion and Society in West-Central Fujian], *Traditional Hakka Society Series*, vol. 11, ed., Yang Yanjie 楊彥杰, (Hong Kong: International Hakka Studies Association, École française d'Extrême-Orient, Research Programme on Ethnicity and Overseas Chinese Economics, Lingnan University, 2000), 384-451.

The Buddhist identity of the Daoist lineages in Meicheng is a large and fascinating question that awaits further research. To make matters more complicated, many Daoist lineages in Meicheng, but not all, are also ordained as officiants of the local exorcistic and divinatory tradition known as the Tradition of the Primal Emperor (*yuanhuang jiao* 元皇教). Much more fieldwork needs to be done on *Yuanhuang jiao*, but for preliminary field reports, see *Xiangzhong zongjiao yu xiangtu shehui diaocha baogao ji* 湘中宗教與鄉土社會"調查報告集 [Field reports on religion and local society in central Hunan], 2 vols. eds., Chen Zi'ai 陳子艾 and Hua Lan 華瀾 (Alain Arrault), (Beijing: Beijing shifan daxue 北京師範大學, Wenhui shuma yizhi zhongxin 文輝數碼印製中心, 2006). On the prevalence of wooden images of *Yuanhuang* masters in Hunan and consecration documents about them, see Patrice Fava, *Aux portes du ciel: la statuaire taoïste du Hunan: art et anthropologie de la Chine*, op. cit.. Alain Arrault, "La société locale vue à travers la statuaire domestique du Hunan," *Cahiers d'Extrême-Asie*, 19 (2010): 47-132; same author, "Analytic Essay on the Domestic Statuary of Central Hunan: The Cult to Divinities, Parents, and Masters," *Journal of Chinese Religions* 36 (2008): 1-53; Alain Arrault and Michela Bussotti, "Statuettes religieuses et certificats de consécration en Chine du Sud (XVIIe-XXe siècle)," *Arts Asiatiques*, 63 (2008): 36-60.

relationship between an ordinand — a disciple undergoing ordination process — and specific thunder deities is an essential idea that runs through the concept of ordination for local Daoists. Simply put, to become a Daoist in the Meicheng region means not only that an ordinand has received a set of canonical texts that script the rituals he will be qualified to perform, and not only that he has sworn an oath to his master to uphold the rites and teachings that are bequeathed upon him in the form of those texts and oral knowledge. In Meicheng, to become a Daoist means equally that an ordinand has concluded a covenant with one or two specific thunder generals. Imbued with the force of a blood oath sworn between ordinand and thunder general, the covenant binds the parties together in a relationship of master and military functionary. In large part, it is by virtue of this ritual relationship, struck during the ordination ceremony and echoed in the consecration of the ordinand's personal altar and in the text of his ordination certificate, that the ordinand may be considered a full-fledged Daoist by his community and by the denizens of the celestial realm. By the covenant, the Daoist derives confidence that he will be able to marshal the exorcistic power necessary to perform any rite free from interferences of demons, sprites, and noxious pneumas.

This essay will unfold in four parts. First, it introduces the Meicheng region and the Daoists who live and work there. Second, it sketches the contours of an ordination *jiao* practiced by one of the Daoist lineages in the region. Third, it describes the particular rite within the ordination *jiao* — the Rite of Transmission (*bodu ke* 撥度科, *chuandu ke* 傳度科) — in which a master bestows upon an ordinand the rites and teachings of the lineage. And finally, it highlights three crucial moments in the Rite of Transmission that demonstrate the centrality of the covenantal relationship between ordinand and thunder deity in the concept of ordained priesthood.

I

Tucked away in the Xuefeng Hills 雪峰山 that cut across north-central Hunan, Meicheng Township lies about 120 kilometers (approximately 75 miles) due west of Hunan's provincial capital, Changsha 長沙, although it takes four and a half to five hours to navigate through the mountains by minibus. Anhua District was established in 1072 by the Song emperor Shenzong 宋神宗 (r. 1067-1085), and from its founding until 1951, Meicheng served as its government seat and cultural center.[5] Today, Meicheng is the main economic hub for the rural towns and villages of southeast Anhua County. Twice a month farmers and artisans from the entire region travel by bus or motorcycle to Meicheng to sell their produce and wares in the largest wet market in the region. The local dialect spoken in surrounding villages is associated with Meicheng and villagers consider themselves within Meicheng's cultural sphere.

During the late imperial and republican periods, local religious life flourished throughout the Meicheng region.[6] In the mid-1950s, the local government began to brand Daoist and Buddhist religious expressions as "feudal superstitions" (*fengjian mixin* 封建迷信), and during the tumultuous times of the Cultural Revolution, government agents destroyed all the temples in the Meicheng region and prohibited any kind of religious activity. They confiscated texts, ritual scrolls, and other ritual paraphernalia. Many Daoists surrendered their heirlooms, gave up the practice, and towed the party line. Other Daoists surrendered to the authorities only scriptures that sing the praises of

---

[5] Hunan sheng Anhua xian difangzhi bianzuan weiyuanhui 湖南省安化縣地方志編纂委員會, ed., *Anhua xian zhi* 安化縣志 *1986-2000* [Anhua County Gazetteer, 1986-2000], (Beijing 北京: Fangzhi chubanshe 方志出版社, 2005), 2, 491. Today the county seat is located in Dongping Township 東坪鎮, also known simply as Anhua, which lies about 80 kilometers (approximately 50 miles) to the northwest of Meicheng.

[6] Zhang Shihong 張式弘, "Anhua daojiao de diaocha baogao" 安化道教的調查報告, in Chen Zi'ai 陳子艾, Hua Lan 華瀾 (Alain Arrault), eds., 2006.

high deities such as the Jade Emperor (Yuhuang 玉皇) and the Great Thearch of Purple Tenuity (Ziwei dadi 紫微大帝). But they surreptitiously buried in the fields the essential secret manuals (*mizhi* 秘旨) that instruct them how to summon and command thunder deities. Still other Daoists tell stories of lightly striking ceramic tea cup covers with chopsticks to simulate cymbals while quietly performing truncated *jiao* for trusted friends late at night.

By the late 1980s, governmental sensitivity to religious expression began to dull and many Daoists ventured to practice more openly while remaining wary of official censure. In 1992, the Anhua County Bureau of Culture (Anhua xian wenhua ju 安化縣文化局) published a pamphlet entitled "Materials for Singing at Funerals and Burials" (*Binzang yanchang ziliao* 殯葬演唱資料), which dictated the kinds of hymns the government deemed appropriate for funerals. Local government cadres summoned all those officials of the Dao (*daoguan* 道官) living in their jurisdictions, distributed the pamphlet, and charged them an administrative fee for a permit to perform funerary rites. Zhang Shihong 張式弘, a local resident and collaborator with "Projet Hunan," reports that although the pamphlet meant continued government scrutiny of funerals, it signaled that the government no longer considered traditional funerary rites as "superstitious" and was, with certain oversight and a taxation mechanism, willing to sanction traditional ritual activity. In 1993, the county government again cracked down on the Daoists who performed funerals, and on families who hired them, fining them 100 to 300 *yuan*. But the policy only succeeded in bolstering funerary activity. Families of the deceased simply added the fine to the cost of the funeral — already a large expense — and went on practicing. By the end of 1995, the county government finally granted wide parameters for religious expression.[7]

Today, local religious activity in Meicheng is remarkably free, with notable exceptions such as Falun gong 法輪功. Lay patrons are

---

[7]   Zhang Shihong 張式弘, "Anhua daojiao de diaocha baogao" 安化道教的調查報告.

slowly rebuilding temples throughout the Meicheng region while men again seek Daoist ordination. Some of these men are older and may come from families with Daoist traditions. They seek ordination titles that were not available to them during the roughly 30-year period when the government suppressed religious activity. Most ordination seekers are younger men who have not pursued school education after age 15. Many of them have a penchant for music and seek a profession that can employ their proclivities for the flute, cymbal, and drum as well as provide them the local status of an educated man able to read and write literary Chinese.

Daoists in Meicheng are acutely aware that membership in their traditions offers a local alternative to the prestige gained from success in the national education system. The latter represents a coveted way out of rural poverty for the entire family. Many dream that their children will test into college and enter a lucrative profession. Families will take out loans far greater than their economic capacities in order to fund a college-bound son or daughter. But for those rural young men who, for one reason or another, do not climb up that ladder, becoming a Daoist offers another sort of education. One Daoist argues that the instruction in literary Chinese and musical arts afforded through the lineage provides a better education than high school or even college, because one's masters are far more invested than any schoolteacher. Daoist training affords men high social standing in the local community, even if their incomes remain low compared to what they could earn as secular professionals.

When a man decides to become a Daoist priest, he seeks to apprentice himself to one of the masters in the locale, who becomes known as his transmission master (*dushi* 度師). If the master agrees to take him on as a disciple, he takes his place as one of the five acolytes who supply music at the appropriate times during liturgies and proceeds to learn the rhythms of the rites on the job. He follows the musical patterns and movements of the older Daoists in the lineage, progressing by mastering the various liturgical instruments — first the gong, then the small and large cymbal, and finally the bamboo flute.[8] Between ritual performances, he learns to read and pronounce the often archaic literary Chinese employed in the ritual manuals and scriptures by mimicking his main transmission master or any of his two auxiliary masters, known as the guarantor master (*baoju shi* 保舉師) and the presenting master (*yinjin shi* 引進師). The master recites or chants a line of text and the disciple follows, careful to strike the proper pronunciation and tone of voice. The disciple gradually learns the ritual movements and incantations from his masters and continually works to improve his flute playing.

After two to several years (the length of apprenticeship differs for each disciple), the transmission master decides that his disciple is competent enough to undergo an ordination *jiao* and divines a date. The ordinand's family funds the ordination and prepares to host it in the ordinand's natal home. In addition to arranging for the *jiao*, including meals throughout the three or four days of the event, the head of the household also hosts a festive banquet on the last day to celebrate the newly ordained Daoist and thank the Daoists, relatives, neighbors, and friends for their attendance.[9]

The following discussion of an ordination *jiao* (*zouzhi jiao* 奏職醮, literally the "*jiao* for sending up [to the pantheon the title of] the office [sought by the ordinand]") and of the Rite of Transmission (*bodu ke* 撥度科) at its heart, is based on the practice of the lineage of Daoists who live and work in the village of Fuqing 浮青, located about 12 kilometers (approximately 7.5 miles) west of Meicheng. The interpretations of the ritual action and texts that script it are, unless otherwise stated, my own, but have been heavily informed by my study of the rites with several of the seasoned Daoists in Fuqing. My aim is to paint a picture of the ordination *jiao*, and especially of the Rite of

---

8   As the most important instrument that keeps ritual time, the drum remains the responsibility of the more experienced Daoists in the lineage.

9   Zhang Shihong 張式弘, "Anhua daojiao de diaocha baogao" 安化道教的調查報告.

Transmission, as sympathetically as possible to the views of these Daoists, while drawing out the significance of the role of thunder deities in the fabric of the ritual performance and in these Daoists' own conceptions of what constitutes an ordained priest.[10]

II

The two-to-four-day ordination *jiao* follows the same general format as a typical *jiao* offered in thanksgiving for a deity's protection and blessing. Each year Daoists in Fuqing typically perform thanksgiving *jiao* (*xie'en jiao* 謝恩醮) dedicated to the Sagely Thearch of the Southern Marchmount (Nanyue shengdi 南嶽聖帝) and to the bodhisattva Guanyin (Guanyin pusa 觀音菩薩). An ordination orients each of the 15-19 discreet rites that comprise the *jiao* toward the purpose of conferring upon an ordinand a title and rank of Daoist office, which occurs on the last day of the ritual during the Rite of Transmission, a rite peculiar to ordinations. The rites preceding it afford the transmission master formal opportunities to announce to the celestial pantheon the office and the liturgical name of the Daoist-to-be.

The program of a typical ordination *jiao* as performed by the lineage in Fuqing is generally as follows:

- Day one: Preliminary Announcement to the Masters of the Lineage (*yugao jiashu* 預告家書); Banner Rite [to Summon] Sire Yin (Yingong *fanfa* 殷公旛法).

- Day two: Cleansing Pollution [from the Altar Space] (*danghui* 蕩穢); Request for [Lustral] Water (*qingshui* 請水); Issue of Announcements (*shenfa* 申發); Repeated Announcement to the Masters

---

[10] For an illuminating discussion of a similar kind of ordination practiced by a lineage in Yangxi Township 洋溪鎮, in Xinhua County 新化縣, about 70 kilometers (approximately 43 miles) southwest of Meicheng, see Qin Guorong 秦國榮, "Guangchan gong changyong benjing yu 'neichuan kougong'" 廣闡宮常用本經與內傳口工, in Chen Zi'ai 陳子艾, Hua Lan 華瀾 (Alain Arrault), eds.

of the Lineage (*fugao jiashu* 復告家書); Receiving the Carriages [of the Deities of the Pantheon] (*yingjia* 迎駕).

- Day three: Invitation of Buddhas (*qingfo* 請佛); Audience before the Jade Emperor (*Yuhuang chaoke* 玉皇朝科); Audience before the Thearch of Purple Tenuity (*Ziwei chaoke* 紫微朝科); Audience before the Celestial Masters (*Tianshi chaoke* 天師朝科); Audience before the [Buddhist] Patriarch [Pu'an 普庵] (*Zushi chaoke* 祖師朝科); Audience before the Dark Thearch (*Xuandi chaoke* 玄帝朝科).

- Day four: [Announcement to] the Masters of the Lineage for the Rite of Transmission (*bodu jiashu* 撥度家書); Rite of Transmission (*bodu ke* 撥度科); Pacifying the Dragons and Returning [the Pantheon to their Palaces] (*anlong huixiang* 安龍回向).

The rites that comprise the first day of the ordination ritual are dedicated to announcing to the divine authorities the purpose of the entire three-to-four-day enterprise. [11] Through speech and written memorial, the transmission master, who acts as the main officiant (*zhufa* 主法) of the entire *jiao*, proclaims that he respectfully intends to announce to the various levels of the pantheon the office he seeks for his ordinand, to confer upon his ordinand the right to receive salary for duties performed in the name of that office, and to promote his ordinand to a rank in the celestial bureaucracy (*zouzhi shoulu shengxian* 奏職授祿升銜). [12] Then the ordinand, performing his first public ritual as officiant, summons with talismanic writing and esoteric incantation the specific thunder general with whom he will make a covenant during the Rite of Transmission on the final day. We shall see below that this particular lineage of Fuqing summons General Yin Jiao 殷郊 and his legions. [13]

---

[11] Although most ordination *jiao* run three to four days, they may run as short as one day depending on the amount of money the ordinand's family puts toward the event.

[12] "Qiqing jiashi chaoke" 啟請家師朝科, in *Xiantian churi kefan* 先天初日科範, undated manuscript copied by Mei Yuanqiao 梅園樵, Anhua 安化, 40b-45b.

[13] For a monograph-length analysis of this crucial rite in the ordination, known as the Banner Rite [to Summon] Sire Yin (*Yingong fanfa* 殷公旛法), see my "Quelling the

During the second day of the *jiao*, the transmission master, or often one of the auxiliary masters performing the officiant role in his stead, establishes an altar space (*tan* 壇) in the foyer of the ordinand's natal household. The officiant sanitizes the space of all noxious pneumas and demonic influences that might disrupt the pristine environment to which high deities in the pantheon will be invited. Next, he garners permission from the Dragon Kings (Longwang 龍王) and Water Bureau (*shuifu* 水府) to draw water from a nearby mountain stream, which will be transformed into lustral water and used throughout the *jiao*. Then, with voice and written memorial, he reverently announces the purpose of the *jiao* to the deities of the entire pantheon and invites them to descend to the altar and take their places on their thrones. They are represented throughout the altar space by painted scrolls of deities that hang on the walls, placards with names of various celestial offices that sit upon the altar tables, and paper likenesses of deities that hang from the rafters. Masters of the lineage are again invited, and all are welcomed to the altar space with courtly music, tea, and rice liquor, while thunder deities are visualized to form a perimeter of protection around the altar.[14]

Divine: The Performance of a Talisman in Contemporary Thunder Ritual," 2009.

[14]   The pantheon invoked by this lineage in Fuqing includes familiar high gods such as the Three Pure Ones (*sanqing* 三清) and deities who have been associated with the Divine Empyrean (*shenxiao* 神霄) ritual tradition such as the Three Thearchs (*sandi* 三帝) — the Jade Emperor (Yuhuang dadi 玉皇大帝), the Thearch of Purple Tenuity (Ziwei dadi 紫微大帝), the Heavenly Emperor (Tianhuang dadi 天皇大帝) — as well as the Nine Sovereigns (*jiuchen* 九宸), including the Celestial Worthy of the Sound of Thunder Transforming All (Leisheng puhua tianzun 雷聲普化天尊) and the Thunder Patriarch (Leizu dadi 雷祖大帝). The transmission master invites patriarchs such as Lin Lingsu 林靈素 (1076-1120) and Wang Wenqing 王文卿 (1093-1153), the founders of the Divine Empyrean ritual movement, and the famed master Mo Yueding 莫月鼎 (c.1226-c.1294), as well as perfecteds (*zhenren* 真人) who are associated with thunder rites, such as Sa Shoujian 薩守堅 and Wang the Fire Master (Huoshi Wang zhenren 火師汪真人). Following the patriarchs, past masters of the lineage are invoked. The members who comprise the pantheon are, of course, valuable clues for rooting this present-day Fuqing lineage in Divine Empyrean traditions and perhaps even

The third day brings invitations to the buddhas, representing the *dharma* believed to have been passed down through the lineage from 12th century Chan master Pu'an 普庵, whom these Daoists uphold as their Buddhist patriarch.[15] Then, the transmission master or his proxy commences to engage in a series of audience rites (*chaoke* 朝科). The officiant memorializes the Jade Emperor, the Thearch of Purple Tenuity, Zhang Daoling 張道陵 and the subsequent Celestial Masters, Pu'an, and the Upper Thearch of the Dark Heavens (Xuantian shangdi 玄天上帝, i.e., Zhenwu 真武). In each of these audiences with high gods and patriarchs, the transmission master announces in speech and written memorial the candidacy of the ordinand. The master offers to each of these gods the ordinand's title of office and rank, and humbly seeks that they record the ordinand's liturgical names in their celestial archives. The gods of the pantheon take their thrones in the altar space to inspect the transmission of office that will, as we shall see below, bestow upon the ordinand the status of deity (*shen* 神) in the celestial bureaucracy.

Finally on the fourth or last day of the *jiao*, the transmission master invites the high deities, patriarchs, and masters of the lineage to attend the Rite of Transmission. As the next section will show in more detail, the master entreats the deities to witness the transmission of the textual and material heirlooms of the lineage from master to ordinand and to record the ordinand's official title and liturgical names in the

---

constructing a history — or imagined history — of this lineage. For an overview of the general pantheon associated with Divine Empyrean traditions, see Li Yuanguo, *op. cit.*, 153-211. But we must keep in mind that working with pantheons to tease out the received history of a lineage can be tricky. Pantheons are shifting and lineage is not a straightforward analytic category. There are many deities and patriarchs that I have yet to identify, and their identities will likely show evidence that other ritual traditions have come to constitute the lineage as it is presented today. Furthermore, Daoists may easily construct their lines of descent from certain pantheons for specific social, political, and doctrinal reasons. Without further research, I hesitate to assert that this lineage in Fuqing is simply a Divine Empyrean lineage, which I fear would be a simplification of the historical process by which lineages develop over time.

[15] See note 6.

celestial archive.

III

The two-hour Rite of Transmission of Daoist and Buddhist Teachings (*Daojiao Fojiao chuandu ke* 道教佛教傳度科), the climax of the entire ordination *jiao*, provides the stage upon which the ordinand finally receives the credentials and tools of an ordained priest qualified to officiate over Daoist ritual and Buddhist funerary rites. I will briefly sketch the contours of this rite here, in order to supply some ritual context that may orient the reader for the examination, in Part IV, of the role of thunder deities in typical ordinations in the Meicheng region.

Having already invited the high deities, patriarchs, and masters of the lineage to witness the transmission, the transmission master acknowledges that the deities do not permit the teachings and rites to be passed on to just anyone. Only those mortals who have been destined to receive the ritual tradition are worthy to be ordained. He thus declares:

> [The Heavenly Worthy of] Primordial Commencement created the principles of the teachings of the rites, and the rites of the Dao are a step-by-step path. The dragon chapters and phoenix seals await the appropriate person and only then will they be transmitted to him. Gemmy satchels and precious jade require a destined one and only then will they be bestowed on him. [The ordinand's] situation and sincerity have already been reported before the throne of the Thearch; his office and title have respectfully been memorialized before the steps of the Transcendents. Looking upward, we hope the myriad Sages wield the brush to record his name and register his title. Looking downward, we wish that the throng of Perfecteds descend in their carriages to oversee [the ordination] and transmit perfection.

元始為法教之紀網，而道法有階梯之徑路。龍章鳳篆，待得人而後傳。寶笈琅瑊，須有緣而得授。情悃已陳於帝陛，職銜恭奏於仙階。仰冀萬聖揮毫，登名挂號，俯盼群真降駕，監視傳真。[16]

The transmission master acts as the ordinand's sponsor, the already-ordained member of the celestial bureaucracy who introduces the hopeful functionary to the pantheon and vouches that his character exhibits that he is destined to fulfill celestial service. In a prepared written document called the Oath Certificate (*shici* 誓詞), which the transmission master reads aloud to the pantheon and then transmits to them by burning, he formally declares that he himself has taken an oath with his own master, in which he swore to guard the precious knowledge of the rites. The transmission master expresses to the assembled deities an awareness of the gravity of bequeathing the ritual tradition. He is a caretaker of a revealed tradition of methods to seize control of the exorcistic power of thunder by assuming command of thunder deities, who embody that primordial potency. The transmission master vows, upon pain of punishment by a bolt of lightning, that he is not passing on the rites willy-nilly or for personal profit, but instead for the benefit of all humanity. Under these strict conditions, the transmission master formally requests that the pantheon consider accepting the ordinand into their divine bureaucracy.

Then, in a fascinating ritual sequence, the transmission master and ordinand together summon General Yin Jiao and a host of thunder deities, with whom, as we shall see below, the ordinand then concludes a covenant. The ordinand declares to the pantheon and mortal attendees of the rite that he puts his trust in the Three Refuges (*sangui* 三皈) and accepts the Nine Precepts (*jiujie* 九戒). The Dao, the revealed scriptures, and the lineage of masters constitute the Daoist Three

---

[16] *Dao Fo jiao chuandu ke* 道佛教傳度科, undated manuscript copied by Mei Yuanqiao 梅園樵, Anhua 安化, 2b.

Treasures (*sanbao* 三寶) upon which the ordinand pledges to take refuge. The Nine Precepts oblige the ordinand to maintain the proper attitude and conduct, befitting his position, and to avoid licentious and selfish behavior that runs counter to the ways of the Dao. The master and ordinand then conclude a blood covenant. The master assures that he has faithfully passed on the ritual knowledge he has received, while the ordinand vows that he will cherish the ritual knowledge and use it for the good of humanity. They each take a sip from a bowl of cinnabar water (*danshui* 丹水) — water that has been dyed bright red with cinnabar powder and, according to the text, represents the blood of a sacrificed white horse. The ordinand swears by Heaven and Earth, and his own heart, that he will uphold his pledge under threat of divine punishment by means of a bolt of lightning or cutting wind.[17]

Next, the ordinand, kneeling nearly prostrate before his transmission master, receives from him the ritual implements he will need to perform the duties of the office to which he is applying. The ordinand receives the "texts of mystery" (*xuanshu* 玄書), the manuals that script the major Daoist rituals performed by the lineage, which were hand copied for him by his master prior to the ordination, and reverently places them in a large satchel that hangs about his neck. The ordinand then receives the seals (*yin* 印) needed to sign liturgical documents sent to the celestial courts and a wooden command placard (*lingpai* 令牌), which carries the authority of the Jade Emperor and is used to issue commands to thunder deities as a secular judge might use a gavel to deliver a verdict. A Tianpeng ruler (Tianpeng *chi* 天蓬尺),[18]

---

[17] *Dao Fo jiao chuandu ke* 道佛教傳度科, undated manuscript copied by Mei Yuanqiao 梅園樵, Anhua 安化, 11a-18a.

[18] The wielder of the Tianpeng ruler has authority over life and death of demons (*shengsha zhi quan* 生殺之權). By the Song dynasty, Tianpeng became a great general who, along with Tianyou 天猷, Yisheng 翊聖 (a northern Song title for the Black Killer, Heisha 黑煞) and Zhenwu 真武, attends to the Northern Thearch (Beidi 北帝). Together, they are often referred to as the Four Sages of the Northern Culmen (*beiji sisheng* 北極四聖). See Edward L. Davis, *Society and the Supernatural in Song China* (Honolulu, University of Hawai'i Press, 2001), 67-79. Chao Shin-yi, *Daoist Ritual, State Religion, and*

a sword (*jian* 劍), and a peach-wood club (*taobang* 桃棒) all find their way into the ordinand's satchel. They will be used to summon and interrogate demons. The master also confers two pennants, called *zaodao* banners (*zaodao qi* 皂纛旗). When placed on the altar table, they aid in summoning thunder generals. Finally, the ordinand receives a hairpin (*zan* 簪), Daoist robes (*pao* 袍), and an audience tablet (*hu* 笏), proper attire and accoutrements for an official who will have audiences with divine emperors and thearchs.[19] After transmission of each item, the ordinand presents his master with a red envelope (*hongbao* 紅包) of a few *yuan* 元, as his three masters or their surrogates recite a couplet of prose marking the joyous moment.[20] The payments do not cover the cost of the items, which is included by the family in the remuneration it offers to the ordinand's three masters, but instead the bright red envelopes symbolically express thanks for the items and, more important, for the knowledge of how to use them.

In a similar sequence, the ordinand takes refuge (*guiyi* 皈依) in the Buddhist three treasures (*sanbao* 三寶): the Buddha (*fo* 佛), the *Dharma* (*fa* 法), and the *Saṅgha* (*seng* 僧). He makes four vows (*siyuan* 四願) by which he pledges to save all sentient beings, put a stop to delusion, study the Buddhist tradition, and complete the Buddhist path. He also publicly accepts the Ten Precepts (*shijie* 十戒) by which he swears not to fail to uphold Buddhist virtues. As above, the master bestows upon the ordinand the liturgical implements he will need: an incense burner (*xianglu* 香爐) with which to establish altar spaces; a water bowl (*shuiyu* 水盂) to hold the lustral water needed to purify the altar; a set of moon blocks (*jiao* 筊), a brush (*bi* 筆), an ink stone (*yan* 硯), and ink (*mo* 墨) with which to prepare and transmit liturgical documents. The master also bequeaths a set of liturgical texts

---

Popular Practices: Zhenwu Worship from Song to Ming (960-1644) (Abingdon and New York: Routledge, 2011), 25-28.

[19] *Dao Fo jiao chuandu ke*, 18a-25a.

[20] For the texts of some of these poems that were used during an ordination I attended in 2004 near Fuqing with Zhang Shihong, see Zhang Shihong, art. cit.

(*fashu* 法書), the ritual manuals and scriptures needed to perform Buddhist mortuary ritual, including a text containing the talismans (*fuzhuan* 符篆) required in funerals.[21] Finally, the ordinand receives a golden bell (*jinling* 金鈴) and Buddhist prayer beads (*shuzhu* 數珠).[22]

The transmission master then requests that General Yin Jiao and his legions recognize the personal altar of the ordinand, who, laden down with a satchel full of items, remains kneeling. Then, in a solemn moment, the master reads aloud and transmits by burning the ordination certificate, which formally submits the title of office and rank and the liturgical name of the ordinand to the divine attendees, and requests that they file the document away in the celestial archive. We shall examine these two ritual segments in Part IV.

Finally, the master confers upon the ordinand an oral transmission through the medium of food. Over a bowl of vegetables and rice that has been prepared by the hosts, the master traces a talisman and breathes over the bowl. The ordinand, still kneeling, proceeds to eat every morsel of the portion, which, these Daoists explain, carries to the ordinand the numinous *qi* (*lingqi* 靈氣) of the master — and, by extension, of the lineage — while also symbolizing the oral transmissions (*kouchuan* 口傳) of secret formulas the master has supplied throughout the training.[23] The transmission rite nears its

---

21 For an examination of Buddhist talismans, see James Robson, "Signs of Power: Talismanic Writing in Chinese Buddhism," *History of Religions*, 48: 2 (2008): 130-169.

22 *Dao Fo jiao chuandu ke*, 25a-34b. The texts bequeathed are clearly demarcated as belonging either to Daoist liturgy or to the Buddhist funerary program. Most of the remaining implements, however, will be used in both Daoist and Buddhist rites, which points to the extent to which Daoist ritual and Buddhist funerary traditions associated with Pu'an have developed in tandem.

23 Kristofer Schipper discusses the use of food in a similar ordination procedure in Guizhou 貴州 Province. See K. Schipper, "A Play about Ritual: The 'Rites of Transmission of Office' of the Taoist Masters of Guizhou (South West China)," in *India and Beyond: Aspects of Literature, Meaning, Ritual and Thought, Essays in Honour of Frits Staal* ed., Dick van der Meij, (London: Kegan Paul International, 1997), 479, 488. Schipper also notes the importance of the master's transference of his own vital *qi* to the ordinand in a lineage in Tainan 臺南, but there it is expressed in terms of an "opening of

conclusion as the transmission master, the guarantor master, and the presenting master each divine the ordinand's future by tossing moon blocks. Each outcome is coupled with a cheery saying, predicting a good and prosperous future for the new Daoist.[24] Finally, the transmission master rewards the thunder deities and the rest of the divine functionaries by requesting that they be promoted within the celestial bureaucracy, and then he sends all divine participants back to their heavenly palaces.[25]

As the climax of the ordination *jiao*, the Rite of Transmission achieves vital liturgical work. It introduces the ordinand by title and liturgical name to the divine authorities. It binds the ordinand to his master and lineage by means of a symbolic blood oath. The establishment of the oath provides the basis of trust on which the transmission master may bequeath the precious texts, implements, and knowledge the ordinand will need to perform the Daoist and Buddhist rites by which he will earn his living. These liturgical goals generally resemble those of the great ordination liturgies of the early Celestial Masters (Tianshi 天師), medieval Lingbao 靈寶 lineages, and present-day ordinations as performed in southern Taiwan and parts of Guizhou province.[26] What strikes me as interesting in the ordinations I

---

the eyes" (*kaiguang* 開光) ceremony. See K. Schipper, *The Taoist Body*, trans. Karen C. Duval (Berkeley: University of California Press, 1993), 71 and 229, n. 271.

[24] Blocks that both come face up (*yanggua* 陽卦) predict many clients and a prosperous business: "Your incense fires will be unimpeded" (*xianghuo tongxing* 香火通行). One block up and one block down (*xungua* 異卦) foretell potent exorcistic powers: "A hundred battles, a hundred victories" (*baizhan baisheng* 百戰百勝). Both blocks down (*yingua* 陰卦) divine that the deities and buddhas will be particularly helpful during ritual performances (*yinzhong fuzhu* 陰中扶助). See Zhang Shihong, art. cit.

[25] *Dao Fo jiao chuandu ke*, 34b-40a.

[26] For interpretive work on early Celestial Master ordination, see Terry Kleeman, "'Take Charge of Households and Convert the Citizenry': The Parish Priest in Celestial Master Transmission," in *Affiliation and Transmission in Daoism: A Berlin Symposium,* ed., Florian C. Reiter, 19-39. Lü Pengzhi 呂鵬志, "Tianshi dao shoulu keyi—Dunhuang xieben S203 kaolun" 天師道授籙科儀－敦煌寫本 S203 考論 [Celestial Master conferral of register rites—the S203 Dunhuang manuscript], *Zhongyang yanjiuyuan lishi*

have witnessed in Meicheng is the constitutive role that thunder deities play in turning an ordinand into a full-fledged Daoist.

IV

Within the Rite of Transmission, I would like to focus on three junctures in which thunder deities play a fascinating and crucial role. These moments show that to become a Daoist in Meicheng means in no small measure that an ordinand has bound himself to a specific thunder general. The agreement allows the new Daoist to employ the exorcistic power supplied by the thunder general and his spirit armies in order to perform any rite, especially the prophylactic and exorcistic rites so conspicuous in the Daoist activity of central Hunan.

The Covenant between the Ordinand and General Yin Jiao

The first moment in the Rite of Transmission is the covenant itself, concluded between the ordinand and a thunder general. Each lineage in Meicheng invokes one or two specific thunder generals as the Daoists' main supplier of liturgical power. In the ritual practiced by the lineage

---

yuyan yanjiusuo jikan 中央研究院歷史語言研究所集刊, 77.1 (2006): 79-166. John Lagerwey, "Zhengyi Registers 正一籙," Zhongguo wenhua yanjiusuo fangwen jiaoshou jiangzuo xilie (yi) 中國文化研究所訪問教授講座系列（一）[Institute of Chinese Studies Visiting Professor Lecture Series (I)] (2005): 35-88. K. Schipper, The Taoist Body (Berkeley: University of California Press, 1993), 63-66. For a meticulous reconstruction of a Tang-era Lingbao 靈寶 ordination, see Charles D. Benn, The Cavern Mystery Transmission: A Taoist Ordination Rite of A.D. 711 (Honolulu: University of Hawai'i Press, 1991). For interpretations of present-day Zhengyi 正一 ordination in southern Taiwan, see K. Schipper, The Taoist Body, 67-71; and for "rustic Daoists" (tulaoshi 土老師) in Guizhou, see same author, "A Play about Ritual", 471-496. For an explication of the logic of ordination titles and their correspondences with canons of texts, which I will not address in this paper, see K. Schipper, "Taoist Ordination Ranks in the Tunhuang Manuscripts," in Religion und Philosophie in Ostasien: Festschrift für Hans Steininger, ed., G. Naundorf, (Würzburg: Königshausen und Neumann, 1985), 127-148.

in Fuqing examined here, the ordinand makes a compact with the Celestial Lord Yin Jiao (Yin Jiao tianjun 殷郊天君), one of the thirty-six thunder generals of the heavenly Thunder Bureau (*leifu* 雷府). Demons are said to quake with fear and scatter when they hear his golden bell ring; if they don't, they might suffer decapitation from his mighty halberd.

Hagiographies of Yin Jiao's mortal life as the nominal son of King Zhou (Zhou wang 紂王), the corrupt and wicked last ruler of the Shang dynasty 商, as well as his exploits as a demon, his conversion to Daoism, and his investiture as a martial deity of the Thunder Bureau are all preserved in the cache of "esoteric transmissions" (*michuan* 秘傳) copied down through the generations of the lineage. The hagiography of Yin Jiao preserved by these Daoists refers the reader to the Ming vernacular novel *Fengshen yanyi* 封神演義 for more information on the god. [27] This is fascinating because none of the Daoists I have encountered have ever read the *Fengshen yanyi*, and some of the older ones have never even heard of it outside the context of their hagiography. In Hunan we are finding living traditions of thunder ritual whose preserved texts draw on late imperial vernacular fiction—an intriguing extension of Mark Meulenbeld's demonstration that late imperial fiction drew on traditions of thunder ritual from the Song, Yuan, and early Ming periods.[28]

The Daoists of Fuqing emphasize that they make a bond specifically with Yin Jiao because they seek to "use" (*yong* 用) him to supply the numinous power they need to keep demonic influences at bay. It is important to note that, in Meicheng, specific thunder deities

---

[27] "Yin Jiao chumai" 殷郊出脈, in *Zuqi michuan, Yin Jiao chumai* 祖氣秘傳殷郊出脈, undated manuscript copied by Mei Yuanqiao 梅園樵, Anhua 安化, p. 8a. For the stories involving Yin Jiao, see *Fengshen yanyi* 封神演義, 1620 reprint ed. (Taibei 台北: Wenhua tushu 文化圖書, 1995), ch. 8, 59, 63, 64-66.

[28] M. Meulenbeld, "Civilized Demons", especially chapter 6. For more on Yin Jiao's hagiography as preserved in the cache of Daoists in Fuqing, see D. Mozina, "Quelling the Divine", 83-92.

are not assigned according to the ordinand's date and time of birth. In medieval Daoist ordination practice, initiands about to enter the Orthodox Unity (*Zhengyi* 正一) grade of priesthood received a list or register (*lu* 籙) of the names of deities, including generals and clerks (*jiangli* 將吏), who were charged to protect the initiand and aid in ritual practice. The specific deities listed on the register were related to the cosmic energy (*qi* 氣) dominant during the date and time of the initiand's birth, which in turn dictated the dominant energy of the initiand's body, from which generals and clerks emanated.[29] Today we know that lineages in Taiwan often assign by name one thunder deity to an ordinand, based on the date and time of his birth.[30] But the lineages in Meicheng do no such calculations. For the Daoists of Fuqing, tradition dictates that each of them rely on Yin Jiao as the most important thunder deity for the successful performance of ritual, and so each ordinand concludes a covenant specifically with him. As one Fuqing Daoist said, "We use Yin because the masters [of our lineage] taught us to do so."

This does not mean that Daoists in Fuqing are confined to employing only Yin Jiao. Indeed, they employ by name several of the thirty-six thunder generals and their armies, especially Wang Lingguan 王靈官 (also known as Wang Shan 王善), Ma Sheng 馬勝 (also known as Ma Lingguan 馬靈官), and Zhao Gongming 趙公明.[31] Yet Fuqing Daoists stress that they privilege Yin Jiao as a kind of first among equal members of the Thunder Bureau. We shall see below that their ritual manuals list the rest of the thirty-six thunder deities under

---

29   K. Schipper, "Taoist Ordination Ranks in the Tunhuang Manuscripts." in *Religion and Philosophie in Ostasien: Festschrift für Hans Steiniger*, ed., G. Naundorf, 132-133; K. Schipper, *The Taoist Body*, 63-64.

30   P. Fava, personal communication.

31   Throughout the Meicheng region, Daoists refer to Generals Yin, Wang, Ma, and Zhao as the "four great marshals" (*si da yuanshuai* 四大元帥) and employ them specifically to protect the altar spaces constructed for *jiao* and minor rites. The documents embedded in the wooden images of ancestors and local worthies collected by "Projet Hunan" show that these four hang together as a defined group throughout central Hunan.

Yin Jiao's military standard. Making a covenant with General Yin is the key to employing the rest of the martial deities of the Thunder Bureau.[32]

The covenant with Yin Jiao begins with his summons. Facing each other across the outer altar table of the ritual space, with the transmission master standing in the northern position of authority and the ordinand in the southern position of deference, the master and the ordinand together summon Yin Jiao. As the transmission master beckons Yin Jiao to grace the altar space, the ordinand mirrors the incantations, visualizations, and ritual movements of his master. The Daoists of the lineage interpret this parallel ritual action to indicate that the transmission master sponsors the ordinand to the celestial deities during the ordination *jiao*. The poignant imagery embodies the covenantal relationship sworn between the ordinand and his master, a relationship in which the master promised to teach his disciple everything he knows in exchange for the disciple's loyalty and reverence for the power of the ritual methods. Master and ordinand together summon Yin Jiao so that the master may present his disciple to the thunder deity for the purpose of concluding a covenant with him.

The master and ordinand first transform their mundane bodies into the rarified bodies of celestial deities. Through inner alchemical techniques—visualization, incantation, and the use of hand mudras—they imagine they immolate their earthly bodies of flesh and

---

[32] Other lineages in the Meicheng region also make bonds primarily with Yin Jiao, and yet others with Wang Lingguan. Still other lineages conclude covenants with both Yin Jiao and Wang Lingguan. I have not yet figured out why Meicheng lineages are especially enamored with these two thunder deities, but answering this question will almost certainly provide a key for interpreting the relatively recent historical shifts in the liturgical traditions there. Considering that the ritual manuals preserved by the lineage in Fuqing abound with equally developed rituals designed to summon Jiao Yin, Lingguan Wang, Sheng Ma, Gongming Zhao, Zhang Jue 張珏 (also known as Zhang Yuanbo 張元伯), and Wen Qiong 溫瓊, the particular emphasis on Yin Jiao as the thunder general whom Fuqing Daoists specifically single out to summon and "use" first among all others suggests that the practice of identifying a specific lineage with a specific thunder deity, or two, is a relatively recent development.

bone. Out of the ashes first emerges the august body of Zhang Daoling 張道陵, followed by that of Zhenwu 真武. The fact that the master and ordinand's bodies transform into these specific deities is meaningful. Poul Andersen has noticed that the deity into whom Daoists transform is often the first patriarch of their ritual tradition.[33] As self-identified Zhengyi Daoists, the priests of Fuqing consider their ultimate patriarch to be Zhang Daoling. Since at least the late 13th century, Daoists who practice strains of thunder ritual have been transforming into Zhenwu in order to summon thunder deities.[34] Often referred to as "ancestral or patriarchal master" (zushi 祖師) by Fuqing Daoists and their manuals, Zhenwu is considered by them to be a second patriarch.[35] The transformation of the master and ordinand's bodies (huashen/bianshen 化身/變身), first into Zhang Daoling and then into Zhenwu, necessarily precedes any direct communication with thunder deities. By transforming their bodies into patriarchs—august divinities in the pantheon—officiants acquire ontological status sufficient to command a thunder god such as Yin Jiao to heed their summons.[36]

---

[33] Poul Andersen, "The Transformation of the Body in Taoist Ritual," in *Religious Reflections on the Human Body*, ed., Jane Marie Law, (Bloomington: Indiana University Press, 1995), 181-202. For an exploration of the cultural roots and development of the practice of transforming the body, see Mark Meulenbeld, "From 'Withered Wood' to 'Dead Ashes': Burning Bodies, Metamorphosis, and the Ritual Production of Power," *Cahiers d'Extrême-Asie*, 19 (2010): 217-267.

[34] S.Y. Chao, *Daoist Ritual, State Religion, and Popular Practices*, 47-77, especially 67-69.

[35] Note that for Daoists in Fuqing the title *zushi* 祖師 may also refer to Pu'an 普庵. See the ritual program of day three of the ordination *jiao*, in section II of this essay.

[36] The figures Daoling Zhang and Zhenwu also hang together in the history of Zhengyi Daoism. In 1281, Zhengyi Daoists headquartered on Longhu shan 龍虎山 effectively took over Wudang shan 武當山 from the Quanzhen 全真 school and there practiced and developed Pure Tenuity (Qingwei 清微) practices, which teach how to summon and harness thunder deities. Thus Longhu shan and Wudang shan, the Celestial Masters and Zhenwu's minions, form conceptual pairs that have persisted to this day. John Lagerwey reports that two tables, one called "Longhu shan" and the other "Wudang shan," are arranged in tandem to construct the outer ritual space (*waitan* 外壇) in today's Tainan. See his *Taoist Ritual in Chinese Society and History* (New York and London: Macmillan, 1987), 45, 77, 96. For the story of the Zhengyi takeover of Wudang

Master and ordinand visualize that their newly acquired celestial bodies emit a golden radiance (*jinguang* 金光). As luminous beings, they employ officers of merit (*gongcao* 功曹) and envoys of talismans (*fushi* 符使) to ascend to Yin Jiao's administrative home in the celestial bureaucracy — the Office in the Northern Culmen for Managing and Binding [Demons] (*beiji zongshe si* 北極總攝司) — to alert the thunder general that he is about to be summoned.[37]

Loudly and in unison, master and disciple invoke the authority of the Thearch of Purple Tenuity, under whose celestial administration Yin Jiao belongs, in order to summon the thunder general:

> By the essence of heavenly *yang* and by the numinous power of earthly *yin*, General Yin Jiao, quickly appear! Wield my talismanic command to kill demonic spirits! Hear my summons and immediately descend! Hurry in accordance with the statutes and ordinances for employing troops [issued] by the Great Thearch of Purple Tenuity, Lord of the Stars in the Central Heaven of the Northern Culmen!

> 天陽精地陰靈，殷郊將速現形。秉符命殺鬼神，聞吾召即降臨。急准北極中天星主紫微大帝行軍律令。[38]

Immediately following this, they visualize that Yin Jiao comes forth from within their bodies by means of an inner alchemical

---

shan, see Pierre-Henry de Bruyn, "Wudang Shan: The Origins of a Major Center of Modern Taoism," in *Religion and Chinese Society: Volume II: Taoism and Local Religion in Modern China*, ed., John Lagerwey, (Hong Kong and Paris: The Chinese University Press and École française d'Extrême-Orient, 2004), 561-66.

[37] "Yin shuai zhaolian" 殷帥召煉, in *Wang, Zhang, Yin zhaolian ke* 王張殷召煉科, undated manuscript copied by Mei Yuanqiao 梅園樵, Anhua 安化, 12a. The Northern Culmen (*beiji* 北極), the celestial realm of the Thearch of Purple Tenuity, is an asterism near the Northern Dipper. For an explanation of how it was imagined in Tang times, see Edward H. Schafer, *Pacing the Void: T'ang Approaches to the Stars* (Berkeley: University of California Press, 1977), 44-45.

[38] "Yin shuai zhaolian" 殷帥召煉, 12b.

operation. The body — microcosm of the heavenly sphere — is employed as the instrument by which to bring Yin Jiao into the realm of the altar space. To do so, master and ordinand are instructed to:

> [Form] the Jade Trace *mudrā* with both hands. Through the nostrils breathe one beam of golden light down into the twelve-story jade tower (i.e., the esophagus). Circulate it. Extract [the central *yao*-line 爻 from] the Kan 坎 trigram and replenish [the central *yao*-line in] the Li 離 trigram. Return [the product of this work] to the [lower] cinnabar field. The image of Marshal Yin takes shape. Through the Three Passes (*sanguan* 三關), [Marshal Yin] ascends to the top of the Muddy Pellet (*niwan* 泥丸). He faces the Thearch, who decrees permission [for him to obey the summons]. He flies out [of the head] and then descends.

> 雙手玉文，以金光一輪，鼻孔吸下十二玉樓，運用，抽坎補離，歸入丹田，以殷帥服色成形。從三關上泥丸頂，面帝敕允，飛騰而下。[39]

To explain the complicated symbolism in this rather cryptic instruction, the Daoists of Fuqing augment their verbal interpretations with a theoretical tract called the "Esoteric Transmission of the Ancestral *Qi*" (*Zuqi michuan* 祖氣秘傳), one of the most precious esoteric texts preserved in the lineage's cache. The procedure is a version of the common inner alchemical operation of refining primal essence (*yuanjing* 元精) into primal *qi* (*yuanqi* 元氣), and primal *qi* into primal spirit (*yuanshen* 元神).

By forming a hand *mudrā* called the Jade Trace (*yuwen* 玉文), master and ordinand in unison grasp a round beam of the golden light

---

[39] "Yin shuai zhaolian" 殷帥召煉, 15a, augmented by a passage in a different manual recording the same ritual summons of Yin Jiao from within the body: *Zhaolian ke fu qingshen ke* 召煉科附請神科, undated manuscript copied by Mei Yuanqiao 梅園樵, Anhua 安化, 49a.

that wreathes their numinous bodies. From the cupped hands of the *mudrā*, they inhale the golden light deep down into their hearts. The Daoists regard this fiery, rarified *qi* originating from outside their bodies as the primal essence, the first material utilized in the alchemical operation. It mixes with the fire associated with the heart to produce primal *qi*.[40]

Master and ordinand further refine this primal *qi* by means of the well-established inner alchemical operation of melding the opposite trigrams Kan 坎 and Li 離. Clarke Hudson has characterized this symbolic language of trigrams from the *Yijing* 易經 as expressing an effort by the adept to reverse a cosmogonic devolution, and the *Zuqi michuan* held by these Daoists concurs.[41] Before the cosmos as we know it came into being, a state of primal unity reigned in which pure *yang qi* 陽氣, symbolized as the trigram Qian 乾 ☰, existed in pristine motionlessness. As this anterior heaven (*xiantian* 先天) began to differentiate, producing the regular movements of our posterior heaven (*houtian* 後天) according to the patterns of the five phases and eight trigrams, primal Qian ☰ lost its central *yao*-line 爻 and became the trigram Li 離 ☲. The trigram Kun 坤 ☷, pure *yin qi* 陰氣, borrowed the central *yao*-line of Qian to become the trigram Kan 坎 ☵. In the cycle of generation and decay that characterizes the posterior heaven, the trigrams Kan and Li reside as opposites whose melding is imagined as the method to reacquire the lost state of cosmic unity composed of *yang qi*.[42]

The human body is imagined as a microcosm of cosmic devolution.

---

[40] "Zuqi michuan" 祖氣秘傳, in *Zuqi michuan, Yin Jiao chumai* 祖氣秘傳殷郊出脈, 20a.

[41] Wm. Clarke Hudson, "Spreading the Dao, Managing Mastership, and Performing Salvation: The Life and Alchemical Teachings of Chen Zhixu" (Ph.D. Diss., Indiana University, 2007), 322-323, 331-333. For a comprehensive exposition of the various symbolic schemes used in inner alchemy, see Wm. Clarke Hudson, "Spreading the Dao, Managing Mastership, and Performing Salvation: The Life and Alchemical Teachings of Chen Zhixu", chapter 4.

[42] "Zuqi michuan" 祖氣秘傳, 11b-12b.

At conception, the fetus comes into being as a product of the father's essence (*jing* 精), associated with semen, and the mother's essence, associated with blood. During gestation in the womb, it is composed of a pristine body of pure *yang qi*, symbolized by the trigram Qian. Emotions associated with human existence in this world — delight, anger, grief, and joy (*xi nu ai le* 喜怒哀樂) — have not yet come forth. At the moment of birth, the pristine body of the baby clashes with the heavenly and earthly *qi* of our posterior world. As during the cosmogony, the pristine Qian trigram loses its central *yao*-line and becomes the trigram Li. The wandering *yao*-line becomes lodged within the trigram Kun to create Kan. Mortal life that will eventually lead to death has begun. The goal of inner alchemy is to reverse this natural devolution and recover the pristine *yang* body associated with an unborn fetus.[43]

In the alchemical operation performed during the Rite of Transmission, master and ordinand seek to create the primal body of a fetus by "extracting from Kan in order to replenish Li" (*choukan buli* 抽坎補離). They visualize the melding of the Kan and Li trigrams, respectively associated with the water of the kidneys and the fire of the heart. In their mind's eye, they recover the central *yang* line from the Kan trigram and use it to replace the central *yin* line of the Li trigram, thereby transforming it back to its original pure *yang* state, the pre-natal and pre-cosmic *qi* symbolized by the Qian trigram. These Daoists refer to this pristine *yang qi* as primal spirit (*yuanshen* 元神).[44]

Master and ordinand then visualize that this primal spirit descends to the lower cinnabar field located three inches below the navel between the kidneys. In a circular motion, they rub their bellies with both hands nine times to produce within their lower cinnabar fields a tiny Yin Jiao — rather than a generic fetus, as might be expected. They visualize him growing in size until he bursts forth from the lower cinnabar field

---

[43] "Zuqi michuan" 祖氣秘傳, 14a-b.

[44] "Zuqi michuan" 祖氣秘傳, 20a-b.

and travels slowly up through the Three Passes (*sanguan* 三關) along the dorsal tract — the coccygeal pass, the spinal pass, and the occipital pass.[45] When he reaches the upper cinnabar field located in the brain, referred to as the Muddy Pellet (*niwan* 泥丸), master and ordinand visualize that Yin Jiao lays down his great halberd and shield, and has an audience with his ultimate superior, the Thearch of Purple Tenuity, ruler of the Northern Culmen who, within the microcosm of the body, is imagined to reside in the head of the adept. The Thearch grants Yin Jiao permission to obey the summons of the Daoists. Then, with a great "whoosh" sound, master and ordinand exteriorize Yin Jiao through the middle eye they imagine to be positioned low on their foreheads, between the eyebrows. Yin Jiao floats up, standing on wisps of incense smoke emanating from the altar table. The emanations of Yin Jiao then descend onto the bodies of master and ordinand, sheathing them like a bamboo envelope (*zhao* 罩). It is at this point that Daoists of the lineage speak of "transforming into" (*biancheng* 變成) Yin Jiao, and indeed, I have seen Daoists of several lineages in Meicheng strike Yin Jiao's iconic pose of holding up a golden bell with his left hand at this moment.[46]

Master and ordinand also exteriorize Generals Wang Lingguan 王靈官 and Zhang Jue 張珏 through very similar procedures scripted in the lineage's liturgical manuals. On behalf of his ordinand, the

---

[45] Respectively referred to as the Tail Gate Pass (*weilü guan* 尾閭關), the Spinal-Straights Pass (*jiaji guan* 夾脊關), and the Jade Pillow Pass (*yuzhen guan* 玉枕關), "Zuqi michuan" 祖氣秘傳, 20b. For general insights into the role of these passes along the dorsal tract of the body in inner alchemy, see W. C. Hudson, "Spreading the *Dao*, Managing Mastership, and Performing Salvation: The Life and Alchemical Teachings of Chen Zhixu," Ph.D. Diss., Indiana University, 2007, 288-291.

[46] This practice holds for the exteriorization of other thunder deities. For example, upon exteriorizing Wang Lingguan, Meicheng Daoists might strike his iconic pose of holding above his head with bent right arm an iron whip ready to strike. Patrice Fava has captured this moment of performed transformation into thunder deities in his film on a *jiao* just outside Xinhua Township 新化鎮, about 64 kilometers (approximately 40 miles) southwest of Meicheng. See P. Fava, "Han Xin's Revenge."

transmission master then politely offers all exteriorized thunder generals tea and wine, but for the rest of the transmission rite full attention is paid to Yin Jiao for the purpose of concluding a covenant with him. The Daoists of this lineage emphasize that they create a bond specifically with General Yin, but that their covenant with him implicates all other thunder generals.

The actual covenant between the ordinand and Yin Jiao unfolds in three phases: a sacrifice, a blood covenant, and a pronouncement of oath. As in the rest of the ritual, the transmission master acts as the ordinand's sponsor and so directs the action and does the talking. He instructs lay acolytes to set on the altar table five bowls of rice liquor and a cauldron of raw pork fat with a single stick of incense lodged in it. The acolytes then cut the throat of a cockerel with a cleaver and sprinkle its blood on the meat and into the bowls of liquor and present them as sacrifice to Yin Jiao. After the blood splatters, the transmission master incants:

> [Adding] blood to this liquor arouses generals and marshals, and musters spirit armies; it makes virile [gods] powerful, and makes heroes vigorous. They are very able to pull down trees and move mountains; they can suddenly overturn rivers and seas. [Yin Jiao], listen to my order and make the clouds and winds converge in celebration! Receive my talismanic command and make the demons and spirits respectfully venerate me! To save human beings and benefit all things, we should make our covenant (*meng* 盟) as firm as metal and stone. In daubing our lips with blood and drinking the elixir [of bloody liquor], we ought to make brilliant its peach-blossom color.[47] Sweep away noxious demons and erase their noxious traces! Display your virile power and make spirits howl and demons weep! We make

---

[47] The sense of "make brilliant its peach-blossom color" (*xuan taohua zhi se* 絢桃花之色) seems to be that the reddish hue of the elixir is deepened or intensified by its application to the lips and consumption.

an oath with liquor and conclude a covenant; we [sincerely] face each other as do the liver and the gall bladder.[48]

夫血酒者，奮發將帥，藏揚神兵，威武牡雄，怒張豪杰。大能扳樹移山，頓使翻河倒海。聽號令則風雲慶會，秉符命則鬼神欽崇。濟人利物，宜堅金石之盟。插[歃]血飲丹，當絢桃花之色。掃邪魔則遁跡邪蹤，展雄威則神號鬼哭。誓酒交盟，肝膽相照。[49]

The blood in the liquor offered in sacrifice to Yin Jiao rouses thunder generals and their spirit armies, and makes them strong. In his analysis of the evolution of thunder deities through the late Ming dynasty, Mark Meulenbeld has shown that thunder deities were imagined to retain something of their demonic natures even after they had been sublimated into the ranks of Daoist martial deities.[50] Here, the bloody offering piques the savage nature of Yin Jiao and attracts him to the covenant table. Indeed, Daoists in Fuqing explain that Yin Jiao, as every thunder deity, was once a demon and so lusts after blood and raw flesh. The sacrificial offerings propitiate the powerful and reckless deity and contribute to creating a bond between him and the ordinand.

Representing the ordinand, the transmission master concludes the blood covenant with the thunder general. To do so, the master does not literally daub his lips with the bloody liquor. The image, instead, echoes the ancient oathing practice of smearing the lips with the blood of a sacrificial animal. Nor does he imbibe the grim mixture, as has been fairly standard practice in concluding covenants throughout China's

---

[48] In traditional Chinese medicine, the liver and gall bladder were imagined to have a close mutual relationship: *Hanyu da cidian*, vol. 6, 1169. The metaphor "liver and gall bladder face or illumine each other" (*gan dan xiangzhao* 肝膽相照) expresses that two parties meet in sincerity and establish close ties.

[49] *Zhaolian ke fu qingshen ke* 召煉科附請神科, 65a-b.

[50] M. Meulenbeld, *Demonic Warfare: Daoism, Territorial Networks, and the History of the Ming Novel*, (Honolulu: University of Hawai'i Press, 2015), especially chapter 1, and personal communication.

history.[51] Here, the images of lips daubed with cockerel blood and the presence of bloody liquor function as metonyms for concluding a solemn covenant. The force of symbolically shared liquor is strengthened by the blood of the cockerel, considered to supply the *yang* force of life. To smear lips or consume blood also strengthens the power of the spoken words in the oath. The words spoken by the master on behalf of his ordinand carry the force of life and so are able to achieve the desired bind between two non-kin parties.[52]

Again on behalf of the ordinand, the transmission master pronounces the oath with words charged with *yang* energy:

> Attentively listen to these words of warning: Thunder gods, Thunder gods! With the first libation, I make an oath with Heaven. On high I accord with the heart of Heaven; should Heaven turn on me, the sun and moon will cease to shine. With the second libation, I make an oath with Earth. In the middle I accord with the heart of Earth; should Earth turn on me, the grass and trees will cease to grow. With the third libation, I make an oath with you. Thunder deities, functionaries, and generals, do not turn away from [my] merit. I have venerated you and so you must exhibit your numinous efficacy. Should marshal turn on master, ritual water will not be numinous; should master turn on marshal, incense will not work. Whenever one disobeys a command, Heaven will have fixed punishments. Thunder deities revere this bond! Attentively listen and

---

[51] For a brief history of blood covenants, see B. ter Haar, Ritual and Mythology of Chinese Triads: Creating an Identity, Leiden and Boston: Brill, 1998, 151-167. For a discussion of oaths and chicken-beheading rituals, see Paul R. Katz, *Divine Justice: Religion and the Development of Chinese Legal Culture* (London and New York: Routledge, 2009), 61-81.

[52] As with words, sprinkling the vibrant fluid on objects such as talismans and swords strengthens the efficacious power of those objects. See B. ter Haar, *Ritual and Mythology of Chinese Triads: Creating an Identity*, 154, 157, 161. P. Katz, *Divine Justice: Religion and the Development of Chinese Legal Culture*, (London and New York: Routledge, 2009), 74.

implement it!

諦听戒言：雷神雷神，一酌誓天，上合天心，天若負我，日
月不明。二酌誓地，中合地心，地若負我，草木不生。三酌
誓汝，雷神官將，莫負功勳。吾嘗敬汝，汝當闡靈。帥若負
師，法水不靈，師若負帥，香火不行。凡有違令，天有常刑。
雷神欽約，諦听奉行。[53]

As he makes the oath with Heaven on behalf of his ordinand, the
master dips his right hand in one of the bowls of bloody liquor and
flicks droplets toward the sky. As he makes the oath with Earth, he
flicks the liquid toward the ground. With these first two libations, the
master swears to Heaven and Earth that he, on behalf of his ordinand,
will behave in accordance with their intentions. He utters a malediction
that calamity will befall Heaven and Earth should they not comply with
the pledge. Heaven and Earth have long been included in oathing rituals
as guarantors, responsible for enforcing punishments should a party
break the oath.[54]

With a flick of bloody liquor over the outer altar table, the master
makes an oath to all the denizens of the Thunder Bureau. But the
Fuqing Daoists insist that they are especially visualizing Yin Jiao
standing in front of them, as a first among equals. Using the pronoun *ru*
汝, the master addresses General Yin as a superior addresses an inferior,
reminding the thunder deity that he is entering an asymmetrical pact of
subservience to the Daoist. Yet in a revealing phrase, the master lays out
the terms of the oath: "I have venerated you and so you must exhibit
your numinous efficacy." The thunder deity supplies the Daoist the
power he needs to perform ritual in exchange for respectful cult
designed to propitiate the unruly god. The ambiguous nature of Yin Jiao

---

[53]　*Zhaolian ke fu qingshen ke* 召煉科附請神科, 65b-66a.

[54]　B. ter Haar, *Ritual and Mythology of Chinese Triads: Creating an Identity*, 161-166.
　　 Charles Benn, *The Cavern Mystery Transmission: A Taoist Ordination Rite of A.D.
　　 711*, (Honolulu, University of Hawai'i Press, 1991), 100-101.

as both loyal subordinate and restive, semi-demonic deity is not lost in this ritual sequence. The god is addressed with both firm resolve and wary respect.

The point I wish to make in this section is that the ordinand's covenant with the thunder deity Yin Jiao plays a crucial role in the Rite of Transmission. Ever since the ordinations of early Celestial Masters and medieval Lingbao neophytes, ordinands have made covenants with their masters as a prerequisite for receiving the texts, implements, titles, and vestments of ordained Daoist officiants.[55] Ordinands have made bonds with their immediate superiors in order to earn the privilege of continuing the liturgical tradition. In the Meicheng region, we are seeing traditions that, in addition, privilege formal bonds with inferior functionaries in the celestial bureaucracy, such as thunder deities. For the Daoists of Fuqing, texts and implements would be rendered inefficacious without the numinous power supplied by Yin Jiao under the terms of the blood covenant struck between him and the ordinand through the sponsorship of the transmission master. Since the Song dynasty, Daoists have been making blood covenants with thunder deities. Here we see that that practice has evolved to become a constitutive element of the very notion of what it is to become a Daoist priest.[56]

It is instructive to make another comparison with previous ordination rituals. In early Celestial Master traditions, the ordinand received the essential breath (*jing* 精) from his master in the form of a talisman. The ordinand then learned to visualize that essential breath in the form of anthropomorphic officials (*guan* 官) within his body, and

---

[55] For the case in Celestial Master traditions, see K. Schipper, *The Taoist Body*, 63-64; for medieval Lingbao traditions, see C. Benn, *The Cavern Mystery Transmission*, 48, and his article "Daoist Ordination and *Zhai* Rituals in Medieval China," in *Daoism Handbook*, ed., Livia Kohn, (Leiden, Boston, Köln: Brill, 2000), 333.

[56] For a list of all such blood covenant rituals recorded in the *Daofa huiyuan* 道法會元, DZ 1220, and an analysis of one of them, see B. ter Haar, *Ritual and Mythology of Chinese Triads: Creating an Identity*, 154-155.

exteriorize them along with subsidiary generals and clerks (*jiangli* 將 吏). These emanations formed a corps of deities the ordinand could call upon to protect him.[57] In medieval Lingbao traditions, ordinands received knowledge of how to summon legions of officials, warriors, and jade maidens from within their bodies. These deities stood guard to protect the new Daoist from demonic influences and formed an entourage with which he could travel throughout the cosmos.[58] In the transmission rite practiced today in Fuqing, the ordinand exteriorizes first and foremost General Yin Jiao by means of an inner alchemical operation. General Yin and his troops are not only charged with protecting the Daoist's body and the altar space during the liturgy, but are also arranged about the ordinand's newly consecrated personal altar, as we shall see in the next section.

Installing Yin Jiao and his Minions at the Thunder Altar of the Ordinand

The second moment of the Rite of Transmission during which Yin Jiao plays a major role is his installation at the ordinand's personal altar. This segment of the ritual is called the "dispatch of generals" (*bojiang* 撥將). During the sequence, the transmission master reads aloud a memorial announcing that, by the power of his Daoist office and rank, he appropriates Yin Jiao and a host of thunder deities and commands them to affiliate themselves with the ordinand's newly conferred thunder altar.

The thunder altar is the ordinand's personal altar in his home. In addition to receiving an official title of office and rank, as well as investiture in a particular stellar diocese (*zhi* 治) associated with a particular cosmic energy (*qi* 氣), he also receives a personal altar,

---

[57] K. Schipper, *The Taoist Body*, 63-64.

[58] C. Benn, *The Cavern Mystery*, 48, and same author "Daoist Ordination and *Zhai* Rituals," 333.

called a thunder altar (*leitan* 雷壇), and a rites chamber (*fajing* 法靖). The names of each of these liturgical venues rotate according to the sexagesimal cycle and are assigned according to the ordinand's fundamental destiny (*benming* 本命), determined by the position of the stars and planets at his birth.[59] The newly ordained Daoist will make daily offerings to his masters, to the patriarchs of the lineage, and to the high gods of the pantheon at his personal thunder altar. It seems that in the past the Fuqing Daoists may have used a rites chamber for private meditation and preparation for ritual performances, but nowadays they mark off no separate structure or space in the household for such activities.[60]

Standing and facing south at the outer table of the altar space, the transmission master introduces Yin Jiao and the thunder deities under his standard to the newly consecrated thunder altar of the ordinand, who kneels prostrate on the other side of the outer altar table, facing north. The master pronounces a memorial:

> Having requested the favor [of the deities], registered [the ordinand's liturgical] name, and recorded his office, now the Transmission Rite of the Celestial Terrace grants the

---

[59] Further fieldwork and collection of texts from the lineage in Fuqing is necessary to define exactly which astrological scheme (or schemes) the Daoists use to determine fundamental destiny.

[60] The rites chamber may have at one time functioned similarly to the pure or silent chamber (*qingshi* 清室, *jingshi* 靜室) of medieval Daoism, in which meditation, prayers, and *zhai* 齋 fasts were performed in an enclosed chamber with only an incense burner in the center. Kristofer Schipper reports that the Daoists of Master Chen Rongsheng's 陳榮盛 lineage, in Tainan 臺南, also do not seem to mark off a pure chamber (*qingshi* 清室), which their ordination documents list as a corollary to the Daoist's personal altar (*tan* 壇). See K. Schipper, *The Taoist Body*, 91-93. For an account of the development of the concept of an enclosed chamber (*jingshi* 靜室, *huandu* 環堵) used for solitary self-cultivation in pre-Qin and Han texts through Shangqing 上清 texts, Tang poetry, and Song philosophical and Quanzhen 全真 sources, see Vincent Goossaert, "Entre quatre murs: Un ermite Taoïste du XIIᵉ siècle et la question de la modernité," *T'oung-Pao*, LXXXV (1999), 410-412. A. Arrault, *Shao Yong (1012-1077): poète et cosmologue* (Paris: Institut des hautes études chinoises, Collège de France, 2002), 116-120.

construction of a new [thunder] altar. Let the following be clear: the status of the thunder lords is powerful in the Celestial Bureau; their offices are listed in the Divine Empyrean. They take charge of the metrics of creative transformation, and control the command of the thunderclap. They protect and maintain the rites of the Dao, and zealously stir the winds of mystery. Whenever there are affairs, it is appropriate to notify them. In order to make solemn the dispatch of this memorial, I request that the Celestial Lord Yin Jiao—the Earth Controller Great Year of the Rites of the Anterior Heaven—and all the deities under his standard . . . convene and reverently accept the Thearch's command to come out of the Gate of Quaking Heaven,[61] attend the *jiao* banquet, and enjoy fragrant offerings. They must display their power and rouse their martial might, and make their intentions accord and their hearts agree. They must assemble in the Celestial Terrace and obey this dispatch. They must pitch camp and establish an outpost, and station themselves about the new altar. They must obey their office and support [the ordinand], forever assisting in the rites of the tradition. And they should accept the sacrifices from the master of this altar and assist the latter-day student's performances of the rites.

請恩登名錄職外,今則天臺撥度,賜建新壇。切照雷君尊權天府,職列神霄,主造化之衡,司雷霆之令,護持道法,勗振玄風。凡有事緣,理宜知會。為謹牒撥,請先天法中地司太歲殷郊天君、麾下⋯等神,一合欽承帝令,出震天關,下赴醮筵,格歆菲供。務仰揚威奮武,志合心同。齊集天臺,咸尊撥遣,安營設寨,駐扎新壇。隨職助扶,永勗教法。享

---

61 Zhen 震 is the trigram associated with the east and with thunder, *Hanyu da cidian*, vol. 2, 501. This phrase also echoes ritual procedures in which officiants touch the Zhen point on the left hand with the left thumb when summoning thunder generals and their armies.

壇家之煙祀，輔末學之行持。[62]

The transmission master dispatches a request that General Yin and the rest of the thunder deities take up their duties vis-à-vis the ordinand. Instead of exteriorized officials, generals, and clerks arranging about the adept's body, as in early Celestial Master and medieval Lingbao ritual, here the exteriorized General Yin and his legions undertake their protective duties by becoming affiliated with the ordinand's newly consecrated thunder altar. Yin Jiao and his military minions are to pitch camp about the thunder altar, thus establishing a recognizable place on this earth, in which to assemble whenever the ordinand may summon them by means of written communiqué, sacrificial offerings, and exteriorization. As the spatial manifestation of the new Daoist's liturgical status, the thunder altar serves as the geographical place of connection between the newly ordained Daoist and the thunder deities that serve him.

The memorial lists Yin Jiao first and foremost among the thunder deities the transmission master dispatches to serve the ordinand. In addition to Yin's assistant generals, Wang Huai 王槐 and Jiang Rui 蔣銳, several well-known thunder generals also march under his standard (*huixia* 麾下). Generals Wang 王靈官, Ma 馬靈官, and Zhao 趙公明, Xin Hanchen 辛漢臣, Deng Bowen 鄧伯溫, Zhang Jue 張珏, Wen Qiong 溫瓊, Yang Gengfang 楊耿方, Zhu Yan 朱彥, Gao Diao 高刁, and Kang Ning 康佞 are specifically mentioned among the thirty-six thunder generals and seventy-two assistant commanders who are all imagined to follow Yin's lead.

In this ritual, all the major thunder deities are organized under the auspices of Yin Jiao. The thunder generals identified by name do not seem to be inherently inferior to Yin. The ritual manuals preserved by the lineage provide equally detailed instructions for summoning

---

[62] "Bojiang die" 撥將牒, in *Zouzhi quanbu shushi* 奏職全部疏式, undated manuscript copied by Mei Yuanqiao 梅園樵, Anhua 安化, 35b-36a.

generals Yin, Wang, Ma, Zhao, Zhang, and Wen. But in the ritual tradition that has come to be practiced in Fuqing, General Yin has assumed the role as first among equals and the Daoists of the lineage regard him as the thunder general upon whom they primarily rely, just as other lineages in the Meicheng region rely especially on Wang Lingguan or both Yin and Wang. The "dispatch of generals" segment of the Rite of Transmission functions to establish a spatial relationship between Yin Jiao and the ordinand; all other recognized thunder deities follow suit.

Yin Jiao and the Ordination Certificate

The third and final moment during the Rite of Transmission in which we can clearly see the significant role Yin Jiao plays in the making of a new Daoist is the conferring of the ordination certificate. Near the end of the Rite, the transmission master reads out loud and then confers upon the ordinand — now a neophyte — this certificate, which the master has prepared prior to the ordination. It formally records the event of the ordination: the place, the date, the sponsors, the program of rites performed during the *jiao*, as well as the pertinent information that identifies the neophyte as having attained the credentials of an ordained officiant of the lineage's Daoist and Buddhist rites. The document states the neophyte's title of office and rank, his liturgical names, his stellar diocese and cosmic energy, and the names of his personal thunder altar and rites chamber. The certificate also lists the liturgical manuals, ritual implements and vestments bequeathed to the neophyte by his transmission master.

The last item on the list is a roster of thunder deities who have come under the control of the neophyte. The roster, led of course by Yin Jiao, lists the same throng of thunder generals, assistant generals, and tutelary divinities under Yin Jiao's standard that were installed at the neophyte's thunder altar during the dispatch of generals segment of the ritual. Immediately following the roster, the ordination certificate states:

In the Celestial Terrace [Ordination Rite], [the neophyte] relied upon his master to be ordained. [The neophyte] and the general [i.e., Yin Jiao] daubed their lips with blood and drank the elixir; they made an oath with liquor and concluded a covenant. Yin Jiao will come [in response to] his heart seal (*xinyin* 心印),[63] listen to [the Daoist's] commands, and direct [his minions]. He ought not be reckless, wild, or indolent; his numinous power ought to manifest as soon as called upon. Master and marshal resonate with mutual trust; spirit and mortal are of unified intention. They are forever interconnected as the heart is with the belly; they perpetually reflect each other as do the lungs and the liver.

天臺憑師撥度，與將插[歃]血飲丹，誓酒交盟。心印到來，聽令指揮。毋漫、毋荒、毋倦，即叩即靈。師帥感孚，神人意合。永為心腹之交，恆作肺肝之照。[64]

The passage makes explicit the allegiance that Yin Jiao and, by implication, the thunder deities under his standard owe the neophyte due to the covenant concluded during the Rite of Transmission. Although the word is used neither in the language of this ritual nor by the Daoists of Fuqing when explaining the ordination certificate, the roster of thunder deities may be understood as a kind of register (*lu* 籙). Used in Daoist ritual since the time of the early Celestial Masters, a register is essentially a roster that lists the names, titles, talismans, or

---

[63] Yin Jiao and the other thunder deities are bound by oath to respond when the Daoist summons them by employing the "heart seal" (*xinyin* 心印) specific to each of them. This seal, an inscription in highly stylized celestial script of the deity's personal name, often accompanied with an incantation, is an essential tool for summoning thunder deities. For an analysis of heart seals in thunder ritual in Fuqing, see D. Mozina, "Summoning the Exorcist: The Role of Heart Seals (*xinyin* 心印) in Calling Down a Demon-Quelling Deity in Contemporary Daoist Thunder Ritual," in *Exorcism in Daoism: A Berlin Symposium* ed., Florian C. Reiter, (Wiesbaden: Harrassowitz Verlag, 2011), 231-256.

[64] *Jiang Dingchun yangping* 蔣鼎春陽憑, ordination certificate copied by Mei Yuanqiao 梅園樵, Anhua 安化, 1988, 4b.

icons of deities whom the Daoist may summon from within his body. Registers have often been conferred upon ordinands during rites of transmission.[65] Here, the ordination certificate provides a register of the thunder deities under the new Daoist's command and documents the blood covenant that bound Yin Jiao and the listed thunder deities to the Daoist.

In addition to listing the register of Yin Jiao and his fellow thunder deities, the ordination certificate itself is described by members of the lineage as a kind of contract (*hetong* 合同) between the Daoist and the authorities of the celestial bureaucracy. Two almost identical copies of the ordination certificate are prepared — a *yang* 陽 copy to be kept by the neophyte and a *yin* 陰 copy to be dispatched to the celestial realm by burning. At the end of both is inscribed in bold, cinnabar ink the main talisman that the Daoist will forever use to summon to his command General Yin. Utilizing an ancient practice in which tallies made of cloth, wood, or metal were split in half and retained by two parties as proof of a binding relationship, the talisman here functions as a tally and is rent down the middle, the right half inscribed on the *yin* certificate (*yin ping* 陰憑) and the left half inscribed on the *yang* certificate (*yang ping* 陽憑).[66] In the words of the ordination certificate:

---

[65] For interpretations of early Celestial Master registers, see J. Lagerwey, "Zhengyi Registers 正一籙" in *Zhongguo wenhua yanjiusuo fangwen jiaoshou jiangzuo xilie (yi)* 中國文化研究所訪問教授講座系列（一）[Institute of Chinese Studies Visiting Professor Lecture Series (I)], 2005. Pengzhi Lü, "Tianshi dao shoulu keyi—Dunhuang xieben S203 kaolun" 天師道授籙科儀－敦煌寫本 S203 考論 [Celestial Master conferral of register rites—the S203 Dunhuang manuscript], *Zhongyang yanjiuyuan lishi yuyan yanjiusuo jikan* 中央研究院歷史語言研究所集刊, 2006, 77.1. K. Schipper, "Taoist Ordination Ranks in the Tunhuang Manuscripts," 131-132. K. Schipper, *The Taoist Body*, 64; and for medieval Lingbao registers, see C. Benn, *The Cavern Mystery*, 64.

[66] For discussions of talismans used as tallies binding two parties in Daoist practice, see Catherine Despeux, "Talismans and Diagrams," in "Talismans and Diagrams," in *Daoism Handbook*, ed., Livia Kohn, (Boston and Leiden: Brill, 2000), 532-533; Max Kaltenmark, "Ling-pao: Note sur un terme du taoïsme religieux," in *Mélanges publiés par l'Institut des Hautes études chinoises*, ed., Institut des Hautes études chinoises, vol. 2

[The ordination master] prepared in advance one contractual *yang* certificate, which must be given to the grantee (i.e., the ordinand). The aforementioned [*yang* certificate] is given to the Disciple Offering Incense in Response to the Teaching of the Anterior Heaven, named such and such — Daoist name such and such, Buddhist name such and such. [The ordinand] shall receive and retain [the *yang* certificate] during his lifetime. It shall forever be his personal treasure.

預具合同陽憑一道，須至出給者。右給付先天應教行持香火弟子…道名…佛名…名下。現生收執，永為身寶。[67]

As for the *yin* certificate:

During the Celestial Terrace Ordination, first take the contractual *yin* document [that contains] half of the [talismanic] seal and submit it [by burning] to the desk of Celestial Lord Xin (Xin *tianjun* 辛天君), the Secretary of the Azure Thearch of the Thunderclap Judgment Bureau in the Jade Register Section of the Nine Heavens. [The *yin* document] will be stored in bookcase files. As for the remaining half — the *yang* certificate — it will be burnt and sent off on the day when the primordial numinousness of the Daoist's present lifespan transforms into Perfection (i.e., he passes away).

先將半印合同陰疏，在天臺撥度之時投呈九天玉冊曹雷霆判

(Paris: Presses Universitaires de Paris, 1960), 573-576. Anna Seidel, "Imperial Treasures and Taoist Sacraments: Taoist Roots in the Apocrypha," in *Tantric and Taoist Studies in Honour of R. A. Stein*, ed., Michel Strickmann (Brussels: Institut belge des Hautes études chinoises, 1983), 310. For a nuanced discussion of the use of tallies in Tang political culture, see Robert des Rotours, "Les insignes en deux parties (*fou* 符) sous la dynastie des T'ang (618-907)," *T'oung Pao*, XVI, 1-3 (1952): 44-60. Charles Benn reports that the practice of rending tallies (*fenquan* 分券, *fenqie* 分契, *fenfu* 分符) was practiced in medieval Lingbao ordination: *The Cavern Mystery*, 42-43.

[67] *Jiang Dingchun yangping* 蔣鼎春陽憑, 4b-5a.

府青帝尚書辛天君文几下。架閣收貯。遺存陽憑一部，俟…
本命元靈成真之日燉詣。[68]

Unlike most mortals, a Daoist does not endure the subterranean
courts of judgment upon passing from this lifetime. Instead, he
immediately takes up the post in the celestial bureaucracy that was
assigned to him during his ordination and documented in his ordination
certificate. Upon a deceased Daoist's arriving at the celestial office, he
undergoes verification. The ordination certificate states:

> The [halves of the] jade-ring tally (*huanquan* 環券, i.e., the
> *yang* and *yin* certificates)[69] will be compared side by side [to
> see whether] their seal credentials, their times and dates of birth,
> [the names of] their dioceses and cosmic energies, and their
> ranks and offices match. [If they do, the Daoist] will gloriously
> receive [position in] the company of officials, and he will
> honorably be enfeoffed with rank and title. He will serve beside
> the throne of the Thearch and assist [those of the] the rank of
> master.

比對環券，印信、年庚、氣治、品職相符。榮受官班，旌封

---

[68] *Jiang Dingchun yangping* 蔣鼎春陽憑, 5a.

[69] The reference to a jade-ring tally conjures the idea that the *yang* and *yin* certificates form
two material halves of a contractual obligation. In a 13th century ordination manual, the
jade-ring tally is defined as an object that binds a master and disciple to each other, as
well as to specific divinities. See *Shangqing lingbao dafa* 上清靈寶大法, *DZ* 1223,
43.12b: "A jade-ring tally is used to bind an oath to the Three Officials and conclude a
covenant with the Ten Heavens, [in order to] carry on [the bond] for eternity and
strengthen the pledge. The transmission master dare not conceal truth and put forth
falsehood; the disciple dare not rebel against the Dao and turn his back on his master. By
dividing the jade ring, [master and disciple] will never betray their covenant; by splitting
the tally, they will never turn away from their oath." 夫環券者，所以結誓三官，告盟
十天，承永堅信。度師不敢隱真出偽，弟子不敢叛道背師。分環永不渝盟，裂券
永不負誓。

品爵，侍側帝陞，贊佐師階。[70]

At the funeral of a Daoist, his *yang* certificate with its half of the tally, which he retained since his ordination, is burned and transmitted to the celestial bureaucracy. The *yang* certificate functions as a kind of passport that, when tallied with its *yin* counterpart, verifies the Daoist's identity and qualifies him to assume duties among the masters of the lineage.

It is significant that the main talisman this lineage of Daoists uses to summon Yin Jiao in all their rituals is literally at the heart of the ordination certificate. The talisman to summon General Yin is rent in two and functions as the tally that identifies a deceased Daoist to the celestial bureaucracy. In the symbolic form of a rent talisman, we see expressed the idea that the covenantal relationship between the Daoist and the thunder deity is bound up with the celestial status of the Daoist. For this lineage in Fuqing, to be recognized as a Daoist by the divine bureaucracy is to possess the ability to summon especially Yin Jiao, acquired through the blood covenant concluded with the thunder general during the Rite of Transmission.

Conclusion

A close reading of the Rite of Transmission in the context of the interpretations of the Daoists who perform it reveals that a covenantal bond between an ordinand and a specific thunder deity is constitutive of the very notion of what it means to be a Daoist in Meicheng, Hunan. In addition to striking a blood covenant with one's transmission master — a prerequisite for an ordinand to receive the texts and implements needed to practice the rites — an ordinand must also conclude a blood covenant with a thunder general, who leads a roster of thunder deities supplying the efficacious power the Daoist needs to perform ritual. For

---

[70] *Jiang Dingchun yangping* 蔣鼎春陽憑, 5b.

the Daoists of Fuqing village, a covenant with General Yin Jiao is a *sine qua non* to enter the lineage. The close relationship with Yin Jiao, as first among the thunder deities used by the lineage, is spatially expressed in the installation of the thunder generals at a new Daoist's thunder altar, and is textually expressed in the ordination certificate that identifies the credentials of a Daoist in this lifetime and the next.

This research, which has grown out of the incredible religious life that is currently flourishing in central Hunan, attempts to show in as much detail as possible the workings of a tradition of living thunder rites. These initial conclusions should gain nuance and, hopefully, importance through comparison with ordination processes from other regions in Hunan and beyond. I also hope this work will help raise questions as to the nature of the relationships between lineages and thunder deities in historical sources of thunder ritual. （本文刊於 Cahiers d'Extreme-Asie, 19 (2010): 269-303.）

Bibliography

Abbreviations

DZ Zhengtong Daozang 正統道藏, Taibei 台北, Xinwenfeng chuban gongsi 新文豐出版公司, 1977.

Numbering of Daoist texts follows K. Schipper and F. Verellen, eds. 2004, *The Taoist Canon: A Historical Companion to the* Daozang, Chicago, University of Chicago Press, 2004.

Primary Sources

"Bojiang die" 撥將牒, in *Zouzhi quanbu shushi* 奏職全部疏式, undated manuscript copied by Mei Yuanqiao 梅園樵, Anhua 安化, 35a-36b.

Dao Fo jiao chuandu ke 道佛教傳度科, undated manuscript copied by Mei Yuanqiao 梅園樵, Anhua 安化.

Daofa huiyuan 道法會元, DZ 1220.

Jiang Dingchun yangping 蔣鼎春陽憑, ordination certificate copied by Mei Yuanqiao 梅園樵, Anhua 安化, 1988.

"Qiqing jiashi chaoke" 啓請家師朝科, in *Xiantian churi kefan* 先天初日科範, undated manuscript copied by Mei Yuanqiao 梅園樵, Anhua 安化, 36a-50b.

Shangqing lingbao dafa 上清靈寶大法, DZ 1223.

"Yin Jiao chumai" 殷郊出脈, in *Zuqi michuan, Yin Jiao chumai* 祖氣秘傳殷郊出脈, undated manuscript copied by Mei Yuanqiao 梅園樵, Anhua 安化, 1a-8a.

"Yin shuai zhaolian" 殷帥召煉, in *Wang, Zhang, Yin zhaolian ke* 王張殷召煉科, undated manuscript copied by Mei Yuanqiao 梅園樵, Anhua 安

化, 12a-15b.

Zhaolian ke fu qingshen ke 召煉科附請神科, undated manuscript copied by Mei Yuanqiao 梅園樵, Anhua 安化.

"Zuqi michuan" 祖氣秘傳, in *Zuqi michuan, Yin Jiao chumai* 祖氣秘傳殷郊出脈, undated manuscript copied by Mei Yuanqiao 梅園樵, Anhua 安化, 9a-23b.

Sources

Chinese Sources

An, Huatao 安華濤. "Bai Yuchan yu shenxiao leifa" 白玉蟾與神霄雷法 [Bai Yuchan and Divine Empyrean thunder ritual], *Zhongguo daojiao* 中國道教, 6 (2009): 34-38.

Chen, Zi'ai 陳子艾, Hua, Lan 華瀾 (Alain Arrault), ed. *Xiangzhong zongjiao yu xiangtu shehui diaocha baogao ji* 湘中宗教與鄉土社會調查報告集 [Field reports on religion and local society in central Hunan], 2 vols. Beijing: Beijing shifan daxue 北京師範大學, Wenhui shuma yizhi zhongxin 文輝數碼印製中心, 2006.

Fengshen yanyi 封神演義, 1620 reprint ed., Taibei 台北: Wenhua tushu 文化圖書, 1995.

Hanyu da cidian 漢語大詞典. Shanghai 上海, Hanyu da cidian chubanshe 漢語大詞典出版社, 1997.

Hunan sheng Anhua xian difangzhi bianzuan weiyuanhui 湖南省安化縣地方志編纂委員會, ed. *Anhua xian zhi* 安化縣志 *1986-2000* [Anhua County Gazetteer, 1986-2000], Beijing 北京, Fangzhi chubanshe 方志出版社, 2005.

Li, Fengmao 李豐楙. "Daojiao shenxiao pai de xingcheng yu fazhan" 道教神霄派的形成與發展 [The formation and development of the Daoist Divine

Empyrean sect]. *Youshi xuezhi* 幼獅學誌, 19: 4 (1987): 146-169.

Li, Yuanguo 李遠國. "Leifa, dandao yu yangsheng" 雷法，丹道與養生 [Thunder ritual, alchemy, and longevity techniques]. *Zongjiaoxue yanjiu* 宗教學研究, 1, 2010.

———. *Shenxiao leifa: Daojiao shenxiaopai yange yu sixiang* 神霄雷法：道教神霄派沿革與思想 [Divine Empyrean Thunder Ritual: The Evolution and Thought of the Daoist Divine Empyrean Sect], Chengdu 成都: Sichuan renmin chuban 四川人民出版, 2003.

Li, Zhihong 李志鴻. "Leifa yu leishen chongbai" 雷法與雷神崇拜 [Thunder ritual and the worship of thunder gods], *Zhongguo daojiao* 中國道教, 3 (2004): 32-36.

Liao, Wenyi 廖文毅. "Bai Yuchan neidan yu leifa zhi ronghe" 白玉蟾內丹與雷法之融合 [The fusion of Bai Yuchan's thunder ritual and inner alchemy]. *Hunan keji xueyuan xuebao* 湖南科技學院學報, 31: 1 (2010): 81-91.

Liu, Zhongyu 劉仲宇. "Wulei zhengfa yuanyuan kaolun" 五雷正法淵源考論 [The Origins of the Orthodox Rites of the Five Thunders], *Zongjiaoxue yanjiu* 宗教學研究, 3, 2001, 14-21.

Lü, Pengzhi 呂鵬志. "Tianshi dao shoulu keyi—Dunhuang xieben S203 kaolun" 天師道授籙科儀－敦煌寫本 S203 考論 [Celestial Master conferral of register rites—the S203 Dunhuang manuscript], *Zhongyang yanjiuyuan lishi yuyan yanjiusuo jikan* 中央研究院歷史語言研究所集刊, 2006, 77.1.

Qin, Guorong 秦國榮. "Guangchan gong changyong benjing yu 'neichuan kougong'" 廣闡宮常用本經與 "內傳口工" [Frequently used scriptures and "oral inner transmissions" of the Guangchan Temple], in *Xiangzhong zongjiao yu xiangtu shehui diaocha baogao ji* 湘中宗教與鄉土社會調查報告集, ed. Chen Zi'ai 陳子艾, Hua Lan 華瀾 (Alain Arrault), 2006.

Sakai Norifumi 酒井規史. "Difang de leifa yu *Daofa huiyuan*: yi *Dongxuan yushu leiting dafa* wei zhongxin" 地方的雷法與《道法會元》：以《洞玄玉樞雷霆大法》爲中心 [Local thunder ritual and the *Daofa huiyuan*: a study of the *Dongxuan yushu leiting dafa*]. *Huaren zongjiao yanjiu* 華人宗教研究, 3 (2014): 27-49.

Wang, Chi 王弛. "Dadan tong sanjie leiting su yaoxie" 大丹通三界，雷霆肅妖邪：清微雷法的法力 [The great elixir penetrates the three realms, the thunderclap eliminates evil demons: the ritual power of Qingwei thunder ritual], *Zhongguo daojiao* 中國道教, 1 (2014): 35-38.

————. "Tianshi Zhang Jixian yu Longhu shan zhenyi leifa" 天師張繼先與龍虎山正一雷法 [Celestial Master Zhang Jixian and the orthodox unity thunder ritual of Mount Longhu]. *Shijie zongjiao yanjiu* 世界宗教研究, 4 (2012): 72-80.

Ye , Mingsheng 葉明生. "Minxibei Pu'an Qingwei deng pai diaocha" 閩西北普庵清微等派調查 [The Pu'an and Qingwei Ritual Lineages in West-Central Fujian], in *Minxibei de minsu zongjiao yu shehui* 閩西北的民俗宗教與社會 [Customary Religion and Society in West-Central Fujian], *Traditional Hakka Society Series*, vol. 11, ed. Yang Yanjie 楊彥杰, Hong Kong: International Hakka Studies Association, École française d'Extrême-Orient, Research Programme on Ethnicity and Overseas Chinese Economics, Lingnan University 嶺南大學, 2000, 384-451.

Zhang, Shihong 張式弘. "Anhua daojiao de diaocha baogao" 安化道教的調查報告 [Field report on Daoism in Anhua], in *Xiangzhong zongjiao yu xiangtu shehui diaocha baogao ji* 湘中宗教與鄉土社會"調查報告集, eds. Chen Zi'ai 陳子艾, Hua Lan 華瀾 (Alain Arrault), 2006.

Zhang, Zehong 張澤洪. "Lun Bai Yuchan dui nansong daojiao keyi de chuangxin—jian lun nansong jiaotuan de leifa" 論白玉蟾對南宋道教科儀的創新—兼論南宗教團的雷法 [On Bai Yuchan's creative innovations of Southern Song Daoist ritual—and on the thunder ritual of the southern lineage]. *Hubei daxue xuebao* (*zhexue shehui kexue ban*) 湖北大學學報 (哲學社會科學版), 31: 6 (2004): 694-699.

Zheng, Zhiming 鄭志明. "Cong *Daofa huiyuan* tan Song Yuan fulu fapai de shijie zhixu guan" 從《道法會元》談宋元符籙法派的世界秩序觀 [On the worldview of the ritual sect of talismans and registers during the Song-Yuan period, from sources in the *Daofa huiyuan*]. *Chengda zongjiao yu wenhua xuebao* 成大宗教與文化學報, 6 (2006): 35-57.

Japanese Sources

Liu, Zhiwan 劉枝萬. "Raishin shinkō to raihō no tenkai" 雷神信仰と雷法の 展開 [Belief in thunder deities and the development of thunder ritual]. *Tōhō shūkyō* 東方宗教, 67 (1986): 1-21.

Matsumoto Koichi 松本浩一. "Dōkyō jujutsu tenshinhō no kigen to seikaku—tokuni raihō to no hikaku o tsūjite" 道教呪術「天心法」の起源 と性格—特に「雷法」との比較を通じて [The origin and characteristics of the Daoist Rites of the Heavenly Heart, especially in comparison with Thunder Ritual]. *Toshokan jōhō daigaku kenkyū hōkoku* 図書館情報大学 研究報告, 20: 2 (2001): 27-45.

————. "Sōdai no raihō" 宋代の雷法 [Song dynasty thunder ritual]. *Shakai bunka shigaku* 社会文化史学, 17 (1979): 45-65.

Sakai Norifumi 酒井規史. "Chihō ni okeru raihō no keisei—*Shaoyang huoche wulei dafa* o chūshin ni" 地方における雷法の形成—「邵陽火車五雷大 法」を中心に [Localization of Daoist thunder rites in the *Shaoyang huoche wulei dafa*]. *Tōhō shūkyō* 東方宗教, 119 (2012): 22-38.

————. "Dōhō ni okeru dōjutsu no kōryū—Tongchu zhengfa to Yutang dafa o chūshin ni" 「道法」における道術の交流—童初正法と玉堂大法を中 心に [Transmission of *daoshu* 道術 (arts of the way) amongst *daofa* 道 法 (rites of the way) in the Tongchu zhengfa and Yutang dafa], in *Dōkyō to kyōsei shisō: dai 3-kai Nichi-Bei dōkyō kenkyūkai giron bunshū* 道教と共生思想: 第 3 回日米道教研究会議論文集 [Daoism and interactive thought: proceedings from the third Japanese-American Daoism conference], ed. Tanaka Fumio 田中文雄 and Terry Kleeman, Tokyo 東京: Taiga Shobō 大河書房, 2009, 116-135.

Skar, Lowell. "Qingwei senfu, raihō, shinrei soshite dōhara—chūsei no Chūgoku tōnanbu ni okeru shūkyō teki tōgō ni tsuite" 清微仙譜、雷法、神霊そして道原—中世の中国東南部における宗教的統合について [Qingwei immortals' rosters, thunder rituals, divine powers, and the origins of the Dao: on a medieval religious synthesis in southeast China], in *Dōkyō to kyōsei shisō: dai 3-kai Nichi-Bei dōkyō kenkyūkai giron bunshū* 道教と共生思想: 第 3 回日米道教研究会議論文集 [Daoism and interactive thought: proceedings from the third Japanese-American Daoism conference], ed. Tanaka Fumio 田中文雄 and Terry Kleeman, Tokyo 東京: Taiga Shobō 大河書房, 2009, 136-154.

Strickmann, Michel. "Sōdai no raigi: Shinshō undō to dōka nanshū ni tsuite no ryakusetsu" 宋代の雷儀——神霄運動と道教南宗についての略説 [Song Dynasty Thunder Rites——An Outline of the Divine Empyrean Movement and the Southern Lineage of Daoism], *Tōhō shūkyō* 東方宗教, 46 (1975): 15-28.

English Sources

Andersen, Poul. "The Transformation of the Body in Taoist Ritual," in *Religious Reflections on the Human Body*, ed. Jane Marie Law. Bloomington: Indiana University Press, 1995, 181-202.

Arrault, Alain. "Analytic Essay on the Domestic Statuary of Central Hunan: The Cult to Divinities, Parents, and Masters," *Journal of Chinese Religions*, 36 (2008): 1-53.

Benn, Charles D. *The Cavern Mystery Transmission: A Taoist Ordination Rite of A.D. 711*. Honolulu: University of Hawai'i Press, 1991.

—————. "Daoist Ordination and *Zhai* Rituals in Medieval China," in *Daoism Handbook*, ed. Livia Kohn. Leiden, Boston, Köln: Brill, 2000, 309-339.

Boltz, Judith M. *A Survey of Taoist Literature: Tenth to Seventeenth Centuries*, Institute of East Asian Studies and Center for Chinese Studies. Berkeley: University of California, 1987.

—————. "Not by the Seal of Office Alone: New Weapons in Battles with the Supernatural," in *Religion and Society in T'ang and Sung China*, ed. Patricia Ebrey and Peter Gregory. Honolulu: University of Hawai'i Press, 1993, 241-305.

Bruyn, Pierre-Henry. "de Wudang Shan: The Origins of a Major Center of Modern Taoism," in *Religion and Chinese Society: Volume II: Taoism and Local Religion in Modern China*, ed. John Lagerwey. Hong Kong and Paris: The Chinese University Press and École française d'Extrême-Orient, 1994.

Chao, Shin-yi. *Daoist Ritual, State Religion, and Popular Practices: Zhenwu Worship from Song to Ming (960-1644)*. Abingdon and New York: Routledge, 2011.

Davis, Edward L. *Society and the Supernatural in Song China*. Honolulu: University of Hawai'i Press, 2001.

Despuux, Catherine. "Talismans and Diagrams," in *Daoism Handbook*, ed. Livia Kohn. Boston and Leiden: Brill, 2000, 498-540.

Fava, Patrice. "Han Xin's Revenge: A Daoist Mystery," Meudon, CNRS Images, 2005. See <http://videotheque.cnrs.fr/index.php?urlaction=doc&id_doc=1217>, last accessed on 2014.11.30

Haar, Barend J. ter. *Ritual and Mythology of Chinese Triads: Creating an Identity*. Leiden and Boston: Brill, 1998.

Hucker, Charles O. *A Dictionary of Official Titles in Imperial China*, Stanford:

Stanford University Press, 1985.

Hudson, Wm. Clarke. "Spreading the *Dao*, Managing Mastership, and Performing Salvation: The Life and Alchemical Teachings of Chen Zhixu." Ph.D. Diss., Indiana University, 2007.

Hymes, Robert. *Way and Byway: Taoism, Lineage, and Models of Divinity in Sung and Modern China.* Berkeley: University of California Press, 2002.

Katz, Paul R. *Divine Justice: Religion and the Development of Chinese Legal Culture.* London and New York: Routledge, 2009.

Kleeman, Terry 祁泰履. "'Take Charge of Households and Convert the Citizenry': The Parish Priest in Celestial Master Transmission," in *Affiliation and Transmission in Daoism: A Berlin Symposium,* ed. Florian C. Reiter. Wiesbaden: Harrassowitz Verlag, 2012, 19-39.

————. "The Evolution of Daoist Cosmology and the Construction of the Common Sacred Realm" 道教宇宙關的演化及其普世聖域的建構. *Taiwan dongya wenming yanjiu xuekan* 台灣東亞文明研究學刊, 2: 1, 2005, 87-108.

Lagerwey, John. *Taoist Ritual in Chinese Society and History.* New York and London: Macmillan, 1987

————. "Zhengyi Registers 正一籙," *Zhongguo wenhua yanjiusuo fangwen jiaoshou jiangzuo xilie (yi)* 中國文化研究所訪問教授講座系列（一）[Institute of Chinese Studies Visiting Professor Lecture Series (I)], 2005.

Meulenbeld, Mark R.E. "Civilized Demons: Ming Thunder Gods from Ritual to Literature." Ph. D. diss., Princeton University, 2007.

————. *Demonic Warfare: Daoism, Territorial Networks, and the History of the Ming Novel.* Honolulu: University of Hawai'i Press, 2015.

Mozina, David. "Quelling the Divine: The Performance of a Talisman in Contemporary Thunder Ritual." Ph. D. diss., Harvard University, 2009.

————. "Summoning the Exorcist: The Role of Heart Seals (*xinyin* 心印) in

Calling Down a Demon-Quelling Deity in Contemporary Daoist Thunder Ritual," in *Exorcism in Daoism: A Berlin Symposium*, ed. Florian C. Reiter. Wiesbaden: Harrassowitz Verlag, 2011, 231-256.

Reiter, Florian C. *Man, Nature, and the Infinite: The Scope of Daoist Thunder Magic Rituals*. Wiesbaden: Harrassowitz Verlag, 2013.

————. "The Management of Nature: Convictions and Means in Daoist Thunder Magic (Daojiao leifa)," in *Purpose, Means and Convictions in Daoism: A Berlin Synposium*. ed. Florian Reiter. Wiesbaden: Harrassowitz Verlag, 183-200.

————. "The Discourse on the Thunders 雷說, by the Taoist Wang Wen-ch'ing 王文卿 (1093-1153)," *Journal of the Royal Asiatic Society*, 14: 3 (2004): 207-229.

————. *Basic Conditions of Taoist Thunder Magic*. Wiesbaden: Harrassowitz Verlag, 2007.

Robson, James. "Among Mountains and Between Rivers: A Preliminary Appraisal of the Arrival, Spread, and Development of Daoism and Buddhism in the Central Hunan (Xiangzhong) Region." *Cahiers d'Extême-Asie*, 19 (2010): 9-45.

————. "Signs of Power: Talismanic Writing in Chinese Buddhism," *History of Religions,* 48, no. 2 (2008): 130-169.

Schipper, Kristofer M. "Taoist Ordination Ranks in the Tunhuang Manuscripts," in *Religion und Philosophie in Ostasien: Festschrift für Hans Steininger*, ed. G. Naundorf. Würzburg: Königshausen und Neumann, 1985, 127-148.

————. "Master Chao I-chen and the Ch'ing-wei School of Taoism," in *Dōkyō to shūkyō bunka* 道教と宗教文化 [Daoism and Religious Culture], ed. Akizuki Kan'ei 秋月觀暎. Tōkyō 東京: Hirakawa shuppansha 平河出版社, 1987.

————. *The Taoist Body*, translated by Karen C. Duval. Berkeley: University of California Press, 1993.

————. "A Play about Ritual: The 'Rites of Transmission of Office' of the Taoist Masters of Guizhou (South West China)," in *India and Beyond: Aspects of Literature, Meaning, Ritual and Thought, Essays in Honour of Frits Staal*, ed. Dick van der Meij. London: Kegan Paul International, 1997, 471-496.

Schipper, Kristofer M., and Franciscus Verellen, eds. *The Taoist Canon: A Historical Companion to the* Daozang. Chicago: University of Chicago Press, 2004.

Seidel, Anna. "Imperial Treasures and Taoist Sacraments: Taoist Roots in the Apocrypha," in *Tantric and Taoist Studies in Honour of R. A. Stein*, vol. 2, ed. Michel Strickmann. Bruxelles: Institut belge des hautes études chinoises, 1983, 297-371.

Skar, Lowell. "Administering Thunder: A Thirteenth-Century Memorial Deliberating the Thunder Rites," *Cahiers d'Extême-Asie*, 9 (1996-97): 159-202.

Tam, Wai-lun 譚偉倫. "Transmission Ritual of Local Daoists in Southeast China: A Study of Two Transmission Rituals: Yongful of Southern Fujian and Wanzai of Northwest Jiangxi," in *Affiliation and Transmission in Daoism: A Berlin Symposium*, ed. Florian C. Reiter. Wiesbaden: Harrassowitz Verlag, 2012, 173-192.

————. "Exorcism and the Pu'an Buddhist Ritual Specialists in Rural China," in *Exorcism in Daoism: A Berlin Symposium*, ed. Florian C. Reiter. Wiesbaden: Harrassowitz Verlag, 2011, 137-150.

————. "A Study of the Jiao Ritual Conducted by the Namo of Yingde in Northern Guangdong as a Form of Popular Buddhism." *Journal of Chinese Ritual, Theatre and Folklore* 民俗曲藝, 163: 3 (2009): 71-115.

Van Der Loon, Piet. "A Taoist Collection of the Fourteenth Century," in *Studia Sino-Mongolica, Festschrift für Herbert Franke*, ed. Wolfgang Bauer. Wiesbaden: Franz Steiner, 1979.

French Sources

Arrault, Alain. *Shao Yong (1012-1077): poète et cosmologue*. Paris: Institut des hautes études chinoises du Collège de France, 2002.

————. "La société locale vue à travers la statuaire domestique du Hunan," *Cahiers d'Extrême-Asie*, 19 (2010): 47-132.

Arrault, Alain and Michela Bussotti. "Statuettes religieuses et certificats de consécration en Chine du Sud (XVIIᵉ-XXᵉ siècle)," *Arts Asiatiques*, 63 (2008): 36-60.

Arrault, Alain, Michela Bussotti, Patrice Fava, Feng Li 李豐, and, Yao Zhang 張瑤 *et al.* "Les statuettes religieuses du Hunan. 1. La collection Patrice Fava," <http://www.efeo.fr/statuettes_hunan/>, École française d'Extrême-Orient, last accessed on 2014.11.30.

Arrault, Alain, Michela Bussotti, Zhaohui Deng 鄧昭慧, Feng Li, Jinxian Shen 沈晉賢, and Yao Zhang. "Les statuettes religieuses du Hunan. 2. La collection du musée du Hunan," <http://www.efeo.fr/statuettes_hunan/>, École française d'Extrême-Orient, Musée du Hunan, last accessed on 2014.11.30.

Fava, Patrice. *Aux portes du ciel: la statuaire taoïste du Hunan: art et anthropologie de la Chine*. Paris: Les belles lettres, École française d'Extrême-Orient, 2013.

Goossaert, Vincent. "Entre quatre murs: Un ermite Taoïste du XIIᵉ siècle et la question de la modernité." *T'oung-Pao*, LXXXV, 1999, 391-418.

Kaltenmark, Max. "Ling-pao: Note sur un terme du taoïsme religieux," in *Mélanges publiés par l'Institut des Hautes études chinoises*, vol. 2, ed. Institut des Hautes études chinoises. Paris: Presses Universitaires de Paris, 1960, 559-588.

Rotours, Robert des,. "Les insignes en deux parties (*fou* 符) sous la dynastie des T'ang (618-907)," *T'oung Pao,* XVI, no. 1-3 (1952): 1-148.

Schafer, Edward H. *Pacing the Void: T'ang Approaches to the Stars*. Berkeley: University of California Press, 1977.

泉州南安奏籙儀式初探：以洪瀨唐家爲主

謝聰輝
臺灣師範大學國文系

一、前言*

　　福建泉州南安北部道法區域[1]道壇到現在仍然採用傳統正一經籙[2]的奏職授度儀式，當地道教內部稱為「奏籙」（意即「奏請道職經籙」），民間百姓則稱為「納籙」。這種「奏籙」儀式與臺灣正一派靈寶道壇所常見的「奏職」儀式不同：臺灣乃採用仙簡公牒於奏職儀式中授予，此從施舟人（Kristofer Schipper）、[3]大淵忍爾、[4]李豐楙、[5]丸山宏、[6]姜守誠、[7]洪瑩發[8]與筆者[9]的考察研究就可以證

*　本文於政治大學華人宗教中心、政治大學宗教研究所、政治大學人文中心、臺灣道教研究會聯合主辦的「經典道教與地方宗教國際研討會」（2013.7.11-12）發表時，承蒙李師豐楙教授提供寶貴指正意見；會後（2013.7.22-26）再訪泉州南安時，又得到黃文卿、蕭培元、唐滿足、黃豐州與黃記綿等道長鼎力協助，借閱抄本以補充修正原先文稿；投稿又獲得審查委員提出具體修正建議，特此一併誌謝。

1　泉州南安北部道法區域：指現今南安市梅山、羅東、九都、洪梅、洪瀨、康美諸鎮，以及泉州市洛江區羅溪與馬甲鎮等地區。

2　本文所稱的「正一經籙」，乃指傳承道教正一派龍虎山系統的經籙，包含正一道道士逐步昇職所受的太上三五都功、正一盟威與三洞五雷職籙等等相應的經典契券與籙圖文憑，以及虔誠信士所請授的各種保命延年寶籙。

3　施舟人，〈都功の職能の關する二、三の考察〉，收於酒井忠夫主編，《道教の總合的研究》，（東京：圖書刊行會，1981 三刷），頁 252-290。敘述實際在高雄縣岡山鎮所見 1963 年余信雄道長奏籙儀式，並深入地譯注受籙憑證的「仙簡」和相關文書，以及上溯「籙」的歷史傳承與內涵意義。

4　大淵忍爾編著，〈奏職の儀禮〉，《中國人の宗教禮儀：佛教道教民間信仰》（東京：福武書店，1983）。收錄了臺灣臺南陳榮盛道長家奏職儀式的科儀抄本，以及相關傳度文書資料，提供學界莫大的方便。

5　李豐楙編纂，《東港東隆宮醮志——丁丑年九朝慶成謝恩水火祈安清醮正科平安祭典》（臺北：學生書局，1998），指導筆者紀錄寫作的下卷科儀部分，曾論及臺灣高屏刀梯傳度中三元閭山派十二公牒部分。另其〈「中央─四方」空間模型：五營信仰的營衛與境域觀〉，收錄於《中

實得知；而南安北部道壇則保存整宗正一經籙內容的傳度，如《泉
州道教》一書中所說的：「現在有的道士還保存著六十二代天師張
元旭[10]授發的《三五都功經籙》，整套文牒券憑有數十份樣式。」[11]

正大學中文學術年刊》，15（嘉義：國立中正大學中國文學系，2010），
頁 33-70，也討論到三元閭山派法籙中的五營信仰。

6　丸山宏特別用心鑽研奏職儀式文書部分，關於臺灣正一派傳度部分已發
表〈臺南道教の奏職文檢〉與〈道教傳度奏職儀式比較研究──以臺灣
南部的奏職文檢為中心〉二文，分別收錄於《道教儀禮文書の歷史的
研究》（東京：汲古書院，2004）；以及譚偉倫主編，《宗教與中國
社會研究叢書（十四）：中國地方宗教儀式論集》（香港：香港中文大
學崇基學院宗教與中國社會研究中心，2011），頁 637-658。另丸山宏
又關心瑤族度戒儀式文書相關問題，如〈中国湖南省藍山県ヤオ族の度
戒儀礼文書に関する若干の考察──男人平度陰陽拀を中心に─〉，堀
池信夫編，《知のユーラシア》（東京：株式會社明治書院，2011），
頁 400-427。

7　姜守誠，〈南臺灣靈寶道派登梯奏職閱籙科儀之研究──兼論臺南與高
屏二地之差異〉，《成大宗教與文化學報》，16（臺南：2011），頁 225-300。

8　洪瑩發，《神人共證：南部道教登梯奏職儀式的初探──以府城延陵道
壇為例》，收於李進益、簡東源主編，《臺灣民間宗教信仰與文學學術
研討會論文集》（花蓮：花蓮教育大學民間文學研究所，2008），頁
375-395。

9　謝聰輝（Tsung-hui Hsieh），〈受籙與驅邪：以臺灣「鳳山道」奏職文檢
為中心〉，in Exorcism in Taoism: A Berlin Symposium ed., Florian C.Reiter,
(Wiesbaden: Harrassowitz, 2011)，213-230。

10　關於六十二代天師張元旭的主要事跡，請參王見川〈近代（1840-1940）
變局下的張天師──兼談其對華南道教之影響〉，收錄於黎志添主編，
《香港及華南道教研究》（香港：中華書局，2005），頁 386-404。

11　鄭國棟、林勝利、陳垂成編，《泉州道教》（泉州：鷺江出版社，1993），
頁 85：「泉州正一道士多以家傳為主，但是新教徒需要另拜師傅方能受
籙，不然得不到同仁的認可。道士只有經過正式受籙，才算是皈依道教，
亦才能取得法名、神職，方能稱為「法師」，才准予修齋設醮登壇朝奏
事。泉州歷史上有些著名道士都親往道教聖地江西龍虎山天師府受籙。
按傳統規定，受籙者初授《太上三五都功經籙》，升授《太上正一盟威
經籙》，加授《上清三洞五雷經籙》、《三清三洞經籙》等。這要憑各
自的道功德行而逐步加授，不能隨便越階。不過大多數道士沒有到過龍

　　傳度授籙是制度化道教既神聖又神秘的核心儀式，其中關於古代籙的意涵、發展與相關「正一籙」的經典與傳授研究，索安（Anna Seidel，1938-1991）〈國之重寶與道教秘寶〉、[12] 袁至鴻〈道教正一派授籙與全真派傳戒之比較研究〉、[13] 勞格文（John Lagerway）〈Zhengyi Registers 正一籙〉、[14] 呂鵬志〈天師道授籙科儀──敦煌寫本 S203 考論〉、[15] 酒井規史〈南宋時代の道士の稱號：經籙の法位と「道法」の職名〉、[16] 李志鴻《道教天心正法研究》第五章〈授籙制度與教階制度〉，[17] 與劉仲宇〈從盟威到授籙──早期

　　　虎山，而採用就地受籙的做法，在新授徒時要邀請附近同仁為其設壇受
　　　籙，並仿照張天師的文牒券憑授予新教徒佩奉。現在有的道士還保存著
　　　六十二代天師張元旭（1862-1925）授發的《三五都功經籙》，整套文
　　　牒券憑有數十份樣式。其中包括〈捷報〉、〈上帝敕旨照身文憑〉、〈都
　　　天無極金函御詔〉、〈太上三天玄都總誥〉、〈太上三天玉符仙秩〉、
　　　〈太上三五都功版券職籙〉、〈太上老君宣告都功治祭酒真經〉、〈靈
　　　寶大法司牒〉（按〈十功德總牒〉）、〈靈寶大法司十宮功德文牒〉、
　　　〈上帝敕賜起兵關文〉（按應為〈上帝敕賜起馬關文〉）、〈福地龍虎
　　　山冥途路引〉等。有的道士還存〈天師寶籙〉。」

[12] 索安（Anna K. Seidel）著，劉屹譯，〈國之重寶和道教秘寶〉，《法國漢學》，第 4 輯（1999），頁 42-127。第三部分「道教秘寶」與第四部分「為王朝服務的道教受籙儀式」，論述相關問題。

[13] 袁至鴻，〈道教正一派授籙與全真派傳戒之比較研究〉，《世界宗教研究》，4（2003），頁 79-92。

[14] 勞格文，〈Zhengyi Registers 正一籙〉，收於《中國文化研究所訪問教授系列（一）》（香港：香港中文大學，2005），頁 35-88。主要討論宋以前與籙、授籙相關的經典。

[15] 呂鵬志，〈天師道授籙科儀─敦煌寫本 S203 考論〉，《中央研究院歷史語言研究所集刊》，77: 1（2006），頁 79-166。將敦煌寫本 S203 寫本置於早期道教科儀史的背景中，探討了寫本所抄度仙靈籙儀與其他道教傳授儀的關係。

[16] 酒井規史，〈南宋時代の道士の稱號：經籙の法位と「道法」の職名〉，《東洋の思想と宗教》，25（2008），頁 115-134。

[17] 李志鴻，《道教天心正法研究》（北京：社會科學文獻出版社，2011），

道教入道方式探索〉、〈光緒抄本《正乙天壇玉格》初探〉[18] 諸文，都曾有相關論述。而明、清以降至現今有關正一派授籙儀式中「經籙」資料：如大淵忍爾公布的日本天理圖書館所藏的〈乾隆十九年經籙十五道〉、[19] 丁煌的〈《正一大黃預修延壽經籙》初研〉、鄢光潤的〈湘潭正一道教調查〉、[20] 勞格文的〈藍松炎、戴禮輝：《正一填籙秘訣》詳解〉、[21] 陸於平（Luk, Yu-ping）的〈正一道教憑照中的圖像：以《張皇后授籙卷》（1493）為例〉，[22] 王見川與高萬桑（Vincent Goossaert）主編的《近代張天師史料彙編》，[23] 與鄭

頁 161-174。

[18] 劉仲宇，〈從盟威到授籙——早期道教入道方式探索〉，《正一道教研究》，第一輯（北京：宗教文化出版社，2012），頁 2-16。〈光緒抄本《正乙天壇玉格》初探〉，收錄於《正一道教研究》，第二輯（北京：宗教文化出版社，2013），頁 88-115。

[19] 大淵忍爾編著，《中國人の之宗教禮儀：佛教道教民間信仰》（東京：福武書店，1983），頁 453-462，收錄並解說清和碩誠親王允祕於乾隆十九年（1754）所受經籙十五道。

[20] 鄢光潤，〈湘潭正一道教調查〉，《民俗曲藝》，153（2006），頁 69-156。文中記載胡雨初道長（法名大玄）1995 年農曆 10 月 15 日在江西龍虎山天師府受籙時所保存的經籙名稱及相關授籙職印。按此次授籙是 1895年以來中國第一次授籙慶典，仔細比較相關經籙名稱後，可知胡道長所受應是《太上正一盟威經籙》，鄢文頁 109 誤認為《太上三五都功經籙》。

[21] 勞格文，〈藍松炎、戴禮輝：《正一填籙秘訣》詳解〉，收於《「地方道教儀式實地調查比較研究」國際學術研討會會議論文集》（香港：香港大學，2011.4.21-23），附錄有江西銅鼓縣顯應雷壇科儀抄本《正一填籙秘訣》。其中記載諸多授籙、封籙與填籙的相關經文、文檢和秘訣。

[22] Yu-ping Luk, "Picturing Celestial Certificates in Zhengyi Daoism: A Case Study of the Ordination Scroll of Empress Zhang (1493)，"《道教研究學報》，3（2011），頁 17-48。本文以美國聖地牙哥美術館收藏的明代重要道教文物《張皇后授籙卷》（1493）的視覺特徵與整體格式為出發點，來探討作品與其他道教及宮廷圖像和文書的關係。

[23] 王見川與高萬桑（Vincent Goossaert）主編，《近代張天師史料彙編》（臺北：博揚文化，2013），頁 84-98，收錄了部分受籙史料。

燦山主編的《道法海涵：李豐楙教授暨師門道教文物收藏展》[24] 等等，也有部分的發現與探究。

　　以上相關研究，或提供寶貴的經籙資料，或加以考證與論述部分相關的儀式，但累積的研究成果仍然有限，可以繼續探析突破的空間十分寬廣。筆者有緣見到寶重的正一經籙資料，並被允許參與相對「秘傳性」的奏籙儀式，因此繼踵筆者〈正一經籙初探：以臺灣與南安所見為主〉的研究，[25] 本篇論文將以南安市洪瀨鎮一個世業道壇奏職個案調查記錄為主，並輔以訪談與掌握的相關資料論證。將重點放在此一個案中相關的傳承譜系建立、奏籙的時機分析，和整個奏籙儀式結構、過程、道法演行的內涵，以及相關經籙文檢授予前的準備，與其內容職稱所反映的道法傳承問題的初步討論，希望能探究此奏籙儀式與經籙文檢在道教歷史的地位，為建構閩、臺道教傳承關係與變化歷史累積更多的研究例證。

二、一個奏籙個案的調查：南安洪瀨唐家

　　2012 年 12 月 29 日（農曆 11 月 18 日），筆者受邀前往南安市洪瀨鎮唐家參加一場傳統的「奏籙」儀式，並吃了新科籙士的新婚

24　鄭燦山主編，《道法海涵：李豐楙教授暨師門道教文物收藏展》（臺北：新文豐，2013），頁 133-134，收錄了五件六十一代張天師所授的正一經籙：〈上帝寬恩宥恤十刑〉（原件少「刑」字）、〈上帝敕旨照身文憑〉（原件不見名稱，筆者比對辨識）、〈上帝敕賜免罪金牌〉、〈南極長生延齡壽書〉、〈上帝敕賜起馬關文〉。

25　謝聰輝，〈正一經籙初探：以臺灣與南安所見為主〉，《道教研究學報》，5（2013），頁 143-189。

喜宴，這是我期待已久的盛會與一直想親自調查的「秘傳性」道教傳度儀式。說是「秘傳性」其意涵有二：一是不邀請省、市道教會官員或其他無交往的道壇、民眾參加，其性質是屬相對「私密性」的家族生命禮儀之一，所以是不主動公開的活動。二是在 1995 年大陸龍虎山恢復傳度制度之後，[26] 泉州市道士欲前往正式受籙，在福建省一定名額的限制下，得先道協相關單位提出申請，再經考核、遴選與推薦程序，始能正式得到受籙機會。南安道壇這種「奏籙」儀式雖是長久以來的傳統，但自然得考量在不能主動冒犯官方規定而公開宣揚，又須保持道壇內部傳承的兩全認知下，所以就得以此「秘傳性」的方式傳續下去。此次調查的唐家個案，家族兩代之中共有四人奏籙，其道法傳承譜系、奏籙的時機，以及其與授籙度師間的關係得先闡明，以方便後面章節開展。

（一）洪瀨唐家六代道法傳承譜系

　　唐家從清朝光緒（1875-1908）初，自泉州晉江縣唐厝遷徙至今南安市洪瀨鎮揚美村頂窯（舊地名南安縣四都德教鄉崇安里美林境和優圍），祖傳道法已傳承了六代。第一代開基為唐瞻師，家族耆老唐鼎煌（1938-）報導說是一道法高深道士，傳說曾被邀請驅逐泉州瘟疫得效而著名，並有一些被試法靈驗的故事流傳；且其卜居中穆山前的家族宅地，即是像一道士端坐、前有「帝鐘」與「法鼓」形狀的「道士穴」地理，但目前尚無相關資料佐證。第二代是唐鎮獅（?-1989），曾受籙為道長，據保留下來的〈飛登瓊臺〉齋儀疏意顯示，唐鼎煌當時以唯一仍在的陽世孝孫（其餘為曾孫輩份）齋主

26　袁至鴻，〈道教正一派授籙與全真派傳戒之比較研究〉。

身分，於 1989 年農曆六月初六連初七舉辦靈寶大齋一晝夜功德，主壇者是泉州市洛江區羅溪鎮賴芳良長子賴紫雲（籙名「一清」）道長，其受籙職稱自署為「正一盟威經籙九天金闕中憲大夫清微宣道使」。第三代是唐聲桃（1900-1941），被稱號為「師公桃」，是一知名道長，可惜英年早逝，現家中壇靖仍留有其奉祀使用的三清木雕像、老君石像與五雷令；其妻為傅闊娟（1907-1989）。

第四代是唐玉水（1926-1988），年輕適值動亂期間，故未奏籙，然唐家「三元法」陽事老本，多賴其抄錄傳承；生有四子：泰山（1956-）、春山（1959-）、福山（1962-）、滿足（1965-）。第五代傳承道法者僅唐福山與唐滿足，且都奏職為道長；然唐福山以專擅後場為主，唐滿足則特別用心精進科儀，除家傳道法外，並拜賴芳良為師，[27] 在當地是一頗受信賴的知名道長。第六代習傳道法者，為唐福山之子唐延芳（1986-）與唐滿足之子唐海彬（1988 戊辰-），二人（豐州鎮曾偉強亦是）皆受教於唐滿足，並先後於 2008 年與 2012 年農曆 11 月 18 日奏籙為道長。

（二）唐福山、唐滿足配合祖母延生益壽燈事一起奏籙

在今泉州地區吉慶陽事稱為「延生燈事」（或俗稱「燒金」），以區別濟度功德的「拔度齋事」或家族修譜完畢的「譜醮」。按傳統奏籙授職都在一天延生燈事科儀的基礎上，再加上傳度相關儀

---

[27] 據傳賴芳良因字漂亮，得幫大羅溪黃文楚父抄錄文檢，而後能蒐集相關抄本與經籙文檢；內傳有四子：紫雲（一清）、錦雲（秀清）、俊義（雲清）、傳義（錦清，1965-）；外傳有馬甲林犟固、康美蕭鎮國、康美蘇水成、洪瀨唐滿足、樂峰蕭劍平（樂峰黃澤茂為其奏籙）、澳門蔣文旦。

式，屬於家族中的特別盛事，因此常與其他家族慶典活動結合，一來喜上加喜，二來節省開銷。而本來泉州地區經濟許可的人家，每逢長輩高壽就有請道士舉行延生益壽燈事，與聘請演行嘉禮線戲（提線木偶）的習俗。因此唐福山、唐滿足兄弟二人奏職授籙典禮，就配合其祖母傅闊娟八十大壽（1986年）延生燈事一起舉行，從被保存下來的〈疏意〉主要內容（附文1），就可以清楚看出其中「複合」[28] 的意涵。

延生燈主即主辦者，一是為母祝壽延生、鼓燈演戲，所以燈主為唐玉水、唐鼎煌；二是唐玉水為其兩子奏請籙職。而此複合延生與奏籙的儀式，則稱為「靈寶延生奏籙職道場」，被聘請主壇並為傳度師者，為唐滿足師兄大羅溪賴紫雲，標題為〈高真錫福〉的紅色疏意，開頭即署稱「天師門下正一盟威經籙九天金闕中憲大夫清微宣道使臣賴一清」。新籙士唐福山時年27歲，籙名「明清」，職籙為「正一盟威經籙九天金闕中憲大夫清微崇法使」；即奏授《太上正一盟威經籙》，法職為「九天金闕中憲大夫清微崇法使」。新籙士唐滿足時年22歲，籙名「元清」，職籙為「正一盟威經籙九天金闕中憲大夫清微崇玉使」；即奏授《太上正一盟威經籙》，法職為「九天金闕中憲大夫清微崇玉使」。另唐滿足2003年又自行前往龍虎山受度，獲得〈龍虎山嗣漢天師府傳度寶牒牒文〉，其法名乃按正一派詩輩份，又取名為「羅清」。而從唐滿足師傳與家傳清微道法靖名皆為「顯應靖」，足見兩家傳承必有密切之關係。

28　此處「複合」指兩主體儀式雖合併舉行，但仍各自保留其主體性，各自具顯其禮文形式與禮意功能。

（三）唐延芳、唐海彬配合娶妻吉慶燈事奏籙

　　2008 年唐延芳奏職時，複合家中兩件喜事：一是房屋落成謝土「入厝」，二是奏籙後當日隨即迎娶請客。所以其科儀內容即在原先延生燈事之上，增加《謝土科儀》(《散五方土》)與《六神燈》)，然後再演行奏籙傳度相關儀式。其法名「三慧」中的「三」，乃按照正一派輩份給予，職籙「太上三五都功經籙玉府欽命輔道法除邪仙官」，表示其受《太上三五都功經籙》，法職為「玉府欽命輔道法除邪仙官」。唐海彬是筆者這次調查奏籙科儀記錄的對象，其於 2006年先自行前往龍虎山受度，獲得〈龍虎山嗣漢天師府傳度寶牒牒文〉，法名「三才」；而此回亦是複合新婚宴客，按傳統習俗在家設壇奏籙，並沿用「三才」法名，職籙「太上三五都功經籙五老臺前施道法降魔仙官」，表示其受《太上三五都功經籙》，法職為「五老臺前施道法降魔仙官」。兩人這種複合奏籙與婚禮是當地道壇常見的習俗，而按施舟人教授調查的臺灣高雄市岡山余信雄奏職個案也是合併二者舉行，但較公開宣傳：即奏職的新任籙士以擬新科狀元般遊街後，再回家祭祖宴客，妻子則著霞被鳳冠在家前迎接。

　　為兩人奏籙傳度者為南安市梅山鎮黃記綿道長，不僅因其傳承有正一經籙，而且平日二人就是黃道長科儀演行時倚重的左右手。黃道長為優秀之道教新秀菁英，致力精進道法與恢復舊有優良科儀傳統，並有心研究正一經籙傳承問題；除家傳清微「玄應靖」林家道法，[29] 又拜進著名的南安市樂峰鎮徐內「惠陽靖德興壇」黃澤茂

---

[29]　福建泉郡南邑十七都德教鄉崇仁裡中埔堡皇蒼宮境宮邊墾源春樓玄應靖，依其祖譜所記載之「籙名」顯示，其至少是家族第六代道法傳人。

道長（1934-，籙名吉昌）門下。1995 年黃記綿依舊有傳承方式在家設壇，聘請其師黃澤茂道長為保舉師，代香遠叩祖天師奏授籙職，籙名「長清」，職籙為「正一盟威經籙九天金闕中憲大夫清微體道使」。2007 年又經福建省道協遴選至龍虎山受籙，法名「羅綿」，職籙為「太上三五都功經籙正一演法仙官知泰玄都省兼天醫斗府事」。其後更多方蒐集道法抄本資料，自組南安道教經樂團，至今在南安市已為多名道士奏職，其自署皆用南安傳統奏授的職籙，署名「黃長清」。

三、延生奏籙燈事結構、程序與演行解析

　　整個奏籙傳度道場布置與一般延生燈事無異，前有三清、玉皇、紫微，左班為天師、趙元帥，右班為北帝、康元帥作為內壇；三清對面靠門口、天燈為三界壇外壇，門口外另有一符使桌，擺放相關方函文檢（如附文 2〈三寶疏〉）與香燭。三清前儀桌則恭請美林當境神明蒞臨鑒醮：有朱府大人、潘府大夫、陳聖王與聖祖媽；三界壇至門口牆壁則掛滿祝聯賀帳，可從中知曉燈主之道脈關係。而科儀演行從附表 1〈延生奏籙燈事程序表〉可知，其科儀結構乃是將平常的延生燈事內容適當調整，再加上專門用於奏籙授職的儀式複合而成。前者延生燈事包含：點天燈、起鼓、《延生發奏》、《祝聖請神》、《獻牲科》、經懺轉誦：《玉樞經》、《北斗經》、《三官經》、《星真懺》與《三元懺》、《九陳獻供》、《獻熟燈科》：《三界燈》與《百神燈》、奏表（一般延生奏〈紫微表〉，此次奏職用〈天師表〉）、《王福祭將》。後者奏職度籙包含：新籙士轉誦《天師懺》、《度籙

科》與《安籙科》。以下以整個儀式演行程序，解析各科儀的主要
功能、結構節次與意義內涵。

附表 1：〈延生奏籙燈事程序表〉

時間	儀式	主壇	地點	文檢、法物	備註
23:00-23:15	點天燈	黃記綿	三樓三界壇	疏意	向外
23:15-23:30	起鼓	賴傳義	三樓三清壇		
23:40-00:31	延生發奏	黃記綿	三界壇	疏意、奏啟申狀 55、公牒 44、帖 1、劄 1、關 1	向外
00:31-00:55	淨壇請神	黃記綿	三清壇	疏意	
01:20-01:55	獻牲科（拜天公，少牢）	黃記綿	三界壇、一樓門口	疏意	新婚妻子隨拜
01:56-02:09	暫歇：點心		一樓庭院		大麵湯
02:10-03:50	玉樞經、北斗經、三官經、星真懺	道士三	三清壇	疏意	
03:50-04:50	三界燈、百神燈	道士三	三清壇	疏意	獻熟：中下界神明
04:51-05:19	暫歇：點心		一樓庭院		麵線糊
05:20-05:50	九陳獻供	黃文卿	三清壇	疏意	
06:00-06:30	奏表	黃記綿	三清壇	疏意、天師表、關	
06:30-07:10	度籙科	黃記綿	三清壇	疏意、天師報、捷報、太上三五經籙一宗、執證、法器	傳度師為新籙士插仰

07:11-07:35	天師懺	唐海彬	天師幕前		受籙者
07:20-07:35	王福祭將	道士一	三界壇	疏意	向外
07:40-08:32	安籙科	黃記綿	二樓壇靖	疏意、安籙意文、籙宗	新籙士絳衣著冠插仰
08:33-08:48	謝壇、化紙送聖	黃記綿	三樓醮場、一樓外庭	疏意	送聖新籙士換裝出發迎娶
08:50-09:00	小普施	道士一	一樓門口	疏意	

（一）點天燈、起鼓

「點天燈」作為科儀之始，即於三界爐位置祝點代表玉皇上帝的天燈，並奉香供養不間斷，代表燈主的虔誠祈求與祝願元辰光彩。其由主壇道長主持，程序為：淨壇、請神、入意、上香、獻酒、點燈。「起鼓」則由後場文武場先行發鼓演奏曲牌以「鬧棚頭」，其功能即藉著鼓聲清淨壇場、辟除不祥，通告天地三界神尊仙聖，也通知道士團擔任演法者以及隨拜人等準備就位，科儀即將開始進行。起鼓的時間要擇日卜時，就是為了避免年、月、日、時四柱的「鼓輪煞」，[30] 以免煞氣沖犯，並藉之祈求醮事能平安順利。此次鼓師特由代表賴家前來觀禮的賴傳義擔任，賴道長道法行持優異，常聽聞相關道壇同業稱頌，其司鼓直到獻牲拜天公後始離開。而請來的嘉禮木偶線戲，一聽到鼓師擂鼓之聲，也開始「大出蘇」，搬演「出大相公」戲碼。[31]

---

[30] 「惠陽靖德興壇」黃澤茂道長家《道法行持》秘本有「鼓輪煞」的相關解說與避除。

[31] 泉州燈事嘉禮演提線木偶戲，功德齋儀演布袋戲。此次聘請南安市美林

（二）發奏科、祝聖科

「發奏」又稱「發表」，即是恭請功曹符使申發表章以邀請各諸宮府神尊蒞臨的科儀；「祝聖」就是請神，兩科儀習慣接連進行。據南宋中・王契真編纂的《上清靈寶大法》卷三十六〈發奏章〉言：「凡建大齋，全憑文檄。先則預告，次則催申，扣期則正奏諸天帝尊，關盟三界神司，遍達情悃。當以符召役功曹神吏，使稟命宣傳，期於通感也。」其科儀的主要意涵：即通過高功法師恭依儀範變神召將，召請負責傳遞公文的符使功曹蒞臨壇場，承領此次燈事所要呈奏諸天帝闕、遍詣三界諸真神司的邀請表章，以稟告此次舉行醮典的目的內容；然後才依次啟請相關奏籙授職高真聖眾降臨壇場安座，接受信眾的禮敬朝拜，以證盟燈醮功德的圓滿成功，達成祈求的順遂成功。

《靈寶延生發奏科》主要節次如下：三捻香、步虛、默鳴板咒、掐文三淨咒、默集神咒、功陞壇、默咒行卦、焚符（度火、度水、破穢、開天、開地）、淨壇破穢：召請九鳳玉華司破穢大將軍為主的相關官將、淨天地玄章、洞中文、三光諱、三捻香供養道經師三寶、三捻香供養上中下界神明、展壇巾（默咒）、默咒步罡、向天門跪、三叩首、焚啟師符啟奏（三清、天師、玄天、靈寶五師君、清微襲慶真君、經籍度三師）、具職、入意、天地咒、天蓬咒、焚集神符、變神（變為天師或北帝：存想、步罡、掐訣、取罡炁）、步豁落罡、焚萬靈符、雷局、持五雷令召將、焚香供養：召請壇靖、

鎮溪口黃厚源木偶團演出，主要戲齣程序為：1.大出蘇（出大相公）：踏八卦、五行、九宮以淨壇；2.請神；3.獻供：唱香、花、燈、果、燭曲；4.趙濤中狀元：演趙濤、趙靈芝父子皆中狀元；5.謝壇送神。

四直、四府、三界、護壇之官將、功曹符使、三獻香、三獻酒、入意：關發文字、委請投達、宣關宣帖、三火罡、默咒送符使、謝師：具職、祈願、還神咒、收罡、收壇巾、入內三清前、退班。《靈寶延生道場祝聖科》主要節次：步虛、三上香、淨壇、入小敕壇：嘆水、天地咒、天蓬咒、請五方天君破穢、結界、封鬼門；焚香請神、入意、上十方香禮、十方靈寶天尊、入經：《太上老君說常清淨妙經》、玉皇誥、回壇讚。

（三）獻牲科、經懺與獻熟燈科

《靈寶延生道場獻牲科》俗稱「拜天公」，因此燈主準備全豬、全羊少牢牲禮，家族也一起敬奉供品，以獻供以天公玉皇上帝為主的上界神明，故名為「獻牲科」（亦稱「獻生科」，以區分「獻熟科」）。其科儀一則感謝答報上蒼，二則誠心祈求祝願。其先在三樓醮場三界壇祭拜（清約素食祭品），然後另在燈主家門口前擺設案桌，虔獻少牢牲禮，見天以演行科儀。其節次如下：步虛、三上香、淨壇、焚香請神、入經：《太上老君說了心經》、《太上老君說常清淨妙經》、入意、三獻香、三獻酒、燈主三叩首、化財帛、灑淨。

在延生吉慶燈事經懺轉誦上，《玉樞寶經》、《北斗經》（即《北斗本命延生妙經》）與《三官妙經》三經，以及《星真懺》（即《中天星主紫微寶懺》）是一定排出的。其轉經程序為：上香、淨壇、敷宣淨心、淨口、淨身神咒、宣安土地神咒、開經讚、開經偈、入經、回向文、完經讚、化財帛。而主要經德功能：如《玉樞寶經》強調凡能擁有並持誦此經者，當境土地、司命隨所守護，雷部按臨，使之禍亂不萌，吉福來萃，固為一部消災祈福的道經。《北斗本命延生妙經》也強調凡有男女，於本命生辰及諸齋醮日，清淨身心，

焚香持此北斗真文，自認北斗本命所屬星君，隨心禱祝，善無不應，災罪消除。平常念大聖北斗七元真君名號，當得罪業消除，災衰洗蕩，福壽資命，善果臻身。凡有急難，可以焚香誦經，剋期安泰，功德深重，不可具陳。《三官妙經》則講解三官之職能與誦讚三官，可得到賜福、赦罪與解厄，以及消災延生保命功德。而《星真懺》（《中天星主紫微寶懺》）則經由虔誠懺悔，以祈求元辰光彩。節次如下：上香、散花引、舉讚、焚香請神、念白、入意、志心皈命禮、紫微星主、斗母、十一曜、二十八宿、六十甲子星君、虔誠懺悔、祈願、收經讚。

　　至於獻熟燈事科儀，則包含《三界燈》與《百神燈》，前者獻敬三界神明，後者則奉獻當境城隍社稷、里域真官，所以燈主皆準備熟三牲等相關祭品，故稱「獻熟科」。《三界燈》即是《三界萬靈聖燈》科儀（經文有些許不同），整個儀式的重點是點燃三元三界眾神法燈，祈求光明晃照境土，使得合境男女的本命元辰光彩。儀式在步虛、淨天地神咒陞壇後，先朝見燈光晃照天尊，希望藉其神光照耀，使妖氛污穢盡除，永保合境信眾清泰平順；然後入意，表明燈事的虔誠與期望，接著再運香朝見三界萬靈天尊，表達與道合真、修善行道的赤誠心意，並祈求上元天官賜福，中元地官尊赦罪，下元水官天尊解厄，希望能消災值福，五方真氣降沐己身，享得阜康平安。另《百神燈》的節次為：三上香、請神、入意、虔誠供養禮讚城隍社稷、里域真官諸神，以申報祈願。

（四）九陳獻供與奏表

　　《靈寶祝燈九陳》獻供，就是唱誦「九陳經文」、依序呈獻九

種供物的儀節，經文、作法與臺南「九陳答白」十分接近。[32]九陳答白獻供的表現特色，即由道長與道眾輪流陳獻供物，是道教儀式中將詩歌樂舞與存想道法結合呈現的完美組合；特別是乃採取先問後答的提問表演法，在詠唱讚美所獻之物時，都靈活地運用道教文化的典故以表示其珍奇可貴。如獻果就先說白為：「交梨火棗，為蓬島之奇珍；雪藕冰桃，乃瑤池之佳餐。」並唱讚：「菓品出在海三山，靈根異種在世間。」其儀節重點為：上香、步虛、淨壇、請神、入意、上香請獻茶、〈九陳頭〉（〈天覆地載育群生〉）、九陳〈九陳文〉（香、花、燈、茗茶、菓子、美酒、玉食、清水、寶物）、祝白、〈花讚〉、〈四時景〉、化紙咒。

另平時在延生燈事中所申奏為〈紫微表〉，主旨乃祈求元辰光彩，消災解厄，命運亨通。而此次為了傳度授職，所以改奏陳〈天師表〉，希望祖師證盟保舉，官將護持，讓新籙士受領職籙以行持濟世。故〈天師表〉先以主壇兼傳度道長職籙具職：「天師門下拜授正一盟威經籙九天金闕中憲大夫清微體道使黃長清」，表達受燈主「奉道設醮、傳度奏職」的委託責任，再載明設壇地點、家屬及受籙者八字，以及奏授職籙的需要：「（新籙士）生居塵世，自幼崇奉上聖香火，世襲三山文法（按廬〔或閭〕、靈、茆三山，另題探析），兼行靈寶，濟世救民，未受籙職，難以行持。」所以為之保舉、代香遠叩「福地龍虎山　萬法宗壇　天師教主大真人門下」，奏授籙職。並言明確實時間，科儀程序內容，以及進一步的祈願。其奏表重要節次為：焚香、啟師（清微傳教師君）、具職、入意、

---

[32] 謝聰輝，〈臺灣正一道壇獻供儀式與內涵析論〉，《國文學報》，35（2004），頁96-131。

三獻酒、宣表、宣關、步罡、伏案、回壇、志心皈命禮、謝師、祈
願、稱念功德。

（五）度籙科、天師懺與王福祭將

　　《度籙科儀》為奏職度籙儀式的主要核心，其重要節次為：奏
樂、三捻香、具職、請神、念白、道寶讚、經寶讚、師寶讚、都功
經籙妙偈、宣說時戒、宣說職帖（〈執證〉）、遶壇宣讚、三清前發
誓、稱念功德、謝三寶。科儀中請神時，除三清尊神外，主要是請
祖天師、嗣師、系師、女師真君、傳經傳籙傳法傳教得道宗師、龍
虎山香火聖眾、正一龍虎玄壇趙元帥、籙中所佩靈官將史、燈筵真
宰兩班威靈等等，與傳度奏職密切關係的神明官將。而念白時，則
一再申明度籙經旨，乃在「說戒傳經、請符度籙」。所授〈捷報〉
與〈天師報〉，特定以兩名道士輪流報達方式，演行頒授與傳報的
意涵，頗具戲劇性。另〈執證〉（附圖 1）與〈修真十戒〉，則由主
壇傳度師逐字宣誦，受度者並於每條戒文後答應；而太上三五經籙
一宗方函與作為主壇的法器(附圖 2)，[33] 則置於禮盤之上逐一授予。

---

[33] 授法器：1.三清鈴（帝鐘）；2.龍角；3.法索；4.天皇號令、五雷命、奉
旨；5.法印：道經師寶（按南安傳承規矩，一般未受籙者：用於齋事；
另用「太上老君印」，用於陽事。）、元始一炁萬神雷司（有受籙者：
用於齋事；另一面「雷霆都司」，用於陽事。）、職印；6.七星旗；7.
拷鬼棒：打邪滅巫朱元帥、行刑拷鬼孟元帥；8.天蓬尺；9.正一斬邪劍
（陰陽二劍）；10.朝簡；11.罡單。

附圖 1：南安奏籙儀式中〈度籙科〉所頒發的〈執證〉

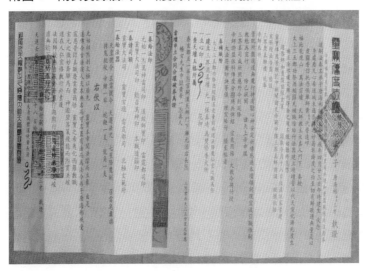

附圖 2：太上三五經籙一宗方函與作為主壇的法器

　　《天師懺》即《太上正一朝天三八謝罪寶懺》，由奏授職籙後的新籙士、身穿絳衣、著冠插仰在天師幕前跪讀。其結構節次為：開啟如儀、焚香請神：三清、玉皇、三官、祖天師（經文文「三天扶教輔元大師沖玄神化靜應顯佑真君」，按元成宗西元 1295 年尊封為「正一沖玄神化靜應顯佑真君」）、正一女師、嗣師、系師真君、王趙二真人、五帝六宮、四司九署、法籙官將、三界神祇、城隍祀典、應感真靈、今逢良機懺罪投誠、至心朝禮：太上無極大道、三十六部尊經、玄中大法宗師、入經文：《太上正一朝天三八謝罪寶懺》：祖天師成仙故事、傳道王趙二真人、傳法嗣師（乃以太上所授符籙印劍、三洞眾經、謝罪超度科式，傳付嗣師）、誦玉皇誥、具體懺悔事項、經後讚。新籙士轉誦《天師懺》的同時，另一名道士向著三界壇演行《王福祭將》，功能即在犒賞官將，其儀節重點為：三上香、三吹角、淨壇、焚香召將：護壇、壇靖、當境、籙中、入意、三上香、三獻酒、三賞角、祈願、稱念功德。

（六）安籙科、謝壇送聖與小普施

　　「安籙」即將受籙時所受的經籙職帖，開光安置於新進籙士家中壇靖神案之上，以祈籙中仙官將吏，隨籙駐劄，集靈光而覆護，降道炁於身田；更備平時「閱籙」時可利用相關抄本，練習點閱盟傳所受將吏，齋醮科儀召請時方能熟練而有默契。在安籙儀式中，共闡行《安籙玄科》、《安籙三獻科》與《天師演化安籙燈科》三科儀，[34] 以及專屬的〈安籙疏文〉。其重要節次為《安籙玄科》：

34　筆者於 2013 年 7 月 25 日，在泉州市洛江區馬甲鎮前垵村隆興厝惠陽靖蕭培元（1949-）道長家中，亦見到此一部分抄本，乃以「何南盛記」

步虛、淨壇、請神：傳籙相關、當境、壇頭、入意（〈安籙疏文〉）、
三上香、三貢茶、三獻酒、祈願、稱善功德。《安籙三獻科》：步
虛、淨壇、請神、念白、三上香、三貢茶、三獻酒、入意（福疏）、
祈杯、祝願、化紙、化〈火牒〉（即經籙中的四道〈火牒〉：本境
里域正神、城隍大神、太上籙中官將吏兵、本家司命六神）、稱善
功德。[35]《天師演化安籙燈科》：步虛、淨壇、請神、念白、入意
（紅疏）、伏願、虔誠讚詠、志心皈命、讚揚祖天師錫封功德、唱
燈讚、稱念功德。

　　南安黃道長傳承的〈安籙科文‧安籙意文〉，強調經籙「已業
頒付，理當安閱」。且〈安籙疏文〉中，所延奉恭請安閱籙文的師
真神明為：「金天教主太上老君、龍虎山正一天師教主大真人、王
趙二大真人、正一玄壇趙大元帥、大上清宮仙官聖眾、本壇宗師香
火列聖、本縣城隍主者、太上籙中官將、住宅土地司命六神」，其

鈐印為號的蕭文耿道長（本名蕭列官，文耿為其抄錄經書所署法名，
1794-1897）於清咸豐年間所謄抄的抄本，科文後還特別強調「龍虎山
傳受正宗」。按惠陽靖乃公認此一區域道法中，最具完整資深傳承與豐
富抄本資料者，文革後並提供其倖存的祖傳抄本給相關道壇使用，對當
地道法復興貢獻厥偉。按相關《蕭氏家譜》中登錄「誥授籙官」為準，
蕭培元道長家惠陽靖道法已傳承（皆受籙）道法 11 代：1.蕭元老
（1632-1681）→2.蕭滔官（1695-1751）→3.蕭禱官（1729-1785）→4.
蕭孝官（1767-1824）→5.蕭列官（1794-1897）→6.蕭鐵官（1835-1874）
→7.蕭滴祥（1862-1936）→8.蕭椿萱（1899-1982）→9.蕭滿水（1924-2001）
→10.蕭培元（1949-）→11.蕭清松（1972-）。筆者希望將來有機會可以
整理其相關道脈傳承與抄本、文物資料，以論證其在清微道派傳承歷史
的重要地位與區域道法上的具體貢獻。
35　按比較翁家《安籙附安石獅全科》記載的主要程序節次相當接近：步虛、
　　淨壇（五龍神水、〈中山神咒〉）、上香、請神、入意、上香三獻禮、
　　乞信祝禱與化財帛、化〈火牒〉、醮馬。

與唐家原壇靖上所供奉的神祇頗為一致。[36] 而具體的祝願，亦載明
於最後：「神將護衛，壯威聲之顯奕；業垢冰消，冀善芽而增長。
籙中官將，出入匡扶，永保長生，名刊玉簡，職膺金階，壇門旺相，
香火興行，符法靈通，罡訣神驗。凡有祈禱，悉蒙感應，星辰光彩，
命運亨通，添丁進財，諸事吉慶。」接著，儀式最後在主壇道長在
三樓謝壇後，至一樓庭院前化紙送聖，另有一般道士亦在一樓門口
作小普施功德，整個儀式至此圓滿完成。而新籙士於儀式完周後，
脫去絳衣而改換西裝，在媒人、伴郎等人的陪同下，搭上禮車出發
前往新婚妻子家迎娶，中午即宴請親友同道，一天當中完成受籙與
結婚兩件人生大事。

四、經籙職稱所反映的道法傳承意義

　　此次傳度奏籙儀式所運用的《太上三五都功經籙》與相關文檢
頗多，此篇論文無法一一討論（另文專論），本節只分析奏職前相
關經籙的準備過程與重要歷史傳承，和〈太上三五都功版券職籙請
法詞〉、〈太上老君宣告都功祭酒真經請法詞〉等兩件文書內容所蘊
藏的時代意義，以及南安所奏授的職稱所反映的道法傳承問題討
論，希望能探究此奏籙儀式與經籙文檢在道教歷史的地位。

36　中為道祖混元太上老君、左為三天大法師，右為北極真武大帝。左班為：
　　趙關溫康元帥、潘府大夫、廣澤尊王、福德正神；右班為：籙中官將吏
　　兵、當境陳聖王、聖祖媽、下墩趙元帥四王府、觀音佛祖。

（一）奏職前的經籙準備

1. 請籙與製籙

據《元史‧列傳第八十九釋老》記載，自三十五代天師張可大被勅授提舉三山符籙（指龍虎山天師道、茅山上清派與閤皂山靈寶派三個道派）之後，到了元大德八年（1304）更以三十八代天師張與材為「正一教主，主領三山符籙。」從此龍虎山正一宗壇成為元、明時期江南符籙諸派的共主，掌管三山符籙且是朝廷認可授予的祖庭。規定正一道士得親自或由天師真人派法官至各地開壇授籙，如《皇明恩命世錄》卷三〈書一之四‧四十三代大真人張宇初〉載明，明成祖永樂六年（1408）頒給天師的聖旨即特別強調：「符籙一節，止許張真人門下出給，欽此。」但若考慮到交通、經濟與政治的因素，歷史上能夠親自到龍虎山受籙者應該很少，取而代之的是「代香遠叩」的奏職方式，應是各地因應變通而採用的普遍授籙傳承習慣。因此曾經擁有去過龍虎山受籙的正一經籙資料的道壇傳承者，自然能形成該地道會司所認可授籙的權威，成為被請求道籙授予的來源；或者衍生私造符籙與賣籙、[37] 買籙的情事出現。[38] 據《皇明恩命世錄》一書記載，從明洪武二十四年（1391）到嘉靖二十

---

[37]　廈門白玉荷（1798-？）所抄錄、臺南曾演教（1814-1866）於 1848 年再傳、阿公店街（今高雄岡山）弟子吳玉典再重錄的《清微靈寶神霄補職玉格大全》中，所出現的泉州南安市碼頭鎮坑內村坑口「賣籙」的記載；除透露白玉荷抄錄的道法地點資料外，也連接了自明初即有的福建賣籙傳統，以迄清末至民南安清風里十三都深垵水閣（1945 年併深垵與金嶺二鄉為金淘鎮）仍有賣籙的傳說。請參筆者〈正一經籙初探：以臺灣與南安所見為主〉一文。

[38]　鄡光潤，〈湘潭正一道教調查〉一文頁 78 提及：「受籙者必須先向龍虎山派來的帶有多種經籙的道士買好籙」。

一年（1542），明朝廷多次下達詔書，[39] 嚴禁偽造私出符籙，不僅可明瞭官方透過授籙制度，欲對道教進一步地管理統治，更可看出偽造私出符籙與相關買賣情形是普遍具體存在的事實。[40]

唐家四人所授之經籙，表面上雖有《太上正一盟威經籙》與《太上三五都功經籙》之別，但事實上皆只授《太上三五都功經籙》，[41] 而且來源都是泉州市洛江區羅溪鎮黃文楚家中的傳承，因為其伯父黃攀曾到龍虎山正一祖庭受籙。[42] 其傳承譜系為：泉州市洛江區羅溪鎮黃文楚家→羅溪鎮賴芳良家→樂峰鎮黃澤茂→梅山鎮黃記綿。因為唐福山與唐滿足正一盟威經籙，乃賴芳良大兒子賴紫雲所授；而唐延芳、唐海彬《太上三五都功經籙》又為黃記綿所授，所以說來乃自同一系統，但內容件數是否完全一致，有待進一步地比對。[43] 又筆者所見黃記綿道長所傳承的南安太上三五都功印版經

---

[39] 太祖洪武二十四年（1391，43代天師張宇初）、成祖永樂六年（1408，43代天師張宇初）、明實錄英宗景泰五年（1454，46代天師張元吉）、明英宗天順元年（1457，46代天師張元吉）、憲宗成化二年（1466，46代天師張元吉）、成化二十年（1484，47大真人張玄慶）、世宗嘉靖二十一年（1542，48代大真人張彥頨）。

[40] 請參筆者，〈正一經籙初探：以臺灣與南安所見為主〉的相關詳細討論。

[41] 泉州北部傳統的代香遠叩傳承系統，按以前方式皆直接授予正一盟威職籙，所以道壇神案上所見均為兩宗「籙宗」，《太上三五都功經籙》與正一盟威經籙。但因正一盟威經籙與相關運用文檢不知何時中斷傳承，所以封函雖書有兩種不同職階籙宗名稱，但實質經籙內容主要為《太上三五都功經籙》。

[42] 《泉州道教》頁88載「羅溪鎮雙溪烏窗萬壽壇崇玄處隆興靖道士系譜」，即有黃文楚；頁156又言，「黃攀：字則華，道號從龍，清末泉州羅溪一帶著名高功。光緒年間（1875-1908），曾徒步前往江西龍虎山學道受籙。」另光緒年間蔡玉樹亦曾經到龍虎山受籙，主持泉州中嶽廟。

[43] 因賴家經籙資料尚未看到，也不能犯禁忌（待繳籙時才能開啟）打開唐福山、唐滿足經籙，所以無法比對。

籙，乃是其師黃澤茂重新手刻鋼板樣式，[44] 因此他重新利用電腦打字、製版與繪圖來「製籙」，不同於傳統抄錄（如蕭培元道長家保存有其祖父蕭椿萱道長書法手抄本）或木印（如江西戴祥柳家傳承的經籙資料印版）的形式。

2. 填籙

除常見的〈仙簡〉或龍虎山〈萬法宗壇職牒〉中所見必須填入的資料外，[45] 正一經籙中還有許多奏職資料與要訣，必須由天師委託之人或傳度師正確填寫，而填寫這些關鍵的資料就必須按照《天壇玉格》等一類秘傳抄本，因為其基本性質即是授籙的規範與填籙的秘訣。據目前所見有許多不同的版本，如在《道法會元》卷 249 即收錄一本《太上天壇玉格》，在正一道壇中也常見同名或相近名稱的抄本：以大陸較流行且權威者，如 1902 年朱鶴卿抄寫的、保存清順治十五年（1658）端陽月吉五十三代張洪任天師〈序〉的《正一天壇玉格》，[46] 另勞格文教授提供的《正一填籙秘訣》也有相當重要的記載；而臺灣所見的版本，目前最完整的秘傳抄本莫過於白玉荷（1798-?）抄寫的《清微靈寶神霄補職玉格大全》版本。

---

[44] 他另蒐集兩種《太上三五都功經籙》：1.江西修水縣修水道院戴祥柳道長家版印系統（祖先九代為天師府製籙）；2.天師府太上三五都功電腦打字印行經籙。

[45] 如大淵忍爾編著，《中國人の宗教禮儀：佛教道教民間信仰》第四章〈奏職の儀禮〉保存者。

[46] 自署「光緒二十八年太歲壬寅上月之吉弟子朱鶴卿法名高隆時年四八自錄謹藏」。按其書中資料核對：「玄妙通真壇登真明性靖、玉局治左察炁、心印眾真慶會、元命炁然蕭真人、所屬宣道先生」，乃知朱鶴卿生於 1871 年的辛未年七八月，命屬武曲星，光緒二十八年（1902）抄錄該書為時年三十二歲。按此一《正乙天壇玉格》珍貴資料，近由袁志鴻、劉仲宇整理校定本出版，《正一道教研究》，頁 319-353。

　　若以白玉荷本所見重要填籙秘訣，即標為〈填都功盟威籙內文外殼全集〉，其內含所列珍貴的填入資料標題：如北斗元命訣、紅黑貢炁訣、太上三五青篇紀善三會○炁降生、盟威三行六句元命屬、上中下八治訣、盟威籙中卷生人配主宰、盟威籙中卷配五嶽炁生、填三炁君名訣、東嶽十宮牒式、地府冥司二十四獄牒式、預修功德牒殼式、三皇君號填照會關文配屬字號、上中下元訣、都功盟威殼色、（封籙）牌式等等。但這些填籙秘訣除文字所記載，尚有許多秘傳的奧秘訣竅，因此除非得到天師真傳、授權或有實質傳承者，將秘傳的填籙功訣臨爐口授與開光施用，不然只有經籙樣式也是枉然，而以目前所見的玉格類書，大多只能掌握其填籙的梗概。

　　3. 封籙

　　經籙一經填妥，在授籙前即要拜詣各種籙章至所屬的神宮真君，請其責成負責仙曹官署照驗佩籙領職弟子，使其能名錄紫府與執行職能；然後逐一按傳承規範封藏包裹（附圖 3、4），或單獨成封，或合為成束，最後再全部封印全美於方函或木盒中，此儀式過程稱之「封籙」。唐‧陸龜蒙（？-881）曾撰詩句：「靜吟封籙檢，歸興削帆竿。」[47]「靜吟」應可理解如步虛、請神的情境，而「封籙檢」可能是在「封籙」的儀式過程中將籙檢籙章逐一封藏。此次個案的封籙儀式，即在主壇傳度師黃記綿道長家壇靖請神證盟與進行完成。而按白玉荷抄本中存錄有幾件《太上三五都功經籙》封籙

47　　《甫里集》卷六〈襲美題郊居十首次韻其七〉「禹穴奇編缺，雷平異境殘。靜吟封籙檢，歸興削帆竿。白石堪為飯，青蘿好作冠。幾時當斗柄，同上步罡壇。」

附圖 3、4：封籙文書中上詣的神宮真君和所屬仙曹官署

的文檢範式，詳列其經籙名稱、拜詣宮殿與受文曹司，[48] 並清楚具象地描述其封藏的細節：「其職帖殼用無字小靈寶殼囊，其外將職簡條封如牌，其印粘在條尾。」此「印」是職條紙印，與職簡（或稱謁簡）皆如條狀；其描述後又有各種「籙牌式」，以配合封籙儀式運用。而南安傳承另有詳細的封籙抄本，若比較高雄翁家的六件「進職盟威職籙」牒文，會發現其中重要的經籙名稱、上詣的神宮真君和所屬仙曹官署十分一致，可論斷其或是有共同淵源，不然就是有實質的傳承關係。[49]

（二）南安經籙內容具顯清初傳承使用的證據

在《太上三五都功經籙》的發現、辯證與比對上，筆者運用泉州南安北部、梅山、羅東、九都、洪梅、洪瀨、康美及泉州市洛江區羅溪、馬甲諸鎮所傳承的手抄本（或鋼板刻印本）為主，江西戴道長現存的槧版刻印版和龍虎山公布的電腦打字輸出版為輔，並核對臺灣所掌握的資料與丁煌教授的論文；再以經籙名稱為經，資料出處為緯，可製成附表 2《太上三五都功經籙》存錄比較表）。若比對丁文中許氏《正一大黃預修延壽經籙》的目錄與內容，會發現《太上三五都功經籙》大部分可找到，但因為信士經籙與道士職籙

48　(1) 太上三五都功治祭酒真經、籙法詞共四卷，紅黑貢炁、職簡、職帖、職印、合同、契券全美，上詣天曹較量功德使院真君門下呈進，請恩行下十方三界合屬去處　須至包封者；

(2) 拜授太上玄都總誥一道，上詣北極星漢宮門下呈進，請恩行下星垣斗府合屬去處；

(3) 拜授太上三天玉符仙秩一道，上詣諸天帝闕門下，請恩行下三界十方合屬去處。

49　請參筆者〈正一經籙初探：以臺灣與南安所見為主〉的相關詳細討論。

附表 2：《太上三五都功經籙》存錄比較表

所見相關經籙出處與比較 ＼ 南安傳承之經籙名稱	正一填籙秘訣	胡雨初	天師府	白玉荷	丁煌文	黃守玄	杜永昌
01 太上三五都功版券職籙	○		○	○		○	○
02 太上三五都功版券職籙請法詞	○		○			○	○
03 太上都功版券秘籙合同契券	○		○			○	○
04 太上老君宣告都功治祭酒真經	○		○			○	○
05 太上老君宣告都功治祭酒真經請法詞	○		○			○	
06 太上都功治祭酒真經合同環券	○		○			○	○
07 紅黑貢凭（二道）	○						
08 火牒（四道）			○	○	008-014		○
09 靈寶大法司十宮功德文牒（總牒一、分牒十）	○	○	○	○	064-074		○
10 上帝敕賜千里雲馬（文、圖各一）			○		230-231		
11 上帝敕賜起馬關文（文、圖各一）	○	○	○		212,242		
12 上帝欽賜口糧關文（文、圖各一）			○	○	211	○	○
13 上帝欽賜隨身支糧（文、圖各一）		○	○		243？		
14 上帝敕賜免罪金牌（文、圖各一）	○		○		166-167	○	
15 上帝敕旨照身文憑（文、圖各一）	○		○		194-195		○
16 太上頒降冥途岸程（文、圖各一）			○		232-233		

17 太上頒降通津水程（文、圖各一）	○	○	○		234-235		
18 太上三天玄都總誥（文、圖各一）	○	○	○	○	179		
19 太上三天玉符仙秩（文、圖各一）	○		○	○	180-181		○
20 昊天金闕請恩御表（文、圖各一）	○		○	○	186		○
21 昊天玉皇宥罪敕赦（文、圖各一）	○		○	○	162-163	○	○
22 先天無極照會通關（文、圖各一）	○		○	○	213	○	○
23 都天無極金函御詔（文、圖各一）	○		○	○	193,207		○
24 南極長生延齡壽書（文、圖各一）	○		○		160		○
25 正一道祖延壽金章（文、圖各一）	○		○		158		
26 虛無自然六合通天金符籙祖（圖）[50]	○	○	○		006		
27 職簡職印(二道)	○	○	○	○			
28 職帖（執照）	○	○	○	○	003	○	○
29 面蓋			○	○			
30 福地龍虎山冥途路引			○[51]	○	208	○	○
31 福地龍虎山法被			○	○	209		

---

[50] 江西修水道院戴祥柳道長另有〈虛無自然金符籙祖〉印版文詞，應為配合此一圖像。

[51] 原第一版無〈路引〉與〈法被〉，筆者 2014 年 8 月所購得的第二版已增入。

的差異，有些內容文字稍微調整；而代表太上三五都功職籙的經典
與秘籙一類以及〈紅貢炁〉（附圖 5）、〈黑貢炁〉，則未出現於許氏
信士籙中。[52]

正一經籙的內容的研究有待專業職能的更加精進與資料的更
深入考證研析，此僅舉其中兩件外界較不容易看到的〈太上三五都
功版券職籙請法詞〉與〈太上老君宣告都功祭酒真經請法詞〉為例，
因為其中記載了祖玄真三師與經籍度三師的玉諱（附圖 6）：

祖玄真三師玉諱

祖師三天扶教輔元大法師正一沖玄神化靜應顯佑真君張道
陵

玄師正一嗣師太清演教妙道真君張衡

真師正一系師太清昭化廣德真君張魯

經師上清三洞經籙九天金闕侍御上相總督雷霆酆嶽都天大
法主正一嗣教大真人五十一代天師張顯庸[53]

籍師上清三洞經籙清微靈寶侍御上相神霄總督教天大法天
師正一嗣教宏化大真人五十二代天師張應京

度師上清三洞經籙太極執法真宰靈寶領教真人都天大法主
嗣漢（大）真人五十三代天師張洪任

---

52 請參筆者〈正一經籙初探：以臺灣與南安所見為主〉的相關詳細討論。
53 南安舊有資料經籍度三師順序（如附圖 6），原為五十三代至五十一代，
    這明顯是誤植或認知錯誤，其原因待考，此處引用將之調整。

附圖 5：用硃砂筆填好之《太一三五都功經籙》中〈黑貢炁〉

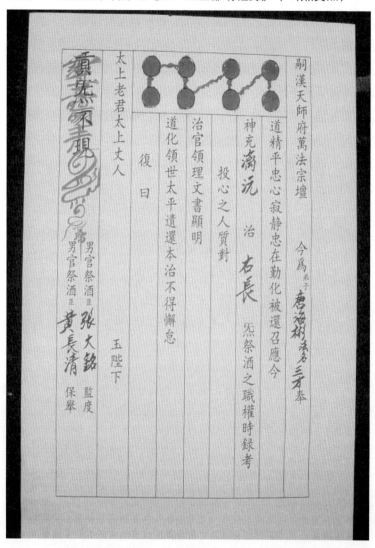

附圖 6：惠陽靖蕭培元道長祖父蕭椿萱謄抄之〈太上三五都功版券職籙請法詞〉

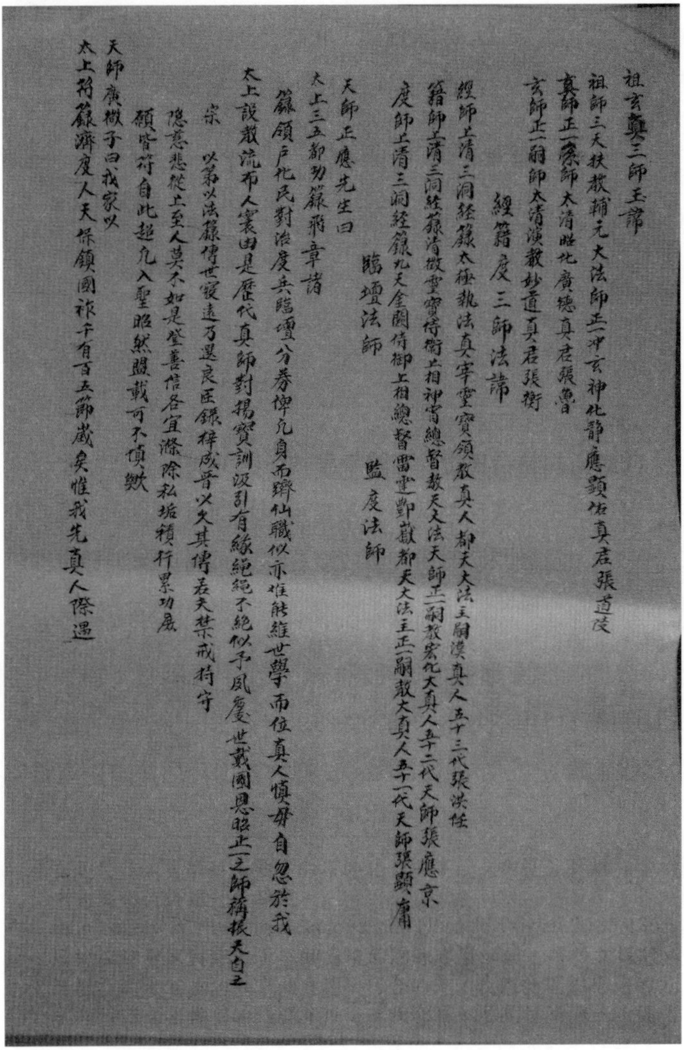

祖玄燕三師玉帝

祖師三天扶教輔元大法師正一沖玄神化靜應顯佑真君張道陵

真師正一嗣師太清昭比廣德真君張魯

玄師正一嗣師太清演教真君張衡

經師三洞經籙太極法真宰靈頒散真人都天大法主闡澳真人五十三代張洪任

籍師正一清微經籙清虛守宰總督六神督總教天文法天大師正一嗣教宏化大真人五十二代天師張應京

度師上清三洞經籙九天金闕侍御上相總督雷霆卿敕都天大法主正一嗣散大真人五十一代天師張顯庸

經籍度三師法諱

臨壇法師

監度法師

天師正應先生曰

太上三五都功初籙飛章諸

籙頒戶化民對淮度兵臨壇分券俾凡真而辦仙職似亦惟能綏世學而位真人慎毋自忽於我

太上設教流布人寰由是歷代真師對揚寶訓汲引有緣絕絕不絕似乎風慶世載國恩昭止之師藉振天白之

宗以第必法籙傳世覺遠萬選良匠錄俾成章父其傳君天禁戒持守

隱憲悲慇上至人莫不如是登書備各宜滌除乩坫積行累功履

顧賢符自此超凡入聖昭然照戴可不慎歟

太上符籙游度人天保鎮國祚千有百五節歲矣惟我先真人隆邁

　　以上兩件請法詞文書的經籍度三師，龍虎山天師府《太上三五都功經籙》記載為六十一、六十二與六十三代天師；但南安所傳承的資料卻早至清初五十一代、五十二代與五十三代天師，這一珍貴證據具體說明南安至少保存自清初以來的正一經籙受籙傳統與較完整資料史證，並且其所蘊藏的時代意義可供我們進一步探究。因為在清乾隆四年（1739）三月所下的禁令氛圍下：「禁止道官（按指龍虎山提點司道官）差法員潛往各省考選道士及開壇傳度受籙，犯者照違禁例治罪。」[54] 泉州受籙傳統雖逐漸調整採用「代香遠叩」[55]的方式；但從此秘傳經籙內容具顯，其一直延續自乾隆禁令前以來的正一經籙的受籙傳統與實質內容。如此，就可以大概理解，為什麼五十三代張天師之時，會在 1658 年為重新整編過的《正一天壇玉格》作〈序〉，強調其維持正統傳承的意涵；[56] 且其亦為泉州南

54　《清朝文獻通考》，卷 198〈刑制四〉，「（乾隆四年三月）禁止道官差法員潛往各省考選道士及開壇傳度受籙，犯者照違禁例治罪。」（北京：中華書局，1987），頁 6629。《清朝續文獻通考》卷八十九〈選舉考六〉，「四年議奏：嗣後真人差委法員往各省開壇傳度，一概永行禁止。如有法員潛往各省考選道士受籙傳徒者，一經發覺，將法員治罪該，真人一併議處。」（北京：中華書局，1991），頁 8494。

55　「代香遠叩」，意即代替天師或龍虎山法官，向遠方的龍虎山叩頭拜香，乞求祖天師盟傳香火，以傳度進職。

56　筆者所見為 1902 年朱鶴卿抄寫的《正一天壇玉格》抄本，保存有清順治十五年（1658）端陽月吉五十三代張洪任天師的〈序〉，「嘗稽天壇玉格，是學道之士，修真有得，列名仙籍之品格也。吾老祖天師奏請　綸音，按干支而分治焉，照錄章以定品銜。……近來好奇者，不道玉格，妄意僉補，或職微品隆，或籙小而銜大，但知悅人觀聽，華美其辭，而不知違式犯禁，身干天憲，豈知受籙受職無補於進道者？茲持於養玄抱一宣教演化法師施鐵竹談及是書，鐵竹亦深慨流風澆陋，故以天壇玉格互相改訂，蓋欲公諸天下為萬世不易定規，使仙班列職與今之三公九卿、郡邑宰牧，可按籍而考，無異同也。」此抄本相關研究，請參劉仲宇〈光緒抄本《正乙天壇玉格》初探〉一文。

安經籙中的度師，顯示正一經籙與天壇玉格一類受籙資料，應在清初重新彙宗與調整的歷史意義。又根據高雄小港翁家內部傳承、署名為《安籙附安石獅全科》的傳度科儀抄本，其所附的〈意文〉中出現了「福建泉州府南安縣」的地名，以及「托憑道（或化）士代香遠叩福地龍虎山五十五代天師老祖」的時間，[57] 以及言「經籙寄閣」的不同經籙種類、名稱與負責官署將帥，正顯示其重要的歷史傳承意義與道法淵源內涵關係。

（三）南安奏籙職稱與抄本文檢反映傳承清微道法

泉州南安道法的傳統是筆者必須建構與詮釋的重要問題，此處先就奏籙儀式中所授予的經籙職稱與相關抄本文檢中所延請的神統譜系兩項，來分析其與歷史清微道派的關係。首先就本文所出現的關係道長們經籙職稱羅列來看：

> 黃澤茂（吉昌）：太上正一盟威經籙九天金闕中憲大夫清微玄真使
>
> 賴紫雲（一清）：太上正一盟威經籙九天金闕中憲大夫清微宣道使
>
> 唐福山（明清）：太上正一盟威經籙九天金闕中憲大夫清微崇法使

---

57 據惠陽靖蕭培元道長提供之祖傳秘本《道機》（按以「珍裕利記」鈐印為號、署名為蕭廷熙謄抄），所記載蕭廷熙原筆跡從第一代天師抄錄至第五十五代天師資料（五十六代至六十三代另人筆跡），如「五十五代天師振麟真人真人：生康熙己卯年七月六日卯時，丙申年四月十二日登位」，此與翁定獎受籙與傳承的安籙抄本所具現的時間相同，其中道法淵源應有密切關係，待進一步深入比對考證。

> 唐滿足（元清）：太上正一盟威經籙九天金闕中憲大夫清微
> 崇玉使
> 黃記綿（長清）：太上正一盟威經籙九天金闕中憲大夫清微
> 體道使

　　以上職稱雖尚無法在現存的《天壇玉格》找到完全相同的資料，但從他們所授的《太上正一盟威經籙》乃代表其正一經籙階級，而後面連綴的法職則具顯其傳承清微道法授籙品秩的內涵。按《道法會元》卷二十〈清微法職品格〉五品，記載諸多「清微○○使」不同法職，如其中即有「清微宣道使」（3a）；而且此一清微法職在白玉荷、朱鶴卿與南安道壇等等所運用抄寫的《天壇玉格》秘本，亦見相當接近的穩定完整傳承。再依《道法會元》卷二四九收錄的《太上天壇玉格》，在其「天樞院九品遷轉品秩」、「北極驅邪院九品遷轉品秩」、「神霄品秩」（從四品）正四品以上，皆以「九天金闕」為開頭額稱；白玉荷本「玉京品格」也列正五品。而其「中憲大夫」官銜，則是參考朝廷品秩而轉用，從金元一直沿用到明清，如《元史》中〈志四十一上‧百官七散官‧文散官〉即記載：「中憲大夫、朝請大夫、朝列大夫，以上從四品。」

　　泉州南安傳承元以來清微道法的證據，在其相關奏表科儀中請神的名稱與順序，亦見其明顯的繼承關係。如樂峰鎮黃澤茂道長家所保存黃和議 1939 年所抄《拔亡朱陵表科》與《飛神朝謁》中請清微祖師：

> 清微、靈寶、道德、正一四派靈應歷代得道宗師，清微道德
> 宗主真元妙化大帝，九天司命高元紫虛元君（魏華存），三

天大法天師（張道陵），神功妙濟真君（許遜），太極仙翁
妙應真人（葛玄），紫微妙道元君（西華通惠龐元君？太真
太玄文元君？）），金闕昭凝元君（祖舒），龍明道化（龍光
道明）元君（姚莊），紫英玉惠元君（高爽），西華清虛真
人（華英），清（青）城通惠真人（朱洞元），雲山保一真
人（李少微），眉山雲（混）隱真人（南畢道），演（丹）山
雷囷真人（黃舜申）。（《拔亡朱陵表科》）

萬法教主無上至尊，祖師三天大法天師（張道陵），法主仁
威玄天上帝，清微、靈寶、道德、正一四派應運歷代得道宗
師，九天司命高元紫虛元君（魏華存），清微道德宗主真元
妙化大帝，西華通惠元君（龐俏道）、神光（功）妙濟真君
（許遜），太極禖翁冲應真君（葛玄），紫微妙道元君（西
華通惠龐元君？太真太玄文元君？）），金闕昭凝元君（祖
舒），龍光道明元君（姚莊），紫英玉惠元君（高爽），西
華清虛真人（華英），青城通惠真人（朱洞元），雲山保一
真人（李少微），眉山雲（混）隱真人（南畢道），演（丹）
山雷囷真人（黃舜申）。（《飛神朝謁》）

　　將今日南安實際科儀演行所延請的清微神譜，溯源比較元・陳
采所編纂《清微仙譜》與後來的相關清微科儀經典，其所建構的傳
承譜系：祖舒－休端－郭玉隆－傅英－姚莊－高爽－華英－朱洞元
－李少微－南畢道－黃舜申。其中除休端、郭玉隆與傅英未見奏請
之外，其餘主要的清微道宗系統是完全一致的。南安其他抄本中請
神部分，亦見簡略式的統稱，如《黃籙三朝科》請「靈寶五師真君、

清微襄慶真君」、上啟「清微靈寶經籍度、歷代傳法宗師」；又如
《延生紫微表科》請神前亦啟奏「清微傳教師尊」，請神時請「清
微靈寶宗師」，而且在「三獻酒文」具稱：「臣宿生慶幸，依被玄恩，
忝參清微之職，濫膺雷使之班。」此句「忝參清微之職，濫膺雷使
之班。」即清楚地表示其清微道法的傳承。

　　另再從南安羅東鎮黃文卿道長家所藏、題署「光緒玖年歲次癸
未（1883）桐月上浣吉旦冲玄靖普化雷壇嗣教弟子林仁德焚香謄功
德文檢流傳後世可惜應用修集萬世馨香」的《拔亡文檢：黃籙大齋
全部》中〈洞真赦式〉，所上詣的歷代清微祖師譜系（共三十一位），
即為其道法傳承的忠實記載，亦表示元代至清末南安清微道法的傳
承譜系：

> 1.清微宗主太乙妙化天帝、2.高元紫虛妙道元君魏、3.三天聖
> 師泰玄上相張、4.高明大使天樞上相許、5.太極仙翁內相葛、
> 6.西華通道元君龐、7.金闕昭凝元君祖、8.龍光道明元君姚、
> 9.丹元玉惠元君高、10.洞陽上宰華、11.五雷院使朱、12.神
> 霄玉樞使李、（輝按：道法會元卷十五〈神霄玉清天赦寶章〉
> 6a-b，11.與 12.封號對調）13.斗中六道（通）掌水使者南、
> 14.清微察訪使黃、15.清微察訪使伍、16.明微明道使徐、17.
> 清微明道使劉、18.清微洞神使林、19.清微大卿大赤天使童、
> 20.神霄玉府大使林、21.清微洞名使師、22.清微洞明真使陳、
> 23.清微洞玄使郭、24.清微玉真使林、25.清微糾察使陳、26.
> 清微通玄使吳、27.上清大洞經籙清微察訪使張、28.宗師上
> 清大洞經籙清微糾察使黃、29.經師上清三洞經籙大夫金闕上

宰通惠真人王、30.籍師上清大洞經籙九天金闕掌法真人黃、
31.度師上清三洞五雷經籙金闕大夫清微察訪使知雷霆薛

按此一詳細的南安北部道法清微傳承譜系珍貴記載，是非常重
要的證據史料，前十四位至黃舜申止，核對道書與南安抄本都可以
清楚指出其所指祖師姓名；但從第十五位至清光緒傳承資料，則需
進一步仔細比對與考證，以建構出南安北部道法清楚的清微道脈譜
系。

五、結語

傳度授籙是制度化道教既神聖又神秘的核心儀式，因此筆者繼
踵〈正一經籙初探：以臺灣與南安所見為主〉的研究，本文即以南
安市洪瀨鎮唐家世業道壇奏職個案實際田野調查記錄為主，並輔以
訪談與掌握的相關資料比對論證，所得到的初步結論如下：

一、洪瀨唐家道法已傳承六代，其道法主要譜系為 1.唐瞻師→
2.唐鎮獅→3.唐聲桃→4.唐玉水→5.唐福山、唐滿足→6.唐延芳、唐
海彬。且據可考資料，唐家第五、六代四人皆奏職領受正一經籙，
且因為奏籙儀式屬於家族中的特別盛事，因此常與其他家族慶典活
動結合，一來喜上加喜，二來節省開銷。唐福山、唐滿足即配合其
祖母八十歲延生益壽燈事，唐延芳、唐海彬則配合娶妻吉慶燈事一
起奏籙。

二、從附表一〈延生奏籙燈事程序表〉可知，其奏籙科儀結構
乃是將平常一天的延生燈事內容適當調整，再加上專門用於奏籙授

職的儀式複合而成。以此次調查為例，前者延生包含：點天燈、起鼓、《延生發奏》、《祝聖請神》、《獻牲科》、經懺轉誦：《玉樞經》、《北斗經》、《三官經》、《星真懺》與《三元懺》、《九陳獻供》、《獻熟燈科》：《三界燈》與《百神燈》、奏表（一般延生奏〈紫微表〉，此次奏職用〈天師表〉）、《王福祭將》。後者奏職包含：新籙士轉誦《天師懺》、《度籙科》與《安籙科》。而奏職前必須完成相關經籙的準備工作，如請籙、製籙、填籙與封籙，以備奏籙時度籙與安籙儀式演行使用。

三、福建泉州南安北部道壇至今仍保存著六十二代天師張元旭所授發的《太上三五都功經籙》，其中〈太上三五都功版券職籙請法詞〉與〈太上老君宣告都功祭酒真經請法詞〉兩件文書，保存了五十一代至五十三代張天師作為經籍度三師的職稱玉諱史料。這一珍貴的證據不僅具體說明：南安至少保存與使用過自清初以來的正一經籙受籙傳統與較完整資料史證。而且也讓我可以理解，為什麼五十三代張天師會在 1658 年為重新整編過的《正一天壇玉格》作〈序〉，以維持其正統的傳承意涵與時代意義。並可接連著高雄小港翁家所發現的安籙抄本與意文，出現南安縣地名、代香遠叩福地龍虎山五十五代天師時間與相關經籙資料，其所顯示重要的歷史傳承意義與道法淵源內涵關係。

四、泉州南安道法的傳統必須加以建構與詮釋，從本文所舉傳統奏籙儀式中所授予的法職名稱：「清微○○使」，比對《道法會元》卷二十〈清微法職品格〉與相關傳承的《天壇玉格》一類填籙規範記載，確有繼承使用的關係；而且將相關抄本文檢中所延請的神統譜系名稱與順序，溯源比較元‧陳采所編纂《清微仙譜》與後來的

相關清微科儀經典，其所建構的傳承譜系，除休端、郭玉隆與傅英未見奏請之外，其餘主要的清微道宗系統是完全一致的。再以南安《延生紫微表科》「三獻酒文」文，具稱「忝參清微之職，濫膺雷使之班」為證，以及《拔亡文檢：黃籙大齋全部》中〈洞真赦式〉，所上詣的歷代清微祖師譜系，皆清楚地表示確實傳承元代以來清微道派道法的證據。（本文收於《国際常民文化研究叢書7－アジア祭祀芸能の比較研究－》，日本橫浜：神奈川大學国際常民文化研究機構，2014.10，頁 273-293。）

引用書目

中文著作

丸山宏，〈道教傳度奏職儀式比較研究—以臺灣南部的奏職文檢為中心〉，收錄於譚偉倫主編，《宗教與中國社會研究叢書(十四)：中國地方宗教儀式論集》，香港：香港中文大學崇基學院宗教與中國社會研究中心，2011，頁 637-658。

王見川，〈近代（1840-1940）變局下的張天師——兼談其對華南道教之影響〉，收錄於黎志添主編，《香港及華南道教研究》，香港：中華書局，2005，頁 386-404。

王見川與高萬桑（Vincent Goossaert）主編，《近代張天師史料彙編》，臺北：博揚文化，2013。

李志鴻，《道教天心正法研究》，北京：社會科學文獻出版社，2011。

李豐楙編纂，《東港東隆宮醮志——丁丑年九朝慶成謝恩水火祈安清醮正科平安祭典》，臺北：學生書局，1998。

李豐楙，〈「中央－四方」空間模型：五營信仰的營衛與境域觀〉，收錄於《中正大學中文學術年刊》，15，嘉義：國立中正大學中國文學系，2010，頁 33-70。

呂鵬志，〈天師道授籙科儀——敦煌寫本 S203 考論〉，《中央研究院歷史語言研究所集刊》，77: 1，2006，頁 79-166。

姜守誠，〈南臺灣靈寶道派登梯奏職閱籙科儀之研究——兼論臺南與高屏二地之差異〉，《成大宗教與文化學報》，16， 2011，頁 225-300。

袁至鴻，〈道教正一派授籙與全眞派傳戒之比較研究〉，《世界宗教研究》，4，2003，頁 79-92。

洪瑩發，《神人共證：南部道教登梯奏職儀式的初探——以府城延陵道壇

為例》，收於李進益、簡東源主編，《臺灣民間宗教信仰與文學學術研討會論文集》，花蓮：花蓮教育大學民間文學研究所，2008，頁375-395。

索安（Anna K. Seidel）著，劉屹譯，〈國之重寶和道教秘寶〉，《法國漢學》第 4 輯，1999，頁 42-127。

勞格文，〈Zhengyi Registers 正一籙〉，收於《中國文化研究所訪問教授系列（一）》，香港：香港中文大學，2005，頁 35-88。

———，〈藍松炎、戴禮輝：《正一填籙秘訣》詳解〉，《「地方道教儀式實地調查比較研究」國際學術研討會會議論文集》（香港：香港大學，2011.4.21-23）

鄡光潤：〈湘潭正一道教調查〉，《民俗曲藝》，153，2006，頁 69-156。

劉仲宇，〈從盟威到授籙──早期道教入道方式探索〉，《正一道教研究》，第一輯，北京：宗教文化出版社，2012，頁 2-16。

———，〈光緒抄本《正乙天壇玉格》初探〉，收錄於《正一道教研究》，第二輯，北京：宗教文化出版社，2013，頁 88-115。

鄭國棟、林勝利、陳垂成編，《泉州道教》，泉州：鷺江出版社，1993。

鄭燦山主編，《道法海涵：李豐楙教授暨師門道教文物收藏展》，臺北：新文豐，2013。

謝聰輝，〈臺灣正一道壇獻供儀式與內涵析論〉，《國文學報》，35，2004，頁 96-131。

———（Hsieh, Tsung-hui），〈受籙與驅邪：以臺灣「鳳山道」奏職文檢為中心〉，in *Exorcism in Taoism:A Berlin Symposium* ed. Florian C.Reiter. Wiesbaden: Harrassowitz, 2011，213-230。

———，〈正一經籙初探：以臺灣與南安所見為主〉，《道教研究學報》，5，2013，頁 143-189。

英文著作

Luk, Yu-ping. "Picturing Celestial Certificates in Zhengyi Daoism: A Case Study of the Ordination Scroll of Empress Zhang(1493) ,"《道教研究學報》，3，2011，頁 17-48。

日文著作

大淵忍爾編著，〈奏職の儀禮〉，《中國人の宗教禮儀：佛教道教民間信仰》，東京：福武書店，1983。

丸山宏，〈臺南道教の奏職文檢〉，《道教儀禮文書の歷史的研究》，東京：汲古書院，2004。

———，〈中国湖南省藍山県ヤオ族の度戒儀礼文書に関する若干の考察－男人平度陰陽拠を中心に－〉，收錄於堀池信夫編，《知のユーラシア》，東京：株式會社明治書院，2011，頁 400-427。

施舟人(Kristofer Schipper)，〈都功の職能の關する二、三の考察〉，收於酒井忠夫主編，《道教の總合的研究》，東京：圖書刊行会，1981 三刷，頁 252-290。

酒井規史，〈南宋時代の道士の稱號：經籙の法位と「道法」の職名〉，《東洋の思想と宗教》，25，2008，頁 115-134。

附錄

附文一：唐福山、唐滿足〈奏籙疏意〉重點

天師門下正一盟威經籙九天金闕中憲大夫清微宣道使臣賴一清……

（燈主：唐玉水、唐鼎煌）因前年丹心祈求三界高真十方上聖，恩賜蔭佑家母延年益壽……

蟻民唐玉水忝叨

玄教，久蒙恩蔭，教學兩男，取名吳明清、吳元清。爰至今歲逢佳期，捻香遠扣

福地龍虎山正一天師大真人門下，拜授清微崇法使吳明清、崇玉使吳元清，謹乞《太上正一盟威經籙》全宗叛身佩奉，已蒙頒付，未經審奏叛依。顯應靖為奏申聞，涓吉今月二十五日，就家建立

靈寶延生奏籙職道場，關發文字，迸（並）斥妖氛，焚香請聖，祛除兇穢，宣諸品真經，祝萬靈燈文，供粢牲而獻禮，列花菓以投誠，達心疏於帝前，完陳三獻，化煉財帛。上答天恩，中酬神惠，下謝當境，有恩尊神，喜還良願，祈錫禎祥。佩籙之後，神將護持，壯威聲之顯奕；業垢冰消，冀善芽而增長。籙中官將匡扶，永保長生，名刊玉簡，職應金階，壇門旺相，香火興行，符法靈通，罡訣神驗，門庭迪吉，人眷均安，魔無干犯，身有光明，凡有禱祈，悉蒙感應，星辰光彩，命運亨通，仉儷偕榮，蘭桂芳馨，所求如意，萬順從心。凡在時中，全賴天恩蔭佑，神明扶持，具疏以

聞

天運丙辰年（1986）冬陽（十）月二十五日吉上疏

附文二：〈三寶疏〉

福建省泉郡南邑四都德教鄉崇安裡美林境和優圍顯應靖住居奉

道設醮傳度奏職保安植福信民唐滿足　　　　　　　等謹啟丹誠上香拜

干

鴻造所伸意者　　恭祝

無上正真三寶天君　受叩有恩神明　都主昭德尊王　當境陳聖王

當境遠近神明　　　　　　　　　　普資至化大霈

恩光言念信民唐滿足主造乙巳年〇〇

男 海彬戊辰年〇〇　　建生

室人黃幼珠甲辰年〇〇

男婦蘇小霞己巳年〇〇

女子唐婉玲丁卯年〇〇 偕家眷等即日虔誠拜干

洪造言念信士唐海彬　　　　　　　　生居塵世自幼崇奉

上聖香火世襲三山文法兼行靈寶濟世救民未授籙職難以行持爰於

下元令節之辰托憑保舉師黃 長清 代香遠叩

福地龍虎山　萬法宗壇　天師教主大真人門下　　奏授

太上三五都功祭酒經籙五老臺前施道法降魔仙官之職為任 法名 三才　奏立

三界混真壇元一保真靖　　祈準　名刊玉簡職列金階　籙中官將出入匡扶

涓吉今月十八日就家修設

靈寶傳度清醮於中狀聞　諸天帝闕申牒　三界真師依按

玄科授法告盟經宣玉笈燈燦銀缸供粢牲而獻禮列花果以投誠堂鳴鐘鼓庭演

戲文

進祩表於御前達心疏於帝座完陳三獻化煉金帛　　奏修

高真神恩燈會共成一筵上答

天恩中酬神惠下謝當境神明心愿祈求禎祥畢備

王福神醮犒勞官將外設草筵普賑幽冥同祈景貺永頌康寧　伏愿

三寶岳光納茲蠢蠢之誠千真降鑒錫以浩浩之慶　　惟翼

醮事完週道法興隆香火興行符法靈通罡訣神驗合家平安壽算與南山並固

財源似東海長流添丁發福大振家聲所求如意凡在　時中　全賴

恩蔭謹具疏以

聞　　者虔備通通金錢車輦馬右謹進上伏惟

三寶證盟　　洞鑒文疏

天運 壬辰 年 十一 月 十八 日奉道醮主唐滿足

正邪之辨、道法之合

——臺灣北部道法二門源流

林振源
法國高等研究學院

一、前言

　　臺北林厝派的「正一道士」流傳自祖居地（福建詔安客家地區）的觀點認為，用「師公」這個詞來稱呼他們並不禮貌。福建詔安客家地區的道士也明白指出，其傳統屬正一道教、天師正教，身份為正一明（盟）威道士，而師公（詔安客家話稱「西爺」）主要指涉以驅邪為主的「西教」傳統，對當地正一道士而言，西教不是「正教」。[1] 無獨有偶，新竹的烏頭道士在《莊林續道藏》的分類觀點中以「正一」自居，也將紅頭道士所使用的抄本（歸類為「神霄」或「閭山」）視為「邪」（heterodox）。[2] 詔安客家地區和新竹二地道士

1　　詔安客家地區的道教情況，參見林振源，〈福建詔安的道教傳統與儀式分類〉，譚偉倫編，《中國地方宗教儀式論集》（香港：中文大學出版社，2011），頁301-323；〈福建詔安客家地區的道教儀式〉，頁343-372。

2　　蘇海涵（Michael Saso）將《莊林續道藏》所收的文獻分成四個部分，引言中有說明他的分類標準與臺灣北部道教情況。他指出第一、二、三部分抄本（金籙、黃籙、文檢）來自新竹烏頭正一道士，第四部分（神霄或閭山）抄本來自紅頭道士，包含「靈寶派、天師派、老君派與閭山三奶派」，使用前三部分抄本的道士將第四部分的抄本視為「邪」（heterodox），引言中也經常提到正、邪的對比觀點。參蘇海涵，《莊林續道藏》，〈引言〉，頁1-33。然而，其中無論是抄本出處、分類，以及對臺灣道教情況的描述，都存在不少顯著的錯誤。索安（Anna Seidel）與司馬虛（Michel Strickmann）評述蘇海涵另外二本有關新竹莊陳登雲法師的實踐等著，也認為其中有關民族誌的描述與介紹道教史方面並不十分可靠。參見 Michael Saso, *Taoism and the Rite of Cosmic Renewal*; *The Teachings of the Taoist Master Chuang*. Anna Seidel, "Chronicle of Taoist Studies in the West 1950-1990," in *Cahiers d'Extrême-Asie,* 5 (1990): 264. Michel Strickmann, "History, Anthropology and Chinese Religion," in *Harvard journal of Asiatic Studies,* 40 (1980): 219-222.

界定所謂正、邪的情況，與宋代高道白玉蟾（1194-1229）將道與「巫法」對比以辨正、邪的立場如出一轍。[3] 姑且不論上述觀點是否合理，我們可以發現將「主流」道教傳統（正一）與驅邪為主的地方道法傳統（閭山、三奶），做正、邪對比的情況並不罕見。

然而，正、邪之辨的觀點亦非如此絕對。「道法二門」在詔安客家地區的詞彙原意是指「醮儀」範疇中的道、法傳統：道／天師道／師／天師/龍虎山，法／混元法／聖／北帝／武當山。[4] 道法二門流傳到臺灣北部之後，長期以來對應當地二大儀式分類範疇被理解為：道／道場／醮儀/天師門下／正一道，法／法場／驅邪儀式／閭山門下／閭山三奶法。通過考察臺灣北部道、法儀式源流，分析道法二門的詞彙意涵因時空背景轉換所出現的流變，我們將會發現一個地方道教傳統詮釋正、邪之辨與道、法之合的辯證過程，也有助於我們進一步理解何謂道法二門。描繪道法二門的歷史流變，除了有助於反思道教史上新興儀式傳統可能的形成發展脈絡，斷代相對明確的臺灣北部道法二門源流，也是書寫臺灣道教史的重要篇章。

臺灣北部道法二門有二大派系：「林厝派」與「劉厝派」，分別以該派在臺灣首位祖師的姓來命名。劉枝萬的研究已經初步介紹過這二大派，他指出林厝派擅於建醮，而劉厝派擅於「紅頭法」。林

3　《海瓊白真人語錄》：「巫法有之乎？其正邪莫之辨也……復有閭山法者，其實一巫法也。」（卷1，頁8b-9a）正、邪之辨的觀點在道教史上也很常見，如《陸先生道門科略》：「背盟威清約之正教……向邪僻祆巫之倒法。」、「千精萬靈，一切神祇，皆所廢棄，臨奉老君、三師，謂之正教。」、「祭祀鬼神，祈求福祚，謂之邪。」（頁8a-b）
4　林振源，〈福建詔安的道教傳統與儀式分類〉，頁318。

厝派的祖先於 1820 年左右從詔安來到臺灣，劉厝派的祖先於清初從漳州南靖來臺。[5] 這是最早關於臺灣北部道法二門的研究基礎，但其中劉厝源流部份有誤。根據勞格文（John Lagerwey）的後續研究證實，林厝的祖先確實來自漳州詔安，但劉厝的祖居地則是潮州饒平。[6] 通過考察林、劉二個道士家族在臺灣的傳承譜系，及其發源地（詔安、饒平）與週遭閩南、粵東一帶的地方道教傳統，勞格文指出，「目前我們在臺灣北部所見到的道教醮儀很可能是 1820 年時由林厝的祖先從南陂（詔安）傳進臺灣的。林厝的人可能以傳授醮儀做為條件，來和劉厝的人交換執業的權利與學習劉厝的法場儀式。」[7] 勞格文的研究細節也提醒我們注意到幾個需要重新考慮的問題。

其一是關於道士／師公，天師／三奶，正／邪等與道、法儀式分類相關的問題。因為這將涉及到我們如何理解道法二門這個教派專詞的意涵，以及道法二門的流變等關鍵問題。勞格文的研究指出臺北林厝派的道士對「師公」這個稱謂感到反感，而師公這個稱謂在林厝發源地詔安客家地區的涵義是指「為死者做儀式或行使邪教儀式之人」。當地道士以「天師正教」自居，並認為「三奶派是

5　劉枝萬，《臺北市松山祈安建醮祭典》（臺北：中央研究院民族學研究所，1967），頁 48-49；《臺灣民間信仰論集》（臺北：聯經出版社，1983），頁 156。

6　劉枝萬應該是將 20 世紀初取代饒平劉家的劉朝宗家族的祖籍南靖誤判為劉厝發源地。參見林振源，〈閩南客家地區的道教儀式：三朝醮個案〉，《民俗曲藝》，158（臺北：2007），頁 200。

7　John Lagerwey, "Les lignées taoïstes du Nord de Taiwan," in *Cahiers d'Extrême-Asie*, 4 (1988): 127-143; "Les lignées taoïstes du Nord de Taiwan (suite et fin)," in *Cahiers d'Extrême-Asie*, 5 (1990): 355-368.

邪教」。[8] 這些描述特別引起我們注意。因為正一道與閭山三奶法是臺灣北部道法二門的二大儀式傳統。[9] 我們會發現這裡有一個關鍵的矛盾，為什麼在發源地被視為邪教的三奶派傳統，在臺灣北部卻成為「法」的代表？令人質疑道法二門的詞彙意涵是否真的對應道、法儀式分類或其實另有所指？道法二門的儀式傳統傳到臺灣之後是否產生什麼本質上的變化？

　　根據林厝擅長建醮、劉厝擅長紅頭法的觀點，或林厝以醮儀和劉厝交換法場的推論，都讓我們合理的將林厝與醮儀（道）、劉厝與法場（法）的源頭畫上等號。勞格文的調查發現，林厝與詔安客家地區無論醮儀流程安排、科儀本、部分做法與唱腔都大致相同。加上筆者後續對當地醮儀的參與觀察記錄，可以證實臺灣北部醮儀的源頭確實來自林厝無誤。[10] 但法場源流部份則留下比較多問號。勞格文在劉厝發源地的考察相對不順利，最關鍵的原因是在當地沒有找到道士。然而，他在鄰近地區發現和臺灣北部法場十分相似的「走文書」儀式（相當於臺北「奏狀」），出自一個也和臺北一樣專

8　　John Lagerwey, "Les lignées taoïstes du Nord de Taiwan (suite et fin)": 362-364.

9　　劉枝萬指出：「道士兼修道法二門，其法是紅頭法（也不妨稱之為三奶法或閭山法）。」參見劉枝萬，〈臺灣的道教〉，收入福井康順、山琦宏、木村英一、酒井忠夫監修，《道教》第三卷（上海：上海古籍出版社，1992），頁 132-135。後續研究也多認為道法二門就是天師道加上閭山法（三奶法）。

10　John Lagerwey, "Les lignées taoïstes du Nord de Taiwan,": 140-143; "Les lignées taoïstes du Nord de Taiwan (suite et fin)": 356-358. 林振源，〈閩南客家地區的道教儀式：三朝醮個案〉，於《第六屆國際青年學者漢學會議論文集：民間文學與漢學研究》（臺北：萬卷樓，2008），頁 197-253。

做紅事的傳統。[11] 根據筆者的後續考察發現，劉厝祖居地是屬於「烏紅搭」傳統，與臺灣北部只做紅事有本質上的不同。而劉厝祖先在當地是否為道士也還無法證實。[12] 因此，為了說明臺北法場是否源自劉厝，並據以和林厝交換醮儀等重要推論，我們必須先回答以下幾個問題。首先，假設劉家在祖居地已經是道士，為何臺北劉厝不是傳承當地的烏紅搭傳統？其次，如何證明饒平的驅邪儀式與臺北法場一脈相承？若劉家原本並非道士，二地的驅邪儀式也不相同，現今臺灣北部的法場傳統又是從何而來？而劉厝若沒有法場做為籌碼，如何與林厝交換醮儀？釐清以上細節，才能更謹慎的探討臺灣北部道、法儀式的源流問題，並據以說明臺灣北部道法二門的歷史流變。

二、法場源流

我們在詔安客家地區發現與臺北完全一樣的法場神圖（康熙辛丑，1721），以及包括奏狀、拋法、翻土、轉竹收魂等與臺北法場內容幾乎完全相同的驅邪儀式抄本。[13] 閩西、贛南等客家地區的驅邪儀式也有不少與臺北法場類似的法事。這些地區除了是詔安客家

---

[11] John Lagerwey, "Les lignées taoïstes du Nord de Taiwan": 138-140; "Les lignées taoïstes du Nord de Taiwan (suite et fin)": 359.

[12] 林振源，〈閩南客家地區的道教儀式：三朝醮個案〉，頁 202-203。

[13] 康熙神圖的內容，詳參林振源，〈福建詔安的道教傳統與儀式分類〉，頁 308-309。驅邪儀式抄本出自霞葛江家，抄錄者江法周的輩分比該壇年代可靠的《乾隆本》抄錄者江道（法）咸高三輩，所以最遲應不晚於康熙年間。詳參林振源，〈福建詔安的道教傳統與儀式分類〉，頁 314-316。

地區移民的祖居地，臺灣北部有些屬於「汀州客」的道士家族也來自閩西，他們的驅邪儀式抄本還提到贛南寧都（與閩西相鄰）的宗師。因此，我們首先通過對臺北、饒平、詔安、閩西、贛南等地的驅邪儀式節目做概括比較，考察這幾個地區的驅邪儀式與臺北法場有何關聯。

（一）饒平

饒平浮山：祈福、代身開光、送白虎、送代身收魂、說產難、慶安屋宅、超童、男孫分花。[14]

饒平東山：請頭壇、祈福本、代身開光、割煞、送白虎、送代身收魂、收魂、謝壇送神君、解病、安娑解說、說產難、安厝開經、慶安屋宅、六符水、安土神呪、出符謝壇解說、關枝童、超童、男孩分花、走文書、讀文書、奉飯。[15]

（二）詔安客家地區[16]

霞葛江家：請神、安灶一段、請生魂一段（勸酒、勸師）、奏投狀（奏狀）、收魂依前、造符一段（拋法）、栽花、造橋、剖胎一段、招魂一段（轉竹收魂）、過關、祭將一段（祭五猖、卜碗卦）、

---

14 勞格文在饒平浮山發現的資料，出自一個專做紅事的傳統（錦興壇、錦和壇），抄錄於民國十四年（1925）。參見勞格文，〈福建省南部現存道教初探〉，頁151。這個傳統與相鄰的饒平東山，以及詔安太平相同。參見林振源，〈福建詔安的道教傳統與儀式分類〉，頁316-317。

15 筆者2004年在饒平東山（錦春壇）發現的資料，與前述錦興壇等應該屬於同一道士家族。

16 這些都是與臺北醮儀完全相同的道法二門道壇。關於這幾個道壇的基本資料，參見林振源，〈福建詔安的道教傳統與儀式分類〉，頁301-323。括號內是臺北法場的對應法事名稱。

降楊刀、鼓子花。

秀篆黃家：請神、說星辰（祭星、過限）、送白虎、割煞、推魂一段（轉竹收魂）、敕替身、說產、路因一段、入在宿房間床前唱（入房）、送油火一段、開光一段、綁布的、雪山爺呪、降童一段（關童）。

官陂張家：請神、轉竹收魂、送神。

秀篆呂家：翻土。

（三）閩西（龍岩、永定、上杭）

上杭：請神、裝身變衣裙、行罡、奏狀、勸酒、祭將、埋邪、轉竹、造橋、藏魂、送神。[17]

（四）贛南（寧都、安遠、崇義）

安遠：點光上座、啟師請神、起幡開營、借女衣（裝身奏表）、行罡涌水、下馬迎神接駕、上午表、碗花祭將（定占）、翻壇破邪、和幡解厄、收營、過火煉、蒙山施食、謝師送神。

崇義：啟師造水、武投壇、裝身行罡、和神設送、奏狀、發請聖帖、掛榜、起旗開岳（結界化現、裝王敕鞭、鎖邪打邪）、造橋接聖、借兵豎刀、攬榜招兵、行山取水、祭將、追魂轉竹、退病去火、團花、過度斬煞、紅樓普度、刀山奏雪狀（散豐熟）。[18]

---

17 根據勞格文的研究，龍岩、永定、上杭的傳統兼做清醮、清齋、祈禳三種類型的法事，亦即紅白事都做，這份資料是出於 1923 年抄錄的《藏魂經全部》。見勞格文，〈福建省南部現存道教初探〉，頁 152-155。

18 根據劉勁峰的描述，在安遠見到的是一場由專做紅事的傳統所主持的醮儀節目。崇義部份是為了保幼的「置花、上鎖」科儀。參見劉勁峰，〈安遠新龍鄉長堰、里田、九龍三村醮壇科儀初探〉，收於羅勇、勞格文編，

（五）法場節目比較表

臺北	饒平(劉)	詔安(林)	閩西	贛南
請神	＊	＊	＊	＊
請水安灶		＊		
奏狀(走文書)	＊	＊	＊	＊
抛法		＊		
敕符召營				＊
翻土		＊		＊
轉竹收魂		＊	＊	＊
祭五猖		＊	＊	＊
卜碗卦		＊	＊	＊
送陰火		＊		
打天羅地網				
拜天公				
過限		＊		
謝壇	＊	＊	＊	＊

　　我們發現除了每個傳統固定都有的請神與謝壇，原本被視為臺北法場源頭的劉厝祖居地饒平，實際上僅「走文書」一段與臺北相近。[19] 其他部份因為無法見到抄本內容，僅能根據儀式名稱與道士的描述發現，整體內容其實更接近臺北的小法事，而非法場。[20]而

　　《贛南地區的廟會與宗族》（香港：國際客家學會、海外華人研究社、法國遠東學院，1997），頁197-228；《贛南宗族社會與道教文化研究》（香港：國際客家學會、海外華人研究社、法國遠東學院，2000），頁322-347。

19　我們還發現詔安客家地區的奏投狀內容與臺北奏狀的相似度更高。

20　臺北小法事，參見 Chen-Yuan Lin（林振源）, "Les petits rituels taoïstes quotidiens à Taiwan," in Le Sacré en Chine, ed., Michel Masson, (Belgium: BREPOLS, 2008), 99-127.

且，我們也應當注意到這個驅邪儀式是出自一個專做紅事的傳統，並非劉厝祖居地坪溪的烏紅搭傳統。因此，如何證實臺北法場來自劉厝？根據上述考察可以得到相反的答案，臺北法場不太可能來自饒平劉家。

林厝祖居地詔安客家地區的驅邪儀式無論是儀式名稱或實際內容都與臺北高度吻合，法場神圖也完全相同。因此，臺北林厝如果已經擁有這些與臺北法場相似的驅邪儀式，是否還需要用醮儀與劉厝交換法場？

閩西、贛南的驅邪儀式與臺北法場的關聯性也高於饒平。雖然這些地區與詔安客家地區有直接關聯。但是，我們注意到如敕符召營似乎僅見於臺北與贛南，而不見於詔安客家地區。北臺灣來自閩西的賴姓道士家族，他們在召請祖師部份會出現閩西閭山派常見的「郎號」，以及「能都師公」、「二十位能都府傳下先賢」等與一般臺北法場抄本不同的宗師記載。能都與寧都諧音，能都府就是指贛南的寧都府。因此，我們可能也要考慮贛南、閩西等地的驅邪儀式與臺北法場的關聯。

根據臺北法場抄本中的二個關鍵地名：「芝蘭新舊街」與「新莊海山頭」，都位於北臺灣，可以推測現今我們所見到的臺北法場版本，應該是在臺灣本地編成的。改編年代不會早於 1860 年芝蘭新街的創建年代，而且有可能更晚。因為我們發現早期的法場抄本大多是單獨抄寫，如臺北林厝保存的《奏狀》（抄錄於 1884 年）等老本。現今可以見到將驅邪儀式集結成冊稱為法場（或稱《獅冊》）的最早抄本，相對遲至 1928-1929 年間。包括劉厝（劉宏達抄錄於 1928 年）、萬華高家（高金塗抄錄於 1928 年）與林厝（林漢通抄錄

於 1929 年）的三本法場抄本都集中在這段時間問世。

通過以上考察發現，臺北法場的源流問題和我們原本設想的可能有些差距。因此，林、劉進行道法交換的推論能否成立？如果答案是否定的，實際情況又是如何？

三、道法交換

通過以下幾種新發現的材料：《劉朝宗手札》、[21]《總本抄錄》、《道教源流》，結合《三房居禮生庚簿》與醮儀、法場抄本中關於宗師的記載等既有資料的重新解讀，我們將會對臺灣北部道、法儀式的源流得出一些新的看法。

（一）《劉朝宗手札》

劉朝宗（1886-1957），即上述將法場集結成冊的抄錄者之一，劉宏達，原籍漳州南靖。根據《劉朝宗手札》的記載，他於 1925 年前往龍虎山受職：「自太歲乙丑年（1925）舊三月初四日起程，親往江西廣信府貴溪縣上清鎮龍虎山嗣漢天師府受戒，至四月廿五回台，自孝習道教，授法名宏達。」他原本師承饒平劉家的劉金鳳（1881-?），去龍虎山之前的法號「真源」，就是依據劉厝派詩的排序：「興隆明應德，金真合太和」。去過龍虎山之後，他的法號改用「宏達」。[22] 一般認為，他從龍虎山回來後，劉厝派的領導地位自

21　該份資料沒有標題，主要內容為劉朝宗的手札筆記，標題為筆者自加。
22　劉朝宗在 1928 年抄的法場抄本就署名「應成壇劉宏達」。

饒平劉家轉移至劉朝宗家族。[23]

在《劉朝宗手札》中，我們首次發現有關劉厝派在法場中召請的宗師身份注解。此外，我們發現由劉漢邊抄錄的《總本抄錄》，標題〈宗師名〉部份的注解也與劉朝宗的注解完全相同。[24]〈宗師名〉：

> 道法二門開淡高功師太 游興慈，開闢師祖 劉隆昌，
>
> 張道元、黃重泉（此二名，應達先生）
>
> 呂啟明、呂明德、劉明裕、張明週（此四名，隆昌門人）
>
> 劉慶華、劉慶壽（此二名，隆昌之子）
>
> 呂衍慶（明德之子）
>
> 詹……（略）（此五名具是明德門人）
>
> 周……（略）（此二名，明德門人）
>
> 劉應達、劉應遠、劉應近、劉應遍、劉應逢、劉應近（此六名，明裕之子）
>
> 黃和彩、劉亨通（應達師友）
>
> 張……（略）（此七名，應達道友）[25]
>
> 劉德瀞（應達之子）
>
> 劉德清、劉萬夏（應近之子）

23　John Lagerwey, "Les lignées taoïstes du Nord de Taiwanm," 129-130.

24　我們還無法證實劉漢邊的真實身分。根據「翀漢通玄蘊」的字輩與「辶」（走馬旁）的規定，「漢邊」應該是來自林厝派的道號。除了宗師注解外，內容也有關於林、劉二派醮儀細節的差異比較，相關討論詳見後文。

25　其中三名為黃姓。

萬慶……（略）[26]

高正修（應遠門人），王大何（應達門人），何三歲（應遠子）

劉金波（德瀞子），劉金漂（萬慶子）

薛……（下略）

（二）《三房居禮生庚簿》

《三房居禮生庚簿》抄錄於光緒戊申年（1908），抄錄者「世英」就是饒平劉家的最後一位領導人物「烏九先」劉金淩（1866-1909），劉金鳳的長兄。三房是指「應」字輩六兄弟中，排行老三的劉應近所傳衍的房派。這本家譜開頭就記載了劉家在臺灣開基的歷史，有助於我們釐清劉家來台開基的基本情況。劉枝萬指出：最早來台的劉厝祖先為劉師法，祖籍福建漳州府南靖縣，大約於清初來台，定居淡水。[27] 前文已指出這個誤說起因於將後來取代饒平劉家的南靖劉朝宗家族視為劉厝源頭。然而有關劉家在淡水開基的說法，一般（包含劉家後代）都同意，劉家抵台時確實是在今日的淡水、八里一帶開基。但根據筆者的進一步考證，發現事實並非如此。會形成這個說法的原因，相信與《三房居禮生庚簿》開頭的這段記載有關：「原籍廣東省潮州府饒平縣……，移居福建省臺灣府上淡水八里坌埤角庄……開基立業。成家後，移內港芝蘭舊街……」然而，這裡記載的上淡水八里坌並非指今日的淡水、八里。只要考察當時的舊地名就會發現，八里坌埤角庄實際上是位於今日

26　主要記載「應」字輩六兄弟的兒子。
27　劉枝萬，《臺北市松山祈安建醮祭典》（臺北：中央研究院民族學研究所，1967），頁49。

的新莊丹鳳附近。這份家譜也記載了開臺祖劉漢傑（1745-1806）夫婦過世後都葬在新莊埤角，可以佐證劉家來臺之初的上淡水八里坌埤角庄是指新莊埤角，而非今日的八里、淡水一帶。根據《三房居禮生庚簿》的另一段記載：「漢傑公到台，生二子。長曰時乾、號永天公，次曰時坤。而時乾生六男，住芝蘭舊街，道士業。又時坤亦傳六子，新埔農業。」可以說明饒平劉家移居芝蘭舊街（士林），是始於劉漢傑的長子劉時乾（1777-1848）。結合劉家在臺的開基歷史與法場抄本中的二個關鍵地名：「新莊海山頭」、「芝蘭新舊街」，我們發現劉厝來臺之初先在新莊開基，再移居芝蘭的這段歷史記憶，也被保存在法場儀式中。

劉時乾在芝蘭舊街時的身份已經是道士，然而，開台祖劉漢傑是否也是道士？勞格文指出：劉漢傑可能就是劉隆昌（開闡師祖劉隆昌）。他的兒子時乾、時坤就是慶華、慶壽。劉明裕的身分則不清楚，依據派詩邏輯推論，可以確認時乾號永天，慶華號明裕應該是同一個人。[28]

然而，通過本文重新考察這些劉厝宗師的身份，發現實際情況可能超乎我們原先的想像。（1）根據〈宗師名〉注解，劉明裕是「應」字輩六兄弟的父親（此六名，明裕之子）。根據《三房居禮生庚簿》的記載，劉時乾就是應字輩六兄弟的父親。因此，劉明裕的身份可以確認就是劉時乾。此外，他還有另一個身分是與呂啟明、呂明德、張明週等人被標注為「隆昌門人」（此四名，隆昌門人）。慶華、慶壽則被標注為「隆昌之子」（此二名，隆昌之子）。因此，慶華（隆

---

28   John Lagerwey, "Les lignées taoïstes du Nord de Taiwan," 136.

昌之子）與明裕（隆昌門人）是同一個人的假設，可能無法成立。「永天公」則是《三房居禮生庚簿》所載劉時乾的謚號；(2)因為慶華、慶壽是劉隆昌的兒子。若確認劉時乾（明裕）並非慶華，相對的，他的弟弟劉時坤也不是慶壽。而且根據《三房居禮生庚簿》的記載，劉時乾是道士業，劉時坤則是農業。這本家譜中也從來沒有出現過慶華、慶壽的名號；(3)因為慶華、慶壽是劉隆昌的兒子，時乾、時坤也確定不是慶華、慶壽。換言之，時乾、時坤的父親劉漢傑就不可能是劉隆昌。

分析〈宗師名〉的內容還可以發現，這份宗師譜系是源自游興慈、劉隆昌的傳統，通過「呂衍慶（明德之子），詹……（略）（此五名具是明德門人），周……（略）（此二名，明德門人）」等記載可以發現，這個傳統原本是以劉隆昌門人中的呂明德為核心。自劉明裕傳下應字輩六兄弟之後，才形成劉家一枝獨秀的情況。

此外，通過為數眾多的「應達先生」、「應達師友」、「應達道友」等不在劉厝派詩（興隆明應德）系統，也未見於劉厝法場抄本外姓宗師的記載，我們發現這份宗師譜系除了游興慈、劉隆昌的驅邪儀式傳統外，似乎還隱藏了另外一條脈絡。這條脈絡是否代表不同的儀式傳統？聯繫這條脈絡的核心人物，無疑就是劉明裕的長子，劉應達（1807-1876）。

（三）《道教源流》

劉應達抄錄於道光十五年（1835）的《道教源流》，內容與流傳於臺灣中南部的同名抄本大同小異。引起我們關注的不是其中的內容，而是抄本封底的二行字。其中一行是關於抄者與年代：「道

光十五年……嗣教弟子劉應達抄錄」，旁邊另一行的字跡明顯不
同：「彰化縣埤腳湳底顯應壇黃□生抄籙」，破損看不清楚的那個字
很像是「先」。初步分析封底這二行字，可以發現字跡不同的部份，
應該是說明這個抄本的原始出處。兩相對照也透露出彼此間的師生
關係：「嗣教弟子劉應達」與他的師父「黃先生」。根據〈宗師名〉
的記載發現，劉應達有二位師父：張道元、黃重泉（此二名，應達
先生）。其排序緊接著劉隆昌，還在劉應達的父親劉明裕（劉家的
第一個道士）之前。而劉應達眾多的師友與道友中，黃姓也佔了近
半數。因此，黃先生可能就是黃重泉，而劉厝的另一條宗師脈絡就
是劉應達傳承自彰化埤腳顯應壇黃先生的傳統。然而，黃先生究竟
傳授劉應達什麼樣的儀式傳統？劉應達為何需要另外學習新的儀
式？我們必須進一步考察黃先生所在地彰化埤腳的儀式傳統。

　　李豐楙關於臺灣中部「紅頭師」的研究指出，中部雲林、彰化、
台中等地有部份福佬客萃居區的道教傳統與臺灣北部道法二門的
傳承相同。其中一個案例就提到了位於彰化埤腳的黃家鎮興壇。[29]
我們發現黃家鎮興壇的所在地正是與黃先生完全相同的埤腳「湳
底」。然而，當地道士表示從未聽過顯應壇，而且一直以來埤腳湳
底也只有黃家一家道壇。雖然埤腳黃家原本也是祖傳道壇，但因為
傳統曾經中斷，所以另外向埤頭蔡家鎮興壇學習並傳承其壇號。我
們發現埤腳黃家的醮儀抄本與臺灣北部道法二門醮儀基本相同。原
來，他們的祖先與臺北林厝一樣來自詔安客家地區。埤腳黃家還保

29　李豐楙，〈臺灣中部紅頭司與客屬聚落的醮儀行事〉，《民俗曲藝》，
　　116（1998），頁 152-154。

存一本由黃步雲抄錄於咸豐元年（1851）的《宿朝》老本，宗師記載部份與後來習自蔡家鎮興壇的新抄本明顯不同。[30] 然而，《宿朝》老本的宗師前半段，竟然與邱金溽抄錄的《啟請》宗師完全相同。邱金溽的師父是劉清風，劉應達的侄兒。[31] 所以我們可以據此推測，劉應達向黃先生學習的就是醮儀傳統嗎？究竟顯應壇黃先生與目前的鎮興壇黃家的關係為何？

　　通過詔安客家地區的溯源工作，我們發現埤腳黃家在祖居地霞葛的壇號正是「顯應壇」。因此，可以證實埤腳黃家與劉應達的師父黃先生應該屬於同一個道士家族。[32] 可惜霞葛黃家顯應壇目前已失傳，只留下一些零星抄本。然而，埤腳黃家與邱金溽抄本中相同的早期宗師記載，也可見於詔安客家地區另一家同名為顯應壇的抄本。[33] 劉應達六兄弟的道號第二個字，也符合林厝道號的「辶」字部規定。因此，我們可以證實劉應達傳承自黃先生的傳統，就是與臺北林厝相同，源自詔安客家地區的道法二門醮儀。

（四）《總本抄錄》

　　《總本抄錄》中記載了林厝與劉厝在醮儀細節的幾個關鍵差異，劉金鳳在光緒壬辰年（1892）的一本抄本中也有類似比較。二本抄本中都還沒有使用林厝派、劉厝派的稱呼。《總本抄錄》是用

30　有趣的是，埤頭蔡家抄本的宗師記載前半段竟與臺北林厝相當吻合，其中的關聯值得進一步探究。

31　John Lagerwey, "Les lignées taoïstes du Nord de Taiwan," 135-136.

32　關於埤腳黃家與霞葛黃家顯應壇的溯源考察細節，將另文探討。

33　這裡指的是官陂的張家顯應壇。巧合的是，我們發現劉應達的另一位先生為張道元。其中的關聯有待進一步考察。參見林振源，〈福建詔安的道教傳統與儀式分類〉，頁 307-308。

「枋寮先生」[34] 與「養伯」，劉金鳳則稱為「枋寮派」與「養伯派」。臺北有一句俗諺：「枋寮師公最出名」，枋寮正是臺北林厝的所在地，抄本中記載的也是林厝的做法，因此枋寮先生、枋寮派應該是指林厝無誤。然而，臺北道士都無法指認出養伯究竟是誰？根據我們的考察發現，養伯應該就是劉應達的長子，劉媽養（1829 - ？）。除了名字吻合，劉金鳳的父親劉清風是劉媽養的弟弟，所以依照輩份要稱其為伯。對照〈宗師名〉的記載：「劉德瀞（應達之子），劉德清、劉萬夏（應近之子）」，可以確定劉媽養就是劉德瀞，劉清風就是劉德清。這個發現除了可以補充關於劉厝派詩中「德」字輩的缺漏，也說明劉厝道號的第二個字已經由「辶」改為「水」部。[35] 再加上劉金鳳已經使用枋寮派、養伯派的門派概念。因此，我們可以推測形成林厝派、劉厝派的門派分野應該始於劉媽養。他的出生年代與林厝進入臺北的時間相當，成年後可能要面對林厝醮儀專長的競爭，也因此必須形成明確的門派區隔。二派醮儀細節的關鍵差異，也可以佐證劉厝的醮儀傳統並非來自林厝。參照以下有關早期林、劉道士譜系的基本比對，將有助於理解上述討論與後文的分析：[36]

34　因為作者使用「枋寮先生」的尊稱，可以佐證前文推論劉漢達來自林厝派的背景。

35　勞格文指出關於「德」字輩的缺漏，可能是為了避開某個名諱而改為「萬」字。John Lagerwey , "Les lignées taoïstes du Nord de Taiwan," 134. 這裡的發現可以補正上述說法。而劉媽養將「辶」改為「水」部，顯然是有意識的對林道、劉法的儀式專長做出區隔。

36　這裡是以勞格文的譜系表為基礎，將同時期的林、劉二派道士並列，粗體字是根據本文的新發現所做的補充與修訂。John Lagerwey, "Les lignées taoïstes du Nord de Taiwan," 131-137.

饒平劉家				詔安林家			
世代	人名	道號	生存年代	世代	人名	道號	生存年代
10	漢傑		1745-1806				
11	時乾	**明裕**	1777-1848	17	悅春	演達	**1792-1865**
12	成水	**應達**	**1807**-1876	18	謙宏	金迎	**1831-1886**
	成山	應遠	1810-1853				
	成河	應近	1816-1853				
	成海	應遍	1818- ？				
	成興	應逢	**1823**- ？				
	成旺	應迎	**1836**- ？				
13	媽養	**德瀞**	1829-？	19	神鐘	科選	1849-1889
	清風	**德清**	1840-1894		**娘錫**	科逢	**1852-1901**
14	烏九	金淩	1866-1909	20	清河	狪廷	1870-1938
	黃木	金鳳	1881-？		清江	狪週	**1875-1929**
南靖劉家	劉朝宗	真源宏達	1886-1957	21	樹木	漢通	1901-1979
					心匏	漢遠	**1898-1948**

四、結論

（一）道、法儀式源流

　　雖然還有幾個問題需要進一步考察，如游興慈、劉隆昌的驅邪儀式傳統來自何處？具體內容為何？以及臺北法場與前述幾個相關地區的儀式細節比較等。但通過本文的一些新發現，已經可以試著說明臺灣北部道、法儀式的源流問題。

　　通過發現來自饒平的劉家原先並非祖傳道士，我們就能理解為

何臺北劉厝不是傳承他們祖居地的烏紅搭傳統。饒平劉家的第一個道士是遷台第二代的劉明裕，他是承接游興慈、劉隆昌的驅邪儀式傳統。林厝祖居地詔安客家地區本來就有豐富的驅邪傳統，而且內容與現今臺北法場的相似度最高。閩西、贛南的驅邪儀式也與臺北法場有一定的關聯。因此，我們推測現今的臺北法場很可能是結合了不同地區驅邪儀式的「新」驅邪傳統，形成的時間應該在 1860年（芝蘭新街）之後，1928 年第一本法場抄本集結成冊之前。比較大膽的猜測，臺北法場重新合成的時間應該更接近 1925 年，劉朝宗從龍虎山回來的時間。三本幾乎同時完成且內容相近的抄本，分別出自劉厝、林厝的領導人物與兼具林、劉背景的老道壇高家。[37] 至於為什麼會在這段時間出現新的驅邪儀式組合？重組過程為何？幾個主要道士家族如何互動？本文暫時還無法回答，有待進一步考察。

醮儀源流本來相對單純。然而，通過劉應達在 1835 年左右到埔腳黃家學習道法二門醮儀的新發現，使我們必須重新思考這段歷史。通過香辦傳說的重新解讀將有助於後續討論：（1）劉厝先來，在臺灣已立下根基。林厝後到，只能先依附劉厝，做為香辦。（2）傳說背景是一起到「下港」做醮。[38]（3）關鍵點是劉厝忘了帶《發表》抄本，林厝則提供《發表》。[39] 因為有先來後到的問題，所以

---

[37] 高家在臺灣的第一個道士高光愛（1816-1877），同時擁有林厝與劉厝的道號，他的兒子高科遙（1863-？）與道法二門流傳到新竹的歷史關係密切。相關問題將專文探討。

[38] 下港是閩南語，北部人一般稱臺灣中、南部為下港。

[39] 香辦傳說的內容，參見林振源，〈民間道教儀式的傳承與變革：臺灣北部與福建詔安的道法二門傳統〉，頁 154。John Lagerwey, "Les lignées taoïstes du Nord de Taiwan," 129, 138.

必須通過「交換」來取得執業的權利。劉厝缺少《發表》（醮儀第一場科目）的說法，可以解讀為劉厝當時還沒有醮儀傳統，所以需要林厝提供醮儀做為交換條件。雖然不能確定下港所指為何，但考慮移民祖籍與教派傳統，下港指的很有可能是道士專做紅事的彰化、雲林等福佬客萃居區，同時也說明當時北、中二地道士存在聯繫與互動。[40]

劉厝要求林厝以醮儀交換執業權利是很有可能的。然而，劉厝以法場交換林厝醮儀的基礎相對不存在，因為林厝已經有來自祖居地的驅邪儀式。根據劉應達之後到彰化埤腳學道的結果，可以說明林厝最終沒有以醮儀做為交換條件。劉應達則是基於北、中二地道士的關聯繫，才能循著這條管道遠赴彰化學習與林厝相同的道法二門醮儀。劉厝需要另外學習醮儀的原因，估計與當時地方社會開始出現對醮儀的需求有關。專長醮儀的林厝祖先選擇的移民時機，很可能也與此相關。劉應達捨近求遠到彰化學道，顯然是受到林厝將醮儀引進臺北，卻又不願意以傳授醮儀做為交換條件的刺激所導致的結果。

本文有關臺灣北部道、法儀式源流的新看法可以總結如下：（1）劉厝的驅邪儀式（法）並非祖傳，而是劉明裕傳承自游興慈、劉隆昌的傳統。劉厝的醮儀（道）並非來自林厝，而是劉應達傳承自彰化埤腳顯應壇黃先生；（2）林厝的醮儀與驅邪儀式，都是傳承自詔安客家地區的祖傳傳統；（3）現今所見的臺北法場，很可能是在臺

---

40 除了埤腳黃家，我們也在雲林田家的抄本中發現臺北林厝的宗師，如林守真、林法衍等，說明當時這些源自詔安客家地區的道士可能存在一定的聯繫。

北重新合成的驅邪儀式組合。[41] 無論是林厝或劉厝流傳的醮儀傳
統，都是源自詔安客家地區的道法二門醮儀。

（二）道法二門流變

　　道法二門的原意就是指醮儀傳統，道：天師道 ／ 師 ／ 張天師 ／
龍虎山，法：混元法 ／ 聖/北帝（玄天上帝）／ 武當山。[42] 現今臺
灣北部則理解為道、法二大儀式傳統，道：道場 ／ 醮儀/天師門下 ／
正一道，法：法場 ／ 驅邪儀式 ／ 閭山門下 ／ 閭山三奶法。根據目
前所能看到的研究成果或田野材料，尚未見到其他地方儀式傳統有
使用「道法二門」一詞的文字記載或出處。比較常見的是學者通過
自身理解對這個詞彙所做的概念式應用，他們認為只要地方儀式傳
統中包含道、法二種儀式類型，都可以被稱為道、法二門。[43] 然而，
本文認為這麼做，將使我們忽略掉「道法二門」這個詞彙做為詔安

41　筆者先前已指出臺北法場可能是重新合成的觀點，參見林振源，〈閩南
　　客家地區的道教儀式：三朝醮個案〉，頁 203。李豐楙也藉由移民與社
　　會歷史背景推論指出：「北部地區的法場傳統並非只有一個來源（劉
　　厝）」。參見李豐楙，〈道法二門：臺灣中、北部的道、法複合〉，譚
　　偉倫編，《中國地方宗教儀式論集》（香港：中文大學出版社，2011），
　　頁 169。

42　混元法主要是引用詔安客家地區道士對「道混二門」的解讀：道法二門
　　等同於道混二門，混是「混元」，在當地是指驅邪的祖師玄天上帝。參
　　見林振源，〈福建詔安的道教傳統與儀式分類〉，頁 314-316。對筆者
　　而言，這裡的混元法（或北帝法）只是一個象徵以玄天上帝為代表的驅
　　邪法，並非具體指涉道教史上的混元派或北帝派。道法二門的法實際上
　　是指醮儀中的驅邪法，未來將專文探討。初步研究參見林振源，〈敕水
　　禁壇：臺灣北部道教醮儀中的驅邪法〉，in *Exorcism in Daoism - A Berlin
　　Symposium*, ed., Florian C. Reiter, (Wiesbaden: Harrassowitz Verlag
　　Wiesbaden, 2011), 171-194。

43　蕭進銘，〈淡水的法教、道法關係及年例祭天儀式——以忠義宮、保安
　　廟及福德廟府為核心的探討〉，《華人宗教研究》，3(2014)，頁 145-196。

客家地區醮儀傳統與教派專詞的原始意涵，以及流傳到臺灣北部後的發展與演變脈絡。因此，有必要保留或至少在引用時說明這個詞彙的出處、原意與演變，才能避免混淆，並且真正有助於日後進一步比較與探討不同地方儀式傳統間的異同。

目前可以見到臺灣北部將道法二門一詞使用在驅邪儀式的最早資料，是劉朝宗與高家在 1928 年抄錄的法場抄本。然而，林漢通 1929 年的抄本並沒有使用道法二門一詞。是否可以解讀為當時的林厝派道士因為理解並尊重這個詞彙的原意，因此不會使用在不適合的儀式傳統中。[44] 換言之，臺北林厝雖然接受了當時新型態的道、法複合，但態度上似乎一直保留著詔安客家地區的正一道士對三奶派與師公稱謂的傳統看法。

然而，比較令人不解的是，詔安客家地區以「天師正教」自居的正一道士，為什麼也都保存著閭山三奶法的驅邪儀式？根據詔安客家地區道士的說法或抄本記載，都是用西教、西爺、西歌等來指涉有關驅邪儀式範疇。他們還流傳「西教代天師」的說法。意思是指在某些法事領域，如驅邪的小法事，是天師正教所不管的部份，此時就必須使用西教的做法來代行。對他們而言，雖然「西教不是正教」，但也不算是邪教，可以說是為了「現實」考量的一種教法傳統。因此，我們才能理解所謂西教不是正教的意思，其實只是表達驅邪儀式的西教與醮儀的天師正教是二種不同的儀式傳統。但是對三奶派與師公的態度，卻是相對清楚的表達界定正、邪的立場。

44　劉朝宗與高家可能也清楚道法二門的原意是指「天師門下」的醮儀。因為他們在法場抄本中的用法，分別是「天師門下道法二門」與「天師傳下道法二門」。

然而，實際考察所謂西教的驅邪儀式內容，發現與臺北的閭山三奶法其實沒有多大差別。因此，正、邪之辨的界線何在？

　　道法二門醮儀抄本中，早期的親派宗師（有血緣的道士祖先）大都是使用「法」號，還沒有開始使用正一派的派詩取「道」號。詔安客家地區道士的祖居地原本就是閭山派的集中地。[45] 因此，本文認為詔安客家地區原本的地方傳統應該就是閭山三奶法的驅邪傳統，之後，才接觸到天師門下的醮儀傳統。[46] 可能在天師正教的強勢「教化」下，不得不隱藏原本的三奶傳統，並以西教代天師的重新詮釋，將其做為輔助天師正教的角色而得以留存。而且，至少在表面上，還必須回過頭來界定這個不被正教認可的三奶派傳統為邪教，重演「正統」道教與地方傳統經常出現的正、邪之辨。

　　地方儀式分類的立場是可以轉換的，主要取決於不同時空背景的競合與互動。為了現實考量而必須融攝諸法，主要目的是使儀式更為完整實用。但是為了建立正統與權威，則需界定出自我與他者的正邪、優劣與高低之分。道法二門醮儀傳統與閭山三奶驅邪傳統，在詔安客家地區的互動結果，產生了不太平衡的道、法複合，以及隨後更強烈的正、邪之辨。然而，道法二門傳統流傳到不同地區的發展，則演變出各自獨特的詮釋與應對方式。同樣源自道法二

---

[45]　雖然其他地區也有類似的閭山三奶法，但與詔安客家地區的移民沒有淵源。

[46]　勞格文有關福建客家道教調查的總結指出，福建客家道教的主流是閭山派，詔安和平和除外。勞格文，〈福建客家人的道教信仰〉，羅勇、勞格文編，《贛南地區的廟會與宗族》，（香港：國際客家學會、海外華人研究社、法國遠東學院，1997），頁 229。通過本文發現，詔安客家地區在正一派傳入之前，其實也是閭山派的傳統。擁有相同傳統的平和客家地區（西半縣）很可能也是類似的情況。

門的臺灣中部道士，在面對相同質疑的時候，他們採取的方式是直接將三奶法定義為「正法」。他們表示：道法二門使用的法都是正法，絕不使用邪法，而三奶法就是正法。[47] 臺灣北部的演變則是將發源地強烈的正、邪之辨，轉換為相對平衡的道、法之合。

　　本文還無法準確回答道法二門醮儀傳入詔安客家地區的時間與過程為何。因為資料有限，我們只能根據醮儀抄本中可考的宗師年代，結合醮儀特徵與當地的社會歷史背景，推測最有可能的傳入時間是在明末清初。[48] 最遲則不會晚於 1787 年，目前在當地可見年代最早的醮儀抄本。1820 年將道法二門醮儀傳入臺北的林厝，已經保有重道輕法的觀念與對師公稱謂的反感態度可以佐證。大約 1835 年，臺北劉厝除了既有的驅邪儀式，也從彰化習得道法二門醮儀，其實相當於詔安客家地區道、法複合的歷史重演。有趣的是，隨後不僅沒有形成正、邪之辨，可能為了與專長醮儀的林厝做出區隔，反而發展出獨特的「法大於道」的詮釋：道（醮儀）是「死的」（僵直不動的），而法（驅邪儀式）是「活的」。[49] 大約 1925 年，臺北的驅邪儀式重新合成為現今可見的臺北法場。除了林厝之外，劉厝、高家與後續出現的法場抄本，都普遍的將道法二門一詞引進法場範疇。這次，二種儀式傳統再次複合的互動結果，形成相對平衡的道、法之合。道法二門一詞的意涵也出現前所未有的質變，由原本專指天師門下的醮儀傳統，擴充演變為對應道、法二種儀式傳

47　李豐楙，〈道法二門：臺灣中、北部的道、法複合〉，頁 159。

48　因為我們比對詔安客家地區的道士家譜發現，當地最早開始用正一派派詩取道號的宗師，基本上都不早於明末清初。

49　Lagerwey, "Les lignées taoïstes du Nord de Taiwan (suite et fin)", 364.

統的正一道與閭山三奶法。因此，我們或許可以將現今臺灣北部的道教傳統詮釋為「新」道法二門。（本文刊於《華人宗教研究》，第四期，2014，頁 43-68。）

引用書目

傳統文獻

《海瓊白眞人語錄》,《正統道藏》,第 41 冊,臺北:新文豐出版社,1995。
《陸先生道門科略》,《正統道藏》,第 55 冊,臺北:新文豐出版社,1995。

近人論著

中文著作

李豐楙,〈臺灣中部紅頭司與客屬聚落的醮儀行事〉,《民俗曲藝》,116,1998,頁 143-173。

———,〈道法二門:臺灣中、北部的道、法複合〉,譚偉倫編,《中國地方宗教儀式論集》,香港:中文大學出版社,2011,頁 147-179。

林振源,〈閩南客家地區的道教儀式:三朝醮個案〉,《民俗曲藝》,158,2007,頁 197-253。

———,〈民間道教儀式的傳承與變革:臺灣北部與福建詔安的道法二門傳統〉於《第六屆國際青年學者漢學會議論文集:民間文學與漢學研究》,臺北:萬卷樓,2008,頁 347-367。

———,〈福建詔安的道教傳統與儀式分類〉,譚偉倫編,《中國地方宗教儀式論集》,香港:中文大學出版社,2011,頁 301-323

———,〈敕水禁壇:臺灣北部道教醮儀中的驅邪法〉, in *Exorcism in Daoism - A Berlin Symposium*, ed. Florian C. Reiter. Berlin: Harrassowitz Verlag Wiesbaden, 2011, 171-194

———,〈福建詔安客家地區的道教儀式〉,呂鵬志、勞格文編,《地方道教儀式實地調查比較研究國際學術研討會論文集》,臺北:新文豐出版社,2013,頁 343-372。

勞格文（Lagerwey, John），〈福建客家人的道教信仰〉，羅勇、勞格文編，《贛南地區的廟會與宗族》，香港：國際客家學會、海外華人研究社、法國遠東學院，1997，頁 229-258。

勞格文撰，呂鍾寬整理，〈福建省南部現存道教初探〉，《東方宗教研究》，3，1993，頁 147-169。

劉枝萬，《臺北市松山祈安建醮祭典》，臺北：中央研究院民族學研究所，1967。

———，《臺灣民間信仰論集》，臺北：聯經出版社，1983。

———，〈臺灣的道教〉，收入福井康順、山琦宏、木村英一、酒井忠夫監修，《道教》第三卷，上海：上海古籍出版社，1992，頁 116-154。

劉勁峰，〈安遠新龍鄉長壢、里田、九龍三村醮壇科儀初探〉，羅勇、勞格文編，《贛南地區的廟會與宗族》，香港：國際客家學會、海外華人研究社、法國遠東學院，1997，頁 197-228。

劉勁峰，《贛南宗族社會與道教文化研究》，香港：國際客家學會、海外華人研究社、法國遠東學院，2000。

蕭進銘，〈淡水的法教、道法關係及年例祭天儀式——以忠義宮、保安廟及福德廟府爲核心的探討〉，《華人宗教研究》，3，2014，頁 145-196。

Saso, Michael（蘇海涵）. "Introduction," 《莊林續道藏》，臺北：成文出版社，1975，頁 1-33。

英文著作

Saso, Michael. *Taoism and the Rite of Cosmic Renewal*. Pullman: Washington State University Press, 1972.

————. *The Teachings of the Taoist Master Chuang*. New Haven: Yale University Press, 1978.

Seidel, Anna. "Chronicle of Taoist Studies in the West 1950-1990," *Cahiers d'Extrême-Asie,* 5 (1990): 223-347.

Strickmann, Michel. "History, Anthropology and Chinese Religion," *Harvard of Asiatic Studies,* 40 (1980): 201-248.

法文著作

Lagerwey, John. "Les lignées taoïstes du Nord de Taiwan," *Cahiers d'Extrême-Asie,* 4 (1988): 127-143.

————. "Les lignées taoïstes du Nord de Taiwan (suite et fin)," *Cahiers d'Extrême-Asie,* 5 (1990): 355-368.

————. "Questions of Vocabulary or How Shall We Talk About Chinese Religion?"，收入黎志添編，《道教與民間宗教研究論集》，香港：學峰文化，1999，頁 165-181。

Lin, Chen-yuan（林振源）. "Les petits rituels taoïstes quotidiens à Taiwan," in *Le Sacré en Chine*, ed. Michel Masson. Belgium: BREPOLS, 2008, 99-127.

淡水的法教、道法關係及年例祭天儀式

——以忠義宮、保安廟及福德廟府爲核心的探討

蕭進銘
真理大學宗教文化與組織管理學系

一、本文主要探討問題[*]

　　學者劉枝萬早期的調查研究曾指出，在臺灣漢人社會的宗教信仰活動當中，擔任民眾與天地鬼神交通媒介的重要從業人員，計有道士、法師、童乩（含文、武乩二種）及尪姨等四者，並曾針對此四類人員的淵源、傳承、地位、功能、特性及彼此間之錯綜複雜的關係，進行概要的介紹和剖析。[1] 對於如上四者的探究，劉氏著力最深、貢獻最多的，主要還是在於道士的傳承及其從事的醮典儀式，此外，則概略涉及法師、法教和童乩等領域。[2] 劉氏如上的研究及觀點，自有其重要的貢獻和開創之功，但因每人的能力、時間和知識終究有限，且宗教信仰和世間一切法相一般，都處在不斷生成變化的過程當中，也因此就不免會存在一些值得商榷，抑或可以進一步加以拓展和深究的地方。比如，被劉氏歸入童乩之屬的鸞門乩手，其本身並無全面、深入之探究，鸞手在臺灣民間信仰當中的地位、作用及重要性，也並非如其所言之低下和單純。[3] 此外，臺

---

[*] 　The Faism, Taoism-Faism Relations, and Yearly Heaven-sacrificing Rituals of Tamsui: Focus on Zongyi, Baoan and Fudemiaofu Temples.

[1] 　主要參見氏著〈臺灣的道教〉，收於福井康順等監修，朱越利等譯，《道教》第三卷，（上海：上海古籍出版社，1992），頁 116-154；〈臺灣之 Shamanism〉《臺灣文獻》，54：2（2003）：1-27 及〈閭山教之收魂法〉〈前言〉三文，《中國民間信仰論集》（臺北：中研院民族所，1974），頁 207-210。

[2] 　劉氏的法教研究，主要為〈閭山教之收魂法〉（《中國民間信仰論集》，（臺北：1974），頁 207-418 一文。至於有關童乩的論文，則有〈臺灣之 Shamanism〉及〈臺灣的靈媒──童乩〉，《臺灣風物》，31：1（1981）：104-115。

[3] 　近數十年來，David Jordan、王世慶、宋光宇、王見川、王志宇、李世

灣漢人民間宗教信仰活動的重要執業人員或儀式專家，除劉氏所指出之四者外，至少還有較接近儒家的禮生、[4] 屬於佛教的出家僧人和在家的釋教法師，以及戰後大量出現的廟宇誦經團；此數者的重要性，特別是二戰以後，早足以和道士及法教法師分庭抗禮，絕無法忽略不論。再者，有關臺灣各地道士、法師、童乩的淵源、傳承、儀式內涵及彼此間的錯綜複雜關係和細部異同，也頗有需要再深入探究和析較的地方。最後，在儀式的結構、功能、象徵、心理、哲學意涵及其與漢人社會、政治、生活、心理的關係，劉氏也較少論及。以上數點，隨著更多學者、專家的投入及繼踵研究，皆已取得不少的突破和進展，惟仍待深究之處，實還有許多。本文所主要聚焦探討之淡水的道教和法教，便是頗具特色和饒富研究價值的重要個案。

淡水一地，位居臺灣北部最大河流淡水河的出海口；由於緊鄰臺灣海峽，水上交通便利，故至少在六、七千年前的新石器時代，即有人類在此群聚生活。漢人在淡水之較大量及長期性的移民，最早可追溯至西班牙及荷蘭人佔領統治淡水時期（1628～1661）。[5] 及

偉、丁仁傑及張家麟等等學者對於鸞堂的豐碩研究，即不難說明此點。此外，80年代以後，臺灣民間宮廟蓬勃發展之靈乩信仰及會靈山運動，也使靈媒、乩身的角色、地位及影響，和傳統的童乩，產生重大的質變。

4　李豐楙氏對於禮生在民間儀式（比如，王爺祭典）當中所扮演的重要角色及其與道士、乩童的複合、競合等複雜關係，闡述最多，可補充劉枝萬所未述及之處。詳參氏著〈巡狩：一種禮儀實踐的宣示儀式〉，收於李進益、簡東源主編，《臺灣民間宗教信仰與文學學術研討會論文集》（花蓮：花蓮教育大學民間文學所、花蓮勝安宮管委會，2007），頁5-36。

5　西荷時期佔領下的淡水，統治者為尋求在當地直接取得糧食供給，故與臺灣南部的開發一般，便允許漢人移民淡水，此乃漢人大量移殖淡水及整個大臺北地區的開始。由1654年荷人所繪製的古地圖及當時的文獻

至明鄭時代，因其主要著重在臺灣南部的開發，北部遂成為化外邊疆、流放犯人之地，故當時的淡水，除留存少量的明鄭守軍及漢人外，全為凱達格蘭族原住民的天下。康熙二十二年（1683），清政府攻克臺灣，隔年設置臺灣府，其下統轄臺灣、鳳山及諸羅三縣，淡水即畫歸在諸羅縣下。康熙四十八年（1709），泉州人主導下的「陳賴章」、「陳國起」等墾號，獲清政府許可，開始進入臺北盆地拓墾；清初漢人對於淡水一地的全面性開發及移民，亦肇啟於此。大約二十年後，淡水地區即首度出現漢人群聚的「滬尾庄」；到了乾隆二十六年（1760），除原有之「滬尾庄」外，再增添一「竿蓁林庄」（今淡水竿蓁里）。[6] 再過數年，比「庄」更大型的漢人聚落——「滬尾街」便形成；其具體地望，則轉移至今日之淡水老街一帶，淡水地區的第一座寺廟——福佑宮，[7] 亦創建於此時。此後的淡水，便以滬尾港及滬尾街（以今之重建街及清水街為主）為中心，

記載，可知在今日紅毛城東側的油車口、大庄及淡海新市鎮一帶，已有七、八十位的漢人群居於此，種植稻米等作物，並與凱達格蘭的原住民婦女通婚。詳參翁佳音，《大台北地圖考釋》（北縣：臺北縣立文化中心，1998），頁85。

6　淡水文史工作者張建隆，根據清代的史書、古地圖等文獻，考證乾隆六年及二十六年《重修福建臺灣府志》中所出現的「滬尾庄」，其概略位置，應是在油車口、大庄、沙崙及下圭柔山一帶，而非今日的淡水老街（古稱「滬尾街」）附近。以現今福佑宮（創建於乾隆四十七年）為中心而發展出來的「滬尾街」，其形成年代，大約是在乾隆二十五年至四十七年間。至於「滬尾」（亦作扈尾、虎尾、戶尾）一名，最初係源自平埔族的「滬尾社」。詳參張建隆，〈從寺廟分佈看滬尾街聚落之形成〉、〈滬尾地名考辯〉二文，收於氏著《尋找老淡水》（北縣：臺北縣立文化中心，1996），頁2-65。

7　福佑宮主祀媽祖，配祀觀音及水仙尊王等神靈，創建於清乾隆四十七年（1782），為清代淡水地區的第一座寺廟。該廟最初係由福建的螺陽、武榮、桃源、清溪、晉水、銀同及永定七縣人民所共同集資建立。

很快發展成一個以漢人為主體的河港城鎮。

　　根據日治時期的調查統計，淡水一地的漢人，其祖籍有 98% 都是來自中國福建泉州，只有 2% 來自福建漳州及廣東嘉應州。[8] 淡水這種以泉州移民為主體的情形，除和臺灣西部沿海的台南、鹿港等港口城鎮相似外，也和臺北盆地內艋舺、松山及大稻埕等河港如出一轍。不過，較為獨特的是，淡水一地的道教，大約在清中期後，便一直是以靈寶派為主；且到了今天，則成為桃園以北的整個北部地區，除八里外，尚留存始源於清代之靈寶道壇的城鎮。在法教方面，根據筆者至今為止的調查，淡水法教的流派及儀式亦相當多元和獨特；前者計有三奶（閭山）、天師、茅山、鳳陽及九天玄女等傳承，而後者則有送王船、過刀梯、過刀橋及法役坐禁等北部地區，甚至整個臺灣皆較為罕見的法教儀式。是以，無論是就道教或法教傳承來說，淡水一地皆有其獨特的地位和價值，只是長期以來，皆未見研究者涉及。[9] 筆者早先曾針對淡水的靈寶道壇及其功德儀

8　淡水的泉州籍移民，其中同安人佔 52.6%，安溪人佔 21.8%，南安、晉江及惠安三邑人佔 15.6%。詳參溫振華，〈寺廟與鄉土史——以淡水福佑宮與鄞山寺為例〉，《北縣文化》，49（1996），頁 2。

9　美籍學者 Philip C. Baity 曾於 1968-1970 年期間，在淡水、北投二地進行漢人宗教的田野調查，日後並出版 *Religion in a Chinese Town*（臺北：東方文化出版，1975）一書；但該書主要聚焦在二地的佛教、民間寺廟信仰及漢人對於神、鬼、祖先和死亡的觀念，並未涉及道教或法教。至於臺灣學者如呂鍾寬等人，雖曾提及淡水一地有靈寶派的傳承，且認為淡水和臺南、鹿港二古城，皆並列為臺灣靈寶派的發源地（呂鍾寬，《臺灣的道教儀式與音樂》〔臺北：華藝出版社，1977〕，頁 432），但也未做更進一步的展論。近年來，無論是學界、學位論文，還是地方文史工作者（如蘇文魁、張建隆、謝德錫等人），皆陸續投入有關淡水漢人宗教的調查研究，但除一、二篇的報導簡要述及保安廟的過刀梯儀式（比如，張建隆，〈沙崙保安廟祭典——過火、爬刀梯傳奇〉，《金色

式,做過全面及深入的調查研究,[10] 本文將延展先前主題,進一步析探淡水的法教傳承、道法關係及道法二門祭天儀式的種類、內容及思想意涵。由於淡水法教流派及相關儀式甚多,基於篇幅、時間、能力及成效的考量,本文特別聚焦在分別位於油車、沙崙及大庄三里的忠義宮(蘇府王爺廟)、保安廟和福德廟府三座廟宇,並關注探討如下三類主題:一、淡水法教的主要派別、源流、儀式及特色為何?二、淡水法教法師的地位、功能、角色及其與宮廟、道士和童乩的關係和異同到底為何?三、道法二教所主持之年例祭天儀式的象徵、意涵、功能、作用及其背後之文化、心理和哲學的基礎為何?期待藉由淡水西濱如上三廟之道、法傳承的探討,而豐富和深化我人對於臺灣法教的流派、內涵、儀式、道法關係及道法年例祭天儀式意涵的認識。

淡水》,13,1994.3.15;劉還月,〈沙崙爬刀梯〉,收入氏著《淡北海岸的甦醒》,(〔臺北:常民文化,2002〕,頁 88-92)外,其餘皆集中在類似福佑宮、鄞山寺、龍山寺、八庄大道公、行忠堂(鸞堂)、清水祖師、保儀尊王、天元宮(屬靈山、靈乩系統)、土地公及軒社等民間信仰。對於淡水道教及法教的專題研究,直到近幾年才開始,相關成果計有:蕭進銘,〈淡水靈寶道壇的功德儀式──以混玄壇為核心的探討〉,《民俗曲藝》,173(2011),頁 233-277;蕭進銘,〈淡水道教的源流與內涵〉(新北市淡水區公所主辦,「2012 年淡水宗教學術研討會論文集」,新北市:2012 年 5 月 31 日),頁 83-99;楊育霖,〈淡水蘇府王爺廟的送王船儀式〉,收於《全球化下臺灣宗發展之典範學術研討會論文集》,(臺北:臺灣宗教學會,2012),頁 203-214;楊育霖、蕭進銘,〈淡水蘇府王爺廟的王船祭典〉,《文化淡水》,154(淡水文化基金會,2012.10)。

10　　詳參拙著〈淡水靈寶道壇的功德儀式──以混玄壇為核心的探討〉一文。

二、淡水的靈寶派及其與法教的關係

　　現今臺灣的道教，綜合前人及筆者的觀點，實可概分為如下四大類：一是傳統的道教流派，比如，屬於符籙派的天師、靈寶、茅山、清微、淨明和禪和，以及著重在丹鼎內煉的全真、西派和隱仙等宗派；[11] 其中的天師、靈寶（統稱正一派），自明清以來，即為臺灣道教的主流，也最足以代表臺灣的道教。二是法派或法教，其術法及信仰，乃是長期雜揉民間的巫術和佛（禪、密）、道的神祇及教法而形成，深具融合性質，但道教的影響尤其深遠。[12] 在流派

---

[11] 道教丹鼎內煉之法，其流傳至臺灣，雖可追溯至清代（比如，齋教的先天道及新竹道士的林修梅），但當時的傳播範圍相當有限；內丹在臺地較大規模的傳承，還是要等到戰後。

[12] 在臺灣早期的方志史書，常稱法教的法師、法官為「師公」、「客師」、「客仔師」或「紅頭司」，以其穿著、打扮及行法內容，和佛、道皆有所不同，故亦稱其為「非僧非道」。現今學界對於法教的最初源頭及其宗教性質，到底是歸屬於佛教、道教或巫教，亦存在一些不同的見解。劉枝萬以為，法教不同於道教，只是民間之巫術。（氏著，《中國民間信仰論集》，頁 207-208）不過，劉氏在論述臺灣道教時，實多半將法教納入其中。（詳參氏著〈臺灣的道教〉一文）葉明生則認為，統稱為閭山派的各種法教傳統，其最初源自六朝的許遜巫法信仰文化，後來融入吸收道教正一派符籙、密宗佛教瑜伽派的教法及福建女神陳靖姑的信仰，而成為流行於中國南方非常重要的民間道教法派。另一學者徐曉望則主張，閭山派的巫法，主要源自密宗的瑜伽派，後來才從該派獨立出來，最後再被納入道教當中。以上二人的完整論述，請參閱如下著作：葉明生，〈試論「瑜伽教」之衍變及其世俗化事象〉，《佛學研究》，（1999），頁 256-264。葉明生，〈道教閭山派之研究(一)〉，《道韻》，第九輯，臺北：中華大道文化事業股份有限公司，（2001）。葉明生，〈道教閭山派與閩越神仙信仰考〉，《世界宗教研究》，3（2004），頁 64-76。徐曉望，〈論瑜珈教與臺灣的閭山派法師〉，《福州大學學報（哲學社會科學版）》，2（2008），頁 5-10。從法教的源流和長期演變情形來看，葉氏的觀點，當較為周全及可從。

上，法教雖有閭山（含三奶、法主公二派）、普庵、徐甲及九天玄女等不同名目，其各自的法術、傳承的方式、崇奉的祖師及神靈，也確實有所不同；惟各派的術法亦常相互交融滲透，在實際的傳承上，也較為任意鬆散和缺乏制度，並無嚴格的教派組織觀念和型態，故其流派名目雖多，但各派確切的內涵及特質為何，事實上亦常模糊難辨。由於臺灣法教的自我認同多偏向道教，且臺灣的天師、靈寶派道士也幾乎多兼習法教，由是而有「道法二門」之說，故臺灣法教在教派歸屬上，仍較偏向於道教。三是新興道派：主要是指傳統道教所未見，戰後方出現於臺灣的新興道派，比如天帝教、慈惠堂、崑崙仙宗及高雄道德院太一真蓮宗等。這些道派雖屬新興，但其主要的信仰教義及神靈儀式，實都沿承傳統道教，再融入些許現代的內容。以其較具教派及組織型態，故對於道教教義及信仰的傳播，反比前二者影響更大，是以這些新興道派的出現，乃成為戰後臺灣道教的一重要現象。四是民間（世俗）道教，指主祀玉帝、三官、玄天上帝、瑤池金母等傳統道教神靈，以及自我認同其奉祀神靈為道教神的民間宮廟及其信仰。[13] 這些廟宇及信徒數量

13　清代臺灣的民間宮廟，通常不具明確的宗教歸屬或認同。及至日治時期，官方開始針對這些民間宮廟進行教派的歸屬及認定；但因這些歸類，抑或宮廟的自我認同，常考量到政治因素（比如，類似木柵指南宮等廟宇，為避免在皇民化時期遭到拆除或整併的命運，而自願加入日本佛教體系），故爭議頗多。及至 1953 年，國民政府為方便管理，進而要求宮廟進行登記，且只將宮廟的教派屬性區分為「佛教」及「道教」兩大類，造成大部分民間廟宇，皆選擇登記為道教。如上的官方行政措施，不僅會深刻影響臺灣民間宮廟的宗教認同，也會大大改變了臺灣道教的內涵；只是這樣的認同，也常會隨著廟宇管理者認知上的轉變，而有所調整。比如，淡水老街區的清水巖，在戰後的寺廟登記，係登記為道教；而沙崙的保安廟，則登記為佛教。近年來，清水巖無論是在祭典

雖然眾多，其本身也常認同為道教（徒），但對道教的認識，多半十分薄弱，其信仰內涵，也常具三（多）教融合的色彩，並非單以道教為主。

淡水做為臺灣一城鎮，其道教的內涵，實亦不外乎以上四者；[14] 較為獨特的是，淡水的符籙道派，係以靈寶派為主，此實為臺灣北部城鎮中的一大異數；[15] 此外，淡水一地，亦是具有教派色彩之鸞堂（大臺北地區）及天元宮的重要發源地。在法教儀式上，油車口蘇府王爺廟的送王船及沙崙保安廟的過刀梯，在北臺灣甚至全臺，亦頗具特色。基於本文主旨，此節先概要介紹淡水靈寶派及其與法教的具體關係。

符籙道派傳入淡水之確切時間為何，截至目前為止，仍是一個有待考證的問題。根據劉枝萬的說法，現今北部正一派相當重要的一支──劉厝，其來臺初祖劉師法（1662-？），原籍福建漳州，大

儀式（比如，拜斗、普度皆延請佛教法師主持），還是在各類活動（比如，延請佛教法師講經）的舉辦，都有朝向佛教方面發展的趨勢，廟內的一些主事者，也逐漸認同自家廟宇為佛教。

14　有關淡水道教的完整介紹，請參閱拙著，〈淡水靈寶道壇的功德儀式──以混玄壇為核心的探討〉、〈淡水道教的源流與內涵〉及蔡維民、蕭進銘、陳敏祥，《淡水鎮志（下冊）‧宗教禮俗志》（新北：新北市淡水區公所，2013），頁6-14。

15　就筆者所知，臺灣大甲溪以北的北部城市，如今還保有清代傳下之靈寶道壇的，只剩下新竹市及淡水、八里二區。北部靈寶道壇的萎縮及消逝，實為戰後臺灣道教的一重要現象。日治之前，大臺北地區的松山、北投、艋舺、蘆洲、淡水及八里，皆可見到靈寶道壇，但至今日，只剩淡水及八里二地。其主要原因，當和正一道士、釋教法師的競爭及喪葬過程的越趨簡省有關。（呂錘寬，《道教儀式與音樂之神聖性與世俗化〔儀式篇〕》，〔臺中：文建會文化資產總管理處籌備處，2009〕，頁64；蕭進銘，〈淡水靈寶道壇的功德儀式〉，頁235-237。）

約在清乾隆年間渡海而來，先住居在淡水，其後才遷往臺北城內。[16] 據此，則早在乾隆年間，淡水即有正一派的傳入。劉氏如是說法，其後為勞格文所繼受，[17] 但這樣的說法，在林振源的〈正邪之辨、道法之合：臺灣北部道法二門的道、法源流〉一文當中，[18] 則得到辨正。根據林氏所見劉厝派《三房居禮生庚簿》的家譜文獻，劉家初來臺之際，乃先卜居於「福建省臺灣府上淡水八里坌埔角庄」，此「埔角庄」所在地，即今新莊區丹鳳附近。劉枝萬之「淡水」說，應是誤誌或誤聞「上淡水」說而產生；如是，劉厝派所傳正一道法曾於乾隆年間傳入淡水的說法，已可確認為誤。

現今淡水的符籙道教，係以靈寶派為主流，此派的傳入時間大約是在清咸豐年間；但其確切的傳入時間、地點及人物到底為何，則猶待考索。有關此點，目前存在如下兩種說法：一是源自於淡水施家泉州同安原鄉，一是源自松山；根據筆者對淡水道士的訪談，應以後者的可能性較大。[19] 淡水靈寶派發展過程中最為關鍵的一位道士是施煥（1868-？，道號「德還」，創「虛真壇」）；儘管淡水靈寶派的源頭到底為何尚難完全確認，但目前淡水還留存的幾個靈寶道壇：虛真壇、混真壇、混玄壇及守真壇，皆可上溯至施煥。[20]

---

[16] 劉枝萬，《臺北市松山祈安建醮祭典》（臺北：中研院民族所，1967），頁49。

[17] 勞格文（John Lagerwey）著，許麗玲譯：〈臺灣北部一派道士譜系〉，《民俗曲藝》，103（1996），頁32。

[18] 此文發表於2013年7月11-12日由政治大學華人宗教中心等單位主辦之「經典道教與地方宗教國際研討會」。

[19] 有關此點的詳細討論，請參看拙著，〈淡水靈寶道壇的功德儀式〉，頁241-242。

[20] 施煥之父施尉（施文尾），出生於道光年間，亦是道士，淡水的靈寶派，

也由於施煥個人的傑出修為，不僅使淡水靈寶派在日治中期前後達到鼎盛，同時也使淡水成為新竹以北地區之靈寶派的重要發源地及輸出地。[21] 到了戰後，特別是 80、90 年代以後，以功德儀式為主的淡水靈寶派，面對正一道士及釋教法師在紅白法事上的雙重競爭，再加上社會、時代環境的劇烈變遷，已逐漸呈現出衰頹萎縮，甚至是難以為繼的情況。[22]

　　儘管臺灣南北的靈寶及正一道士，幾乎都同時習行法教科儀，與法教的關係十分密切，因而皆可統稱為「道法二門」；[23] 但因靈寶、正一道士各自專長和賴以為生的科儀本有烏、紅之別，這也使兩派道士與法教法師的具體關係，出現重大差異。在靈寶派盛行的南部地區，靈寶道士雖亦兼行法教儀式，但因其平日主業多為喪葬功德法事，難以兼顧法教法事，故法師存在發展的空間，便增大許多；在南部許多鄉鎮及各種醮典法事當中，道士與法師同存並立，

或有可能就是由施歷至松山學道後所開啟。

[21]　據淡水道士言，施煥本人因為修為精湛，故不僅是今日淡水各道壇的共同始祖，而且，更有花蓮、宜蘭及艋舺、蘆洲等地人士，遠赴淡水拜師學藝，之後返家開壇。只是這些靈寶道壇，至今都已消失。

[22]　有關淡水靈寶道壇的源流及現況詳情，請參閱拙著〈淡水靈寶道壇的功德儀式〉一文。

[23]　「道法二門」的說法，向為臺灣中北部的正一道壇所強調，較少見於南部靈寶派；事實上，若就實際所學來說，南部的靈寶道士，和北部的正一道士一般，同樣是兼習道、法二種科儀，同樣可被稱為「道法二門」。但如是說法之所以主要流行於中北部，而少見於南部，其實也正好反映出，臺灣南北兩地，因道派、教法及平日行法主軸的不同，道士與法師的具體關係，亦因此而有所差異。在強調「道法二門」的北部正一道士，其平日賴以為生的方式，乃是為信眾施行收驚、祭解、補運等法教小法事，如是，也自然足以取代及大大限縮法教法師生存發展的空間。北部地區之所以較少見到法教法師獨立壇或執業的情形，顯然和本即熟稔法教科儀之正一道士，幾乎可以完全取代法師的工作及角色有關。

以及相互搭配施法的情形，實相當常見。[24] 反之，在中北部，由於
「道法二門」的正一道士，本就可以兼行道教及法教儀式，故極
少見到法教法師獨自設壇及執業，抑或道士與法師同時施法的情
形。[25] 換句話說，在「道法二門」盛行的中北部，法教的傳統及其
儀式，實已為道士所吸納及取代，並無太多獨立發展的空間。此乃
臺灣南北二地道法關係的重大區別所在。

淡水的靈寶派傳統，在北部這個以正一派為主流的地區，本為
異數，如是，淡水之道教與法教的關係，是否也和北部其他地區有
所不同，而和南部的情況，較為相似？根據筆者的調查結果，答案
的確如此。淡水混玄壇的張正雄（1942-）道長，在長期執業後，因
身體不堪負荷及聲帶出現問題，現已退休在家，不再承接功德法
事；原有之混玄壇壇號及主要業務，早已轉由其姪張嘉霖（1972-）
所承接。平日，已賦閒在家的張道長，仍會為一些信徒做做收驚、
祭解、補運等小法事。據其所言，這些法教小法，主要是習自其師
蘇義榮，而非由其師爺施煥所傳下；煥先的主要專長，是在功德及
建醮，他本人並不做這些小法事，也無暇去做。煥先之徒蘇義榮（立

---

24 以臺南市學甲區著名的慈濟宮為例，該宮長期以來，皆同時聘請一位道
　　士及一位法師，分別負責該宮年度所舉行的各類不同法事。無論是例行
　　性的上白礁、歲末年初的接送天神法事，還是非例行性的建醮活動，皆
　　可見到道士及法師各自分擔不同科儀的情形。如是的情形，在北部廟宇
　　便較少見到。

25 以大龍峒保安為例，該宮自 1993 年以後，即聘請系屬林厝派（兼習
　　家傳三奶法）的李繼昌道長，負責施行宮內所有的道教及法教科儀。舉
　　凡年度的道教中元普度科儀，還是法教的犒軍、過火、收驚、祭解等法
　　事，李道士一人皆可擔綱主持或獨立施行，宮方並無須再另外聘請一位
　　法師來負責。保安宮如是的情形，實為北部廟宇的常態，而和南部廟宇
　　有所不同。

「應妙壇」）及蘇陸有（立「混真壇」）二兄弟，世居淡水小坪頂；
其家傳之學，本即三奶法，蘇義榮在未至淡水街禮拜施煥學習靈寶
法之前，即在小坪頂的集應廟為信眾施法。張正雄在拜師學習靈寶
及三奶法，並自立「混玄壇」後，其長期執業的法事，同樣是以功
德齋儀為主；極盛之時，每月甚至會承接二十場以上的功德，如是，
其本人自然也無暇去從事法教科儀。

　　至於蘇陸有之子蘇錦燦（1949-），在繼受其父之「混真壇」及
靈寶、三奶法後，同樣是以承接功德儀式為主；若有餘暇，才旁及
淡水、三芝等境內之普度、犒軍、拜天公、通疏和入火安座等法事。
近年來，隨著功德法事的大幅減少，原本即立壇於清水祖師廟左後
方之蘇錦燦及其二子，在廟內和家中為信徒進行收驚、祭解等小法
事的情形，也跟著多起來。此外，類似油車口蘇府王爺、大庄福德
廟府的年例祭典中的拜天公儀式，以及八庄大道公一些庄里的例行
性犒軍活動，也都是延請蘇錦燦來主持。

　　由以上兩個頗具代表性的案例，可以清楚看到，在以靈寶為主
的淡水地區，其道士，和南部靈寶派的情況類似，在早期，平日皆
是以施行醮典及功德儀式（特別是後者）為主，[26] 並無太多餘暇涉
及法教法事；直到近二十年，功德法事大幅減少，為了生存，其承
接各種小法事的情形，才逐漸增加。也正因如此，[27] 使淡水地區和

26　淡水的靈寶派道士和中南部一樣，本來皆是烏、紅法事兼行；施煥本人
　　即曾因工夫精湛，而屢次受邀到中部及東部主持醮事。但如是情況傳承
　　至蘇錦燦及張正雄這一代，便出現明顯變化。在張蘇二人長期的執業生
　　涯當中，大概都只做過一、二次小型醮事而已，其主要原因便是抵擋不
　　住北部正一道士的競爭。至於蘇、張二人之徒，則已完全不會作醮了。
27　在烏、紅二種法事分別遠比南部清楚的臺灣北部文化、風俗氛圍當中，

南部許多鄉鎮一般，保有較多的法教傳統及法師獨自立壇和生存的空間。在道士與法師的關係上，淡水的情況也和南部相近；在當地所舉行一些廟會祭典儀式當中，仍可看到道士與法師分別負責不同法事的情況。比如，蘇府王爺廟每年農曆九月八日及九日的年例慶典，長期以來皆是延請蘇錦燦及張正雄兩位道士主持拜天公及通疏儀式；至於其他的過火、犒軍、普施及送王船等科儀，則一概是由廟內的桌頭、法師和童乩相互搭配舉行。以上二類法事，若是由道法二門的正一道士接手，則通常只要一人即可完成。

三、淡水的法教傳統及其儀式

和道教、道士的傳統比較起來，法教本身實更為原始、質樸、草根、實用及缺乏經典、[28] 組織、制度、理論和教義；其術法的傳

平日以功德拔度法事為主的靈寶派道士，其從事廟宇及個人的拜天公、過火、觀童、補運等紅頭法事，也較容易受到廟內主事者及民眾的訾議和排拒。此點也是淡水法教可以保有其生存空間的另一重要原因。

[28] 就筆者目前所知，淡水地區的幾個主要法教傳承，多少都保有一些師祖所流傳下來的符簿、咒書（比如，請神咒）或各類法術（比如，犒軍、探花園、下地府）之小冊，但其篇幅、數量皆較為有限，且內容亦相當的簡略、片段、零散、口語、實用及缺乏系統、整理和信仰、教義的闡述。這些簿冊，經歷代不斷傳抄、轉述的結果，也往往存在不少錯漏；類似白玉蟾評論南宋時期的瑜伽教徒，將「太上在天」謬寫為「大王在玄」的情況，實所在多有（比如，將「丹朱口神」傳抄為「丹朱口唇」）。其術法最主要的傳承方式，乃是透過師徒間的直接口傳、記誦、實練、操作，而非透過典籍、文字；這和法教法師本身的知識、文化程度，通常要比道士、僧人來得低，以及法教的法術一向都具有強烈的實用性、針對性及技術性有關，故其對於思想、文字，自亦不太重視。對於這些祖傳的符簿、咒書，大多數的法師，或基於神諭、祖訓，抑或惟恐他人誤用等因素，大都不願輕易示人。

承者，也通常比道士更缺少文字、知識能力，而且也不太重視典籍、
文獻。由是，相對於道教，法教的傳承譜系，也往往更為隨意、鬆
散、欠缺記錄及模糊難辨。淡水的法教，到底是從何時及由何人開
始傳入，因文獻極少，目前已難以詳考。我們或許可以推測，大約
在清乾隆中期滬尾街市逐漸形成，定居人口日漸增加，福佑宮、上
帝公、文武尊王、蕭王爺、蘇府王爺等廟宇陸續興建後，因著當地
住民及廟宇法事的需要，法教最遲也應當於此前後，開始在淡水地
區流傳。根據筆者目前的調查顯示，淡水的法教初期（大約在清末、
日治之前）多半是以法師個人在家傳承的情況居多。這些在家的法
師，或立壇或不立壇，其法教教法，有承襲自祖傳家學，有習練自
外地，也有傳承自海峽對岸，情況不一而足；其法師工作，通常都
屬兼差或義務性質，平日仍多半以務農或其他工作為生，單靠法師
的業務，事實上並無法完全生存糊口。大約到了日治及戰後八、九
十年代之前（特別是後者），隨著淡水人口、廟宇數量及廟內各種
法事需求的不斷增加，法師也因此而有其更大的活動、揮灑空間；
[29] 法教的教法也大約於此時期陸續傳播到廟宇當中，並由廟內的桌
頭、法師及法役等人員，肩負起傳承的工作。近二十年，因著現代
社會、知識、科技（特別是醫療體系）的快速發展變遷，政府法令
的重重限制及規範，私人宮廟神壇的大幅增加，[30] 以及一般民眾對

---

[29]　「通真壇」的陳文燿法師，在接受筆者的訪問時即曾提到，其祖父鄭國
　　清在世時（約十年前過世），單單依靠其法師的業務，每月的收入竟可
　　達到十餘萬元。如今的他，卻早已無法單靠法師業務為生，平日所主要
　　從事者，乃是泥水匠的工作。

[30]　根據初步的統計，淡水的民間宮廟（太小的土地公廟及有應公廟不計），
　　建於清代者，約有 15 間；建於日治時期有 3 間；1945-1960 年間，完全

於法教科儀需求的大幅減少等因素，法師的生存空間也愈來愈狹隘，廟宇便逐漸取代個人性的在家法壇，成為淡水法教傳承的最重要場所。[31] 只是這些在廟宇當中所傳承的法教，真正被留存下來的，大多只有類似過火、過刀橋、刀梯及送王船等等廟內常行的公共儀法，以及收驚、祭解等為信徒常行的簡易法事而已；比起法師原先所傳習者實已大幅減少，且承傳之人，亦皆普遍出現年齡老化的現象。整體而言，淡水的法教，就像靈寶道壇的情況一般，都同樣面臨後繼乏人，甚至消失絕傳的問題和危機。以下，即將筆者至目前為止所調查之淡水法教及其大致傳承情形，依次歸納剖析如下：

（一）三奶派

三奶派係指以唐代福州女神陳靖姑（臨水夫人）及林九娘、李

沒有新建宮廟；1961-1970 年間，新建的宮廟有 8 座；1971-1980 年有 15 座；1981-1990 及 1991-2000 年，各約有 24 座；2001 年至今，則約有 22 間。由此統計來看，淡水的新興宮廟神壇，自 1971 年以後，即大量出現；這些宮廟神壇，大多屬於私人或私募，且其中有不少和靈乩信仰及會靈山運動有關。如是的宮廟，常藉由被信徒認為能直接交通神明的靈媒來施行各種的法事。是以，這些宮廟的大量出現，自然也會嚴重影響或排擠法師本有的業務。

[31] 根據筆者的調查，目前整個淡水地區，除蘇錦燦的混真靈、張正雄和張嘉霖的混玄壇和施鈐鍵（施煥玄孫）的虛真壇等三個靈寶道壇外，仍保有傳統在家立壇形態的法教壇，如今只存原德街「通真壇」及祖師廟後方清水街的「聖真壇」（壇主王慶順平日皆在祖師廟內，與其他道士，一起為信徒施行祭解、補運等小法事。因其不願接受訪問，故確切的傳承內涵不詳）再往前兩年，則還有興化店林王池的會真壇（屬三奶法）及學府路吳金銓的「聖雲堂」（屬茅山法）；但此二壇壇主，都於近一、二年接連過世，如今已後繼無人。若追溯更早，淡水各地則存有更多的在家法壇及法教壇（詳見本文），但如今不是已絕傳消失，不然就是傳播至廟宇，抑或轉型為私人宮壇。

三娘三人為核心法主及崇拜對象的法教流派。傳聞陳靖姑曾禮拜晉代道士許遜為師，故三奶派和法主公派，[32] 向來皆被歸入以許遜為根本法主之閭山教的一支。三奶派的教法內容，乃是不斷融攝閭山巫法、道教符籙、密宗瑜伽教、普庵教及福建當地的信仰和法術而形成；[33] 其最為擅長的，則為收魂、補運、驅邪、出煞等法事。劉枝萬早年的調查曾指出，現今臺灣南北（尤其是北部）的法教傳統，乃以三奶法為大宗；[34] 就筆者在淡水所見，亦可呼應如是的說法。以下所列，即是淡水三奶派的幾個主要傳承：

1. 通真壇：設址於原德路的通真壇，現今壇主為陳文燁，該壇是目前淡水唯一僅存明確以三奶夫人為奉祀神靈，及以三奶法為主要傳承的法教壇。通真壇的最初創立者為陳文燁的祖父鄭國清（1914-？）。國清原居淡水水梘頭庄（今水源里，與忠寮里為鄰），本為忠寮大王廟城隍爺的乩身，其三奶法乃承襲自父親，[35] 大約在六十歲前後，才搬遷至淡水街，設立此壇，並同時在祖師廟執業，為信徒施行各類法事，頗得地方百姓信賴。國清所傳承的三奶法術

32　淡水境內現有奉祀法主公的宮廟二間（即義山里的法主宮及協元里的法聖宮），同時亦有民家奉祀法主公及以法主公為崇拜對象的神明會，但並未見到法主公派的法教傳承。

33　比如，下文所介紹的保安廟主祀神清水祖師，在臺灣的一些閭山法本當中，皆可見到有關清水祖師「請神咒」。在這樣的請神咒中，清水祖師以其為黑面，故被描述為黑帝的化身，神通威猛，斬妖除魔，無所不能。如是民間神被吸納為閭山法教神靈的情況，實相當普遍。在沙崙保安廟法師的認知當中，其廟內所供奉的臨水夫人，事實上即是清水祖師的師父。

34　劉枝萬，《中國民間信仰論集》，頁208。

35　據陳文燁言，其家傳三奶法最初乃是習自臺灣東部的宜蘭，但其確切的源頭為何，已不太清楚。

甚多，可知名目者，至少有收驚、祭解、收魂、補運、謝願、拜天公、栽花換斗、煮油、過火、獅場、驅煞走疏等等；他本人也曾學習一些常用的道教科儀，是以，當信眾或廟宇有需要時，也會穿起道袍，戴上網巾金冠，兼做謝神、拜天公及普施等正一或靈寶道士所常行的法事。早期民眾對於如上法術的需求及信賴度較高，故國清在世之時，各方法事眾多，收入亦相當豐厚；待其過世，通真壇轉由其孫承接後，因社會環境的變遷，私人神壇的競爭，以及退出祖師廟的執業等因素，法事數量已大不如前，由是而必須轉做泥水匠以維持生計。如今，陳文燨仍例行承接的地方或廟宇法事，主要有興福寮真聖宮於每年農曆八月二十日的年例祭典及水規頭、忠寮等里境內的廟宇、信仰法事（比如，八庄大道公的祭神、犒軍儀式）；[36] 至於平日，則主要從事一些謝神、還願、收驚、祭解、補運等等大小法事。

---

[36]　陳文燨亦原居水規頭，故其承接這些地方的例行法事，實有其地緣關係。

通真壇所奉祀的神尊（中為城隍）及神明聯像（上為三清，下為三奶夫人）

2. 會真壇：位於淡水興化店（興仁里）的「會真壇」，主行靈寶功德及三奶法事，創壇壇主為林王池（1928-2012）。王池原籍淡水對岸的八里，家族已五代學道，所傳承的道法為靈寶及三奶法；「會真壇」一名，即承襲自家族道壇的原來壇號。王池雖出生於道法世家，但初始只傳承一些家中的三奶法，並未學習靈寶道法，也未準備以道士為業。及至遷居興化店，見淡水地區向來流行靈寶法，故亦開始向應妙壇的蘇義榮學習靈寶齋儀；嗣後，即設立「會真壇」，兼行靈寶功德與三奶紅頭諸法事。淡水「會真壇」在林王池過世後，已後繼無人，故實際上已絕傳。

3. 保安廟：正式建廟於民國二年（1913）的沙崙保安廟，[37] 主祀清水祖師，配祀觀音菩薩、三奶夫人、保生大帝及張天師等神靈，是沙崙一帶早期住民醵資合建的地方公廟，亦是淡水除老街區之清水巖外，另一重要的清水祖師信仰。長期以來，保安廟即以每年農曆正月初五、初六所舉行之年例祭典的過火及過刀梯、刀橋及釘橋等法教儀式而聞名；該廟以消災彌劫、登天祈福為主旨之過刀梯儀式，其施行歷史之悠久及持續不斷，可能為臺灣地區廟宇之唯一，因此極具信仰、文化上的特色及價值。

保安廟的過火、過刀梯、過刀橋及過釘橋等科儀，自創置以來，即由法師、法役配合乩身所共同主持；如是的法教傳統，其出現年代大約是在建廟後的日治時期。根據保安廟的資深法師高再興及蔣文通言，保安廟法教團的建立，最初係遵奉清水祖師的神諭，其後再邀請設籍於石門鄉的「厚先」（或厚仙），[38] 來保安廟傳授教導。由「厚先」所開啟的這一法教傳統，保安廟的法師及法役常稱其為「三全教」；歷來曾經參與齋戒坐禁、成為清水祖師門徒的法役弟子，則自稱為「三全內」。無論是「三全教」，還是「三全內」的稱呼，皆未見載於相關文獻，臺灣的道、法二門也從未聽聞此名，故不知究屬何門何派；但若從儀式本身、資深法師的說詞，以及廟內祀神與法役行法時所召請的神靈等等線索來看，保安廟的法教傳

37　根據保安廟的簡介，該廟的清水祖師像，係清同治癸酉年（1873）由沙崙人陳念龜至安溪清水巖進香時所迎請回來。初期皆供奉在其家中，至民國二年正式建廟，進而成為地方的信仰中心。

38　「厚先」為現今保安廟的法師、法役的共同稱呼，但對「厚先」的真實名姓及生平事跡為何，因年代久遠，廟內已無人知曉。今日的石門鄉，也未有人聽聞過「厚先」之名。

統，應當還是比較屬於閭山教或三奶法。進一步來說，在臺灣，「登刀梯」一儀，向來皆被歸入閭山派法術，[39] 南部的靈寶派道士正是吸收閭山之此法，而發展出該派的登梯閱籙奏職科儀；[40] 臺灣的如是情況，亦可和學者近年來在福建地區針對閭山法的調查結果相互呼應。[41] 是以，保安廟之「過刀梯」等儀應屬於閭山三奶法，此為主要理由之一；該廟的一些法師，在接受訪問時，亦秉持如是觀點。此外一個更重要的理由是，保安廟內左側神龕中，本即供奉臨水夫人陳靖姑的神像，且根據蔣文通法師的說詞，昔日該廟法役外出為

39 現今在臺灣流通之有關閭山法術的文獻或出版品，其中通常都可見到「登刀梯」一儀。比如，真德大師、永靖大師編著的《閭山法門秘旨》（臺北：進源書局，2011），頁 364-447，及高雄靜乙壇蔡志民道長抄集的《閭山總神咒簿》（此簿並未公開出版，感謝三重明德壇的蘇西明道長借閱此書）等等。在閭山法門的傳述中，「煮油」（過油）、「踏火」（過火）、「登刀梯」等法，最初都是由閭山第十九代法主朱厷姑（即朱三娘，法名朱法勝）所傳下；《閭山總神咒簿》中，即有「三十六層刀梯師父教，煎油踏火師母傳」之說法。保安廟的正殿，其實還保有一些由厚先所傳下的符簿及咒書，但這些符書，只有在法役坐禁培訓之時，才可取出閱讀，外人自不得窺探，也無法直接由這些符書判斷該廟法教的傳承。

40 李豐楙等，《東港東隆宮醮志——丁丑年九朝慶成謝恩水火祈安清醮》（臺北：臺灣學生書局，1998），頁106-108。有關該儀式的詳情，可參閱洪瑩發，〈神人共證：南部道教登刀梯奏職儀式的初探——以府城延陵道壇為例〉，收於李進益、簡長源主編，《臺灣民間信仰與文學學術研討會論文集》，（花蓮市：花蓮教育大學民間文學研究所、花蓮勝安宮管理委員會出版，2008），頁375-395。姜守誠，〈南臺灣靈寶到派登梯奏職閱籙科儀之研究——兼論台南與高屏之異〉，《成大宗教與文化學報》，16，臺南：2011），頁225-300。楊一樂，〈臺灣登刀梯閱籙晉升道長儀式之研究——以台南地區道士為例〉，（國立臺北大學民俗藝術研究所碩士論文，2011）。

41 比如，葉明生編著的《福建省龍巖市東肖鎮閭山教廣濟壇科儀本彙編》（臺北：新文豐出版，2006），頁113，即可見到，龍巖市東肖鎮的閭山教，還保有立刀梯「豎旛」的法事。

信徒施法時，皆會奉持三奶夫人陳靖姑的聯像，[42] 以為施法召請之根本法主。由是，保安廟之法教傳統係屬三奶法，應當更確切無疑；其「三全教」或「三全內」之「三全」，有可能是取自「三奶法」之「三」字，而有「三奶護全」之意。

保安廟的法教團正式組成後，為持續培養新一代的法役及精進原有法役的修為，每逢乙年保安廟十年一科的醮典之前，皆會在廟內正殿舉行為期七天的新舊法役齋戒坐禁戒壇；[43] 如是體制化的法教傳承制度，不僅是淡水地區之唯一，在北臺灣亦極少見。在坐禁期間，所有參與的法役，皆須齋戒並持續習練廟內主要儀式的程序、咒語、符法及步法。待七天坐禁期滿，再出關及行過火、過刀橋及登刀梯等儀式，一方面考驗新法役的修行成果，一方面向上天呈疏稟報，以獲得上天的認可，最後再授與新法役正式的職牒。保安廟如是的法教傳承及培訓制度，較常見於臺灣的澎湖及臺南等地廟宇，北部極為罕見；這樣的制度不僅使該廟的法教傳承，得到較穩固的保障，而且也使該廟培訓出來的法役，擁有和道士一般，得到上天的印可，成為人天交通的媒介，足以代天（神）行法濟世。是以，和下文所要進一步析較討論的蘇府王爺廟及福德廟府相比，保安廟的整個年例祭典，主要皆由廟內的法師主持，[44] 不須另請道

---

[42] 　該聯像現即置放於三奶夫人神像旁邊。

[43] 　民國時期的乙年，皆是落在尾數為 4 之年。保安廟近數十年，除 94 年因逢廟內主委家有喪事，未舉行法役坐禁及醮儀外，其餘皆依例舉行；每屆參與坐禁的法役，約有二、三十人左右。

[44] 　保安廟約於三十年前，亦於年例祭典期間，即農曆正月初四至初九日，另外舉行為期六天的「祈安禮斗」法會。此禮斗法會，主要禮請佛教出家師父主持，並由廟內的誦經團配合誦經。

士來拜天公及通疏，此和該廟法師本即領受上天印可之正式法役職
牒有關。[45]

保安廟內所存八十四年法役受戒相片（筆者翻攝）

---

[45] 保安廟的法役職牒，其文字內容如下：「今據○○省○○府○○縣移居
臺灣省台北縣淡水鎮崙里居住奉道設醮保童受戒法役○○○本命○○
年○月○日○建生荷蒙　天地覆載深恩／帝力扶持大德　恩主清水祖
師威靈赫濯大小沐恩　恩主佛法無邊欲選教法役以濟世默使代宣化之
有權今○○在壇誠心篤志忝任其事喜得　聖判主會眾信喜助庶得建壇
受操煉身心謹遵聖判○○月○○日在沙崙里崇建戒壇伏道就壇專心傳
法殷勤習教旦夕持咒步罡踏斗早晚焚香啟聖連至○○日戒期完滿開壇
出禁召集神兵扶持法眾踏火登刀逞揚聖法受諸默庇設醮謝恩功成可紀
給牒備投　師主○○○連名申奏　天廷三界諸司列聖給牒為憑右給牒
付法役○○○生身佩奉治家養老保運延生隨隨　清水祖師濟世利民驅
邪治病必蒙感應異日睹明鏡而請受功勳步青雲而參朝法界所有差撥神
兵一付法器開列於後　清水祖師法器齊全科儀罡訣右伏以　清水祖師
英靈赫濯啟鴻濛／廣大神通教法童／代天宣化恩非淺／助國救民德靡
洪／謹判　天運○○年○○月○○日給牒執？」由此牒文內容，可見保
安廟的法役，在受禁期滿、踏火登刀之後，即得獲得經由上天及清水祖師
認可的正式法職，由是可以代天宣化及行法。非常感謝該廟的陳姓法役
熱心提供此文獻。

　　保安廟的法教團，除了負責主持保安廟的年例祭典及廟內的收兵、放兵及犒軍等儀式外，此外，在早期也常會配合廟內的乩身，一起為信徒施行收驚、祭解、收煞、出煞及探地府等法事。但近年來，因社會環境的變遷，此類的儀式，已很少舉行，每年的年例祭典儀式，便成為保安廟法教團最主要的法事。也正因這樣，保安廟的一些法教法術，亦呈現出逐漸流失及後繼乏人的情況。

　　4. 忠義宮蘇府王爺廟：大約草創於清道光年間的油車口蘇府王爺廟，長期以來，即於每年農曆九月初八、初九所舉行之年例祭典最後，在淡水河畔焚化王船，以送走種種的災厄及不祥，同時祈求來年的平安及清明。如是的長年習俗，在臺灣北部地區同樣唯一，和盛行於南部地區的同類儀式相較，其內容、流程雖簡單許多，但也因此保存一些民間早期「送王船」儀式的原始面貌及意涵，由是而含藏獨特的信仰、文化特色及價值。[46] 和保安廟的情況一樣，蘇府王爺廟自建廟以來，亦同樣存在一法教傳統，只是兩者的傳承各有不同，儀式種類及作法亦有其歧異；無論是七月或每月初一、十五例時施行的普度及犒軍，還是年例祭典中的過火、繞境、犒軍、普施及送王船儀式，主要皆由廟內的法師所負責。每年當中，唯一要延請道士來主持的儀式，即是年例祭典的拜天公及通疏科儀；此種情況，和大庄福德廟府類似，而和保安廟皆全由法師獨力主持，

---

[46]　有關蘇府王爺廟送王船儀式的詳細介紹及探討，請參閱楊育霖，〈淡水蘇府王爺廟的送王船儀式〉，《全球化下臺灣宗發展之典範學術研討會論文集》（臺北：臺灣宗教學會，2012），頁 203-214。楊育霖、蕭進銘，〈淡水蘇府王爺廟的王船祭典〉，《文化淡水》，154（淡水文化基金會，2012.10）。

有所不同。

　　蘇府王爺廟的法教傳統，究竟起於何時及由何人所啟肇，即便是廟內人員，也早已無人知曉；據估計，最遲在該廟開始施行犒軍及送王船儀式之時，即應有法師及法教儀式的存在，是以，其存在保守估計亦已超一個世紀以上的時間。[47] 及至戰後，根據廟內人員的經驗及記憶，負責主理該廟祭典儀式的法師，至少已歷經陳（陳清泉，尚存）、郭（已歿）及楊姓三位；此三位法師，都是油車口當地人士，也皆各有其法教師承，平日本即以法師為業，但其確切的法派及法術內容到底為何，除最後一位楊姓法師尚可約略了解外，其餘二位則皆已難以查考。現今該廟的主要法師楊明鐵，即是楊姓法師之子；據其言，其父的法教最初係習自住居於淡水清水巖附近的一位法師，但該法師所屬派別及確切壇址為何，亦不太清楚。雖然其父生前係以法師為業，舉凡收驚、祭解、補運、出煞、下地府、煮油、過火……等法術皆精通，現今蘇府王爺廟內的幾位法役皆得自其教導，但因其自身已無意再以法師為業，[48] 故只傳習其父親所留下之類似犒軍、過火、送王船等廟內常用的一些法術而

47　蘇府王爺廟的送王船儀式，或有可能是起源於咸豐初年為了驅除淡水及臺北地區所發生的瘟疫才開始舉行的。詳參，楊育霖，〈淡水蘇府王爺廟的送王船儀式〉一文。

48　在筆者所訪問之幾位淡水法師的後代，除陳文燿外，其餘皆不再繼承先人之業。其主要原因除自身本無興趣，以及因科學技術的發達，法教法術已不再為人所崇信，因而難以據此為生外，也因其普遍認為，這些先人所傳下之法術，其中雖不乏靈驗者；但若施用不當，行法之人亦必須擔負其因果、業報。再者，一些法術也可拿來害人，因此，若落入壞人之手亦不切當。蘇府王爺廟的法師楊明鐵，甚至因此而將其父親所留下之一些符咒書冊，皆加以焚燬。

已。從蘇府王爺廟之犒軍、過火等儀式的節次及所持誦的咒語、口
白來看，該廟之法教傳承，仍較偏向閭山（三奶）法；[49] 比如，「清
水神咒」及「調軍、賞軍」起首即言，「閭山門下破穢，三師三童
子」，「謹請閭山門下來，閭山門下召兵三師三童子」。由此來看，
該廟之法教係屬於閭山法，應是確然無疑。

蘇府王爺廟之送王船儀式

（二）九天玄女派

九天玄女一神，始稱「玄女」，東漢的《緯書》開始出現有關
玄女奉上天敕命，降臨人間，教授黃帝「兵信神符」，因而打敗蚩

49　法教本不具嚴格的制度及組織，是以其法術之具有融合性，乃成其重要
　　特質之一。蘇府王爺廟之法教雖是以閭山法為主，但此閭山法其實也融
　　入不少道教的符咒。比如，道門常用之「淨心」、「淨口」、「淨身」、
　　「淨天地」、「安土地」、「祝香」和「金光」神咒，以及九鳳破穢符
　　等，皆收錄在其抄本之中，也實際運用在各類儀典上。如是的情況，亦
　　常見於保安廟、福德廟府及臺灣各地之法教。

尤的傳說，[50] 由是而逐漸被奉為神靈。九天玄女的信仰內涵頗為複雜，除身為黃帝師而成為「兵略」戰神外，另有房中、丹藥、術數、香燭、石匠等神格；[51] 不過，儘管其職能相當多樣，但「術數」或「法術」之神，無疑是其神格信仰的核心主軸。根據日治時期的調查，當時的臺灣已存在七座奉祀九天玄女的宮廟、道壇或法壇，[52] 且多集中在臺灣中、南部。及至戰後，特別是八十年以降，因「會靈山」運動的興起，九天玄女做為會靈五母之一，由是，其相關信仰也快速增長。[53] 根據筆者近兩年的調查統計，單是在淡水一地，主祀九天玄女的宮廟、神壇便有七座之多，另有多間廟宇配祀。主祀玄女之廟宇、神壇，其中有三座與會靈山信仰有關，且多出現在八、九十年之後，並常冠以「無極」之名；[54] 另有四座則與法教、術數的傳承有關。[55] 以下所介紹之二間宮廟，宮內即傳承著與九天玄女

50　安居香山、中村璋八輯，《緯書集成・龍魚河圖》（下）（石家莊：河北人民出版社，1994），頁1149。

51　有關九天玄女信仰的源流始末，可參閱劉怡君，〈九天玄女信仰的源流與發展〉，《2009保生文化祭道教神祇國際學術研討會論文集》（臺北：保安宮，2010），頁49-76。

52　劉怡君，〈九天玄女信仰的源流與發展〉，頁72-73。在早期臺灣，九天玄女的信仰，和道士、法師傳統密切相關。比如，在今臺南市下營區紅毛港的一位鍾姓法師（已歿），其所傳承的，即是屬於九天玄女的法教傳統。現其弟子陳一德（居柳營區），仍繼續沿行此法。

53　根據臺灣「中國九天玄女祖庭道教會」2010年的統計，全臺主祀九天玄女的宮廟神壇已達204家。詳參朱淼炎主編，《名山聖地九天玄女宮廟》（臺中：中國九天玄女祖庭道教會，2010），頁207-217。淡水地區在七、八十年代新興的民間宮廟，各約有24間，其中有不少皆與會靈山信仰有關；這些靈山宮廟，便有多座主祀或配祀九天玄女一神。詳參《續修淡水鎮志・宗教禮俗志》，頁20。

54　此三座分別為九天宮（竹圍民族路）、無極天山玉聖殿（水源路）及無極九天玄母宮（仁愛街）。

55　此四座即埤島九天宮、竹圍九天宮（民族路135巷）、聖雲堂（鄧公路）

有關的法教。

1. 埤島九天宮

位於淡水埤島里四十六號的九天宮，始建於 1987 年，主祀九天玄女，同祀瑤池金母、地母元君等神靈；現任主委兼住持蔡燃銘先生即九天宮的創建人。根據蔡主委的說法，其師爺王啟龍出生於清道光十七年（1837），是中國山東省人氏，為九天玄女道法的傳人。清朝末葉，王啟龍隻身渡海來到淡水，開始行法、收徒，傳承祭改（祭解）、補運、收魂、收煞、祭煞、風水、地理、落地府、探元辰及符咒等九天玄女法門。蔡主委的師父陳金水生於清光緒十三年（1887），逝於民國六十年（1971），為淡水水碓里人，師從王啟龍，學習道法。此九天玄女道脈的傳承，係根據「金、玉、滿、堂、春」這樣的排輩順序；其中，王啟龍為「金」字輩，陳金水為「玉」字輩，蔡燃銘為「滿」字輩，蔡燃銘之弟子為「堂」字輩。至今為止，此道脈共傳承四代；陳金水之前，皆只是在家傳承，並未建廟，直到民國七十六年，到蔡燃銘手上才創建此九天宮。蔡燃銘除了傳承九天玄女道法外，另外也學習閭山法術及中醫藥，其弟子多人則同時兼習道教正一、靈寶及佛教儀軌；故現今九天宮的道法，已呈現出一種佛、道、法三者混融的情形。一年當中，九天宮

及九玄壇（竹篙厝清水街，壇主姓曹，已於五年前過世，後繼無人）。其中的聖雲堂，壇主為吳金銓，本身亦為金福宮的乩身，但已於 2012 年過世；該壇雖奉祀九天玄女，但其所傳承之法教，卻是下文所要介紹的茅山法，故留至下節再介紹。至於九玄壇，壇主姓曹，但已於五年前過世；該壇後繼乏人，實已絕傳，只知奉祀九天玄女，但具體傳承為何，已不清楚。

主要施行的祭典、儀式，計有補運、祭改、過火、造橋過限、安太歲、犒軍、普度及九天玄女娘娘聖誕法會等等。此外，類似淡水清水祖師繞境前的安營、放軍儀式，及八庄大道公的祭神、犒軍及普施儀式，皆常延請九天宮的法師主持。

埤島九天宮住持蔡燃銘（左二）及其弟子

2. 竹圍九天宮

座落於淡水竹圍民族路的九天宮，係於 2001 年由一位人稱徐老師的法師所創立；[56] 該宮主祀九天玄女，配祀達摩、關公及觀音等神靈，正殿神龕左右兩側，分別安奉六甲、六丁神兵壇位，佐助九天玄女行法。據徐老師言，其師柯英俊，福建晉江人士，祖傳「鳳陽法」。兩岸重新開放交流後，柯英俊來臺為人堪輿，徐老師有其機緣結識，並得其傳授《鳳陽祕籙》，內有符咒及風水、地理、奇

---

[56] 徐老師原籍雲林古坑，現年約五十餘歲。

門遁甲等法術。依徐老師之師傳說法，九天玄女即「鳳陽法」之始祖——鳳陽婆，故建立九天宮，為信徒施行消災、解厄、收魂、驅煞、風水堪輿等等法事。類似竹圍九天宮之如是傳承，除是兩岸恢復交流後，法教方面較為少見的個案外，和向來對於九天玄女、鳳陽法之認識，亦有些出入，但因無法取得進一步的資料，故對此教法的來由及內涵等問題，仍留有許多深入探討的空間。

（三）茅山派

「茅山派」原稱「上清派」，係晉代奉持《黃庭經》及《上清大洞真經》等上清系經典而形成的一個道派。儘管上清派在發展過程當中，曾吸納融入不少天師道及靈寶派的符咒等法術，但其主要的教法及修持法門，向皆以存思、服氣及誦經等等為主。南北朝及隋唐之際，乃上清派風行鼎盛的時代；入元以後，上清派勢力漸衰，再加上政治力的作用，終而併入正一道，由是也使其教派及教法的原有傳承，日益流失，終而模糊難辨。明清以降，常出現在民間社會及章回小說當中，以施行符籙、咒術見長的「茅山法術」或「茅山道士」，實已和原始的上清教法或上清道士的專修、旨趣大有不同，且其術法是否真正源自茅山，通常也不甚清楚。是以，明清以後所常見的「茅山道士」，實多半猶如全真道士及禪門僧人，在傳承未明的情況下，有見「龍門、臨濟半天下」，因此便自附為「龍門」、「臨濟」宗一般。今日臺灣所言之「茅山派」，也常存在如是情形。

在筆者所調查的淡水諸法教當中，亦有自稱屬於茅山派的傳承；此派的法術，係由世居崁頂里大龜崙的莊春永法師（弟子慣稱

其為「福先」或「福仙」）所傳下。[57] 福先出生於民國十四年前後，約逝世於九十七年（2008），承襲家傳茅山法，平生主要以法師為業，同時兼務農事。[58] 現今淡水金福宮（主祀池王爺）、福德廟府及正興宮的乩童、桌頭及法師，主要皆由福先及其弟子吳金銓、吳仁德所培訓，故福先在世之時，與淡水當地一些廟宇的關係頗為密切。福先家傳的茅山法術，最初由來為何已不甚清楚，再加上其人已逝，所留存資料又難以取得，故此法的確切內涵為何，仍有待進一步考索。[59] 吳金銓、吳仁德二兄弟，為福先的外甥兼弟子；二人長期擔任淡水大庄福德廟府、行忠宮[60] 及崁頂正興宮的重要幹部及顧問，關係皆十分密切，這些廟宇並與福先一起教授前二廟，施行有關犒軍、過火、過刀橋等法事。是以，此二廟現有幾位法師、法役，皆承行福先所傳法教。約二十年前，福先曾為金福宮訓練乩童，

57　由於福先本人已過世，無法再訪問，該派法術系屬「茅山」，乃是根據其弟子的一致說法。不過，福先所傳之法雖屬「茅山」，但其家中所奉祀的神明，乃是三太子、觀音及土地公，其弟子中亦無人奉祀茅山派的祖師；惟在施行法事之時，必會召請茅山派的祖師。

58　福先與上文所提及之鄭國清、陳金水二法師生存年代相當，雖然彼此法教傳承有所不同，但據陳文燦言，三人在世之時關係不錯，常一起共行法事，其彼此的術法也應當存在相互交流的情形。

59　根據吳仁德的口述，福仙生前所行法事，主要有收熱、收驚、祭解、補運、安神位及過火等。就法術名目來說，和其他傳承並無太大差別。在具體法事科儀上，以筆者所觀察過之正興宮過火儀式來看，與蘇府王爺廟及保安廟相較，在程序上亦無太大不同。

60　行忠宮為北臺灣鸞堂重要發源地忠寮行忠堂在淡水街的分香鸞堂，主祀五聖恩主，原設在七條通附近，八十四年遷來淡海新市鎮區現址。福德廟府、行忠宮及正興宮三廟的位置相當接近，關係頗為密切；福先所居住之大龜崙，亦座落在淡海新市鎮區（二期），故福先生前與這些廟宇的關係特別密切，顯有其地緣關係。事實上，就像臺灣早期各地的道壇，皆各有其執業的「行業圈」一般，法教法師的執業範圍，多少亦存在類似的情況，至少筆者在淡水所進行的調查有此情形。

原居住於該宮附近的吳金銓，後來便成為金福宮池王爺的乩身，其後亦成為法師，自立「聖雲堂」，為信徒施行各種法事，但其人已於 101 年底過世。現今福德廟府及正興宮負責法事的桌頭或法師、法役，亦和吳金銓、吳仁德二人，同樣在正興宮的孚佑帝君駕前，共同禮拜福先為師，傳承茅山法；二廟分別於農曆二月初二及四月十三日所舉行的過火或過釘橋等儀式，即承襲自福仙。不過，此派的法事項目和內涵，在福先及吳金銓相繼過世後，亦多少呈現出逐漸流失的情況。

（四）天師派

在臺灣，所謂的「天師派」，一般皆指傳承龍虎山天師道或靈寶派之道教齋醮傳統的道教流派，而較少聽聞只傳承一些收驚、祭解等小法術的「天師派」；本文此處的「天師派」，乃是沿襲調查對象自身的說法。

座落在淡水沙崙里海邊港子平的平安宮，創建於民國五十五年（1967），主祀張天師，配祀清水祖師及九天玄女等神靈。據平安宮現任住持黃永水言，其所傳承的法教係屬「天師法」。此法最初是由其外祖父陳清的一位表叔，大約在清末自中國來台，並將道法傳承給陳清，陳清再傳給其父黃傳（1929-2004）。黃傳原本在家以法師為業，後來才募款創建此平安宮。是以，此道法在臺的傳承，連同他在內已有四代。黃永水家傳的天師法，據其說詞，乃是一種方便法門，行法時並不須穿戴任何的道冠或道袍，也未使用帝鐘、法索等法器；教法的傳承乃以口傳為主，少有文字資料。其平日主要的行法內容，計有收驚、祭解、補運、出煞、安神位及處理倒房

事宜等等。每年陰曆的正月初五，清水祖師聖誕前夕，平安宮亦和同庄的保安廟一樣，舉行過火、爬刀梯、過刀橋、釘橋等儀式，為信徒消災、解厄，同時返歸宇宙源頭，以淨化、更新及重啟人、地之嶄新生命和陰陽秩序。不過，上述的法事內容並非源自家傳的天師法，而是其父黃傳在世之時傳習自他處，並開創此習例。[61] 淡水沙崙一地，也因此成為臺灣地區極為少見之有二廟同時舉行登刀梯及過刀橋等儀式的村庄。類似平安宮這種「天師派」小法的傳承，在臺灣的道法二門當中，實較為獨特及罕見。

　　由以上的整理、分析，可以清楚看到，淡水一地的法教傳統，實相當的豐富及多元；諸法派之中，實又以三奶法為盛，[62] 此和臺灣本島及北部地區整體情況相近。早期淡水法教興盛的原因，和淡水的道教原為靈寶派獨擅勝場，而該道派本無小法的傳承，且道士平日主要從事功德拔度齋儀，較無暇兼行收驚、祭解及過火等小法事，由是而給予法教更多的生存及發展空間有關。也正因如此，道士與法師之間彼此各有其職司及專長，較不存在強烈或尖銳的競爭關係；但這樣的情況，隨著功德拔度儀式的日漸減少，靈寶道士亦

61　據沙崙一帶當地人士的說法，黃傳本和保安廟關係密切，後來因故離開保安廟，在同庄的港子坪自建平安宮。該宮，當地之人以其內亦奉祀清水祖師的緣故，仍慣稱為「祖師廟」。平安宮之所以亦有登刀梯之年例，應和保安廟頗有關連。

62　除本節所列出之各法派外，位在八勢的真武廟（主祀玄天上帝），亦有駐廟法師傳承閭山法。根據初步調查，該廟的前身為淡水新生街的真武堂，堂主姓盧，原籍石門老梅。盧堂主過世後，由其子盧木安接手，七十五年時，在八勢里現址創建真武廟。至於混真壇家傳可能為三奶法的法教，因訪問有困難，故亦難知其詳。

必須依靠更多的小法事維生時，[63] 彼此間的競爭情形，也會逐漸升高。這再加上各類宮廟神壇的大量增長，由是而使法教獨立生存的空間，更加受到限縮及擠壓。現今淡水地區的法教，已較少見到獨自立壇的情形，即使有獨立的法壇，大概也都難以單獨依靠法事而維生。是以，淡水法教之走入宮廟及依附在宮廟而傳承的情況，便愈加明顯；但即使在宮廟當中，淡水的法教實仍不免存在日漸萎縮或後繼乏人的情形。

四、蘇府王爺等三廟的法教、道法關係及其年例祭天儀式

（一）蘇府王爺廟、保安廟及福德廟府三廟概況

　　蘇府王爺廟、保安廟及福德廟府三廟，依次座落在今日淡水西部濱海地區的油車、沙崙及大庄[64] 三里境內（詳見下圖），分別為三里的公共廟宇及信仰中心。此三里所含轄區域，緊鄰臺灣海峽及淡水河出海口，地勢較淡水老街區來得平緩，很適宜住居及耕種，故早在西荷時期，即有大批漢人來此群居生活，是為淡水及北臺灣

63　比如，混玄壇的道士張嘉霖，其繼承伯父張正雄的壇號獨自立壇後，由於功德儀式案件的日漸減少，他便必須多方的學習各種符咒、法術及承接更多的小法事來維生。其混玄壇，現今更由其本身所創立的義應宮結合在一起，以增廣更多的法事業務。混玄壇如是的轉變，固有其個人的興趣因素，但亦和整體法事環境的變化有關。

64　大庄原名「大庄埔」，本座落在今日淡海新市鎮內，自清代以降，一直歸屬於沙崙庄；淡海新市鎮設立後，方集體遷庄至現地，且隨著新市鎮人口的不斷增長，再加上臺北縣升格為新北市，因此，乃於 2010 年從沙崙里獨立出來。

西淡水濱海地區蘇府王爺等三廟位置圖

最早有漢人群聚開墾之地。其後，隨著西、荷勢力的退出臺灣，明鄭政權的著重南瀛，此地區亦隨之荒蕪。直待乾隆初年以後，才又見大量漢人移入殖墾。乾隆中期左右，有港口之便的滬尾街市逐漸形成，並很快成為北淡地區的商業、生活及住居中心；油車口等三里之境，儘管亦陸續有漢人遷入，但相對滬尾街來說，實屬庄外之偏僻農郊，故人口成長相當緩慢。根據日治時期明治 29 年（1896）的調查統計，滬尾街的總人口數為 5295，而油車口、沙崙及大庄的人口數，則分別為 450、349 及 199，兩者間顯有極大落差。如是的情況，直到戰後三、四十年間，仍未有太大的變化。大約在八十年以後，隨著原淡水街區人口的飽和及淡海新市鎮的逐次開發，三里境內的人口亦快速增長。依據淡水區戶政事務所於 102 年 4 月的統計，淡水區的總人口數共計 152,142 人，油車、沙崙及大庄三里的人口數，則已分別成長至 5,787、3,561 及 5,569；其中實有極高的

比例，皆是由境外移入。三里如是的人口結構及成長情況，對其宗教信仰的發展及變遷，自然也會產生重要的影響。

油車、沙崙及大庄三里之境，本即相互接壤，是以自古以來，三里關係就相當密切；清代以降，三里雖皆劃歸在淡水街，然無論就地理、風土或信仰來看，實和淡水街有些區隔及差別，是以，頗有自成格局之勢。三個庄頭，皆各有其公廟及信仰中心，以泉州籍漢人移民後裔為主體的三庄庄民，長期以來，便以此三廟為其心靈寄託及信仰核心；[65] 其中，蘇府王爺廟建廟最早，約在清道光年間，保安廟其次，興建於 1913 年，福德廟府則是到 2005 年方新建完工。[66] 蘇府王爺廟所在的油車里，至今雖已遷入眾多的新住民，但境內除中崙、油車兩座傳統土地公廟，及近年出現的私壇海莆宮外，[67] 完全未新建任何宮廟神壇；至於其他宗教的道場或組織，亦未見到，故該廟自清代至今，一直是油車里境內獨一無二的信仰中心。至於沙崙及大庄二里的情形，則有所不同；近三十年，二里境內同樣遷入不少新住民，這些外來人口，同時也帶進不少新型信仰。在宮廟神壇方面，沙崙里境內即至少增加平安宮、三信宮、太

65　淡水街最重要的信仰中心——清水祖師廟，其每年農曆五月五日及六日的暗訪或繞境範圍，從開始到現在，都只局限在老街區，從未到過油車、沙崙及大庄三里；三地公廟的神輿或陣頭、軒社，早期雖曾參與祖師廟的繞境，但近年來，基於種種考量，都已先後退出。事實上，三地的公廟本各有其年例祭典，並於祭典期間，在三里境內，進行巡庄繞境活動，故參不參與淡水街的繞境，對三庄廟宇或居民來說，實影響不大。

66　福德廟府前身為一座位在今日淡海新市鎮內的小土地公廟，後遷來現址重建，並將庄內民家所供奉的第六代張府天師，和土地公一起奉祀，故新建廟名改稱為「福德廟府」。大庄居民在未建設此大廟之前，因地緣關係，故常參與保安廟及蘇府王爺廟的年例祭典活動。

67　海莆宮為私人神壇，座落在蘇府王爺廟右後方民家，主祀天上聖母。

子宮、金闕太子宮及月老仙翁廟等五座,大庄里則增加行忠宮、慈
濟宮及修緣閣等三間。在其他宗教方面,大庄里則先後新增淡海長
老教會[68]、淡水聖教會[69] 及淡海基督教會[70] 等三個基督教教會。[71] 三
里境內近年大量增長的新住民,事實上,並未見積極參與三個庄頭
廟的祭典活動,也沒有因此為此三廟帶來更多的信仰人口;反之,
則有流散其信仰的情況;[72] 三廟最主要的信眾大多還是傳統在地的
住民。

　　蘇府王爺等三廟,各自崇奉的神明雖有所不同,但三廟的關係
因地緣相近之故,向來十分密切;年度祭典之時,彼此皆會迎請他
廟的神明來作客,繞境的路線也都會行經其他二廟,以表敬意。誠
如上節所析介一般,三廟長期以來皆各自存在一法教傳統,並由法
師負責主持年度的各項儀式;不過,由於法教的傳承及內涵各有不

68　該教會創立於 2001 年,目前信徒總數約 156 人。詳參蔡維民等,《淡
　　水鎮志(下)‧宗教禮俗志》,頁 46。
69　淡水聖教會創設於 1987 年,原座落在英專路,2007 年遷來大庄里的沙
　　崙路,目前信徒人數約 35 人。詳參蔡維民等,《淡水鎮志(下)‧宗
　　教禮俗志》,頁 39-40。
70　淡海基督教會創設於 2001 年,目前信徒人數約 35 人。詳參蔡維民等,
　　《淡水鎮志(下)‧宗教禮俗志》,頁 42。
71　2000 年以後,大庄、沙崙地區新興的基督教會,雖有三個之多,但由信
　　徒總人數來看,對該地區原本以道教及民間宮廟為主的信仰板塊,並未
　　帶來太大的影響。事實上,淡水一地因著馬偕牧師於 1872 年的定居傳
　　教,乃成為北臺灣基督教的重要發源地;然即便如此,淡水地區的基督
　　教信仰人口,一百多年來,亦無太明顯的成長。比如,由馬偕所創建,
　　淡水歷史最悠久的長老教會會堂,目前的信徒總人數也大約只有 917 人
　　左右。
72　以油車里為例,該里人口數量近年雖大幅成長,但王爺廟的人員仍常感
　　嘆,雖然全庄人口數已將近六千,但願意繳交丁口錢的家戶及實際所收
　　到的丁口錢,仍相當有限。

同，因此，法師、童乩及道士在廟宇和祭典當中各自擔負的任務及角色，亦略有差別。蘇府王爺等三廟不同的法教傳承，以及道士、法師和童乩間的錯綜複雜關係，不僅在淡水及北部地區頗具特色，即使在臺灣，甚至所有華人地區的民間信仰當中，都是一個相當獨特有趣及頗具代表性和值得深入分析、探討的案例。這也是本文為何選擇此三廟做為主要分析探討對象的原因。

（二）蘇府王爺等三廟的年例祭典及道、法關係

1. 蘇府王爺廟

西淡水濱海地區三公廟中，以蘇府王爺廟創建時間最早，法教傳承歷史也最悠久。該廟一年當中，主要的祭典儀式及節慶活動，計有接天神、南巡進香、祭奠經仔公、中元普渡、初一、十五犒軍、神明聖誕祭祀、卜值年爐主及年例慶典；另有非例行性的信徒問事、建醮、[73] 入火安座及安外營等等。諸儀典中，以每年農曆九月初八及初九二日所舉行的年例祭典最為重要；在兩天的祭典活動，總共進行過火、巡庄繞境、拜天公、宴王、犒軍、普施及送王船等儀節，其中的送王船，乃是北部廟宇中唯一長期施行的儀式。

由於該廟本有法師、桌頭及王爺、三太子等神明童乩，如上的廟內儀式，長期以來主要皆是由法師自身，抑或法師搭配乩童一起來主持；眾儀式當中，少數必須延請道士的，便是年例祭典當中的拜天公和通疏，以及祭奠海垺經仔公和建醮活動。在法師與乩童的具體關係上，儘管蘇王爺廟大多數的儀式，都是由法師獨立主持（比

73　蘇府王爺廟的建醮活動，全依王爺指示是否辦理，並無定例；至目前為止，該廟只於七十六年舉行過一次。

如，犒軍、普施、中元普度），抑或是由法師先開壇，再請神明降乩一起搭配進行，且各類儀式的主要程序及節次也十分固定，但相對神明的乩身來說，該廟的法師仍比較是扮演支援或配合的角色，代表神明的童乩仍居於主導或較尊崇的地位。比如，該廟年例祭典的舉行，向來都須於農曆八月一日及九月一日晚上，先操兵及觀童降乩請示王爺有關當年王船的大小、添載事物、水手人數及各種注意事項等等，並請王爺預先敕寫各種法事所須符令。年例當中的過火、繞境及送王船等儀典，也都是由乩身引領神明的輦轎來主導進行；法師或桌頭在整個祭典過程當中，皆較處在從屬或配合的地位。

至於拜天公及通疏文的儀式，蘇府王爺廟長期以來，皆是延請淡水老街區之熟識的靈寶派道士來主持。對此儀式，該廟如是處置的原因，固然和廟內的法師並未學習此科儀有關，不過，其背後更為深層的因素，應當還是和道、法二門之內涵、屬性及特質上的不同，以及漢文化之長期性的積澱浸潤和深刻影響有關。相對法教的原始、草根、直白、口語、實用及不重經典、文字，道教顯然更有其經典、組織、制度，也更為重視文字、教義及儀禮的雅馴，由是而更具「文字教」、「經典教」或「體制宗教」的特質或色彩；而「通疏」一儀，便直接、清楚的關係到文字的書寫、崇拜及運用，因而就非原本即不太重視、也較不熟悉文字書寫運用的法師所專長。且不說「通疏」一儀，其歷史源頭，最初實可追溯至漢末天師道的「三官手書」及「呈章賞會」等儀制，因而本為道士所專擅；道教在近二千年的發展歷史當中，也早已在漢文化及漢人心目中，藉由各種不同的儀制、管道或方式，相當成功及深根蒂固的建立起道士（特別是受過職籙者）擔任人、天（神）交通媒介的深刻印象及集體認

同。[74] 是以，當法教法師原本即未學習此科儀，[75] 亦不善於文字的書寫及表達，更未曾受過正式的神職及神籙時，則自然只能延請比法師更具體制及文字運用能力的道士來主持。

事實上，在包含道教、漢人民間信仰在內的各種人類宗教當中，人神之間的交流、溝通或祈請、祝禱，本就可直接「以心交心」、「以意交意」、「以神通神」，且「心誠則靈」，「至誠如神」（《禮記·中庸》），本不需要透過文字甚或語言這樣的媒介；[76] 若是特別企求達到人神間的完全契合、統一之深層性的密契經驗時，語言、文字的存在，則不僅不是助緣，甚且還是一種必須予以放下或超越的不

---

[74] 臺灣南部靈寶派道士所舉行之公開性的登刀梯閱錄奏職儀式，便是一個相當典型及極具創意和代表性的範例。藉由象徵登天之刀梯儀式的公開舉行及展示，地方的百姓，也自然的集體認同一位道長已正式取得上天及張天師的許可和認證，由是而足以擔任人天（神）交通的關鍵媒介。保安廟的年例祭典儀式，之所以不需要和蘇府王爺廟及福德廟府一般，特別延請淡水的靈寶派道士來主持，其根本的原因就在於，該廟法師、法役的培訓，本就需要經過齋戒坐禁及出關過火、登梯及受職的儀式。是以，當一位法師或法役成功的通過層層的培訓和考驗，進而獲得上天的認可及授證後，實已和道士一樣，在當地民眾心目當中，成功及清楚的建立起人天交通媒介的集體印象和認同。

[75] 法教法師亦有「拜天公」一儀。臺灣民間結婚、謝願之時所舉行的拜天公儀式，便常找法師來主持。不過，無可否認的是，法教法師在各種儀式當中所使用的「疏文」，其最初都是由道士學來。

[76] 人類原始的宗教，本無文字的使用；臺灣民眾之入廟祭神、祝禱，與神交流，亦無須特別透過文字或書面，且常強調「心誠則靈」。先秦儒典《禮記·祭統》所謂：「夫祭者，非物自外至者也，自中出，生於心也。」「身致其誠信，誠信之謂盡，盡之謂敬，敬盡然後可以事神明，此祭之道也。」「君子之齊（齋）也，專致其精明之德也。故散齊七日以定之，致齊三日以齊之，定之之謂齊，齊者，精明之至也，然後可以交於神明也。」亦精要的點出人神交通的根本旨要係在靜定統一、無所染著的誠心。《禮記》如是的齋戒祭義，在道教的齋醮科儀及儀式思想當中，實得到完全的繼承及發揮。

必要間隔、阻礙。如是之理，實幾為各大宗教所共同主張；老莊及道、禪二宗，於此道理，析解發揮的尤其精彩、透徹。道教齋醮當中最為核心的「朝科」儀式，特別著重在人之神與神之神的直接接觸、交通和融合，是以，過程中雖仍有文字及實體性「疏文」的象徵性呈奏及表白，但其實更著重在高功道長出神、出官後之先天純粹的「心詞」、「心意」的發動，以祈求人之神與神之神的直接交融和感通，其故亦在於此。類似臺灣民間漢人社會所常行的年例祭典儀式（特別是其中的祭天儀式），其根本的目的，同樣是在交通人神（天）及連接、回返生命的形上或神聖本源，[77] 使凡俗生命得以藉此連結及回歸，而得以跳脫過去原有的命運、厄運、氣數、格局或窠臼，進而重新混沌立極或開基，重新啟肇一嶄新的生命、命運或格局。[78] 如是的宗旨及目的，和宗教人士藉由身心修煉、靜神祈禱等方式所企求達到的，本無不同；只是一為個己性，一為集體性；一為內密性，一為公開性。如是的宗旨及目的，本就不需要特別透過文字這樣的媒介來成就。由此來看，年例祭典中的祭天儀式之所以會特別透過類似文字、書面之公開宣讀及展演的方式來進行，一

---

77 以漢文化來說，此終極性的形上本源，即是天、道或無極、混沌。

78 以蘇府王爺廟的年例祭典為例，凡參與祭典的民眾，皆會把代表過去或較為不濟之自我的紙牌「替身」，放置在王船當中，隨王船的火化而焚毀；如是的象徵動作，自然含蘊著毀滅與重生的雙重暗示、作用及意涵。在自然宇宙當中，火焰本即帶有毀滅及新生的雙重作用，宇宙的形成與毀滅，便是因著爆炸燃燒而成就。印度教三大主神之一的濕婆神，在不斷燃燒的團團火焰當中，無止盡的婆娑起舞，事實上即反映宇宙萬化因著火焰的燃燒而不斷成毀的根本律則。臺灣各地的年例祭典或送王船等儀式，火焰之所以都是核心主軸及象徵（比如，過火、王船火化），絕非偶然，其實同樣反映及象徵著自然宇宙之如是的根本力量和律則；虔誠的信眾，也藉由如是儀式活動的參與，而得到過度及新生。

方面乃是植基在漢文化本身所特有的文字信仰及崇拜；[79] 另一方面，乃是藉由如是公開展演及文字莊重書寫登錄的方式，使地方集體參與的信眾，得以強化及深化已和上天或根源再度連結，並獲得來自上天庇佑的印象，進而使其生命或心靈，深刻相信生命乃能因此而跳脫原有的命運、格局，並得以脫胎換骨，抑或重新做人。換個方式來說，類似這樣的年例祭典儀式，其實正是臺灣漢人村莊一年一度，或多年一次所集體進行的過度儀式，抑或集體參與演出的「宗教儀式劇」。其中，建造之初即已獲得玉皇上帝敕賜（「玉旨」或「玉敕」）的地方公廟，乃是人天或人神交通的神聖場域，也是村莊小宇宙的神聖根源及中心；[80] 而「代天巡狩」，抑或為玉帝所派令且可以通天、上達天聽的廟宇神明，則是上帝在人間的分身或代表；至於道士或法師所扮演的，即是交通人天（神）的關鍵媒介。

---

[79] 類似基督宗教、伊斯蘭教、印度教及佛教等幾大宗教，皆和道教一樣，擁有大量的文字、經典，也都相當重視文字及經典的價值，但這些宗教的儀式（比如，基督宗教的彌撒及聖餐禮），除漢地化、民間化或受道教影響的某些佛教外，卻極少見到如道教一般的重視疏文、符籙等文檢書面資料的作用。道教儀式如是大量的使用及重視文字書面資料，除是取法中國古代君臣官僚體制的運作模式外（在天人一體及天人相應思想濃厚的古中國，人間的帝制，正如 Eliade 所說的一般，最初其實乃是模仿天上的神聖原型；紫禁城之對應天上的紫微垣，便是一個典型而有力的例證），更在於道教及漢文化所賦予漢字和符籙文字的神聖性。無論是靈寶派視符籙為天文、神書之觀念（有關此點，可參閱謝世維，《天界之文：魏晉南北朝靈寶經典研究》〔臺北：臺灣商務印書館，2010〕。特別是書中的第一、二章），還是民間社會對於造字者倉頡及漢字、印章（印信）的信仰和崇拜（比如，臺灣早期各地相當常見的「敬字亭」），都反映出漢人社會對於文字的獨特認識及崇信。

[80] 「所有的寺廟與宮殿——擴而充之，所有的聖域與王居——皆是聖山，因此也都是中心。聖城、寺廟等乃是宇宙之軸，為天、地、地下三界交會之點。」（Mircea Eliade 著，楊儒賓譯，《宇宙與歷史——永恆回歸的神話》〔臺北：聯經，2000〕，頁9）。

藉由如是儀式活動的投入、參與及觀摩，村莊民眾也因此而使其生命進入類似 Victor Turner 所言之「模稜兩可」、「空洞虛無」抑或無結構、反結構、超越結構的閾限狀態，[81] 進而跳脫或超越生命原有的階段或格局。等到祭典儀式結束後，生命便得以獲得更新，並重新聚合到社會及人生的路程當中。姓名、文字的明載於疏文當中，並且火化呈報上天，無疑乃是為了強化參與信眾的印象或信念，使其深信自身的生命，已和上天、根源再度連結，並能獲得來自上天、神明的護持及庇佑，由是而得以重新轉化。

混真壇道士於蘇府王爺廟年例拜天公儀式中宣讀疏文

2. 保安廟

沙崙保安廟的法教，因一開始即建立起較為嚴格、完整和公開

81　Victor Turner 著，黃劍波、柳博譯，《儀式過程──結構與反結構》（北京：中國人民大學出版社，2006），頁 94-131。

的法師養成、考核及認證方式，[82] 是以在淡水西部濱海地區三大廟宇當中，乃成為最具體系及制度性的傳承；也因為如此，使得保安廟的法師或法役，在該廟及當地民眾的心目中，更具崇高的威望及地位。

主祀清水祖師的保安廟，為向祖師正月初六的聖誕祝壽，故其年例祭典舉行的時間，是訂定在每年的正月初四至初九日。其主要的流程及儀典內容如下：正月初四日起，至初九日止，由佛教法師及廟內誦經團共同舉行為期六天的「祈安禮斗法會」。初五凌晨「接神」、「迎神」，同時藉由乩身向清水祖師請示當年是要舉行過刀梯，還是過刀橋及釘橋。[83] 初五早上在正殿舉行淨刀、敕刀儀式，以供

---

[82] 蘇府王爺廟的老法師，為了持續培訓新一代的法師、法役，也會固定選擇某些時間，在廟宇正殿當中及王爺童乩的監督之下，教導志願者學習廟內各項法事所需用到的符咒及身法、手訣。福德廟府法教的傳承方式，亦大體略同；其中較大的差別是，福德廟府及正興宮的法師因系出同門，故當培訓完成後，會集體於正興宮的孚佑帝君座前，正式發願、立誓，絕不違背師門，並謹守道德、教法，以取得認證，故比起蘇府王爺廟，實更具制度。

[83] 保安廟每年的年例祭典，必會過火，但過火之後，到底是要舉行過刀梯，抑或過刀橋及釘橋儀式，則完全由清水祖師在當日凌晨的降示所決定。據廟方人員說，若是當年度的整體運勢較差，有可能會出現較多的災劫厄難，祖師便會指示過刀梯；反之，若較為平順，則只要過刀橋及釘橋即可。根據筆者針對保安廟及金福宮雙方人員的訪查，保安廟的過刀梯儀式，並非初始即有，而是受到金福宮的影響才開始設置。換句話說，淡水最早（可能在清代即開始）舉行爬刀梯儀式的廟宇，乃是位於三民街上的金福宮；該宮在長期施行此儀後，因廟地原本即座落在狹隘、陡峭的巷弄之中，空間相當有限，多年來雖另借場地施行，但亦困難重重，由是而有終止之意。此時正好保安廟有意舉行如是儀式，所以金福宮便將其登刀梯所用之巨木，奉送給保安廟。也正因二廟之間存在如是的關係，是以，早期保安廟在舉行年例祭典之時，皆會依例迎請金福宮的池王爺到該廟作客，但如是的儀例，近年已不再出現。

應下午的刀梯或刀橋使用；當日下午的未、申時，舉行過火及過刀梯或過刀橋、釘橋。正月初六上午巡庄繞境，下午七點向祖師公祝壽及卜值年爐主。隔日，新任爐主「過頭」。

保安廟的「祈安禮斗法會」，大約是在三十年前才開始舉辦；雖然其設置於廟前之禮斗壇場的神明掛軸，[84] 乃是懸掛玉皇、南北斗二星君、北帝、天師及康、趙二元帥等道教神靈，但主持法會的，卻是佛教的法師，並由該廟的誦經團配合誦經。如是的情況，在現今臺灣擁有誦經團的民間宮廟當中，早已不稀罕；[85] 俗諺所謂之「佛無拜斗，道無放燄口」的長期傳統，顯然已因宮廟誦經團在戰後的大量組成及參與各項廟宇法事，而逐漸被打破。除此之外，從法會的壇場佈置、舉行時間（正月初九即「天公生」）、斗首的種類[86] 及最後一天所安排的「齋天」科儀來看，如是的法會雖名之為「禮斗」，但實質上，亦兼具拜天公及為天公祝壽的意涵。換句話說，保安廟正是以「祈安禮斗法會」的舉辦，來取代傳統的拜天公儀式；且主持法會及代表信眾向上天呈疏和擔任人神交通媒介之人，已由傳統的道士或法教法師，轉變為佛教師父，此乃戰後臺灣民間信仰當中

84　此是根據 2013 年筆者所觀察到的情況。

85　以淡水的情況為例，淡水老街的三大廟宇——福佑宮、清水巖及龍山寺，皆擁有自身的誦經團，且每年都有「祈安禮斗法會」的舉辦，但主持法會的，同樣是佛教的出家或在家師父。在筆者近年曾調查過的臺北保安宮、臺中元保宮及臺南學甲慈濟宮北、中、南三座重要的保生大帝廟宇，也都可以見到如是的情況。之所以如此發展的主要原因，和廟方考量經濟的因素，以及民間廟宇的誦經團，其屬性往往比較偏向佛教有關。臺灣的道士顯然也會因為這樣的發展趨勢，而減少許多承接「祈安禮斗」法事的機會。

86　整個禮斗法會，除總斗首外，乃以「玉皇首」為最高（斗金數目與總斗首相同，皆為三萬六千元），其次則為「三官首」。

的另一重要變化。這樣的變化，一方面和戰後佛教信仰的繁榮興盛有關，另一方面，無疑也會排擠道士及法師在廟宇當中所長期擔負的任務及角色。當然，從如是法會的舉辦，我們亦可看到，漢人社會藉由疏文及書面文字和印章確證的方式，與上天、神明進行交通，仍然在漢人當中，具有積澱深固，甚至牢不可破的文化及信仰基礎，[87] 當同樣擁有文字及經典傳統的誦經團成立後，廟內的信眾，仍然會尋求藉由上疏呈章及文字明載的方式，來與上天交通。[88]

保安廟年度祭典的重頭戲及長期傳承，乃是初五下午所舉行的過火及過刀梯，或過刀橋及釘橋等儀式。如是儀式，自創置以來，便都是由廟內的二位法師，搭配清水祖師乩身所共同主持。儘管代表祖師的乩身皆全程參與，並立居中尊主位，但因該廟領有職牒的法師，本就敬奉清水祖師為恩主，且成為有權代替祖師行法濟世的法役；再者，整個法事的流程、儀節也都十分固定，因此，神明乩身在整體儀式過程當中，便比較居處在配合或護持儀式進行的地位。[89] 此點和其他二廟的情況，略有不同；造成如是差別的原因，主要還是在於該廟的法教或法師傳統的強弱、身分地位或完備程度

---

[87]　漢人社會如是對於文字、印章的特殊信任及崇拜，也體現在現實政治、商業及庶民生活當中類似「相信印章、印鑑，而不太相信簽名」的現象。

[88]　「祈安禮斗法會」既然同時兼具與上天連結、交通及向上天祈福的意義，則其到最後，是否會完全取代「過刀梯」這種既繁瑣、傳承亦不易，且又須勞師動眾、耗費大量人力、物力的儀式，乃是一個值得觀察的可能發展。比如，比較都市化之淡水街上的清水巖，在過年期間，只有單獨舉行「祈安禮斗法會」而已。

[89]　比如，登刀梯時，只有法師會上去，而童乩則是站在刀梯底部，護持法師及眾人上下刀梯。

如何，若是法師養成制度較為周全，且身分獲得較正式的認定，則神明乩身的作用及角色便會相對弱化一些；反之，則較強化。也正因保安廟傳統法師養成制度較為完備及周全，是以，該廟曾經歷齋戒坐禁儀制，並已正式取得職牒的法役，實已和南部登過刀梯的靈寶道士一般，足以擔負起人神或人天交通的中介角色，以及代替清水祖師施行各種法務。也因此，在保安廟所施行的各種法事、儀式中，惟一會特別延請道士來主持的，就只剩每十年一科的建醮活動而已。[90]

　　儘管保安廟的年度祭典當中，並未特別舉行如其他二廟一般的道教拜天公及通疏儀式，但其傳統的「登刀梯」儀式，其實同樣含蘊著通達上天，返歸宇宙萬物本源，以求重新立極（太極），重新混沌開基，藉此超越集體及個人原有的時運或格局之意涵。[91] 這樣

---

[90] 近幾科的醮事，保安廟皆是延請蘆洲顯妙壇（屬劉厝派）的朱傳斌（原為石門鄉人）及其子朱埜燦兩位道長來主持。日治之前，淡水的靈寶道士，都還具有作醮的能力，但如是的能力，隨著醮事的不斷減少而逐漸流失。是以，無論是保安廟或八庄大道公每年農曆七月七日的祈安醮，還是福德廟府於 2005 年 5 月所舉行的三朝慶成祈安醮典（聘請高雄彌陀鄉贊照壇的黃政雄道長主醮），都只能延請外地的道士來主持。

[91] 無論是內丹、瑜伽等身心的煉養修行，祭解、過橋、過關限等儀式，還是現實生命、人格、心靈、意識的轉化或改變，以及成年、結婚、生子、死亡等人生幾個重要階段的過度，其實都含蘊著這樣的思維、理路及模式。如是的規律及理路，其實也就是宇宙萬物向前演化及逆返回歸所共同依循的根本律則（道），因而具有存有論或形上學的意涵。就漢人的文化來說，無論是《易傳》、《老子》的「太極生兩儀，兩儀生四象…」，「道生一，一生二，二生三，三生萬物」，「復歸於樸」，「反者道之動」等說法，還是周濂溪《太極圖說》所謂的「無極而太極，太極動而生陽……」，「主靜以立人極」，皆同樣在闡述如是的順逆存有之道。誠如 Eliade 所說的一般，「任何犧牲儀式，如印度之經文昭然明說的，都只是重複創世紀的行為。」（《宇宙與歷史——永恆回歸的神話》，頁 8），漢人及人類的宗教儀式、生命禮儀及歲時節慶，事實上，都同

的意涵，和二廟延請道士所主持的拜天公及通疏儀式，並無兩樣；兩者皆同屬 Arnold van Gennep 所謂的「過渡儀式」，也都具有隔離（閾限前）、邊緣（閾限狀態）及聚合（閾限後）這樣的三重步驟及結構。道士和法師在各自的儀式當中，都同樣扮演人神（天）交通的重要中介角色；保安廟的法師，因領有法役職牒，早已取得上天的印可、認證，可以代天（神）行法，所以自然能名正言順的擔負起這樣的任務。兩者間較有差別的，乃是一者較重視及借助於經典、文字這樣的媒介，儀式的安排及表現，也較為靜態、文雅；另一方，則不藉經典、文字，直接以登梯上天之象徵性動作的公開展演，向信徒喻示與上天的連結及交通；如是形式上的差異，其實也正反映出道、法二門各自的特質。此外，登刀梯儀式之「過關」或「消災」的目的及色彩較為濃厚，而拜天公則祈福、謝恩的意味較強；但無論是過關，還是祈福，其宗旨、原理及結構，其實並無兩樣。有關「登梯」儀式之登天、通天的意涵及功能、作用，可進一步闡述如下。

在閭山教法當中，「登梯」一儀，本即存在「登天梯」或「登天門」等別稱；如是的別稱，其實正畫龍點睛的道出「登梯」一儀的根本目的及意涵。如下所見有關「登梯」的一些法咒，便可更直接、有力的印證如是觀點：「祖師存變，本師存變，存變吾身，不是吾身，吾身化為飛仙白鶴正身，飛上三十三天。」[92]「一喚天來天門開，天仙兵馬下凡來。二喚地來地門開，地仙兵馬上壇來。⋯⋯

樣在的模仿、順應或尋求超越這樣的存有律則。

[92]　真德大師、永靖大師，《閭山法門秘旨》，頁368，「存變祖師咒」。

弟子站在刀梯上，喚明天地日月星。弟子起頭望星斗，並天星斗作
證盟。上有通天並達地，下有聖賢諸眾神。」[93] 儘管如上的科儀法
咒，主要和登天奏職有關，而保安廟的登梯法本，又深鎖在內殿神
櫃當中，外人難窺其詳，但其過刀梯的儀式之具有登天返源，藉以
重開新機，轉化時運的象徵意涵，乃無可疑議。[94] 蓋登刀梯所使用
之札根於地、直指向天的巨木，實即代表通天貫地之宇宙中心的「建
木」、「宇宙樹」或「崑崙山」、「須彌山」、「宇宙山」；若於人體之
內，即為「脊柱」，於宮廟、房舍之中則為「中樑」，此學界早已有
闡發。[95] 巨木上三十六把橫穿而過的刀身利刃，則象徵道教天界觀

93　真德大師、永靖大師，《閭山法門秘旨》，頁 377。
94　在中國湖南、湖北及貴州等省境內如苗族、傈傈族等少數民族，亦普遍
　　存在類似保安廟之「上刀山，下火海」的儀式，而其登梯之具有登天
　　的象徵意涵，亦得到一致的肯定。比如，見於如下之說法：「在巫師登
　　上刀梯之後，他做了這樣一個舉動，朝天吹響了掛在梯頂的牛角號，這
　　種象徵意義十分明顯，即溝通天神與人，表達要脫離地面的束縛達到登
　　天目的。」（李夢璋，〈苗族「椎牛」祭文化人類學闡釋〉，《民族論
　　壇》，9〔2008〕，頁 38。）根據訪談，保安廟的法師亦透露，當法師
　　登上梯頂之後，有揮鞭、持咒及散符的動作，前二者，實和苗族巫師的
　　吹牛角一般，具有與天神交通的意涵。
95　Eliade，《宇宙與歷史──永恆回歸的神話》，頁 9-13。李豐楙等，《東
　　港東隆宮醮志──丁丑年九朝慶成謝恩水火祈安清醮》，頁 106-108。
　　事實上，人類許多原始的宗教、神話，也把整個宇宙比喻成一棵倒生的
　　樹，Eliade 於此亦早有析論，比如，見於如下之語：「印度通常以一棵
　　巨樹代表宇宙。這個觀念在《奧義書》中有正式而明確的規定：宇宙是
　　一棵倒置的樹，根埋在天空裡，枝葉覆蓋整個大地。……這個神話的和
　　形而上學的符號並不是絕無僅有的。Masudi 提 Sabean 的一個傳說，說
　　的是柏拉圖宣稱人是一種上下顛倒的植物，根伸展上天，枝葉延伸到
　　地。在希伯來的秘傳教訓中也有相同的傳說。」（M.Eliade 著，晏可佳、
　　姚蓓琴譯，《神聖的存在──比較宗教的範型》〔桂林：廣西師範大學
　　出版社，2008〕，頁 262-263）以此來解讀保安廟的「登刀梯」儀式，
　　實更可見出該儀式之普世性及深具回返根源之存有論上的象徵意涵。

保安廟的過刀梯儀式

或宇宙觀中的三十六天，以及法師、凡人在超俗入聖和登天返源路
程當中所必須歷經的各種危險艱難及層層考驗。因著法師及信眾登
梯儀式的公開演示，一來可使地方信眾的集體心靈，藉此而同返根
源、同登天界聖境，進而得以超脫和過度種種災難，以及獲得上天
神靈的庇佑；再者，亦可藉此儀式，而使那些隨著法師、信眾背負
上天的廟內神像、法器、法物及鎮宅符咒，獲得來自根源、天界的

靈力淨化和加持，同時強化信眾對祂們的信賴及信仰；三者，可藉
由此儀式的公開展演，而強化全庄民眾的生命韌度及心理力量，同
時提醒民眾，對於來年村庄所可能出現的種種災厄，隨時保持警覺
之心，並做好心理準備；第四，如是儀式的公開及重覆性舉行，自
然也可藉此凝聚社區民眾的向心力及集體認同，同時加強其對廟內
神明和法師的支持、信賴及信仰。是以，登梯儀式的意義及作用，
對於社區及社區信眾來說，可謂是十分的豐富、多元、深刻及重大。

3. 福德廟府

三廟之中，以大庄福德廟府的法教成立時間最短，其茅山法的
傳統，亦有異於其他二廟。福德廟府落成安座於 2004 年 8 月，其
前身為庄內的一座小土地公廟，日治之前即已存在；如是的土地廟
在現今淡水的 42 里境內，皆至少有一到二座，最多則有四座以上。
不過，早在土地公廟時期，該廟即有年例祭典之舉行；其法教的傳
承，則已有二十多年的歷史。現今的福德廟府，一年當中較為重要
的祭典活動，計有每月初一、十五（農曆，下同）的例行性犒軍；
二月二日福德正神聖誕，當日下午三點舉行過釘橋及過火儀式；七
月的普度；八月初四、初五的年例祭典（祈安廟慶大典）；南巡進
香活動（確切日期依神明指示，通常在下半年）。諸祭典當中，自
以八月初四、初五的祈安廟慶大典最受重視，也最為盛大；整個祭
典活動，共包含八月四日上午的平安遶境，下午的拜天公、通疏及
新舊爐主交接；八月五日下午的敬神、通疏、犒軍及普施等。在這
些祭典儀式當中，由廟內法師抑或法師搭配神明乩身共同主持的，
計有例行犒軍、過火、過釘橋儀式及平日的信徒問事。至於七月的

普度及年例祭典中的拜天公、[96] 敬神、通疏等儀式，福德廟府長期以來，都和蘇府王爺廟一樣，主要是延請其所熟識的混真壇蘇錦燦道長主持。由此可知，三廟的祭典儀式，實以福德廟府對道士最為倚重；此點和該廟法教成立時間較為短暫有關。在過火及過釘橋儀式方面，據福德廟府李正雄法師言，二儀式皆是依神明的指示而設置，其中以過火儀式較早，約有二十年的歷史。過釘橋乃是近幾年才開始，釘橋的大小、規制（108 釘），同樣是依照神明指示而製作。神明乩身在福德廟府儀式當中的重要性及受倚重程度，實為三廟最高；無論是過火，還是過釘橋，皆是由張府天師降駕主持，法師比較是處在從屬或配合的地位。

五、結論

年例祭典儀式的舉行，無論是在淡水的老街區，還是在淡水的濱海或山陵地區，皆相當普遍。[97] 如是祭典儀式的長期流傳及年年舉行，除了體現漢人社會自先秦以降之「春祈秋報」及「感恩謝神」的美好德性及禮俗外，該祭典更具有《禮記・祭義》當中所強調之「報本返始」這樣的形上學、存有論、超越解脫或人類深層意識的

---

[96] 福德廟府當中，除天公爐外，雖無奉祀玉帝的神位或神像，但大庄埔庄內，自古早以來，即有一座小型「天公爐」，在各里民家中逐年輪祭。在福德廟府尚未建成前的年例祭典當中，此「天公爐」即會被請出，代表玉帝，接受民眾的祭拜。廟宇建成之後，依舊沿襲此例。

[97] 有關淡水平地及山區數里之年例祭典的調查及探討，可參看簡有慶的〈蓬萊老祖與淡水八月「年例」祭典〉，收於淡江大學歷史學系編，《第三屆淡水學暨清法戰爭 120 週年國際學術研討會論文集》，（臺北縣：淡江大學歷史系，2004）。

深刻意涵。正如臺灣早期漢人傳統宅第當中所普遍懸掛的「天公爐」
（三界公爐），乃反映出漢人文化中之以天（道）為根本源頭，或
依歸的形上或存有學認識；每年年例祭典的舉行，除向天地宇宙及
玉帝眾神這個存有本源祈求消災、謝恩、降福外，它也是在不斷的
重返根源，獲得存在的力量和重新混沌開基，以藉此超脫、轉化、
更新個人及社區集體的原有命運和格局。淡水及臺灣漢人社區常年
所舉行的如是祭天儀式，無疑具有著漢文化及各地方文化所特有的
形式及內涵，但在這些各有差別、歧異的祭典形式及內涵當中，我
們亦可看到人類的生命、意識及文化，皆普遍存在的共同結構及思
維。此共同的結構及思維，即是肯定人類的生命、意識，皆同樣擁
有其根本源頭，藉由此根本源頭的連結、回歸及契合，人類現實的
生命、意識及命運，將可因此而得到超越、更新、轉化及解脫。不
同的民族、地方及文化，皆透過各種繽紛多元的儀式及形式，在尋
求連結根源及超越轉化。如是的情況，有點類似《易傳》及《莊子．
德充符》當中所說的：「天下一致而百慮，同歸而殊途」，「自其異
者而視之，肝膽楚越也；自其同者視之，萬物皆一也。」

　　在本文的分析、整理當中，我們可以看到，淡水的道教因自清
代以來，即是以靈寶派為主，也因為這樣的事實，而使淡水的法教
擁有更多的存在及發展空間，與北部其他地區有所不同，和南部地
區的情況則較為接近。根據筆者的調查採訪，淡水的法教，至少存
在三奶、九天、茅山及天師等數個不同的傳承，分別在私壇及宮廟
當中流傳；其中勢力最大者，乃是三奶法。由於淡水的法教流派甚
多，其儀式種類、施行方法、傳承方式及與道士、童乩及廟宇的具
體關係，自然也相當多元及各有差別。從本文後半所著力聚焦的濱

海三廟,便可見出其中的細部差異。不過,在這些因著地區、教派及廟宇的不同而所呈現出之的分別法相當中,我們也可看到三地皆藉由或同或異的祭天儀式,在尋求與生命宇宙存有根源的連接與交通;而這樣的連接與交通,其實正反映出上文所言之人類生命及自然宇宙所共同擁有的存有規律及秩序!

當然,由於法教本身的神秘、鬆散、較不重經典、文字等等特質,也由於個人時間、能力及篇幅的限制,本文針對淡水法教所進行的一些調查,亦不免存在並不細密周全及值得深入確認、釐清之處,此乃筆者後續研究可以進一步努力的地方。

◆後記:本文得以順利完成,特別要感謝以下諸位法師、道長、女士及先生接受訪問或熱心提供資料及各種協助:蘇府王爺廟的楊吉安主委、楊明鐵、陳昭明法師及總務鄭小姐等人;保安廟的周添水、蔣文通、陳啟祥法師及王麗珠主委(里長);通真壇的陳文燦法師及其夫人;竹圍九天宮的徐老師;福德廟府的李正雄法師、太子乩身謝先生;混玄壇的張正雄道長;金福宮的謝錦煌先生;正興宮的吳仁德、呂良旺法師;平安宮的黃永水法師;明德壇的蘇西明道長;高雄太軒居士林國安。(本文刊於《華人宗教研究》,第三期,2014,頁145-196。)

引用書目

傳統文獻

安居香山、中村璋八輯，《緯書集成・龍魚河圖》（下），石家莊：河北人
　　民出版社，1994。

近人論著

中文著作

朱淼炎主編，《名山聖地九天玄女宮廟》，臺中：中國九天玄女祖庭道教
　　會，2010。

呂錘寬，《臺灣的道教儀式與音樂》，臺北：華藝出版社，1977。

———，《道教儀式與音樂之神聖性與世俗化（儀式篇）》，臺中：文建會
　　文化資產總管理處籌備處，2009。

林振源，〈正邪之辨、道法之合：臺灣北部道法二門的道、法源流〉，政
　　治大學華人宗教中心等主辦「經典道教與地方宗教國際研討會」，臺
　　北：2013 年 7 月 11-12 日。

李豐楙等，《東港東隆宮醮志——丁丑年九朝慶成謝恩水火祈安清醮》，
　　臺北：臺灣學生書局，1998。

———，〈巡狩：一種禮儀實踐的宣示儀式〉，李進益、簡東源主編，《臺
　　灣民間宗教信仰與文學學術研討會論文集》，花蓮：花蓮教育大學民
　　間文學所、花蓮勝安宮管委會，2007，頁 5-36。

李夢璋，〈苗族「椎牛」祭文化人類學闡釋〉，《民族論壇》，9，2008，頁
　　38-39。

洪瑩發，〈神人共證：南部道教登刀梯奏職儀式的初探——以府城延陵道

壇爲例〉，收入於李進益、簡東源編，《臺灣民間信仰與文學學術研討會論文集》，花蓮：花蓮教育大學民間文學研究所、花蓮勝安宮管理委員會出版，2008，頁375-395。

姜守誠，〈南臺灣靈寶到派登梯奏職閱籙科儀之研究──兼論台南與高屏之異〉，《成大宗教與文化學報》，16，臺南：國立成功大學中文系宗教與文化研究所印行，2011，頁225-300。

眞德大師、永靖大師編，《閭山法門秘旨》，臺北：進源書局，2011。

翁佳音，《大臺北地圖考釋》，北縣：臺北縣立文化中心，1998。

張建隆，《尋找老淡水》，北縣：臺北縣立文化中心，1996。

───，〈沙崙保安廟祭典──過火、爬刀梯傳奇〉，《金色淡水》，13，6版，1994.3.15。

溫振華，〈寺廟與鄉土史──以淡水福佑宮與鄞山寺爲例〉，《北縣文化》，49，頁1-10。

葉明生，《福建省龍巖市東肖鎮閭山教廣濟壇科儀本彙編》，臺北：新文豐，2006。

───，〈試論「瑜伽教」之衍變及其世俗化事象〉，《佛學研究》，1999年，頁256-264。

───，〈道教閭山派之研究(一)〉，《道韻》，第九輯，臺北：中華大道文化事業股份有限公司，2001。

───，〈道教閭山派與閩越神仙信仰考〉，《世界宗教研究》，3，2004，頁64-76。

徐曉望，〈論瑜珈教與臺灣的閭山派法師〉，《福州大學學報（哲學社會科學版）》，2，2008，頁5-10。

楊一樂，〈臺灣登刀梯閱籙晉升道長儀式之研究──以台南地區道士爲例〉，新北：臺北大學民俗藝術研究所碩士論文，2011。

楊育霖，〈淡水蘇府王爺廟的送王船儀式〉，收於《全球化下臺灣宗發展

之典範學術研討會論文集》，臺北：臺灣宗教學會，2012，頁 203-214。

楊育霖、蕭進銘，〈淡水蘇府王爺廟的王船祭典〉，《文化淡水》，154，2
　　版，淡水文化基金會，2012.10。

蔡維民、蕭進銘、陳敏祥，《淡水鎮志（下冊）·宗教禮俗志》，新北：新
　　北市淡水區公所，2013。

劉枝萬，《臺北市松山祈安建醮祭典》，臺北：中研院民族所，1967。

———，《中國民間信仰論集》，臺北：中研院民族所，1974。

———，〈臺灣的道教〉，福井康順等監修，朱越利等譯：《道教》第三卷，
　　上海：古籍出版社，1992，頁 116-154。

———，〈臺灣之 Shamanism〉，《臺灣文獻》，54：2，2003，頁 1-27。

———，〈臺灣的靈媒——童乩〉，《臺灣風物》，31：1，1981，頁 104-115。

劉怡君，〈九天玄女信仰的源流與發展〉，收於《2009 保生文化祭道教神
　　祇國際學術研討會論文集》，臺北：保安宮，2010，頁 49-76。

劉還月，《淡北海岸的甦醒》，臺北：常民文化，2002。

簡有慶，〈蓬萊老祖與淡水八月「年例」祭典〉，收於淡江大學歷史學系
　　編，《第三屆淡水學暨清法戰爭 120 週年國際學術研討會論文集》，
　　北縣：淡江大學歷史系，2004。

謝世維，《天界之文：魏晉南北朝靈寶經典研究》，臺北：商務印書館，
　　2010。

蕭進銘，〈淡水靈寶道壇的功德儀式——以混玄壇爲核心的探討〉，《民俗
　　曲藝》，173，2011，頁 233-277。

———，〈淡水道教的源流與內涵〉，新北市淡水區公所主辦，「2012 年淡
　　水宗教學術研討會論文集」，新北：2012 年 5 月 31 日，頁 83-99。

John Lagerwey 著，許麗玲譯，〈臺灣北部一派道士譜系〉，《民俗曲藝》，
　　103，1996，頁 31-48。

Mircea Eliade 著，楊儒賓譯，《宇宙與歷史——永恆回歸的神話》，臺北：

聯經,2000。

Mircea Eliade 著,晏可佳、姚蓓琴譯,《神聖的存在——比較宗教的範型》,桂林:廣西師範大學出版社,2008。

Victor Turner 著,黃劍波、柳博譯,《儀式過程——結構與反結構》,北京:中國人民大學出版社,2006。

英文著作

Philip C. Baity, *Religion in a Chinese Town,* 臺北:東方文化出版,1975。

地方宗教中的道法關係

——以臺南和意堂爲核心的考察

謝世維

政治大學宗教研究所

一、臺南的法教

本文首先試圖界定所謂「法教」，一般學者或有稱之為「法派」或是「小法」，指的是一種普遍存在於民間宗教的宮廟，作例行性儀式或消災解厄等服務儀式專家或團體。一般在民間或學界有稱這一類的宗教服務為「小法」或「小法仔」而稱這類團體為「小法團」，也有稱「法派」、「法教」。所謂的「教」雖然在華人宗教的研究範疇當中仍有爭議，但是一般認為必須具有一定教義系統、宇宙觀、神譜、神職人員、救贖觀等。儘管如此，現在學界使用「法教」一詞已相當普遍，因而本文將採用「法教」與「法派」二詞。筆者同時將「法教」界定為一種儀式專家的宗教服務，而這種宗教服務是扣連民間宗教的價值系統。換言之，「法教」是由一群儀式專家進行系統性的儀式服務，而這種服務是在架構於民間宗教的脈絡當中，在民間信徒所共同認知的義意當中而成立。因此，「法教」的儀式專家是為民間宗教的信仰者服務，而這兩者之間共享著一個類似的宇宙觀以及現世價值。

對臺灣法教的研究最早是以民俗調查的型態呈現，最早是由日本民俗學者對臺灣法師的形象與儀式進行描述與紀錄，這些學者包括丸井圭治郎、片岡巖、鈴木清一郎、國分直一等，[1] 一九六○年

---

[1] 丸井圭治郎，《臺灣宗教調查報告書第一卷》（臺北：臺灣總督府，1919）；後由捷幼出版社重刊，捷幼出版社，1993 年 9 月。片岡巖，〈臺灣巫覡〉《臺灣風俗誌》，第十輯第一章（臺灣日日新報社，1921）。國分直一，邱夢蕾譯，《臺灣的歷史與民俗》（臺北：武陵出版社，1991）。國分直一，〈臺灣のシヤマニズム─とくに童乩の落嶽探宮をめぐつて〉《壺を祀る村》（東京：法政大學出版局，1981 年），頁 310-338。鈴木清

代則有施舟人（Kristofer M. Schipper）對紅頭法師及閭山法師的調查，大約同時臺灣民俗學者也開始對法教進行調查與紀錄，其中江家錦與顧群對法師的形象與儀式內容作了詳細的記載。到了一九七〇年代末，劉枝萬不但對儀式種類與內容進行仔細的描述與分析，並開始對臺灣不同的法師進行派別分類，可以說首先將法教進行較有系統的學術性考察，而其研究的對象則以紅頭法師為主。[2] 黃有興則是自一九八〇年代後期到一九九〇年代開始即對彭湖的法師作有系統的研究，將澎湖的法師區分為普庵派與閭山派，並以佔多數的普庵派作研究，其中對澎湖法師各種法事進行描述，留下珍貴的紀錄。[3] 一九九〇年代則有黃文博對法師的研究，黃文博試著對臺灣的巫覡傳統的歷史進行考察，並加以分類。其中注意到法師的不同傳統，以及臺南紅頭法師與黑頭法師所侍奉的不同神明。[4] 李豐楙在考察道教科儀與客仔師的時候分析了小法當中有關生命禮俗的種種儀式，同時也對「道法二門」作仔細的分析。[5] 二〇〇〇年

一郎，馮作民譯，《增訂臺灣舊慣習俗信仰》（臺北：眾文出版社，1989）。鈴木清一郎，《臺灣舊慣──冠婚葬祭と年中行事》（臺灣日日新報社，1934）（臺北：南天書局，1995 年二刷）。

[2] 劉枝萬，《臺灣民間信仰論集》（臺北：聯經出版社，1983）。劉枝萬，〈臺灣的道教〉，朱越利、徐遠和、馮佐哲譯，《道教》第三卷（上海：古籍出版，1992）。

[3] 黃有興，《澎湖的民間信仰》（臺北：台原出版社，1992）。黃有興編撰，〈澎湖馬公城隍廟志（上冊）〉（澎湖：財團法人澎湖馬公城隍廟，1999）。黃有興、甘村吉，《澎湖民間祭典儀式與應用文書》（澎湖：澎湖縣文化局，2003）。黃有興，〈澎湖的法師與乩童〉《臺灣文獻》，38:3（1987），頁 133-146。

[4] 黃文博，《臺灣冥魂傳奇》（臺北；台原出版，1992）。

[5] 李豐楙，〈道、法信仰習俗與臺灣傳統建築〉，收於郭肇立主編《聚落與社會》（臺北：田園城市文化，1998），頁 107-129。李豐楙，〈臺

以後對法教的研究有了開創性的發展，其中李豐楙與謝聰輝合著的
《臺灣齋醮》較系統性地介紹了道士、法師所從事與生命禮儀有關
的儀式，分別從紅頭司與黑頭司所行的法術進行分析。[6] 許麗玲一
系列對北部紅頭法師的補運儀式的研究，將儀式的細節與內容作了
結構式的討論，是針對特定法教大補運儀式進行研究之典範。[7] 吳
永猛則以其自身經驗以及長期觀察研究，針對澎湖普庵法教作系統
性的研究，[8] 而在研究的同時也培養法教的人才，並分別在二〇〇

灣儀式戲劇中的諧謔性——以道教、法教為主的考察〉《民俗曲藝》，
71（1989），頁 174-210。李豐楙，〈複合與變革：臺灣道教拔度儀中
的目連戲〉《民俗曲藝》，94、95（1993），頁 83-116。李豐楙，〈臺
灣中部「客仔師」與客家移民社會：一個宗教民俗史的考察〉，收於宋
光宇編，《臺灣經驗（二）社會文化篇》（臺北：三民出版社，1994），
頁 121-158。李豐楙，〈臺灣中部「客仔師」與客家社會：一種社會變
遷中信仰習俗的起伏與消失〉，收於徐正光，彭欽清，羅肇錦主編〈客
家文化研討會論文集〉（臺北：行政院文化建設委員會，1994），頁
217-242。李豐楙，〈金門閭山派奠安儀式及其功能—以金湖鎮復國墩
關氏家廟為例〉《民俗曲藝》，91（1994），頁 395-464。李豐楙，〈臺
灣中部紅頭司與客屬部落的醮儀形式〉《民俗曲藝》，116，（1998），
頁 143-173。李豐楙，〈凶死與解除：三個臺灣地方祭典的死亡關懷〉，
收於黎志添編，《華人學術處境中的宗教：本土方法的探索》（香港：
三聯書店，2012），頁 91-133。

6 李豐楙、謝聰輝合著，《臺灣齋醮》（臺北：傳統藝術中心籌備處，2001）。
7 許麗玲，〈臺灣北部紅頭法師法場補運儀式〉《民俗曲藝》，105（1997），
   頁 1-146。許麗玲，〈疾病與厄運的轉移：臺灣北部紅頭法師大補運儀
   式分析〉，《信仰、儀式與社會》（臺北：中央研究院民族研究所，2003），
   頁 359-360。
8 吳永猛，〈澎湖宮廟小法普庵祖師探源〉，《東方宗教研究》，4（1994），
   頁 165-182。蔡相輝、吳永猛，《臺灣民間信仰》（臺北：空中大學，
   2001）。 吳永猛，〈普菴禪師與民間信仰〉《佛教與中國文化國際學
   術會議論文集中輯》，1995 年 7 月出版，頁 485-497。吳永猛，〈澎湖
   小法呂山派現況的探討〉《空大人文學報》，7（1998），頁 287-310。
   吳永猛，〈民間信仰的道法二門之探討〉《空大學訊》，274，（2001），
   頁 67-69。

九、二〇一〇、二〇一一、二〇一二年由臺灣民俗信仰學會、國立
臺北藝術大學傳統藝術研究中心共同主辦「臺灣民俗信仰學會年會
暨法教與民俗信仰學術研討會」學術活動。其中除了吳永猛對法教
的儀式研究以外，尚有林承緯對法教與民俗學與藝術形象方面的探
討，以及馬上雲對澎湖法教普唵派儀式的音樂研究，同時也帶領一
批研究生發表最新的研究成果。此外，國立臺南大學的臺灣文化研
究所也開始對臺灣的法教進行有系統的整理，並有一系列研究法教
的碩士論文相繼完成，其中較出色的有王釧雯對臺南市宮廟小法團
的研究以及許宇承對臺灣民間信仰中之五營兵將的研究。其他學校
也開始將法教的各種內容當作碩博士論文的研究課題，較出色的有
方鳳玉對五營空間的研究等。[9] 總的來看，二〇〇五年以後對法教
的研究已經不再是儀式的調查與派別的分辨，新的研究不但將法教
視為一個完整的學術領域，而且能夠從地方關係與區域歷史來分析
法教的傳承與現代化的變遷。

　　在臺灣傳承的法派當中，臺南區域的法派傳統頗具特色，在傳
承上也較為完整。過去學界的研究多注重在臺南地區道壇的研究，
但是對法派的調查與研究則是這幾年才逐漸受到注目。大淵忍爾先
生的著作曾針對法團作過記錄，也對法派所作的儀式作過介紹。大
淵在其巨著收錄了直江廣治對臺南誠心壇的科儀本與儀式的整體
性介紹，誠心壇屬於閭山派紅頭法，直江廣治對誠心壇的林斗枝所

9　　范李彬，〈〈普庵咒〉音樂研究〉（臺北：國立藝術學院音樂所碩論，
　　　1997）。陳芳伶，〈陳靖姑信仰的內容、教派及儀式活動〉（臺南：國
　　　立臺南大學臺灣文化研究所碩士論文，2003）。林承毅，〈澎湖宮廟小
　　　法操營結界儀式之研究〉（臺北：國立臺北大學民俗藝術研究所碩士論
　　　文，2003）。

主持的儀式作過調查。直江廣治的研究及其所收錄的科儀本可以當作本研究的基礎。[10] 而中央研究院民族研究所的葉春榮教授長時間對臺南地區的法派作田野調查，其多年調查與研究結果將在最近出版。臺南大學近年來培育不少研究生從事臺南地區的法派調查，並有部分研究生以臺南地區法派相關的課題為研究對象，撰成碩士論文，這些研究成果對臺南地區法派的基礎研究工作有相當程度的貢獻，值得參考。[11] 近年來較多學者也開始注意到澎湖的小法團。其中吳永猛對澎湖法教作過數篇研究，對法派的儀式程序與意義有深入的介紹，[12] 而馬上雲則對法派音樂有深入的研究。[13] 最近由臺南市文化局出版，戴瑋志、周宗楊、邱致嘉、洪瑩發等編撰的《臺南傳統法派及其儀式》一書完整描述臺南法派傳承與儀式，可以算是很可貴的第一手研究資料。[14]

10　大淵忍爾，《中國人の宗教儀禮：佛教・道教・民間信仰》（東京：福武書店，1983）。

11　國立臺南大學臺灣文化研究所相關碩士論文見王釗雯，〈臺南市宮廟小法團之研究〉，2005。許宇承，〈臺灣民間信仰中之五營兵將〉，2005。歐財榮，〈臺南府城小法團傳承之探討〉，2012。本文對小法團的分類系統有所修正；邱致嘉，〈安平宮廟小法團之研究——以海頭社法脈為例〉，2012，該論文對道、法關係也有所著墨。

12　吳永猛、謝聰輝合著，《臺灣民間信仰儀式》（臺北：國立空中大學出版社，2005）。周舜瑾，〈符令與儀式初探：以澎湖西玉聖殿入火安宮儀式為例〉（臺南：國立臺南大學臺灣研究所碩士論文，2008）。

13　馬上雲，〈澎湖法教普唵派儀式裏的觀音及其音樂表現〉，二○○九年臺灣民俗信仰學會年會暨法教與民俗信仰學術研討會，10 月 18 日。〈犒軍儀式之音樂研究——以臺灣西南沿海地區為主的觀察〉（臺北：國立師範大學碩士論文，1996）；〈澎湖法教普唵派儀式音樂裏的南管曲調及其運用〉，臺灣音樂學論壇 2009 研討會，11 月 4 日；〈澎湖法教普唵派儀式音樂之研究〉（臺北：國立臺灣師範大學音樂系音樂學組博士論文，2009）。

14　戴瑋志、周宗楊、邱致嘉、洪瑩發，《臺南傳統法派及其儀式》（臺南：

　　歷來對臺南的道與法有許多不同的分類與闡述，從連橫、丸井圭治郎、片岡嚴、鈴木清一郎、國分直一等，一直到劉枝萬，這些分類有些混淆了道法的關係。八〇年代以後對臺南道法研究最早的當屬大淵忍爾，其次就是松本浩一與古家信平。松本浩一對林斗枝法師也有專門的紀錄。[15] 丸山宏則對南部的靈寶派細分為兩大系統，即分布於高雄縣岡山鎮以北，以臺南為核心的臺南道教，以及分布於岡山鎮以南道屏東縣的高雄道教。兩者在儀式上有所區別，而這些道壇都有法教傳承，雙方都採用閭山法，但是有所差異，例如收土煞的方法就有不同。[16] 不過這些學者尚未針對道法關係作較為系統性的論述。例如古家信平還是將道、法以黑頭、紅頭道士作區分，簡述其職能上的不同。[17]

　　在臺南地區，法教相當普遍，而傳統上臺南法教又可以分為紅頭、黑頭與黃頭，其中又以紅頭法為多數。這種區分最早可能與儀式性質與法服有關，同時也與咒調、樂器當中的巴鈴或合尺、大鼓的有無；以及壇場神譜、咒法使用等來作畫分，而其中黑頭法派的內部的差異性較高。

　　臺南市政府文化局，2013）。

15　松本浩一，《中國の呪術》（東京：大修館書店，2001）。松本浩一，〈臺南林法師の補運儀禮：紅頭法師の儀禮と文獻の傳統〉《圖書館情報大學研究報告》，卷18: 1（1999），頁11-28。松本浩一，〈臺南林法師の打城儀禮：紅頭法師の儀禮と文獻の傳統(2)〉《社會文化史學》，40（1999），頁90-108。

16　丸山宏，〈道教傳度奏職儀式比較研究〉，譚偉倫編，《中國地方宗教儀式論集》（香港：香港中文大學崇基學院宗教與中國社會研究中心，2011），頁637-638。

17　古家信平，《臺灣漢人社會における民間信仰の研究》（東京：東京堂，1999），頁92-102。

　　以法脈來看，臺南法團可分為五個法脈：李風開山王廟法脈、金安宮法脈、連吉成法脈、澎湖廟法脈以及南廠保安宮法脈。在清末臺南已經有法教的傳布與發展，最早以開山王廟與金安宮法系為主。而這兩個法系所傳承的咒調屬黑頭法，其中開山王廟的神譜系統與咒法也在今日的黑頭法系當中可以得見。從歷史發展看來，五法脈當中李風開山王廟法脈、金安宮法脈、連吉成法脈等屬於黑頭法，其傳布時間早，屬於臺南早期所傳布的法教主流。到了 1936 年保安宮法系開始傳布，而崑明殿法脈也於十年後開始發展。保安宮法系屬於紅頭法、崑明殿法系屬於黃頭法。臺南的法教於是進入五個法系，黑頭、紅頭、黃頭多元開展的階段。但是五〇年代以後，保安宮法脈傳布甚快且廣，使紅頭法成為臺南法教最主要的組成部份。[18]

　　再從傳法模式來看，以保安宮法脈為例，可以清楚看出傳法模式主要是透過廟來傳布，因此法的傳承就與神明的分靈、交陪廟網絡關係息息相關。也就是在主廟的中心，傳布於交陪廟與角頭廟，或透過相關網絡，傳布於不同宮廟，這種形式的傳承，法教團體與宮廟有緊密的關係。這也形成當代臺南許多宮廟都有自己的法團，來承擔該宮廟年中的各種儀式。另外一種傳法模式是透過法師的傳布，這可以醒心堂與和意堂為例，學法者在這些法團學法之後，再到外成立法館，在外職業行法，因而傳布了該法脈的儀式傳統。[19]

18　王釗雯，〈臺南市宮廟小法團之研究〉，頁 98-133。

19　和意堂下文將會詳細介紹。醒心壇全稱為「閭山法派西山淨明道醒心壇」，壇主為柯天降法師，在臺南當地多稱為降師，為臺南著名的黑頭法師。壇內主祀法主閭山許遜真君，內並祀三奶夫人、王楊二太保，同時因壇主個人機緣，又兼奉臺南白龍庵如性「慈敬堂」五福大帝趙部振

　　但是，無論是宮廟的法師、法團，或者是獨立的法館、法堂，在舉行大型醮典之時，他們都有機會與道壇合作或配合。形成「道」、「法」不同儀式專家團體複合成一個完整的儀式，下文即探討臺南的「道」、「法」關係。

二、和意堂與臺南道壇

　　由於法派分布極廣，派別亦雜，本文擬以和意堂作個案式的研究，對臺南法教與道教關係作一個初步的探討。初步探討當代臺南地區法教傳承與儀式，探討範圍以獨立法教壇為核心，以和意堂為研究對象。小法團有子弟團、半業餘、職業團之區別，本文所討論的臺南和意堂屬於職業性法團。同時，在此必須特別說明，和意堂屬於「黑頭法」，而臺南地區的法派則以「紅頭法」佔大多數，因和意堂的儀式服務並不能完全代表臺南地區的法教，故本文的調查與案例只能算是對臺南地區浩瀚的法教之海作「蠡測」。筆者自 2009 年開始持續對和意堂進行調查，數度參與和意堂之法事科儀，也進行過深度的訪問，以下即說明和意堂的歷史與現況。

　　和意堂位於臺南市小西里西門路一段七三四巷七號，為臺南市

―――――――――――――――――――――――

靈公八家將。醒心壇屬閭山法教，現任教主為第九十九代傳人柯天降，柯天降師承九十八代王火樹先生。柯天降在老古石集福宮服務，並成立醒心壇，弟子遍布北臺灣與南臺灣。一般法團服務項目包括犒賞軍士、調營結界、開光點眼、煮油淨穢、過關渡限、收驚祭煞、祭星補運、入宅安座、酬神謝願……等，但是依傳承不同而作法有異。其中醒心壇承繼王火樹先生之法脈，其符圖豐富而具特色，與道教符圖不同，頗值得比較分析。有關醒心壇相關介紹可見於醒心壇〈閭山法教醒心壇沿革〉以及筆者對柯天降法師之口訪（2010 年 2 月）。

具歷史淵源並相當有名氣的法堂，目前主持合意堂的為王正裕法師。和意堂所供奉主神為七祖仙師，[20] 為少數以七祖仙師為主祀神的法壇，但現在亦傳至高雄與花蓮等地區，王道長稱這些七祖仙師的信仰皆是和意堂所傳出。不過，在和意堂與壇場所排列出來的神明幕當中是以盤古真人為最高神，在法教的體系當中，盤古代表開天闢地，為宇宙之創始者。而七祖仙師代表教法的執行者，是行法救世，行醫濟世之教主。因此，從法教的體系看來，盤古真人代表法的本體，而七祖仙師代表法的教行。

除了七祖仙師外，和意堂正殿當中還侍奉了普庵教主、黑府千歲、李府千歲、何府千歲、朱府千歲、吳府千歲、黃府千歲、中壇元帥、王靈千歲、金禪祖師、李壇宗天子等神明。而和意堂旁廳則供奉中壇元帥及五營，此處亦是信眾進行收驚的場所。正殿前的對聯云：「七寶莊嚴仰賴聖神安四境，祖靈顯赫保茲黎庶盛千年。」

和意堂的建築與彩繪亦頗具特色，主殿的左右壁繪有精緻的壁畫，由臺南名畫師蔡草如所繪，左壁以瑤池獻壽為主題，而右壁則以南極仙翁為題材。畫工細膩，人物生動，現已成為蔡草如僅存少數壁繪之一。而拜亭設計更是獨特，為全台獨有，是由和意堂王炎山與蔡草如一起設計。其地板以洗石子組成圖案，設計成二魚相附

20　依據和意堂主神事蹟牌區當中的敘述，七祖仙師世居四川省松潘縣人氏，原姓名黃仲仁，生於商朝太申丙戌年間，父黃吉，母湯氏。當年五歲時（即太甲庚寅年），四川省一帶暴風雨之災殃，被洪水漂流，經異仙，鐵腳大仙所救，修煉於嵩山。至於太甲壬辰年正月十五日子時，得道昇天。而後仙靈巡遊三山五嶽，大展神通，感應萬靈。於民國辛亥年，在臺灣省臺南府城和意堂仙靈下凡，降駕顯赫，救世萬民。七祖仙師的祭典日期為每年農曆正月十五日。參見和意堂主神事蹟牌區。

之狀，以象徵二儀。穹頂以四隻白象浮雕來象徵四象，並有十二生
肖浮雕，象徵十二支。整個拜亭設計理念為象徵天地宇宙。除了該
拜亭與正殿保留諸多蔡草如的佳作之外，和意堂也保有一幅陳玉峰
所繪的七祖仙師畫像，以及一套儀式掛軸畫。王炎山與臺南民俗藝
術家往來密切，除堂中有陳玉峰、蔡草如、陳壽彝作品多件，並保
存陳玉峰先生的科儀畫，十分稀有珍貴。而現在和意堂所使用的金
禪祖師法像也是由陳玉峰的兒子陳壽彝所繪。從這些保留下來的臺
灣本土宗教藝術精品當中也可以見證和意堂在王得與王炎山這一
輩應該與當時南臺灣的藝術界，尤其是以陳玉峰為主，及其姪子蔡
草如、兒子陳壽彝這一系的畫師有密切的往來。

　　至於和意堂的傳承與沿革，依據和意堂的本身的記錄，其傳承
可以追溯至其五世祖。法脈源自漳州龍溪，其傳承從王國至王丁、
王得，然後傳至王炎山，再到現今的王正裕。到現在是第五代。[21]因
此在神譜與傳承上，和意堂自稱其傳承源自江西龍虎山，而其祖師

21　和意堂沿革誌有如下的敘述：本太原族曾祖祖諱國老曾祖諱丁先祖父諱
　　得翁暨先父諱炎山叔父諱喜文，遠從原籍福建省漳州府龍溪縣，迎請上
　　奉諸位仙佛、尊神，到臺南安壇奉祀於小西門之濱現住地（臺南市小西
　　里西門路一段七三四巷七號），迄今已閱二百餘年矣。先祖父原係神州
　　龍虎山張道陵天師道祖之宗派，故於到臺後仍敬祀，列位顯赫，尊神為
　　護法，以普庇群生。又賴先祖道法靈通，有此良因妙果，相輔相成，靈
　　應本堂香煙年年鼎盛，信徒暨契誼子遍及府城各角落。後因神道時常受
　　聘主持盛大醮典，或神廟開光入火，與新居謝土、入宅、祭煞等等，對
　　奉疏獻表為名正言順起見，敬依神佛指示，將本壇署名曰：「和意堂」
　　三字，登官在案。越幾年，適遇日本東亞戰爭，盟軍飛機日日空襲轟炸
　　臺灣各市郊區，人民驚駭無處逃藏，本堂諸神聖臨顯示，囑爐下眾信徒
　　如遇空襲警訊來時，速趨本堂香案棹下，可保無事云。果在空襲臺南一
　　週期間，各處損傷累累，本堂仍然屹立於彈煙廢墟之旁邊，慶得安然渡
　　過浩劫，人人銘感神功匡扶力量不可思議矣。

為普庵祖師，然後法脈傳承至王國，一直到現今的王正裕。從歷史上來看，和意堂的前身為「太原堂」，當時堂主王得以看風水、地理為業，兼作收驚、祭改、補運，王炎山從連吉成習小法科儀，改堂號為「和意堂」，並成立小法團。因此從臺南法教傳承的歷史來看，王炎山的法教傳承主要學自於連吉成，這一點也可以從咒本的傳承當中看出。連吉成所傳承的儀式包括清壇、請神、調兵、祝壽、犒軍、造橋過限、祭星解運、栽花換斗、祭送流霞、打城、牽藏等。王炎山在連吉成的法儀基礎上，進而再與康雲南、王魯等當時的法師有法術上的交流。康雲南為保安宮協敬壇的傳人，屬紅頭法，王魯則是和勝堂的傳人，和勝堂屬開山王廟法脈，為黑頭法。[22] 這也造成今日和意堂咒本當中雜有保安宮法脈的咒法傳承與咒調。更重要的是，王炎山在法教儀式的基礎上，又與道士交流，其對象有延陵道壇的吳西庚、穎川道壇的陳聯、陳榮盛等。[23] 交流過程中，王炎山在連吉成的科儀基礎上，逐漸擴展至道教科儀，聘請當時居住清水寺境的吳西庚、吳森泉父子主持道教科儀，從中學習交流，其後王炎山也能主持王醮科事，而在喪葬科儀上，與吳西庚合作喪儀，結合成為和意堂的齋壇儀式。[24]

---

[22] 有關康雲南與王魯的法脈與傳承，參見戴瑋志、周宗楊、邱致嘉、洪瑩發，《臺南傳統法派及其儀式》（臺南：臺南市政府文化局，2013），頁 58-79。

[23] 有關吳西庚、陳聯、陳榮盛等臺南道壇之傳承與歷史參見洪瑩發、林長正，《臺南傳統道壇研究》（臺南：臺南市政府文化局，2013），頁 167-176。

[24] 有關和意堂的齋壇儀式內容節次研究，可參考曹育齊，〈臺南市普庵法教的齋壇儀式概況〉，發表於「2013 年首屆臺灣道教學術研討會」，真理大學宗教文化與組織管理學系、臺灣道教明德弘道會主辦，2013 年 10 月 5 日。

　　和意堂以普庵法為基礎，而王炎山在此基礎上對法教的儀式進行很大的開展，王炎山並與臺南著名道士吳西庚、陳聬、陳榮盛往來甚密，彼此學習，因此其儀式服務豐富多元。現任王道長傳承王炎山之教法，對法務多有開展，使和意堂成為臺南頗負盛名之法團。和意堂第四代的傳承者王炎山，在和意堂的法脈當中佔有重要的角色，不但很可能是和意堂的創新改良者，而且在王炎山過世之後，也被奉為神明，稱之為「金禪祖師」，供奉於和意堂，舉行儀式時，祈請的諸神名單中，亦包含金禪祖師，亦有其神像。和意堂即記錄王炎山之生平。[25]

　　實際上，和意堂本有將傳承法師奉祀為神尊的傳統。王炎山之父王得過世幾年後，家人經由扶手轎問得名號，後即以「王靈千歲」之名雕神像奉祀於和意堂內。同樣的，王炎山過世後家人也經由擲筊來得允雕立神像奉祀，以其生前「金禪」的封號為名，奉祀於和

---

[25]　「金禪祖師昇神歷誌」云：祖師：王　諱　炎山誕生於民國七年（公元一九一八年），歲次戊午年十一月初五日子時，仙逝於民國七十六年（公元一九八七年），歲次丁卯年十月十一日酉時，享年古稀。幼少時累遭家運不濟，貧苦顛運又逢先祖父擇先嚴而立之年棄養登天，撇下寡祖母暨膝下小姑、小叔等老幼數口相依為命，對掬養攜哺生活之計獨賴先嚴一肩負擔，可燭見蒼天欲降任務於祂身必先勞其心志考驗其耐力精神也。得悉祂十二歲時始進入日政時代公學校兼拜師學道，由因賦性聰穎，十二年來道法與文章超凡入聖，於是行功救世濟度災厄兼常受聘各寺廟，各鄉里為主醮或祈安植福、禳災然解劫運，救濟眾生等等。對歷屆醮典主壇法事，如祀主開焰口奉道宣經、虔向上中下三界呈表繳籤等鉅細無遺法事，均臻至善至微至妙之境，幸蒙　鴻恩俯垂笑納，錫福降祥合境平安。迨至丁卯科建醮期，於祀王宴王獻表典禮完成後，祖師突然交代後事，沐浴綸巾道裝坐化于法場，當時四境信眾咸謂全科醮典功德識承帶上天界唉歟。對祖師在世之年行功濟眾德業昭彰，同時榮膺上神欽封金禪祖師之職饗天祿之永年。對祖師一生宏範碩德道法高深，堪稱一代宗師。茲據後輩所知者略陳誌之，以當歷代之孝恩云。

意堂以及部分法徒的私壇之中。王炎山之弟王喜文法師於 1993 年過世，亦被奉為「玉禪祖師」，在高雄的濟華宮、阿蓮的聖和堂都有雕立神尊奉祀。[26]

當前和意堂主要法脈多分佈已有相當數量，主要分佈於臺南、高雄地區。相關科儀法術傳授，尚未傳至北部。然所供奉的七祖仙師，則已經傳至北部地區。最新一代的弟子，多約 30 多歲。主要由高中時期開始栽培，多是個人傳授，較少團體或組織式傳授。

和意堂較常進行的儀式為做功德、祭改、過橋、新廟落成、謝土、安五營、收驚等為主。其中新廟落成包含施淨符、安座、壓煞等儀式，而功德儀式也包含打城等儀式。而安五營、祭改，多以淨符為主。其中，功德科儀已越來越少見，而血湖科儀用於生產、流血或溺水而死的亡者，已很難有機會舉行。另外，大補運在當代也較少有機會舉行。而這一類較少舉行的儀式也面臨市場萎縮與傳承的問題。

法壇與道壇的分別其中一項在於道壇經懺較多，科儀與符咒使用較少。法壇符法種類多元，符法依照其功能而有各種形式。目前和意堂多以淨符、壓煞、拜斗與安元神等相關符法使用為主。當前還有使用的符，多為符合時代需求，且儀式中還有使用到的為主。不符時代需求的符籙，便較少或不再使用。書符程序為：點香、靜心、書符、書畢以筆點三下。法派各派間的符式略有不同，可從符頭與符尾判斷。在和意堂所傳承的符法中較少搭配法指（手勢、手

26　王氏家族將自己先祖塑神像成神，臺南市內僅有數例，另一例是西來庵中的陳清吉。

印），但在科儀中，配合不同儀式，則會使用不同的法指。

儀式當中會排出的神譜一般有妙道真人、盤古天尊、普庵祖師、閭山祖師、玄天上帝……等。法壇以普庵祖師居中，右為妙道真人、左為萬法教主，下壇則有黑虎將軍。而醮壇則以盤古天尊居中，右內為普庵祖師、左內為閭山祖師，右外為妙道真人、左外為萬法教主。從神譜的排列還是可以看出該壇以普庵法為主，同時融入閭山法。

供奉或祈請的神祇中，並不包含龍樹王。但在使用的咒語中有「九天教主龍樹王」，主要用於調遣兵將，包括三十六官將。祈請當中也包含許多女神，主要用於安女營兵將。包括九天玄女、觀音、註生娘娘、陳夫人。其中安中營時，亦會祈請九天玄女。進行大型齋醮儀式時，則會祈請眾神。

三、和意堂之儀式

和意堂目前最著名的是收驚與祭改，也是該堂最基本、也最受歡迎的宗教服務。前來尋求收驚的民眾，有的是自行前來，有些是他人介紹，也有被人帶來的。而請求收驚的理由包含生意不順、交通事故、與人爭執、夫妻不和、求子嗣、被交警攔下、動土、目睹車禍事件等，多以收驚或祭改進行處理。收驚符法的方式為先書淨符、化符水、沾符水於唇上點三下，並略塗擦於胸背上。

除了平日一般的收驚與祭改之外，和意堂較常接受延請的儀式服務為神明安座、神像開光、新廟落成等。後者有時包括前二者。安座的儀式程序為：「發表、請神、安座、獻敬、謝三界、謝壇」；

開光點眼程序為：「請神、調兵、開光點眼、獻敬、謝壇」；而新廟落成的整體儀式為：「發表、請神、祭符、慶土、淨油逐穢、奠安土府、插柳召祥、開光點眼、開啟廟門、過七星爐、安座、犒賞」。前二者有時一日即可完成，後者需要二、三日的時間完成。其中，慶土當中有一道儀節為送凶星惡煞，在儀節當中布置一個壇場，在壇場當中先置一草席，在於草席上安置兩個篩，一大一小，上下相疊，下方安置四方紙錢，而二篩間亦安放四方紙錢，象徵天羅地網。二篩上再安置一個圓柱形紙罩，上方繪有漩渦形壓煞符。二篩前方以五色紙延伸出去，設置五色的五方符。象徵五方煞皆被收入天羅地網，然後以數粒米灑上紙罩之上，並以炷香在紙罩之上燃出五個小洞。以米粒象徵凶煞，使米粒進入由洞進入紙罩之中。隨著法師持咒並吹法號，讓米粒逐漸跳躍震動而逐漸從洞掉入紙罩之中，象徵五方凶煞皆被收入紙罩之中。米粒收服後，再將置於五方的瓦片擊碎，象徵破除五方煞神。隨後將擊碎的瓦片亦置於紙罩之上，然後將上方之篩蓋上，象徵所有凶煞被天羅地網所罩，隨後以草席將所有東西包紮，並送去江河或大海，象徵將凶煞驅逐。

　　和意堂最特殊的地方在於該堂對法教形式的轉化，這種轉化可以分幾個層面來探討。首先是儀式的展演形式，和意堂將法派儀式的展演加以改良，融合道教朝科展演形式，在請神、上表等儀式採取更莊重的展演方式，而在法的部分，如逐穢除煞等則更具戲劇性的展演。其次是服裝上，採用八卦衣，五色巾等，使行法者更具法師的威儀，而在外形上也有別於道士以及一般的法教法師。再次是神譜的彈性運用，傳統上是以盤古真人、普庵祖師等為主，但是在某些儀式場合也會以三清、三官為主，因而模糊了道與法的界限。

王炎山、王正裕兩代法師在科儀、服裝、科儀形式上的「創意改良」，與其職業團需適應、爭取市場有所關連。

和意堂有多次與道壇合作的經驗，與道壇合作也形成和意堂的一個傳統。和意堂最常合作的道壇為延陵道壇與穎川道壇。在許多醮典當中，和意堂會與延陵壇合作，延陵壇負責醮典部分，而和意堂負責法的部分。在早期和意堂王炎山與延陵道壇的吳西庚常有合作，而吳西庚的兒子吳永欽承接延陵壇以後亦與和意堂有合作，除了醮典，也有功德儀式。而王炎山也曾與穎川道壇的陳輸道長合作，但是次數較少。

與道壇合作當中較大的有民國五十七年良皇宮醮典與穎川道壇合作；民國六十三年和意堂的慶成醮，與延陵道壇合作；民國七十六年昆沙宮醮典與延陵道壇合作；民國九十六年天后宮醮典與延陵道壇合作。最近的一次是在民國一〇一年朝興宮、保和宮歲次壬辰年三朝慶成祈安建醮大典，是與穎川道壇合作。

實際上，這些宮廟有其地緣關係，和意堂所在社區比較有名的是顏氏家族，是社區較有影響力的家族。而王氏家族在 1990 年代長兄王正雄擔任小西里里長，人脈豐富，王正雄不幸在 63 歲病逝，以後由諸弟繼續經營。昆沙宮是該社區中的公廟，祭典時民眾皆出錢出力，參與祭典。良皇宮則是與和意堂隔府前路，相距不到 100公尺，也是馬路另一端的大廟，廟周圍的民眾皆出錢出力參與祭典。朝興宮也是相距不到 500 公尺的公廟，社區民眾也參與祭典。但近年因都市化、少子化之故及馬路拓寬，許多信眾搬離老社區，子弟兵很少，所以三廟小法團皆不興盛，祭典時須依賴和意堂支

援。[27] 同時，良皇宮、昆沙宮、朝興宮原來都屬於連吉成的法脈。也就是說，這些宮廟的法脈本就與和意堂同屬一系，地緣加上法脈，有大型醮典之時，會請和意堂擔任法教儀式。而與和意堂合作最密切的就屬潁川道壇與延陵道壇，這也形成長久以來「道」、「法」合作的模式。

　　本文將以朝興宮、保和宮歲次壬辰年三朝慶成祈安建醮大典的儀式為案例，從中考察道教儀式與法教儀式的科儀安排。[28] 首先是民國九十九年農曆二月朝興宮進行開廟門的儀式，由和意堂法師執行。其流程為起鼓、發表、請神、祭符、勅符令、安內外營、慶土、謝土、煮油淨壇、奠安土府、插柳招祥、開啟廟門、過七星爐、入火、登殿、安座、宣經演唱，包括《玉樞經》、《北斗經》、《三官經》，最後是謝三界、叩答神恩、獻敬、燒化財帛疏文、犒賞五營兵馬、送聖駕、謝壇。

　　而民國一〇一年三朝慶成祈安建醮大典的儀式流程如下：

項目	日期	儀式團體
安營賞兵	11/4	和意堂
豎立燈篙	11/5	和意堂
恭請臺南市外交陪境列位尊神	11/7	
恭請臺南市內交陪境列位尊神	11/10-11	
交陪境列位尊神祭典 安座大吉	11/12	和意堂

27　另外與和意堂相隔不到數百公尺的南廠保安宮，也是南廠地區的公廟，如本文所提保安宮附近的大、小廟，神壇的小法團，皆屬於保安宮系統，大小廟互動非常頻繁。

28　筆者要特別感謝高振宏與邱致嘉在此次慶成祈安建醮大典的協助紀錄。

火王開光 火醮起鼓	11/19	穎川道壇
天師陞座		和意堂
發表、請神、祀天旗等	11/20	穎川道壇
朝天懺	11/21	穎川道壇
放水燈	11/22	穎川道壇
普渡植福	11/23	穎川道壇
交陪境列位尊神祭典	11/30	
恭送交陪境列位尊神回鑾	12/1-2	
謝燈篙	12/3	和意堂
恭送市外交陪境列位尊神回鑾遶境	12/16	
恭送張府天師回鑾遶境	12/23	
市內交陪境列位尊神安座大吉	12/26	
市外交陪境列位尊神安座大吉	12/28	
平安宴	1/6	

　　從醮典安排可以看出科儀被區分為「道」與「法」兩個領域，
而分別由道壇與法團來負責進行這兩個儀節，由道壇與法壇合作進
而完善醮典。這種觀念在臺南普遍存在，也就是道士負責特定的醮
典科儀，而法師則是負責屬於法場的儀式。從而形成由「道」與「法」
相輔相成而完成的醮典。

　　儀式首先於十一月四日由法師安五營賞兵開始，象徵著聖境的
界定。接著由法師於十一月五日豎立燈篙。此次醮典之燈篙竹是在
關廟地區選取，選定竹子以後，先擲筊，然後以紅布包裹，用牲禮
來拜，然後取竹。本次醮儀共豎三枝燈篙，天燈朝廟；普渡燈朝向
普渡壇；七星燈朝醮壇。豎燈篙則要先啟聖、請神，然後調五方，
開光平安軍、宣疏、獻敬、謝壇。

　　十一月十二日晚上九點到十二點，朝興宮、保和宮廟前進行交陪境列位尊神安座大典，儀式主要由王昇洋法師（王正裕法師之姪）擔任，法師穿著法眉和法服，進行的是清壇請神的儀式，法師使用淨水在壇場內作灑淨，並進行「召四靈」（青龍、朱雀、白虎、玄武）的動作，召請四靈來護持壇場。到晚上十點整左右，稍作片刻，隨即進行安座及獻敬的儀式。法師持淨水再次於壇場做灑淨，並左手持鹽米，右手持七星寶劍，用七星寶劍挖起一些鹽米向四周撒出以為清淨。隨後法師開始誦讀疏文，法師持劍揮舞，正式進行安座儀式，安座儀式以「獻敬」為主，也就是以香、花、茶、果、供品、菜餚、金紙等等作三獻禮，請列位尊神享用的儀式，「獻敬」儀式從晚上十一點三十八分一直到十一點五十五分。

　　十一月十九日下午一點，穎川道壇開始進行火王開光、火醮起鼓。當天下午六時和意堂法師負責主普三老爺宮玄天上帝、檨仔林朝興宮天上聖母、馬兵營保和宮池府千歲、廣信府張府天師登殿安座大典。天師的安座其目的在請天師鑒察醮場。傍晚時分張府天師、檨仔林朝興宮天上聖母、馬兵營保和宮池府千歲、以及主普三老爺宮玄天上帝四頂轎子進行遶境。此時三老爺宮震玄壇小法團在三老爺宮於忠義路上的主普壇前進行清壇請神的儀式。[29] 晚上七點半開始，遶境隊伍陸續回到友愛街，[30] 和意堂小法團敲鑼擊鼓，並

---

[29]　震玄壇小法團屬於黑頭小法，隸屬於三老爺宮的小法團組織，和和意堂小法團師出同門，不過和意堂性質屬於職業性的小法團，而三老爺宮震玄壇小法團仍舊維持廟內隸屬之業餘小法團。

[30]　遶境的隊伍依序有：檨仔林朝興宮、馬兵營保和宮之凸燈一對、頭旗兩面；廣信府張府天師凸燈一對、頭旗一面；臺南同興社落地吹；廣信府張府天師長腳牌、開路鑼；黑虎將軍；廣信府張府天師涼傘；廣信府張

唱誦著請神咒迎接遶境隊伍。首先送張府天師入天師壇，恭請張府天師、童子、黑虎將軍三尊神像入天師壇內登殿安座，之後檨仔林朝興宮天上聖母和馬兵營保和宮池府千歲也盡主人之禮，接著送三老爺宮玄天上帝入主普壇登殿安座。檨仔林朝興宮和馬兵營保和宮眾廟方人員等三老爺宮玄天上帝和康趙二元帥安座好並持香參拜，才回友愛街的醮壇請天上聖母和池府千歲安座。晚上八點二十分，檨仔林朝興宮和馬兵營保和宮所有陣頭、轎輿等等回到友愛街上的醮壇前，將天上聖母、池府千歲神像以及千里眼、順風耳、大太保、二太保等等將爺請至醮壇上安座，廟方眾執事委員在和意堂堂主王正裕法師的主持下，向神明參拜。

　　晚上八點四十分，眾執事委員和和意堂小法團來到天師壇進行張府天師的安座儀式，由和意堂堂主王正裕法師主持帶領團拜，隨後王昇洋法師正式進行安座儀式，程序為請神、步虛、淨壇、宣疏、安座、獻敬、謝壇。晚上九點四十分結束張府天師的安座儀式，接著檨仔林廟方人員和和意堂小法團立即到三老爺宮的主普壇進行安座及獻敬。到十點整開始進行安座、獻敬的儀式，十點五十七分結束主普壇的安座儀式，回到友愛街天上聖母、池府千歲的醮壇進行安座、獻敬儀式。天上聖母和池府千歲醮壇的安座儀式在晚上十一點零五分正式開始，至十一點四十五分結束儀式。

　　二十日由潁川道壇進行發表、請神、祀天旗、演拜朝天懺、午

府天師轎輿；主普三老爺宮玄天上帝頭旗；臺南青樂軒落地吹；康元帥、趙元帥將爺一對；三老爺宮玄天上帝涼傘；三老爺宮玄天上帝轎輿；天興轎前鼓陣；池府大太保曲揚大將、池府二太保正罡大將將爺一對；馬兵營保和宮池府千歲轎輿；臺南同興社空鑼鼓；千里眼、順風耳將爺一對；檨仔林朝興宮天上聖母轎輿；該科醮典之執事委員。

供獻九陳、再拜朝天懺、鬧壇、分燈、捲簾、鳴金戛玉等科儀。二十一日繼續由穎川道壇進行道場進四菓茶、拜朝天懺、再獻素供、朝天謝罪大懺、啟告師聖尊、鬧壇、宿啟救水禁壇命魔安鎮真文。二十二日進行重白至尊、登棚拜表、午供獻寶、拜玉樞經、北斗經、三官經、謝三界、通誠正醮、登座說法。二十三日進行施食普度、完滿謝壇、送聖駕回程、安奉本壇列聖尊神。至十二月三日則由和意堂進行謝燈篙的儀式，完滿醮典。

從儀式大致結構來看，法教的儀式多半屬於潔淨、除穢、界定神聖空間、建立儀式秩序結構等角色。而道士所執行的，是與神明溝通的核心結構。一個屬「外」、屬「武」；一個屬「內」，屬「文」。法教負責結構外在神聖場域，召五營鎮守醮境，潔淨穩定聖域，使諸神陞座；道士則是發奏啟請諸神，三朝行道，分燈散輝，安鎮真文，拜懺宣經，昇天拜表，最後圓滿醮功。二者構成一個完整的科儀。

朝興宮的法脈最早由連吉成建震興壇傳法，因此屬連吉成法脈，後來王炎山率和意堂主持該宮的神誕法事科儀。但是隨後黃樹等帶入南廠保安宮法脈，後即由黃樹所傳的慈覺堂法團擔任法教科儀。足見朝興宮與和意堂合作的模式有其歷史淵源，使本次建醮科儀法教儀式由和意堂來擔綱。

府城穎川道壇為歷史悠久的道壇，學者已考察其家世沿革。[31] 而穎川道壇的科儀歷來已有卓著的研究成果，對儀式的細節與其意

31　丁煌，〈臺南世業道士陳、曾二家初探：以其家世、傳衍及文物散佚為主題略論〉，國立成功大學歷史學系編，《臺灣史研究暨史蹟維護研討會論文集》（臺南：臺南市政府，1990），頁 97-147。

義，學者已經有相當多的闡釋，筆者在此不另贅述。[32] 本文主旨是羅列其儀次節目，瞭解內在聯繫及其與法教儀式的關係。本次穎川道壇擔任的道教科儀，主要由陳槐中主持三朝醮的核心科儀。穎川道壇與和意堂在合作醮典時，會先互相列出科儀節次，並討論儀式舉行時間，彼此協調。這種模式可能在上一代的道長就奠定下來，致使「道」、「法」二壇在科儀的配合上有其默契。

從臺南的宗教生態來看，法教的普遍存在使得民間一般的法事由法團承擔，法師能夠供應民間基本的宗教需求。和意堂屬於高度精緻化的法壇，其儀式結構、神譜等多有仿照道教科儀，在歷史的發展當中，與道士有許多交流，但是其自我界定還是一個法教傳統，與道壇的職能、角色還是有嚴格的分界。[33] 但是這並不是說「道」與「法」皆分別由道壇與法堂來執行，實際上，大部份道壇都能操演法教科儀，也常常將醮典一手包辦。只是在儀式進行過程當中會在裝束上加以區隔，顯示儀式者身分的不同及「道」、「法」不同的儀式內涵。

32　參見大淵忍爾，《中國人の宗教儀禮：佛教・道教・民間信仰》（東京：福武書店，1983）。呂錘寬，《道教儀式與音樂之神聖性與世俗化：儀式篇》（臺中：文建會文化資產管理籌備處，2009），頁 101-120。呂錘寬，《2008 臺灣燈會：道教金籙祈福法會紀勝》（臺北：國立臺灣歷史博物館，2008），頁 57-119。李豐楙，《東港迎王：東港東隆宮丁丑正科平安祭典》（臺北：臺灣學生書局，1998），頁 213-259。李豐楙，《東港東隆宮醮志：丁丑年九朝慶成謝恩水火祈安清醮》（臺北：臺灣學生書局，1998），頁 100-208。

33　王正裕在 2004 年經張源先天師授籙為道長，2007 年在臺南開基玉皇宮登刀梯，正式晉升為高功大法師。這也是和意堂的改良，是道、法融合的重要例證。

四、結論

　　道法在宋代以來的道教多指道教與雷法，以及各式的法術傳統，宋代以後區域的法術傳統以不同的機制，建立與道較體系的連結，形成道教中「道」、「法」並行的多元現象。但是，瑜伽教、閭山教、普庵等「法教」傳統多半是被排除在道教的範疇之外。這雖是以規範文類為基礎的觀察，也許是整理道經的道士、士人所投射出來的理想情境，卻也一定程度地反映了教內的觀點。但是在近現代，地方宗教因區域的不同，法教與道教的相融程度也不一，部份地區有法教與道教混合難分的狀況。再者，儀式專家對自己的身分認同有時也與民眾的認知有差距。我們可以在部分區域看到，儀式專家對自己「道」與「法」的身分有相對的區別，但是某些民眾則都將之視為「道教」。因而對「道」、「法」的認識也因內部人士或外部人士而異。

　　因此，對「道」與「法」的討論，因時代、因區域而有異，必須就個案進行討論，不可以偏概全，作總體性的論述。筆者據此以臺南區域的「道」、「法」生態作為案例，提供一個區域性的現象作為我們觀察「道」與「法」在一個區域完美運作的範例，並且將視角著眼在法壇，以有別於過去的研究集中在道壇的現象。

　　本文將和意堂置放在臺南地區作一個考察，雖然臺南地區以紅頭法的比例較高，但是黑頭法亦具有相當的地位與歷史傳承。和意堂屬黑頭法，且在臺南地區具有悠久的歷史傳承，加上和意堂在全台具有一定的知名度與聲望，因而將和意堂的歷史、傳承、儀式展演等，與道壇關係作論述，以彰顯法教與道教在臺南地區的關係。

　　和意堂在歷史發展中顯然有經過幾次的變革，雖然目前和意堂的儀式發展歷史仍有待進一步研究，但是從目前可見的資料可以看出，和意堂大概在王炎山的階段進行過改造，而這種改造的契機與原因可能相當複雜，其中一個原因是因為連吉成法脈傳承的特性，另外也可能是與當時臺南地區的宗教氛圍有關，尤其是與臺南地區的道教有密切的關係。換言之，可能在王炎山這一輩，其法派團體是呈現較開放的狀態，接納了一些外來元素並創造了新元素，從而改良了和意堂所傳法派的基本結構，這種變化可能是和意堂與當時道壇的互動有關，其目的可能是為了改良其本有的儀式形式並擴充其宗教市場。至少，從現在和意堂的儀式服務形式來看，和意堂無論在法服、頭飾、儀式展演模式、壇場空間布置、神譜等都相當具有特色，呈現著創新與融合的特質。也由於這種新穎莊嚴而具專業性的儀式展演，使和意堂的名聲傳布開來，也讓和意堂法派的儀式服務不限於臺南地區，北臺灣的宮廟也開始延請和意堂的團隊來主持安座、開光等儀式。

　　筆者認為現今臺灣的主體信仰仍是以民間信仰為主，而民間信仰也是與常民日常生活最貼近的宗教形態。而道壇與法壇都是為民間信仰來服務的儀式專家團體。因此，道壇與法壇都不是一種具有組織性的宗教團體，但是兩者具有相當的區別。首先，臺灣的道壇多屬於火居道士，並非常居道觀的出家團體，平時沒有宗教儀式服務時這些團體成員並不具道士身分，常常也是行收驚、祭改等儀式謀生，因此這種道教形態是一種隱性的道教團體，唯有在儀式時間與空間中才會以道士的身分展演道教儀式，筆者將之界定為道教的儀式專家。同樣的，法師也是一種儀式專家，而道教與法教儀式專

家分別在不同的儀式空間與場域執行特定的宗教儀式服務。從「同」角度來看，道教與法派的儀式專家都是為民間宗教信眾而服務，他們俱是民間宗教的儀式專業展演者。而從「異」的角度來看，除了宗教意涵上「道」與「法」的區分之外，道壇常是受宮廟延請舉行齋醮科儀，而所行的多是一種天地溝通、宇宙秩序重建的儀式模式，這種儀式多半需建立在神聖的齋戒與清淨的時空場域，因此並非一般平民百姓所能參與介入。也因此道教儀式所構建的儀式壇場多是占據一個隱密的神聖空間，透過道場畫幕與廟宇建築將此神聖空間與外界凡俗空間區隔開來。至於法教，其宗教服務是扣連民間宗教的價值系統，因此「法派」的儀式專家所進行的儀式服務是架構於民間宗教的脈絡當中，在民間信徒所共同認知的義意當中而成立。「法教」的儀式專家是為民間宗教的信仰者服務，而這兩者之間共享著一個類似的宇宙觀以及現世價值，也因此法派的儀式較無空間區隔，民眾可以隨時參與其儀式，並要求進行宗教服務。

此外，道教的儀式服務由於其神聖隱密特質，以及複雜儀式結構，加上其法本的固定性以及傳承的保守性，使得道教儀式的形式在幾代的傳承後仍能相對保持其原來的型態，即使在今日社會劇烈變動的現代化環境，道教儀式仍然相對顯示其固定性的特質。反觀法教的儀式，其本身就具有高度的開放性與公共性，加上各宮廟與地方本身具有許多自身特色與神譜，以及民眾的高度參與介入，以及其在傳承上的相對開放，這些因素使得法教的儀式型態呈現彈性，不但在神譜上能吸納更多地方神祇，在儀式展演上也相對上具有彈性，能因應時代與市場而有所調整。本文將「法教」界定為一種儀式專家的宗教服務，而依本文對和意堂的分析與考察，這種儀

式專家傳統以依照該傳承與該地域的特質而進行調整與吸納，進而
與時代的宗教氛圍與信眾需求達到協調。（本文刊於《民俗曲藝》，
第 183 期，2014，頁 139-189。）

參考書目

中文著作

丁荷生、鄭振滿，〈閩台道教與民間諸神崇拜〉，《中研院民族所集刊》，73，1992， 頁 33-52。

丁煌，〈臺南世業道士陳、曾二家初探：以其家世、傳衍及文物散佚爲主題略論〉，收於國立成功大學歷史學系編《臺灣史研究暨史蹟維護研討會論文集》，臺南：臺南市政府，1990，頁 97-147。

丸井圭治郎，《臺灣宗教調查報告書第一卷》，1993（1919），臺北：捷幼出版社。

片岡巖，〈臺灣巫覡〉，《臺灣風俗誌》，第十輯，臺北：臺灣日日新報社，1921。

王建新主編，《南嶺走廊民族宗教研究：道教文化融合的視角》，北京：宗教文化出版社，2013。

王秋桂，《民俗曲藝叢書》，臺北：施合鄭民俗文化基金會，1993。

王釧雯，〈臺南市宮廟小法團之研究〉，臺南：國立臺南大學臺灣文化研究所碩士論文，2005。

吳永猛，〈澎湖宮廟小法普庵祖師探源〉，《東方宗教研究》，4，1994，頁 165-82。

———，〈普菴禪師與民間信仰〉。收於《佛教與中國文化國際學術會議論文集中輯》，1995，頁 485-497。

———，〈澎湖小法呂山派現況的探討〉，《空大人文學報》，7，1998，頁 287-310。

———，〈民間信仰的道法二門之探討〉，《空大學訊》，274，2001，頁 67-69。

吳勇猛，謝聰輝合著，《臺灣民間信仰儀式》，臺北：國立空中大學出版

社，2005。

呂永昇，〈湘中「梅山」道教的儀式與演變趨勢〉，發表於「正一與地方
　　道教儀式」研討會，金門：金門大學閩南文化研究所，2009。

呂錘寬，《道教儀式與音樂之神聖性與世俗化：儀式篇》，臺中：文建會
　　文化資產管理籌備處，2009，頁101-20。

宋怡明主編，《明清福建五帝信仰資料彙編》，香港：香港科技大學華南
　　研究中心，2006。

李志鴻，《道教天心正法研究》，北京：社會科學文獻出版社，2011。

李新吾，〈冷水江楊源張壇師公與道士的異同比較〉，收於冷水江市政協
　　文史學習委員會編《冷水江文史資料（五）》，冷水江市：冷水江市
　　政協文史學習委員會，2006，頁58。

李豐楙，〈複合與變革：臺灣道教拔度儀中的目連戲〉，《民俗曲藝》，94、
　　95（和刊本），1993，頁83-116。

———，〈臺灣中部「客仔師」與客家社會：一種社會變遷中信仰習俗的
　　起伏與消失〉，收於徐正光，彭欽清，羅肇錦主編，《客家文化研討
　　會論文集》，臺北：行政院文化建設委員會，1994，頁217-42。

———，〈金門閭山派奠安儀式及其功能一以金湖鎮復國墩關氏家廟為
　　例〉，《民俗曲藝》，91，1994，頁395-464。

———，〈臺灣中部紅頭司與客屬部落的醮儀形式〉，《民俗曲藝》，116，
　　1998，頁143-73。

———，〈道、法信仰習俗與臺灣傳統建築〉，收於郭肇立主編，《聚落與
　　社會》，臺北：田園城市文化，1998，頁107-29。

———，《東港迎王：東港東隆宮丁丑正科平安祭典》，臺北：臺灣學生
　　書局，1998，頁213-59。

———，《東港東隆宮醮志：丁丑年九朝慶成謝恩水火祈安清醮》，臺北：
　　臺灣學生書局，1998，頁100-208。

———，〈臺灣儀式戲劇中的諧謔性——以道教、法教爲主的考察〉，《民俗曲藝》，71，1989，頁 174-210。

———，〈道法二門：臺灣中北部的道、法複合〉，收於譚偉倫編，《中國地方宗教儀式論集》，香港：香港中文大學崇基學院宗教與中國社會研究中心，2011，頁 147-79。

———，〈凶死與解除：三個臺灣地方祭典的死亡關懷〉，收於《華人學術處境中的宗教：本土方法的探索》，黎志添編，香港：三聯書店，2012，頁 91-133。

李豐楙、謝聰輝合著，《臺灣齋醮》，臺北：傳統藝術中心籌備處，2001。

周舜瑾，〈符令與儀式初探：以澎湖西玉聖殿入火安宮儀式爲例〉，臺南：國立臺南大學臺灣研究所碩士論文， 2008。

松本浩一，〈張天師與南宋道教〉，《探詢民間諸神與信仰文化》，安徽：黃山書社，2006，頁 69-86。

林承毅，〈澎湖宮廟小法操營結界儀式之研究〉，臺北：國立臺北大學民俗藝術研究所碩士論文，2003。

林振源，〈福建詔安的道教傳統與儀式分類〉，收於譚偉倫編，《中國地方宗教儀式論集》，香港：香港中文大學崇基學院宗教與中國社會研究中心，2011，頁 301-23。

———，〈《普庵咒》音樂研究〉，臺北：國立藝術學院音樂所碩士論文，1997。

唐蕙韻，〈福建民間閭山派科儀本中的「王母」意涵〉，發表於「正一與地方道教儀式」研討會，金門大學閩南文化研究所，2012。

徐小望，〈論瑜珈派與臺灣的閭山法師〉，《福州大學學報》，2，2008，頁 5-10。

馬上雲，《犒軍儀式之音樂研究——以臺灣西南沿海地區爲主的觀察》，臺北：國立臺灣師範大學音樂系碩士論文，1996。

———，〈澎湖法教普唵派儀式音樂裏的南管曲調及其運用〉，臺灣音樂學論壇研討會，2009。

———，〈澎湖法教普唵派儀式裏的觀音及其音樂表現〉，臺灣民俗信仰學會年會暨法教與民俗信仰學術研討會，2009。

———，〈澎湖法教普唵派儀式音樂之研究〉，臺北：國立臺灣師範大學音樂系博士論文，2009。

區達仁、張瑞威，〈粉嶺太平洪朝〉，《華南研究》，1，1994，頁 24-38。

國分直一，《臺灣的歷史與民俗》，邱夢蕾譯，臺北：武陵出版社，1991。

許宇承，〈臺灣民間信仰中之五營兵將〉，臺南：國立臺南大學臺灣文化研究所碩士論文，2005。

許麗玲，〈臺灣北部紅頭法師法場補運儀式〉，《民俗曲藝》，105，1997，頁 1-146。

———，〈疾病與厄運的轉移：臺灣北部紅頭法師大補運儀式分析〉，《信仰、儀式與社會》，臺北：中央研究院民族研究所，2003，頁 359-60。

陳芳伶，〈陳靖姑信仰的內容、教派及儀式探討〉，臺南：國立臺南大學臺灣文化研究所碩士論文，2003。

勞格文、呂錘寬合撰，〈浙江省蒼南地區的道教文化〉，《東方宗教研究》，3，1993，頁：171-99。

勞格文撰、呂錘寬整理，〈福建省南部現存道教初探〉，《東方宗教研究》，3，1993，頁 147-69。

黃文博，《臺灣冥魂傳奇》，臺北：台原出版，1992。

黃有興，〈澎湖的法師與乩童〉，《臺灣文獻》，38：3，1987，頁 133-46。

———，《澎湖的民間信仰》，臺北：台原出版社，1992。

黃有興、甘村吉，《澎湖民間祭典儀式與應用文書》，澎湖：澎湖縣文化局，2003。

黃有興編撰，《澎湖馬公城隍廟志》，澎湖：財團法人澎湖馬公城隍廟，

1999。

黃建興,〈中國南方法師儀式及其特徵〉,發表於「正一與地方道教儀式」研討會,2012。

葉明生,〈張聖君信仰發祥地與盤谷方壺寺祭儀述略〉,《民俗曲藝》,138,2002,頁 147-97。

———〈道教閭山派之研究〉,《道韻》,第九輯,臺北:中華大道文化事業股份有限公司,2001,頁 149-84。

———〈閩西南道教閭山派傳渡中心永福探密〉,《民俗曲藝》,945,1995,頁 165-206。

———〈閩南德化閭山教源流與科儀初探〉,發表於「正一與地方道教儀式」研討會,金門大學閩南文化研究所,2012。

———〈魂歸閭山—建陽閭山教功德道場儀式中靈魂信仰之探討〉,《民俗曲藝》,118,1999,頁 41-78。

鈴木清一郎,馮作民譯,《增訂臺灣舊慣習俗信仰》,臺北:眾文出版社,1989。

劉枝萬,〈臺灣的道教〉《道教》第三卷,朱越利、徐遠和、馮佐哲譯,上海:古籍出版,1992。

———《臺灣民間信仰論集》,臺北:聯經,1983。

劉勁峰,〈江西萍鄉市正一道清風觀顯應雷壇〉,發表於「正一與地方道教儀式」研討會,金門大學閩南文化研究所,2012。

劉遠,〈長汀夫人教道壇儀式與跳海清〉,《民俗曲藝》,122、123(合刊本),2000,頁 191-264。

蔡志祥,〈儀式與身份轉換:香港新界北約地區的醮〉,收於譚偉倫編,《中國地方宗教儀式論集》,香港:香港中文大學崇基學院宗教與中國社會研究中心,2011,頁 325-48。

蔡竺君,〈宋代道教驅邪法式:以《夷堅志》中的天心正法與雷法為例〉,

收於《宗教與心靈改革研討會論文集》，高雄：高雄道德院，2011，
　　頁 130-65。

蔡相輝、吳永猛，《臺灣民間信仰》，臺北：空中大學，2001。

鄭志明，〈陳靖姑信仰與法派的宗教形態〉，《新世紀宗教研究》，2:3，2004，
　　頁 62-97。

譚偉倫，〈九峰山區客家的宗教形態初探〉，《韶州府的宗教、社會與經濟，
　　卷下》，收於 Zeng Hanzing and Tam Wai Lun 編輯，*Traditional Hakka
　　Society Series* vol.10. Hong Kong: Traditional Hakka Society; EFEO;
　　Overseas Chinese Archives, 2000, 頁 305-22.

譚偉倫，〈粵北即贛西北山區鄉村醮儀的佛教元素〉，收於譚偉倫編，《中
　　國地方宗教儀式論集》，香港：香港中文大學崇基學院宗教與中國社
　　會研究中心，2011，頁 181-204。

日文著作

大淵忍爾，《中國人の宗教儀禮：佛教・道教・民間信仰》，東京：福武
　　書店，1993（1919）。

古家信平，《臺灣漢人社會における民間信仰の研究》，東京：東京堂，
　　1999。

酒井規史，〈地方における雷法の形成：邵陽火車五雷大法を中心に〉，《東
　　方宗教》，119，2012，頁 22-38。

酒井規史，〈道法における道術の交流：童初正法と玉堂大法を中心に〉，
　　收於《道教と共生思想》，田中文雄、祈泰履編，東京：大河書房，
　　2009，頁 116-35。

酒井規史，〈道法の形成と派生：上清天蓬伏魔大法と紫宸玄書を中心
　　に〉，《東方宗教》，112，2008，頁 26-44。

國分直一，〈臺灣のシャマニズム－とくに童乩の落嶽探宮をめぐつ

て）。《壺を祀る村》。東京：法政大學出版局，1981，頁 310-38。

鈴木清一郎，《臺灣舊慣：冠婚葬祭と年中行事》，臺北：南天書局，1995
（1934）。

英文著作

Boltz, Judith D. *A Survey of Taoist Literature: Tenth to Seventeenth Centuries*. Berkley: Center for Chinese Studies, 1987.

Edward L. Davis. *Society and the Supernatural in Song China*. Honolulu: University of Hawaii Press, 2001.

Dean, Kenneth & Zheng Zhenman. *Ritual Alliance of the Putian Plain*. Leiden: Brill, 2010.

Dean, Kenneth. *Taoist Ritual and Popular Cults of Southeast China*. Princeton: Princeton University Press, 1993.

————. "Local Communal Religion in Contmporary South-east China," in *Religion in China Today*, ed. Daniel Overmyer. Cambridge: Cambridge University Press, 2003.

————. "The Growth of Local Control over Cultural and Enviromental Resources in Ming and Qing Coastal Fujian," in *The People and the Dao: New Studies in Chinese Religion in Honour of Daniel L. Overmyer*, ed. Philip Clart and Paul Crowe. Sankt Augustin: Institut Monumenta, 2007, 189-218.

Dean, Kenneth. "Spirit Mediums as Global Citizens: Tracing Trans-national Ritual Networks from the Village Temple of Shiting, Putian to Southeast Asia." 《中國地方宗教儀式論集》，譚偉倫編，香港：香港中文大學崇基學院宗教與中國社會研究中心，2011: 411-67.

Dean, Kenneth. "Daoism, Local Religious Movements, and Transnational Chinese Society." in *Daoism in the Twentieth Century*, ed. David A. Palmer and Xun Liu. Berkeley: University of California Press, 2012: 251-73.

DuBois, Thomas David. *The Sacred Village: Social Change and Religious Life in Rural North China.* Honolulu: University of Hawaii Press, 2005.

Gossaert, Vincent and David A. Palmer. *The Religious Question in Modern China.* Chicago: The University of Chicago Press, 2011.

Johnson, David. *Spectacle and Sacrifice: The Ritual Foundations of Village Life in North China.* Cambridge: Harvard University Press, 2009.

Katz, Paul. *Demon Hordes and Burning Boats: The Cult of Marshal Wen in Late Imperial Chekiang.* Albany: State University of New York Press, 1995.

Lagerwey, John. *Traditional Hakka Society Series.* Hong Kong: Traditional Hakka Studies Association. 1996-2002.

————. "Questions of Vocabulary or How Shall We Talk about Xhinese Religion?"《道教與民間宗教論集》，黎志添編，香港：學峰文化事業，1999, 165-81。

————. "The History and Sociology of Religion in Changting County, Fujian," in *The People and the Dao: New Studies in Chinese Religion in Honour of Daniel L. Overmyer,* ed. Philip Clart and Paul Crowe. Sankt Augustin: Institut Monumenta, 2007, 189-218.

————. "God and Ancestors: Cases of Crossover."《中國地方宗教儀式論集》，譚偉倫編，香港：香港中文大學崇基學院宗教與中國社會研究中心，2011, 371-409.

————. *China: A Religious State.* Hong Kong: Hong Kong University Press, 2010.

Overmyer, Daniel. *Ethnography in China Today: A Critical Assessment of Methods and Results.* Taipei: Yuan-Liou, 2002.

Reiter, Florian. "Daoist Thunder Magic, Some Aspects of its Schemes, Historical Position and Development," in *Foundation of Daoist Ritual.* Wiesbaden: Harrassowitz Verlag, 2009, 27-46.

————. "Taoist Thunder Magic," in *Zeitschrift der Deustschen Morgenlandischen Gesellschaft.* Wiesbaden: Harrassowitz Verlag, 2010,

120-154.

———. "Taoist Transcendence and Thunder Magic, As seen in the Great Rituals of Heavenly Ting of Metal and Fire in the Divine Empyrean 神霄金火天丁大法," in *Zeitschrift der Deustschen Morgenlandischen Gesellschaft*. Wiesbaden: Harrassowitz Verlag, 2011, 415-445.

Robson, James. "The Institution of Daoism in the Central Region (Xiangzhong) of Hunan," *Daoism: Religion, History and Society* 2 (2010): 65-94.

Saso, Michael R. *Taoism and the Rite of Cosmic Renewal.* Pullman: Washington State University Press, 1972.

Skar, Lowell. "Administering Thunder: A Thirteenth Century Memorial Deliberating the Thunder Magic," *Cahiers d'Extrême-Asie*, 1996-97: 159-202.

Tam, Wai Lun. "Communal Worship and Festivals in Chinese Villages," in *Chinese Religious Life*. ed. David A Palmer, Glenn Shive, and Philip L. Wickeri. Oxford: Oxford University Press, 2011, 30-49.

法文著作

Schipper, Kristofer. *Le Fen-teng: Rituel Taoiste.* Paris: École française d'Extrême-Orient, 1975.

Schipper, Kristofer. *Le Corps Taoiste.* Paris: Fayard, 1982.